权威·前沿·原创

皮书系列为

“十二五”“十三五”国家重点图书出版规划项目

中国网络法治发展报告（2018）

ANNUAL REPORT ON CYBER RULE OF LAW IN CHINA (2018)

中国社会科学院法学研究所
主　　编／李　林　支振锋
执行主编／赵　军　王思锋　王崟屾

社会科学文献出版社
SOCIAL SCIENCES ACADEMIC PRESS (CHINA)

图书在版编目（CIP）数据

中国网络法治发展报告. 2018 / 李林，支振锋主编
. --北京：社会科学文献出版社，2018. 11
（网络法治蓝皮书）
ISBN 978 -7 -5201 -3879 -6

Ⅰ. ①中… Ⅱ. ①李… ②支… Ⅲ. ①互联网络 - 应用 - 社会主义法制 - 建设 - 研究报告 - 中国 - 2018 Ⅳ. ①D920. 0

中国版本图书馆 CIP 数据核字（2018）第 257108 号

网络法治蓝皮书
中国网络法治发展报告（2018）

主　　编 / 李　林　支振锋
执行主编 / 赵　军　王思锋　王崟屾

出 版 人 / 谢寿光
项目统筹 / 刘骁军
责任编辑 / 关晶焱　赵瑞红

出　　版 / 社会科学文献出版社 · 集刊运营中心（010）59366533
地址：北京市北三环中路甲 29 号院华龙大厦　邮编：100029
网址：www. ssap. com. cn
发　　行 / 市场营销中心（010）59367081　59367083
印　　装 / 三河市龙林印务有限公司

规　　格 / 开　本：787mm × 1092mm　1/16
印　张：30. 25　字　数：458 千字
版　　次 / 2018 年 12 月第 1 版　2018 年 12 月第 1 次印刷
书　　号 / ISBN 978 -7 -5201 -3879 -6
定　　价 / 138. 00 元

皮书序列号 / PSN B -2018 -789 -1/1

网络法治蓝皮书编委会

主要编撰者简介

主编　李　林

中国社会科学院学部委员，法学研究所原所长，研究员，博士生导师。

主要研究领域：法理学、宪法学、立法学、法治与人权理论

主编　支振锋

中国社会科学院法学研究所《环球法律评论》副主编，法学研究所研究员，中国社会科学院大学教授；博士生导师。

主要研究领域：法理学、网络法治、法治指数评估、司法改革、比较政治

执行主编　赵　军

360集团法务部法律研究院负责人，中国政法大学兼职教授，武汉大学网络治理研究院学术委员会委员。

主要研究领域：知识产权、网络安全法、信息保护、数字经济反垄断、网络空间治理

执行主编　王思锋

西北大学法学院（知识产权学院）院长，法学院教授，博士生导师。

主要研究领域：民商法、知识产权法、网络法治

执行主编　王崟屾

浙江省社会科学院法治政府评估办副主任，副研究员。

主要研究领域：地方立法、法治评估、网络法治

摘　要

《中国网络法治发展报告（2018）》对2017年中国网络法治发展整体状况、网络安全标准化、关键信息基础设施保护、国家关键数据资源保护体系构建、网络安全法治、网络犯罪、网络战争、网络舆情治理、社交媒体平台责任、互联网国际贸易、互联网生态治理、跨境数据流动等问题进行了专题研究和分析，对人民法院庭审公开、警务公开情况进行了第三方评估，并对未来网络法治重点进行了探讨。

《网络法治蓝皮书》聚焦于当前中国网络法治领域的重大进展和重大问题，倡导以问题为中心的专题研究，鼓励贴近现实的对策建言，以参与实践发展、推动制度完善、促进理论提升；《网络法治蓝皮书》着眼于对中国网络法治领域重大进展和重大问题全景式、全周期、全方位的研究与记录，为后世留下忠实纪录，为国外打开中国窗口。

目 录

Ⅰ 总报告

Ⅱ 专题报告

Ⅲ 调研报告

Ⅳ 国际法治

Ⅴ 指数评估

皮书数据库阅读**使用指南**

总 报 告

General Report

B.1 中国网络法治发展现状与趋势（2017 ~2018）

支振锋 刘晶晶*

摘 要： 2017 年在中国网络法治发展进程中具有里程碑意义，《中华人民共和国网络安全法》（以下简称“《网络安全法》”）正式实施，全国人大常委会还迅速开展了执法检查。围绕《网络安全法》，一系列配套规章和规范性文件或者颁布实施，或者公开征求意见，我国网络法治的四梁八柱逐渐搭建并走向细化。但由于网络法治依托于信息技术的特性，新技术、新业态和新模式仍不断为网络法治提出新的挑战和任务。

* 支振锋，中国社会科学院法学研究所研究员，中国社会科学院大学教授，《环球法律评论》副主编，博士生导师；刘晶晶，中国社会科学院上海研究院博士生。

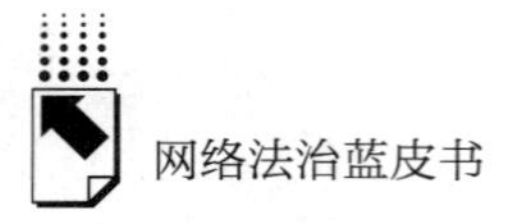

关键词： 网络法治　《网络安全法》　内容治理　人工智能

2017年是实施“十三五”规划的重要一年，是推进供给侧结构性改革的深化之年，是《网络安全法》实施的第一年，是相关部门密集出台网络安全配套制度的一年，是网络安全领域制度框架不断细化、不断成形的一年。在《网络安全法》为中国网络立法搭建的基础性法律框架之下，2017年网络立法紧紧围绕《网络安全法》出台了一系列配套规章、规范性文件，确保《网络安全法》的有效落实，推动我国网络法治体系的进一步健全。

一　国家治理：互联网推进国家治理手段现代化

在中央网络安全和信息化领导小组第一次会议上，习近平总书记提出了“没有信息化就没有现代化”的重要论断。互联网的发展对人类文明发展进程产生了深刻而广泛的影响，信息技术的进步不断助推国家治理的现代化。

（一）司法信息化

2017年6月26日，中央全面深化改革领导小组第三十六次会议审议通过了《关于设立杭州互联网法院的方案》。8月18日，我国首家互联网法院在杭州正式挂牌。最高人民法院党组书记、院长周强指出，杭州互联网法院正式成立，是以习近平同志为核心的党中央深化司法体制改革、全面推进依法治国的重大决策部署和重要顶层设计，是司法工作主动适应互联网发展大趋势的重大制度创新，是人民司法事业发展进程中的一件大事。

建立互联网法院并不是互联网时代司法新模式的第一次探索，从2016年7月1日，最高人民法院全面实现网络庭审直播常态化开始，我国司法领域就一直在主动拥抱新科技革命中的互联网新技术，不断进行司法运行机制、模式的有益创新。2016年9月27日，中国庭审公开网正式上线，面向社会提供中国各层级法院司法审判的现场直播及录像回顾，截至2017年12月31日，全国已有3314家法院接入中国庭审公开网，接通率为94.3%。近几年，信息化成果被不断应用于司法实践的各个领域，正如最高人民法院党组书记、院长周强指出的，信息技术推动司法现代化，信息技术的快速发展为中国法院确保司法公正、提升审判质效、更好维护社会公平正义提供了有力的科技支撑。

（二）“互联网+”政务

推进“互联网+政务服务”工作是党中央、国务院作出的重大决策部署，互联网技术的运用，让政务服务从线下走到线上，逐渐实现了线上的全流程服务，并不断创新服务模式，大大提升了政府的治理能力和科学决策能力。

2017年5月3日，国务院发布《政务信息系统整体共享实施方案》（以下简称“《政务信息共享方案》”），该方案围绕政府治理和公共服务的紧迫需要，以最大程度利企便民，让企业和群众少跑腿、好办事、不添堵为目标，提出了加快推进政务信息系统整合共享、促进国务院部门和地方政府信息系统互联互通的重点任务和实施路径。《政务信息共享方案》明确了“五个统一”的工作原则、“两步走”的总体工作目标、加快推进政务信息系统整合共享的“十件大事”以及保障各项任务取得实效的“七项措施”。为了贯彻落实方案精神，加快建立政府数据资源目录体系，推进政府数据资源的国家统筹管理，国家发展改革委、中央网信办于6月30日发布《政务信息资源目录编制指南（试行）》。

6月8日，国务院办公厅发布《政府网站发展指引》，从指导思想、发展目标、基本原则等方面提出了全国政府网站建设发展的总体要求，明确了不同主体在政府网站建设发展中的职责分工，规定了网站的开设与整合、功能设置、集约共享、创新发展、安全防护、机制保证等发展指引，并在附件中对网站的网页设计规范提出了明确而具体的要求。

国家制定积极的政策推动“互联网+”政务服务不断迈向新台阶，鼓励越来越多的第三方服务商参与到“互联网+”政务服务的建设发展中来，为公众提供了内容更加丰富、功能更加多样的政务服务。12月25日，由广州市公安局南沙区分局、腾讯、建设银行等10余家单位发起的“微警云联盟”在广州南沙成立，公安机关现场签发了全国首张微信身份证——“网证”。

二 网络安全：出台多项《网络安全法》配套规定

《网络安全法》明确提出了网络安全等级保护、用户信息保护、网络安全监测预警和信息通报、网络安全风险评估和应急工作机制等制度，但是作为网络安全管理的基础性法律，《网络安全法》规定的这些制度大多为原则性规定，在具体实施过程中必然会面临诸多问题与挑战，亟须制定相关配套制度以保证《网络安全法》的有效落地实施。

全国人大常委会从2017年8月启动《网络安全法》和《关于加强网络信息保护的决定》“一法一决定”的执法检查，12月执法检查组向全国人大常委会提交执法检查报告。对于一部新制定的法律实施不满3个月即决定启动执法检查，这在全国人大常委会监督工作尚属首次，充分体现了国家对于《网络安全法》落地实施的高度重视。

（一）网络空间国际合作

世界各国通过互联网在网络空间实现互联互通，将不同地域、不同种族的人们突破血缘、地缘限制联系在一起。中国政府和中国人民在互联网国际治理中不断贡献着自己的智慧和方案，从“四项原则”到“五点主张”，网络空间命运共同体的理念日益深入人心，成为国际社会的广泛共识，《网络安全法》第7条更是以法律形式进一步明确了我国开展网络空间国际交流与合作的重点领域及目标。

经中央网络安全和信息化领导小组批准，外交部和国家互联网信息办公室于2017年3月1日共同发布了《网络空间国际合作战略》，全面宣示了我国在网络空间相关国际问题上的政策立场，系统阐释了我国开展网络领域对外工作的基本原则、战略目标和行动要点。

（二）网络人才培养

习近平总书记在 2016 年 4 月 19 日召开的网络安全和信息化工作座谈会上指出“网络空间的竞争，归根结底是人才竞争。”“培养网信人才，要下大功夫、下大本钱，请优秀的老师，编优秀的教材，招优秀的学生，建一流的网络空间安全学院。”从总体上来看，我国网络安全人才培养不论是数量还是能力素质都令人堪忧。据东南大学网络空间安全学院院长程光介绍，按照当时中国 7 亿网民测算，中国网络安全人才缺口有 70 万 ~ 140 万人。《网络安全法》第 20 条规定：“国家支持企业和高等学校、职业学校等教育培训机构开展网络安全相关教育与培训，采取多种方式培养网络安全人才，促进网络安全人才交流。”为此，我国先后出台了一系列文件，大力支持培养网络安全人才。

2017 年 8 月 8 日，中央网信办、教育部联合下发《一流网络安全学院建设示范项目管理办法》，虽然只有 12 条内容，却清晰明了地规定了一流网络安全学院建设示范项目的总体思路和目标、原则、主要任务、申报条件、工作机制，有利于探索网络安全人才培养新思路、新体制、新机制。

（三）网络产品和服务

《网络安全法》首次提出“关键信息基础设施”的概念，并在第 35 条明确了网络产品和服务的安全审查制度，“关键信息基础设施的运营者采购网络产品和服务，可能影响国家安全的，应当通过国家网信部门会同国务院有关部门组织的国家安全审查”。

5 月 2 日，国家互联网信息办公室公布《网络产品和服务安全审查办法（试行）》，审查办法对审查范围、审查内容、审查机构、网络产品和服务提供者的权利和义务，以及法律责任等方面进行了明确规定，初步搭建了网络产品和服务安全审查制度的基本框架，提高了网络产品和服务安全的可控水平。

随后，国家互联网信息办公室会同工业和信息化部、公安部、国家认证

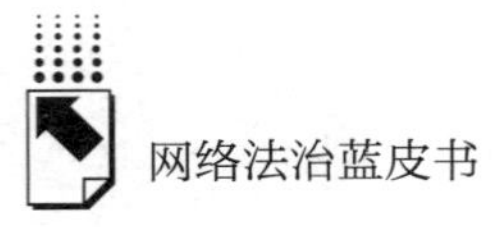

认可监督管理委员会等部门于6月9日公布了《网络关键设备和网络安全专用产品目录（第一批）》，进一步加强了网络关键设备和网络安全专用产品的安全管理。

（四）网络安全监测预警与应急处置

网络安全监测预警与应急处置是网络安全工作的重要内容，《网络安全法》专门设置独立章节对此进行了规定，通过大篇幅的内容明确了网络安全管理工作中各主体在网络安全事件预警与处置中需要承担的义务及法律后果，成为网络安全管理工作的基本法律遵循，也为各主体开展网络安全管理工作提供了行动指南。特别是《网络安全法》第51条、52条、53条明确规定了国家要建立网络安全监测预警和信息通报制度，建立健全网络安全风险评估和应急工作机制。

为更好地落实《网络安全法》对于监测预警与应急处置的要求，健全国家网络安全保障体系，提高应对网络安全事件的能力，预防和减少网络安全事件造成的损失和危害，中央网信办于1月10日印发《国家网络安全事件应急预案》。该预案明确了网络安全事件处理的总体框架、工作原则、相关主体的职责和处理流程及保障措施，并对网络安全事件进行分级，规定了不同等级安全事件对应的预警监测和应急处置机制。针对不同行业特点，工业和信息化部、国家新闻出版广电总局相继出台《公共互联网网络安全威胁监测与处置办法》《公共互联网网络安全突发事件应急预案》《新闻出版广播影视网络安全事件应急预案（试行）》。

（五）数据出境安全评估

《网络安全法》第一次规定了数据出境的安全评估制度，以此为基础，国家互联网信息办公室于4月11日发布《个人信息和重要数据出境安全评估办法（征求意见稿）》，保障个人信息和重要数据安全，维护网络空间主权和国家安全、社会公共利益，促进网络信息依法有序自由流动。

《个人信息和重要数据出境安全评估办法（征求意见稿）》共18条，从整体上搭建了个人信息和重要数据出境安全评估的基本框架。具体而言，主要规定了国家网信部门、行业主管或监管部门的职责，明确了数据出境安全评估应重点评估的内容、必须报请行业主管或监管部门组织安全评估的数据以及不得出境的数据。同时，还对评估的时限、周期进行了规定。《个人信息和重要数据出境安全评估办法（征求意见稿）》还对网络运营者、数据出境、个人信息、重要数据等概念进行了界定。

为配合做好数据出境安全评估工作，国家互联网信息办公室组织起草了《重要数据识别指南》，并协调全国信息安全标准化技术委员会、中国信息通信研究院等起草《数据出境安全评估指南》，对安全评估流程、评估要点、评估方法等进行了详尽、具体的规定，给网络运营者、行业主管或监管部门开展个人信息和重要数据出境安全评估工作提供具有实践操作性指导意义的参考标准。同时，《数据出境安全评估指南》还与时俱进地将“个人信息”扩大至账号密码、财产状况、位置和行为信息，并对“重要数据”这一概念进行了明确界定，还列举了27个行业的重要数据及其主管部门供参考，并规定了其他行业判断重要数据的标准作为兜底条款。

（六）关键信息基础设施安全保护

《网络安全法》第31条提出，国家要对关键信息基础设施进行重点保护。国家互联网信息办公室于7月11日发布《关键信息基础设施安全保护条例（征求意见稿）》，共有8章55条，其中包括总则、支持与保障、关键信息基础设施范围、运营者安全保护、产品和服务安全、监测预警、应急处置和检测评估、法律责任以及附则等内容；对于关键信息基础设施保护的适用范围、监管主体、评估对象、评估机制和相应法律责任等基本要素进行了细化。

此外，相关部门还起草了关键信息基础设施安全保护相关的标准。8月30日，全国信息安全标准化技术委员会发布了《信息安全技术　关键信息基础设施安全检查评估指南（征求意见稿）》《信息安全技术　关键信息基础设施安全保障评价指标体系（征求意见稿）》。前者主要明确了关键信息基础设施检查评估的目的、流程、内容和结果等，并将关键信息基础设施检查评估工作分为合规检查、技术检测和分析评估三个部分。后者规范了用于评价关键信息基础设施安全保障水平的指标，并给出释义，基于检查评估结果、日常安全监测等情况给出评价结果，为关键信息基础设施安全保护工作部门开展网络安全态势研判和宏观决策提供支持，为关键信息基础设施运营者的网络安全保障工作的改进提供支持。

（七）个人信息保护制度

互联网行业作为个人信息泄露事件的高发领域，格外受到公众关注，特别是2016年“徐玉玉案”发生之后，公众对个人信息保护有了更深刻的体会。近年来，我国个人信息保护立法工作、执法力度、宣传活动显著加强。

首先，从立法上看，从《中华人民共和国民法总则》（以下简称“《民法总则》”）到“两高”出台的司法解释《最高人民法院、最高人民检察院关于办理侵犯公民个人信息刑事案件适用法律若干问题的解释》再到互联网专门立法《网络安全法》，都对个人信息保护制度进行了明确规定。不仅如此，全国信息安全标准化技术委员会还发布了相关国家标准，使个人信息保护能够真正落到实处。

全国人民代表大会2017年3月15日通过的《民法总则》，第111条专门规定个人信息保护规则，“自然人的个人信息受法律保护。任何组织和个人需要获取他人个人信息的，应当依法取得并确保信息安全，不得非法收集、使用、加工、传输他人个人信息，不得非法买卖、提供或者公开他人个人信息。”这是我国第一次在民事基本法的层面上对个人信息保护的基本行为规范进行规定，适应了互联网和大数据技术发展的时代背景下个人信息保护的现实需求。

2017年6月1日，两部与个人信息有关的新规——《网络安全法》《最高人民法院、最高人民检察院关于办理侵犯公民个人信息刑事案件适用法律若干问题的解释》，正式施行。《网络安全法》作为我国互联网领域的基础性法律，对个人信息保护进行了专章规定，不仅对个人信息进行定义，还详细规定了收集、使用、披露、传输、共享、删除等方面的要求及处罚措施。《最高人民法院、最高人民检察院关于办理侵犯公民个人信息刑事案件适用法律若干问题的解释》补充了《中华人民共和国刑法》第253条的规定，将“公民个人信息”定义为包括姓名、身份证件号码、通信通讯联系方式、住址、账号密码、财产状况、行踪轨迹等各种信息。还对违反国家有关规定、提供公民个人信息、以其他方法非法获取公民个人信息、情节严重、情节特别严重等问题进行了解释，并规定了违法活动的处罚措施。

从相关国家标准的制定上来看，8月25日，全国信息安全标准化技术委员会发布了国家标准《信息安全技术　个人信息去标识化指南（征求意见稿)》，不仅明确了去标识化的定义，还从制度和技术层面就个人信息去标识化的问题给出了指引。12月29日，正式发布的国家标准GB/T 35273－2017《信息安全技术　个人信息安全规范》（以下简称《个人信息安全规范》），为我国个人信息保护工作的开展提供了翔实的实务指南，为国家主管部门、第三方测评机构等开展个人信息安全管理、评估工作提供了指导和依据。《个人信息安全规范》对个人信息全生命周期的安全规范做出了明确要求，涵盖收集、保存、使用、转让和披露、通用安全各个环节，同时还明确了个人信息安全事件处置和组织的管理要求。围绕个人权益为中心的目标，《个人信息安全规范》提出了个人信息安全保障七大原则：①权责一致原则，对个人信息主体合法权益造成的损害承担责任；②目的明确原则，具有合法、正当、必要、明确的个人信息处理目的；③选择同意原则，征求个人信息主体授权同意；④最少够用原则，只处理满足个人信息主体授权同意的目的所需的最少个人信息类型和数量；⑤公开透明原则，以明确、易懂和合理的方式公开处理个人信息的范围、目的、规则等；⑥确保安全原则，保护个人信息的保密性、完整性、可用性；⑦主体参与原则，向个人信息主体提供能够访问、更正、删除其个人信息，以及撤回同意、注销账户的方法。《个人信息安全规范》引起了业界的广泛关注，给互联网行业提供一个可以参考、指导、遵照执行的标准，规范了网站和应用的“隐私政策”制定和隐私保护实践。

其次，从执法力度上看，据统计，截至2017年12月20日，全国公安机关当年累计侦破侵犯公民个人信息案件4911起，抓获犯罪嫌疑人15463名，打掉涉案公司164个。8月24日，山东临沂法院公开审理了被告人杜天禹侵犯公民个人信息一案。杜天禹通过植入木马等方式，非法侵入山东省2016年普通高等学校招生考试信息平台网站，窃取考生信息对外出售。陈文辉（另案处理）正是利用从杜天禹处购买来的信息实施电信诈骗，导致“徐玉玉受骗死亡案”发生。最终，杜天禹因犯侵犯公民个人信息罪，获刑6年并被处罚金6万元。

此外，7月26日，中央网信办、工信部、公安部、国家标准委等四部门联合召开“个人信息保护提升行动”启动暨专家工作组成立会议，启动隐私条款专项工作，首批将对微信、淘宝、滴滴、京东、支付宝等十款网络产品和服务的隐私条款进行评审。重点对包括明确告知收集的个人信息以及收集方式，明确告知使用个人信息的规则，例如形成用户画像及画像的目的、是否用于推送商业广告等，明确告知用户访问、删除、更正其个人信息的权利、实现方式、限制条件等内容进行了评审。评审结果显示，十款产品和服务在隐私政策方面均有不同程度提升，均做到明示其收集、使用个人信息的规则，并征求用户的明确授权。其中微信、淘宝网、支付宝、滴滴出行、京东商城、航旅纵横、百度地图、高德地图八款产品和服务做到了向用户主动提示，并提供更多选择权，例如运用增强式告知、即时提示等方式，在注册、使用环节引导用户阅读、了解隐私条款的核心内容；主动区分核心功能和附加功能用户选择。在满足以上功能的基础上，微信、淘宝网、支付宝、滴滴出行、京东商城五款产品和服务还提供更便利的在线“一站式”撤回和关闭授权，在线访问、更正、删除其个人信息，在线注销账户等功能。

最后，从宣传活动上看，9月24日的个人信息保护日活动中，百度、腾讯等十家企业在北京联合签署个人信息保护倡议书，就尊重用户知情权、遵守用户授权、保障用户信息安全等向全社会发出倡议。同时，由全国总工会发起的个人信息保护宣传“12351”计划在上海同步启动。全国各地将有1000个基层工会组织、2万名网络安全宣传员，走进3000家企业，面向50万名职工开展内容丰富、形式多样的网络安全和个人信息保护宣传，通过线下线上的广泛传播，直接覆盖至少1亿名职工网民。

三　信息服务：内容监管为主线，平台治理差异化明显

（一）信息内容监管依旧是治理重点

2017年5月2日，国家互联网信息办公室1号令发布《互联网新闻信息服务管理规定》（以下简称“《规定》”），为网信部门依法对网络新闻信息内容进行管理提供了有力支撑，标志着国家网信办按照国务院授权对互联网新闻信息服务享有的监管权限的全面落地。

《规定》是为了适应互联网技术及应用的快速发展，满足互联网新闻信息服务发展和管理的实际需求，对2005年旧版《规定》的修订。国家互联网信息办公室有关负责人就《规定》相关问题答记者问时提到，此次主要对互联网新闻信息服务许可管理、网信管理体制、互联网新闻信息服务提供者主体责任等进行了修订。重点体现在以下五个方面。

一是适应信息技术应用发展的实际，对通过互联网站、论坛、博客、微博客、公众账号、即时通信工具、网络直播等形式提供互联网新闻信息服务，进行统一的规范和管理。二是将许可事项修改为“提供互联网新闻信息服务”，包括互联网新闻信息采编发布服务、转载服务、传播平台服务三类，不同于原来的新闻单位设立采编发布、非新闻单位设立转载和新闻单位设立登载本单位新闻信息的三类互联网新闻单位的管理模式。三是完善了管理体制，将主管部门由“国务院新闻办公室”调整为“国家互联网信息办公室”，增加了“地方互联网信息办公室”的职责规定，为省级以下网信部门赋予了互联网新闻信息服务管理职责。四是强化了互联网新闻

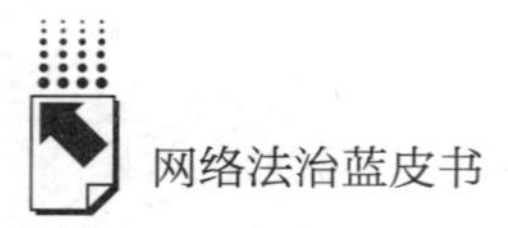

信息服务提供者的主体责任，明确了总编辑及从业人员管理、信息安全管理、平台用户管理等要求。五是增加了用户权益保护的内容，规定了个人信息保护、禁止互联网新闻信息服务提供者及其从业人员非法牟利、著作权保护等相关内容。

（二）信息服务“实体”与“程序”监管并重

为确保《规定》的真正落地实施，国家互联网信息办公室还针对执法程序、许可管理、安全评估、从业人员管理等方面出台了相关文件，作为《规定》的配套制度，将《规定》的有关条款进一步细化，并提升了可操作性。

第一，行政执法。国家互联网信息办公室于5月2日发布了2号令《互联网信息内容管理行政执法程序规定》，明确了互联网信息内容管理的执法主体、执法对象、执法程序，全面规范了管辖、立案、调查取证、听证、约谈、决定、执行等各环节的具体程序要求，有助于互联网信息内容管理部门更好地履行职责，确保行政执法行为程序的正当性。

第二，许可管理。国家互联网信息办公室于5月22日又出台了《互联网新闻信息服务许可管理实施细则》（以下简称“《实施细则》”），与《规定》同时施行。《实施细则》对互联网新闻信息服务许可申请的条件、需要提交的材料、变更手续、注销手续、相关部门的受理条件以及其他禁止性规定予以明确规定，使互联网新闻信息服务许可更具可操作性。

第三，安全评估管理。互联网新技术新应用蓬勃涌现，给国家经济社会带来巨大发展机遇，便利了人民群众的信息沟通和文化交流，但同时社交网络、自媒体、即时通信工具、搜索引擎、网络直播等新技术新应用又被一些不法人员利用，作为发布、传播违法违规信息，实施网络违法犯罪活动的工具，扰乱互联网新闻信息传播秩序，严重损害公民、法人和其他组织合法权益。10月30日发布的《互联网新闻信息服务新技术新应用安全评估管理规定》指出，“互联网新闻信息服务提供者调整增设新技术新应用，应当建立健全信息安全管理制度和安全可控的技术保障措施，不得发布、传播法律法规禁止的信息内容”，适应了互联网新技术新应用的高速发展。

（三）监管服务延伸至内容从业人员

互联网新闻信息服务单位内容管理人员是互联网新闻信息采编发布、转载和审核的重要主体，对于网络舆论生态的塑造起着关键作用。为营造清朗的网络空间，加强互联网新闻信息服务单位内容管理人员队伍建设和管理，更好地发挥他们在弘扬主旋律，传播正能量中的正向作用，10月30日，国家互联网信息办公室公布《互联网新闻信息服务单位内容管理从业人员管理办法》（以下简称"《管理办法》"），专门独立设章，明确了从业人员行为规范、教育培训制度以及监督管理措施。

《管理办法》明确定义了互联网新闻信息服务单位、互联网新闻信息服务单位内容管理从业人员的范围，强调互联网新闻信息服务单位从业人员在从事互联网新闻信息服务过程中应当坚守的行为规范，为互联网新闻信息服务单位从业人员做好各项互联网新闻信息服务工作，为国家和地方互联网信息办公室及互联网新闻信息服务单位做好互联网新闻服务单位从业人员教育培训和监督管理工作，提供了行动方案。

（四）针对不同平台特点分类立法

中国互联网络信息中心（CNNIC）2018年8月20日发布的《第42次中国互联网络发展状况统计报告》显示，截至2018年6月，我国手机网民规模达7.88亿，较2017年末增加4.7%。网民中使用手机上网的比例由2016年底的95.1%提升至98.3%，手机上网比例持续提升。随着网络移动设备的持续高速增长，移动互联网的发展和普及，腾讯微信公众号、新浪微博账号、百度的百家号、网易的网易号、今日头条的头条号、微信群、QQ群、微博群、贴吧群、陌陌群等各类公众号和互联网群组在公众生活中的角色越来越重要，成为公众互动交流、获取信息的主要渠道。

针对不同类型的平台特点，国家互联网信息办公室进行分类管理，立法上更具针对性。

论坛社区服务作为在我国兴起较早的传统互联网应用，在我国互联网发展进行中扮演着重要角色。然而，从中国互联网违法和不良信息举报中心接到的举报情况来看，广大网民长期高度关注部分论坛社区平台存在淫秽色情、虚假广告、血腥暴力、侮辱诽谤、泄露个人隐私等违法信息问题。2017 年 8 月 25 日，国家互联网信息办公室同时发布《互联网跟帖评论服务管理规定》《互联网论坛社区服务管理规定》，对互联网传播平台及平台上的跟帖评论服务中存在的传播淫秽色情、发布虚假广告、侵犯个人隐私等不良现象进行规制，进一步明确了平台的包含用户实名制、个人信息保护、信息审核管理、不良和违法信息处置等在内的主体责任。

随着移动互联网的快速发展，互联网群组方便了人民群众工作生活，密切了精神文化交流。但同时，一些互联网群组信息服务提供者落实管理主体责任不力，部分群组管理者职责缺失，造成淫秽色情、暴力恐怖、谣言诈骗、传销赌博等违法违规信息通过群组传播扩散，一些不法分子还通过群组实施违法犯罪活动，损害公民、法人和其他组织合法权益，破坏社会和谐稳定。2017 年 9 月 7 日，国家互联网信息办公室再次连发两个文件——《互联网用户公众账号信息服务管理规定》《互联网群组信息服务管理规定》，对互联网用户公众账号信息服务使用者应当履行信息发布和运营安全管理责任；群组建立者、管理者应当履行群组管理责任，群组成员应遵守相关法律法规等，作出了具体而可行的规范指引。在强调平台主体责任的同时，文件也注重正确导向，弘扬社会主义核心价值观，培育积极健康的网络文化，维护良好网络生态。

四　产业发展：适应市场变化，促进不同业态健康发展

（一）首次增设互联网不正当竞争条款

饿了么因不正当竞争被法院判处罚款 5 万元并赔礼道歉，百度擅用大众点评信息被判不正当竞争赔偿 300 万元，美团在浙江金华涉嫌不正当竞争

被罚52.6万元，小猿搜题与百度作业帮公然“开撕”，天天快递宣布以不正当竞争的名义起诉京东，高德起诉滴滴不正当竞争索赔7500万……互联网领域的不正当竞争行为正愈演愈烈。据统计，2016年北京市海淀区人民法院受理知识产权案件8000余件，其中，不正当竞争案件259件。在这些不正当竞争纠纷案件中，涉及网络的不正当竞争纠纷案件高达三分之二。

2017年11月4日，第12届全国人大常委会第30次会议闭幕会上，《反不正当竞争法（修订草案）》以148票赞成、一票弃权表决获得通过，并于2018年1月1日正式实施。其中被称为“互联网专条”的第12条明确规定“经营者利用网络从事生产经营活动，应当遵守本法的各项规定”，并将互联网不正当竞争行为以列举式的方式写进法律条文。同时设置了“其他行为”作为兜底条款，以应对司法实践中互联网领域不正当竞争行为可能出现的新情况。

（二）电子商务立法偏向细分领域

2017年全国电子商务交易额29.16万亿元，同比增长11.7%。其中，网上零售额7.18万亿元，同比增长32.2%。截至2017年底，全国网络购物用户规模达5.33亿，同比增长14.3%。而随着电子商务的快速发展以及各种新的商业模式的出现，电子商务中存在的虚假促销、信息泄露、网络售假等问题也以更高的频率出现在公众面前。鉴此，国家相关部门相继出台了相应规章及规范性文件规范电子商务的发展。由于业态及商业模式的不同，电子商务立法也向着细分领域不断延伸。

2017年1月6日，国家工商总局制定出台了部门规章《网络购买商品七日无理由退货暂行办法》（以下简称“《暂行办法》”），对2014年开始实施的新消法设立的七日无理由退货制度进行了细化，以应对网络购物消费过程中出现的新情况新问题。针对界定比较模糊的“退货范围”问题，《暂行办法》在第7条根据商品的性质，列举了三类经消费者在购买时确认可以不适用七日无理由退货规定的商品，进一步明确了不宜退货的商品范围。而针对存在广泛争议的“商品完好”这一退货条件，《暂行办法》第8条明确规定“商品能够保持原有品质、功能，商品本身、配件、商标标识齐全的，视为商品完好”，同时认定“消费者基于查验需要而打开商品包装，或者为确认商品的品质、功能而进行合理的调试不影响商品的完好”。第9条则根据不同商品的特性，规定了“商品不完好”的“具体判定标准”。

除了对消费者“后悔权”的细化，国家也在进一步推动网络零售的标准化建设。商务部办公厅、国家标准委办公室联合印发了《网络零售标准化建设工作指引》，明确网络零售标准化建设的指导思想、基本原则、主要目标、工作任务和保障措施，提出了下一步标准制定的方向和重点内容，为地方商务主管部门、地方质量技术监督局（市场监督管理部门）、各标准化技术委员会、行业组织等制定标准提供了指导意见。

2017年，中国在线餐饮外卖市场规模达2052亿元，增长率约为23%，在线订餐用户规模达到3.05亿人，同比增长约18%。“互联网+餐饮服务”等新兴业态快速增长也带来了行政管辖、消费者权益保护、食品安全、第三方平台责任等问题。顺应网络餐饮食品安全监管工作的实际需要，国家食品药品监督管理总局制定了《网络餐饮服务食品安全监督管理办法》。办法共46条，包括立法宗旨、适用范围、网络餐饮服务交易第三方平台提供者以及通过第三方平台或自建网站提供餐饮服务的餐饮服务提供者义务、监督管理以及法律责任等内容。

2017年11~12月，国家食品药品监督管理总局连续出台3部有关互联网医疗的文件，其中包含2个部门规章，1个规范性文件，即《医疗器械网络销售监督管理办法》《互联网药品信息服务管理办法（2017修正）》《关于加强互联网药品医疗器械交易监管工作的通知》，这些规章、文件从制度层面进一步明确了互联网医疗行业中的主体责任和监管责任。

（三）持续规范互联网金融行业

从被称为“互联网金融元年”的2013年开始，人们享受着互联网金融蓬勃发展带来的红利，也经历着互联网金融产品的鱼龙混杂，终于在2017年步入互联网金融合规元年。

在网络借贷领域，中国银行业监督管理委员会针对网贷行业出现的问题出台了有关资金存管、风险防控、现金贷、校园贷、中介机构信息披露等方面的管理规定。

2017年2月22日，中国银行业监督管理委员会发布了《网络借贷资金存管业务指引》，资金存管机制实现了客户资金与网贷机构自有资金的分账管理，从物理意义上防止网贷机构非法触碰客户资金，确保网贷机构“见钱不摸钱”。同时，商业银行作为资金存管机构，按照出借人与借款人发出的指令或授权，办理网贷资金的清算支付，并由商业银行与网贷机构共同完成资金对账工作，加强了对网贷资金在交易流转环节的监督，有效防范了网贷机构非法挪用客户资金的风险。

2017年4月10日，中国银行业监督管理委员会印发《中国银监会关于银行业风险防控工作的指导意见》，进一步加强银行业风险防控工作，督促银行业金融机构切实处置一批重点风险点，消除一批风险隐患，在严守不发生系统性风险底线的同时，进一步提升风险管理水平。

6月28日，中国银行业监督管理委员会、教育部、人力资源社会保障部联合印发《关于进一步加强校园贷规范管理工作的通知》，严厉打击行业内出现的滥发高利贷、暴力催收、裸条贷款等违法违规现象。

8月23日，中国银行业监督管理委员会发布了《网络借贷信息中介机构业务活动信息披露指引》。至此，网贷行业的银行存管、备案、信息披露三大主要合规政策均已制定，网贷行业“1＋3”制度框架基本搭建完成，初步形成了较为完善的制度政策体系。

在支付领域，中国人民银行出台了一系列有关备付金管理、跨机构清算、条码支付等业务的管理规定。

2017年1月13日，中国人民银行印发了《中国人民银行办公厅关于实施支付机构客户备付金集中存管有关事项的通知》，自2017年4月17日起，支付机构应将客户备付金按照一定比例交存至指定机构专用存款账户。

2017 年 8 月 4 日，中国人民银行支付结算司发布《关于将非银行支付机构网络支付业务由直连模式迁移至网联平台处理的通知》，要求“自 2018 年 6 月 30 日起，支付机构受理的涉及银行账户的网络支付业务全部通过网联平台处理”“各银行和支付机构应于 2017 年 10 月 15 日前完成接入网联平台和业务迁移相关准备工作”。

2017 年 12 月 27 日，中国人民银行发布《中国人民银行关于印发〈条码支付业务规范（试行）〉的通知》，配套印发了《条码支付安全技术规范（试行）》和《条码支付受理终端技术规范（试行）》，对当前日渐放开的条码（二维码）支付的相关技术及业务进行规范。

此外，2017 年 9 月中国人民银行等七部委共同发布了《关于防范代币发行融资风险的公告》，实质上在中国大陆境内取缔了数字加密货币的发行。

（四）加强互联网域名管理

域名是互联网基础资源，域名系统是国家基础信息网络的组成部分，就如同大厦的地基，是影响互联网安全的关键一环。2016 年 11 月，CN 域名注册保有量超过 2000 万，是全球第一个注册保有量突破 2000 万大关的国家和地区顶级域名（ccTLD）。面对数量如此之大、增速如此之快的域名，加强域名管理尤为重要。

2017 年 8 月 16 日，工业和信息化部公布了修订后的《互联网域名管理办法》。修订后的《互联网域名管理办法》分为总则、域名管理、域名服务、监督检查、罚则和附则等 6 章，共 58 条，主要强化了属地化管理，明确了部和省级通信管理局的职责分工；进一步完善了域名服务许可制度；规范了域名注册服务活动；完善了域名注册信息登记和个人信息保护制度；加强了事中事后监管，完善了违法从事域名服务的法律责任。

（五）包容审慎，有效监管共享单车

2016 年、2017 年是我国互联网租赁自行车（俗称“共享单车”）快速

扩张的两年，遍布街头的共享单车满足了公众短距离出行需求，但同时也引发了车辆乱停乱放、押金监管、企业恶性竞争等问题。甚至在上海、福州、郑州等地，还陆续出现未成年人骑行共享单车引发交通事故致死的案件。共享单车在赞美和争议中跌跌撞撞一路前行。截至2017年7月，全国共有互联网租赁自行车运营企业近70家，累计投放车辆超过1600万辆，注册人数超过1.3亿人次，累计服务超过15亿人次。

2017年8月3日，交通运输部、中央宣传部、中央网信办、国家发展改革委、工业和信息化部、公安部、住房城乡建设部、人民银行、质检总局、国家旅游局十部门联合出台《关于鼓励和规范互联网租赁自行车发展的指导意见》（以下简称“《指导意见》”）。《指导意见》坚持问题导向、鼓励创新、统筹协调等三项起草原则，合计5部分16条内容，肯定了互联网租赁自行车发展对方便群众短距离出行、构建绿色低碳交通体系的积极作用，明确了互联网租赁自行车在城市综合交通运输体系中的定位，提出要按照“服务为本、改革创新、规范有序、属地管理、多方共治”的基本原则，从实施鼓励发展政策、规范运营服务行为、保障用户资金和网络信息安全、营造良好发展环境四个方面，鼓励和规范互联网租赁自行车发展，进一步提升服务水平，更好地满足人民群众的出行需求。

（六）推进传统产业与互联网融合发展

“互联网+”概念于2012年在业界首次提出，并在2015年国务院政府工作报告率先提倡，目的在于将移动互联网、云计算、大数据、物联网等技术与传统行业相结合，进而推动传统行业升级。2015年7月4日，国务院印发《国务院关于积极推进“互联网+”行动的指导意见》，加速了互联网由消费领域向生产领域拓展。

2017年10月10日，农业厅公布《关于开展农业特色互联网小镇建设试点的指导意见》，进一步规范了农业特色互联网小镇建设，厘清了建设的总体思路、融资模式、重点任务和机制路径。

10月30日，国家林业局发布《关于促进中国林业移动互联网发展的指导意见》，意见提出到2020年，通过实施中国林业移动互联网发展战略，移动互联网应用与林业主体业务实现基本融合，林业主体业务智能化水平明显提升。到2025年，构建起较为完善的林业移动互联网应用体系、创新体系和管理体系，林业主体业务通过移动互联网应用在转变工作模式、提升工作效率、提高业务质量等方面取得重大突破。

12月8日，国家中医药管理局发布《关于推进中医药健康服务与互联网融合发展的指导意见》，从深化中医医疗与互联网融合、发展中医养生保健互联网服务等方面绘就我国“互联网+中医药”的发展路线图，要求充分发挥中医药特色优势，大力拓展中医药健康服务与互联网融合的广度和深度，着力创新中医药健康服务模式，释放发展潜力和活力；同时明确提出，到2030年，以中医药理论为指导、互联网为依托、融入现代健康管理理念的中医药健康服务模式形成并加快发展。

五　网络法治趋势展望

（一）2017年网络法治特点

党的十九大报告多次提到互联网，明确提出建设“网络强国”，互联网发展将进入全新的时代，在经济发展中的地位将更加重要。2017年网络法治的特点主要体现在以下三方面。

第一，强调网络立法和国家战略的契合。

2017年我国针对互联网不同发展领域出台了一系列国家战略、规划，如《网络空间国际合作战略》《云计算发展三年行动计划（2017～2019）》《新一代人工智能发展规划》《推进互联网协议第六版（IPv6）规模部署行动计划》等，不断完善网络空间顶层设计，确保我国网络空间治理的统一谋划、统一部署、统一推进、统一实施。这一系列国家战略、规划已经成为我国互联网立法的指南性文件，推动网络法治的有序开展。

第二，围绕《网络安全法》实施，加快完善互联网法律体系建设，严格落实相关法律法规，强化执法效果。

2017 年，备受瞩目的《网络安全法》正式施行，为中国网络立法搭建了基本框架，在互联网安全领域处于统领性地位。《网络安全法》明确规定了网络运营者、关键信息基础设施运营者、网络产品和服务提供者、个人信息控制者等应承担的法律责任，以及对存在违规行为的组织和个人处以罚款或其他制裁措施。为确保《网络安全法》有效实施，保证《网络安全法》设立的相关制度顺利落地，围绕网络空间国际合作、网络人才培养、网络安全监测预警与应急处置等制度，2017 年相关部门加强联动，出台了一系列部门规章、规范性文件，建立起更加缜密的互联网法律体系。如国家互联网信息办公室与外交部共同发布《网络空间国际合作战略》，从战略高度用“四项原则、六大目标、九大行动计划”为我国网络空间国际合作谋篇布局；国家互联网信息办公室、教育部联合印发《一流网络安全学院建设示范项目管理办法》，加强网络人才建设。

从《网络安全法》的出台、施行，到《互联网新闻信息服务管理规定》《互联网信息内容管理行政执法程序规定》《网络产品和服务安全审查办法（试行）》《公共互联网网络安全威胁监测与处置办法》《公共互联网网络安全突发事件应急预案》等一系列配套规章、规范性文件的公布，我国网络空间立法不断具体、细化，加快了互联网法律制度体系的完善。为确保这些相关法律法规的有效实施，监管部门进行了一系列的执法及执法检查工作，与《网络安全法》相关的执法行为逐渐走向常态。

2017 年出台的《网络安全法》部分配套法律法规制度及标准

文件类别	名称	发布部门	发布时间
国家战略	《网络空间国际合作战略》	外交部、国家互联网信息办公室	3 月 1 日
部门规章	《互联网新闻信息服务管理规定》	国家互联网信息办公室	5 月 2 日
规范性文件	《网络产品和服务安全审查办法（试行）》	国家互联网信息办公室	5 月 2 日

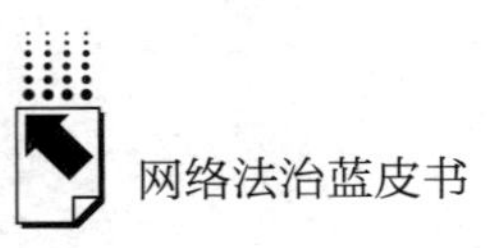

续表

文件类别	名称	发布部门	发布时间
规范性文件	《网络关键设备和网络安全专用产品目录（第一批）》	国家互联网信息办公室会同工业和信息化部、公安部、国家认证认可监督管理委员会	6月9日
规范性文件	《公共互联网网络安全威胁监测与处置办法》	工业和信息化部	8月9日
规范性文件	《公共互联网网络安全突发事件应急预案》	工业和信息化部	11月14日
规范性文件	《新闻出版广播影视网络安全事件应急预案（试行）》	国家新闻出版广电总局	2月16日
规范性文件	《一流网络安全学院建设示范项目管理办法》	中央网信办、教育部	8月8日
规范性文件	《国家网络安全事件应急预案》	中央网信办	1月10日
立法草案	《个人信息和重要数据出境安全评估办法（征求意见稿）》	国家互联网信息办公室	4月11日
立法草案	《关键信息基础设施安全保护条例（征求意见稿）》	国家互联网信息办公室	7月11日
国家标准	《信息安全技术　个人信息安全规范》	全国信息安全标准化技术委员会	12月29日
国家标准草案	《数据出境安全评估指南》	全国信息安全标准化技术委员会	8月25日
国家标准草案	《信息安全技术　关键信息基础设施安全检查评估指南（征求意见稿）》	全国信息安全标准化技术委员会	8月30日
国家标准草案	《信息安全技术　关键信息基础设施安全保障评价指标体系（征求意见稿）》	全国信息安全标准化技术委员会	8月30日
国家标准草案	《信息安全技术　个人信息去标识化指南（征求意见稿）》	全国信息安全标准化技术委员会	8月25日

第三，狠抓互联网信息内容监管，针对不同平台实行差异化治理。

信息内容一直都是互联网治理工作的重点，党的十九大报告明确强调，要“加强互联网内容建设，建立网络综合治理体系，营造清朗的网络空间”。2017 年，为营造清朗的网络空间，维护良好网络生态，国家互联网信息办公室相继出台《互联网信息内容管理行政执法程序规定》《网络产品和服务安全审查办法（试行）》《互联网新闻信息服务新技术新应用安全评估管理规定》《互联网新闻信息服务单位内容管理从业人员管理办法》等规定，规范和保障互联网信息内容管理部门依法履行行政执法职责。

针对与微博等开放性平台不同的半封闭性的QQ群、微信群、公众号等平台，国家互联网信息办公室专门制定了《互联网论坛社区服务管理规定》《互联网跟帖评论服务管理规定》《互联网群组信息服务管理规定》《互联网用户公众账号信息服务管理规定》等，对不同平台实行差异化治理，强化各个平台的主体责任，促进互联网信息服务健康有序发展。

2017年12月29日，国家互联网信息办公室指导北京市互联网信息办公室，针对今日头条、凤凰新闻手机客户端持续传播色情低俗信息、违规提供互联网新闻信息服务等问题，分别约谈两家企业负责人，责令企业立即停止违法违规行为。今日头条手机客户端“推荐”、“热点”、“社会”、“图片”、“问答”、“财经”6个频道自2017年12月29日18时至12月30日18时暂停更新24小时，凤凰新闻手机客户端“头条”、“推荐”2个频道自2017年12月29日18时至12月30日6时暂停更新12小时。

（二）2018年网络空间立法展望

第一，全面落实《网络安全法》配套制度立法。自《网络安全法》施行以来，各项配套制度相继以规章、规范性文件形式出台。2018年，重点仍在于完善并持续推进各配套制度立法。《关键信息基础设施安全保护条例（征求意见稿）》《个人信息和重要数据出境安全评估办法（征求意见稿）》《互联网新业务安全评估管理办法（征求意见稿）》等将逐步推进，部分规定将陆续出台，使互联网法律体系更为完善。

第二，内容治理依旧是立法重点。互联网内容治理事关国家意识形态安全，特别是互联网新闻信息领域，将在很长一段时期内处于“重者恒重”的地位。一方面，具有媒体属性及社会动员能力的互联网平台正飞速成长，这些平台自身不生产内容，但是却拥有海量的内容，并且它们的影响力逐渐趋于集中化，内容治理的重点将停留在对主要网络平台的治理。另一方面，互联网平台的主要内容来源是个人用户生成的内容（UGC），这些内容在体量上远远大于专业的媒体机构用户生产的内容（PGC），这必将引发内容监管对象从互联网新闻信息服务从业人员的覆盖到用户生产的规范化管理并重。

第三，个人信息保护法立法进程加快。2018 年 1 月 3 日，支付宝发布了年度账单，但其首页设置的“我同意《芝麻服务协议》”的默认选项却引发用户质疑个人信息被利用；1 月 5 日，江苏省消费者权益保护委员会在官网发布消息称，针对北京百度网讯科技有限公司涉嫌违法获取消费者个人信息等相关问题，江苏省消保委于 2017 年 12 月 11 日提起消费民事公益诉讼。两家互联网巨头因为用户个人信息问题在 2018 年伊始就陷入了公众舆论漩涡，个人信息保护工作再次引发公众热议。2018 年应将加快推进个人信息保护立法，加大个人信息保护工作力度，通过专门立法明确个人信息保护可操作的标准等，确立切实有效的法律保障。

第四，《电子商务法》成为重头戏。根据工商 12345 系统统计，2017 年上半年全国电子商务投诉达 18351 件，占总投诉量的 79.07%。特别是各大平台推出电商节后，“双十一”“618”等电商节都是网民投诉的高峰期，更是电子商务领域问题暴露与矛盾凸显的重要时点。《电子商务法》作为我国电子商务领域的基本法律，自 2013 年 12 月 27 日全国人大常委会召开电子商务法第一次起草会议正式启动，到 2016 年 12 月 25 日该法进入一审，终于在 2018 年 8 月 31 日通过，并将于 2019 年 1 月 1 日实施。

第五，未成年人保护立法即将出台。截至 2018 年 6 月，我国网民规模为 8.02 亿，仍旧以 10～39 岁群体为主，占整体的 70.8%。其中 10 岁以下群体占比为 3.6%，10～19 岁群体占比为 18.2%。为维护未成年上网群体合法权益，牢筑未成年人上网法律防线，我国在 2014 年就已经将《未成年人网络保护条例》纳入国务院立法工作计划，2017 年《未成年人网络保护条例（送审稿）》已经完成公开征求意见。

第六，人工智能立法成为新课题。2017 年，国务院在《新一代人工智能发展规划》中提出，“建立人工智能法律法规、伦理规范和政策体系，形成人工智能安全评估和管控能力”。工业和信息化部公布的《促进新一代人工智能产业发展三年行动计划》中指出，“开展人工智能相关政策和法律法规研究，为产业健康发展营造良好环境”。随着“无人驾驶”“无人超市”“智能家居”“智能医疗”等人工智能场景落地，势必对现有社会法律关系产生巨大影响，针对人工智能领域的立法也必将成为新的课题。

第七，加强区块链及衍生的数字加密货币立法监管。我国关于数字加密货币的监管源于 2013 年中国人民银行等五部委联合印发的《关于防范比特币风险的通知》（简称“五部委通知”），五部委通知明确了加密数字货币性质，将其与正规金融服务隔离，并且强调了要加强平台监管。2017 年 9 月，中国人民银行等七部委共同发布了《关于防范代币发行融资风险的公告》，这个公告从根本上否定了数字加密货币在我国境内的发行。与数字加密货币监管不断收紧的势头不同，我国目前并没有针对区块链技术的专门立法。但 2018 年 10 月，国家互联网信息办公室下发《区块链信息服务管理规定（征求意见稿）》，可见区块链行业立法已被提上日程。

第八，数据立法迫在眉睫。2017 年 6 月 1 日，菜鸟网络官方微博发布顺丰暂停其物流数据接口的声明：5 月 31 日晚上 6 时，菜鸟接到顺丰发出的数据接口暂停告知；6 月 1 日凌晨，顺丰关闭了自提柜的数据信息回传；6 月 1 日中午，顺丰进一步关闭整个淘宝平台物流信息的回传。随后，顺丰在其官方微博回应称：菜鸟 5 月份基于自身商业利益出发，要求丰巢提供与其无关的客户隐私数据，丰巢本着“客户第一”的原则拒绝了这一不合理要求；菜鸟单方面于 6 月 1 日 0 点切断丰巢信息接口；并且阿里系平台已将顺丰从物流选项中剔除，菜鸟同时封杀第三方平台接口。

从 2013 年百度诉 360 违反 robots 协议案，到 2015 年新浪诉脉脉非法抓取微博用户数据案，到2016年大众点评诉百度地图抓取用户点评信息案，再到2017年顺丰与菜鸟有关物流数据接口的争议以及新浪与今日头条有关微博内容抓取的争议，互联网市场关于数据的争夺战愈演愈烈，这些商业利益争夺背后更值得关注的是数据权属界定、立法跟进、数据安全、合理使用等一系列问题。习近平总书记曾指出，“当今世界，科技进步日新月异，互联网、云计算、大数据等现代信息技术深刻改变着人类的思维、生产、生活、学习方式，深刻展示了世界发展的前景”。大数据作为一种资源已经进入市场，但立法缺乏必要的规制，不免令人担忧。比如经常为公众所诟病的“大数据杀熟”现象，商家利用大数据技术对用户的消费习惯、行为偏好进行识别，对不同消费者进行差别定价，从而实现了经济学上很难实现的一级价格歧视。这些因大数据技术的使用引发的社会问题都需要国家从立法层面进行细化，以维护大数据时代公众的网络隐私及其他合法权益。

第九，无人驾驶技术亟待立法规制。2017年7月5日，百度AI开发者大会上，百度CEO李彦宏直播了一段乘坐无人驾驶汽车的画面，在连线中，李彦宏称，自己和百度智能汽车事业部总经理顾维灏乘坐的无人车已经驶上北京的五环高速，行驶过程中无论启动、转弯还是刹车都很平稳。通过连线画面可以看到，百度无人车实现了完全无人操作的自主驾驶。此举在网络引发热议，公众都对“无人驾驶”汽车路测的合法性产生质疑。11月17日，李彦宏对7月份的“无人车上北京五环被交警查处”事件进行了回应，确认收到了一张罚单。

无人驾驶技术在公众的争议声中不断发展，但是我国现行的法律法规与无人驾驶技术的发展并不相适应，对无人驾驶机动车辆的道路安全管理责任、交通事故责任认定、无人驾驶机动车辆的质量标准等公众关心的问题尚无具体规定。为鼓励新技术的发展应用，无人驾驶机动车辆的相关政策法律法规应该迅速加以制定和完善，为无人驾驶机动车辆的研发、测试和商业化应用提供制度保障。

六 附录

文件类别	名称	公布时间	实施时间	发布部门
战略规划	信息通信网络与信息安全规划(2016～2020)	2017年1月20日	2017年1月20日	工业和信息化部
	网络空间国际合作战略	2017年3月1日	2017年3月1日	外交部、国家互联网信息办公室
	云计算发展三年行动计划(2017～2019年)	2017年3月30日	2017年3月30日	工业和信息化部
	新一代人工智能发展规划	2017年7月8日	2017年7月8日	国务院
	工业电子商务发展三年行动计划	2017年9月11日	2017年9月11日	工业和信息化部
	推进互联网协议第六版(IPv6)规模部署行动计划	2017年11月26日	2017年11月26日	中共中央办公厅、国务院办公厅
	关于深化“互联网＋先进制造业”发展工业互联网的指导意见	2017年11月19日	2017年11月19日	国务院
	促进新一代人工智能产业发展三年行动计划(2018～2020年)	2017年12月13日	2017年12月13日	工业和信息化部
综合性立法	网络安全法	2016年11月7日	2017年6月1日	全国人民代表大会常务委员会
个人信息和重要数据保护	未成年人网络保护条例(送审稿)	N/A		国务院
	《民法总则》第111条	2017年3月15日	2017年10月1日	全国人民代表大会
	个人信息和重要数据出境安全评估办法(征求意见稿)	N/A		国家互联网信息办公室
	测绘法(修正案)第47条	2017年4月27日	2017年7月1日	全国人民代表大会常务委员会
	关于办理侵犯公民个人信息刑事案件适用法律若干问题的解释	2017年5月8日	2017年6月1日	最高人民法院、最高人民检察院
	信息安全技术　个人信息安全规范	2017年12月29日	2018年5月1日	全国信息安全标准化技术委员会
	信息安全技术　个人信息去标识化指南(征求意见稿)	N/A		全国信息安全标准化技术委员会
	信息安全技术　数据出境安全评估指南(征求意见稿)	N/A		全国信息安全标准化技术委员会

续表

文件类别	名称	公布时间	实施时间	发布部门
网络安全等级保护	公安物联网信息系统安全等级保护要求	2017年12月29日	2017年12月29日	国家质量监督检验检疫总局、国家标准化管理委员会
	信息安全技术 网络安全等级保护基本要求(征求意见稿)	N/A		全国信息安全标准化技术委员会
	信息安全技术 网络安全等级保护设计技术要求(征求意见稿)	N/A		全国信息安全标准化技术委员会
	信息安全技术 网络安全等级保护测评要求(征求意见稿)	N/A		全国信息安全标准化技术委员会
关键信息基础设施保护	工业控制系统信息安全事件应急管理工作指南	2017年5月31日	2017年7月1日	工业和信息化部
	工业控制系统信息安全防护能力评估工作管理办法	2017年7月31日	2017年9月1日	工业和信息化部
	关键信息基础设施安全保护条例(征求意见稿)	N/A		国家互联网信息办公室
	信息安全技术 关键信息基础设施安全检查评估指南(征求意见稿)	N/A		全国信息安全标准化技术委员会
	信息安全技术 关键信息基础设施安全保障评价指标体系(征求意见稿)	N/A		全国信息安全标准化技术委员会
	关键信息基础设施识别指南	N/A		国家互联网信息办公室、工信部、公安部门等部门
	信息安全技术 关键信息基础设施网络安全保护要求	N/A		全国信息安全标准化技术委员会
应急处置	国家网络安全事件应急预案	2017年1月10日	2017年1月10日	中央网络安全和信息化领导小组办公室
	公共互联网网络安全威胁监测与处置办法	2017年8月9日	2018年1月1日	工业和信息化部
	公共互联网网络安全突发事件应急预案	2017年11月14日	2017年11月14日	工业和信息化部
	信息安全技术 网络攻击定义及描述规范(征求意见稿)	N/A		全国信息安全标准化技术委员会
	信息安全技术 网络安全事件应急演练通用指南(征求意见稿)	N/A		全国信息安全标准化技术委员会
	信息安全技术 网络安全威胁信息表达模型(征求意见稿)	N/A		全国信息安全标准化技术委员会
	信息安全技术 网络安全漏洞发现与报告管理制度	N/A		全国信息安全标准化技术委员会

续表

文件类别	名称	公布时间	实施时间	发布部门
网络内容监管	互联网新闻信息服务管理规定	2017年5月2日	2017年6月1日	国家互联网信息办公室
	互联网信息内容管理行政执法程序规定	2017年5月2日	2017年6月1日	国家互联网信息办公室
	互联网新闻信息服务许可管理实施细则	2017年5月22日	2017年6月1日	国家互联网信息办公室
	互联网跟帖评论服务管理规定	2017年8月23日	2017年10月1日	国家互联网信息办公室
	互联网论坛社区服务管理规定	2017年8月25日	2017年10月1日	国家互联网信息办公室
	互联网用户公众账号信息服务管理规定	2017年9月7日	2017年10月8日	国家互联网信息办公室
	互联网群组信息服务管理规定	2017年9月7日	2017年10月8日	国家互联网信息办公室
	互联网新闻信息服务新技术新应用安全评估管理规定	2017年10月30日	2017年12月1日	国家互联网信息办公室
	互联网新闻信息服务单位内容管理从业人员管理办法	2017年10月30日	2017年12月1日	国家互联网信息办公室
网络产品和服务	网络产品和服务安全审查办法（试行）	2017年5月1日	2017年6月1日	国家互联网信息办公室
	互联网新业务安全评估管理办法（征求意见稿）	2017年6月8日	2017年7月9日	工业和信息化部
	网络关键设备和网络安全专用产品目录（第一批）	2017年6月1日	2017年6月1日	国家互联网信息办公室、工业和信息化部、公安部、国家认证认可监督管理委员会
	信息安全技术 网络产品和服务安全通用要求（征求意见稿）	N/A		全国信息安全标准化技术委员会
	信息安全技术 信息技术产品安全检测机构条件和行为准则（征求意见稿）	N/A		全国信息安全标准化技术委员会
	信息安全技术 信息技术产品安全可控评价指标（征求意见稿）	N/A		全国信息安全标准化技术委员会
	医疗器械网络安全注册技术审查指导原则	N/A		全国信息安全标准化技术委员会

续表

文件类别	名称	公布时间	实施时间	发布部门
网络视听服务	关于调整《互联网视听节目服务业务分类目录(试行)》的通告	2017年3月10日	2017年3月10日	国家新闻出版广电总局
	关于进一步加强网络视听节目创作播出管理的通知	2017年5月16日	2017年5月16日	国家新闻出版广电总局
	网络视听节目内容审核通则	2017年6月30日	2017年6月30日	中国网络视听节目服务协会
	关于加强网络视听节目领域涉医药广告管理的通知	2017年7月27日	2017年7月27日	国家新闻出版广电总局
	新闻出版广播影视“十三五”发展规划(公开版)	2017年9月20日	2017年9月20日	国家新闻出版广电总局
	关于电视剧网络剧制作成本配置比例的意见	2017年9月22日	2017年9月22日	中国广播电影电视社会组织联合会电视制片委员会、中国广播电影电视社会组织联合会演员委员会、中国电视剧制作产业协会、中国网络视听节目服务协会
	关于加强广播电视节目网络传播管理的通知	2017年10月11日	2017年10月11日	国家新闻出版广电总局
网络犯罪	关于办理扰乱无线电通讯管理秩序等刑事案件适用法律若干问题的解释	2017年6月27日	2017年7月1日	最高人民法院、最高人民检察院
	关于利用网络云盘制作、复制、贩卖、传播淫秽电子信息牟利行为定罪量刑问题的批复	2017年11月22日	2017年12月1日	最高人民法院、最高人民检察院
网络人才	一流网络安全学院建设示范项目管理办法	2017年8月8日	2017年8月8日	中央网络安全和信息化领导小组办公室、教育部
移动互联网	关于促进移动互联网健康有序发展的意见	2017年1月1日	2017年1月1日	中共中央办公厅、国务院办公厅
	移动互联网综合标准化体系建设指南	2017年7月25日	2017年7月25日	工业和信息化部
	关于促进中国林业移动互联网发展的指导意见	2017年10月23日	2017年10月23日	国家林业局
	信息安全技术 移动互联网应用服务器安全技术要求	2017年12月29日	2018年7月1日	国家质量监督检验检疫总局、国家标准化管理委员会

续表

文件类别	名称	公布时间	实施时间	发布部门
互联网金融	网络借贷资金存管业务指引	2017年2月22日	2017年2月22日	中国银行业监督管理委员会
	网络借贷信息中介机构业务活动信息披露指引	2017年8月23日	2017年8月23日	中国银行业监督管理委员会
	关于网络“一元购”业务的定性和处置意见	2017年7月19日	2017年7月19日	互联网金融风险专项整治工作领导小组办公室
	关于立即暂停批设网络小额贷款公司的通知	2017年11月21日	2017年11月21日	互联网金融风险专项整治工作领导小组办公室
	关于规范整顿“现金贷”业务的通知	2017年12月1日	2017年12月1日	互联网金融风险专项整治工作领导小组办公室、P2P网络借贷风险专项整治工作领导小组办公室
	条码支付业务规范（试行）	2017年12月25日	2018年4月1日	中国人民银行
电子政务	政务信息系统整合共享实施方案	2017年5月3日	2017年5月3日	国务院办公厅
	政府网站发展指引	2017年6月18日	2017年6月18日	国务院办公厅
	政务信息资源目录编制指南（试行）	2017年6月30日	2017年6月30日	国家发展和改革委员会、中共中央网络安全和信息化领导小组办公室
	基于云计算的电子政务公共平台管理规范	2017年7月31日	2017年11月1日	国家质量监督检验检疫总局、国家标准化管理委员会
	加快推进“互联网＋政务服务”工作方案	2017年9月24日	2017年9月24日	国家知识产权局
	信息安全技术 电子政务移动办公系统安全技术规范	2017年12月29日	2018年7月1日	国家质量监督检验检疫总局、国家标准化管理委员会

续表

文件类别	名称	公布时间	实施时间	发布部门
电子商务	网络购买商品七日无理由退货暂行办法	2017 年 1 月 6 日	2017 年 3 月 15 日	国家工商行政管理总局
	《反不正当竞争法》第 12 条	2017 年 11 月 4 日	2018 年 1 月 1 日	全国人民代表大会常务委员会
	网络交易违法失信惩戒暂行办法(征求意见稿)	N/A		国家工商行政管理总局
	关于加强互联网药品医疗器械交易监管工作的通知	2017 年 11 月 1 日	2017 年 11 月 1 日	国家食品药品监管总局办公厅
	网络餐饮服务食品安全监督管理办法	2017 年 11 月 6 日	2018 年 1 月 1 日	国家食品药品监督管理总局
	电子商务法(草案二次审议稿)	2017 年 11 月 7 日		全国人民代表大会常务委员会
	互联网药品信息服务管理办法(2017 修正)	2017 年 11 月 17 日	2017 年 11 月 17 日	国家食品药品监督管理总局
	网络零售标准化建设工作指引	2017 年 11 月 21 日	2017 年 11 月 21 日	商务部办公厅、国家标准委办公室
	医疗器械网络销售监督管理办法	2017 年 12 月 20 日	2018 年 3 月 1 日	国家食品药品监督管理总局
互联网域名	互联网域名管理办法	2017 年 8 月 24 日	2017 年 11 月 1 日	工业和信息化部
	关于规范互联网信息服务使用域名的通知	2017 年 11 月 27 日	2018 年 1 月 1 日	工业和信息化部
其他	关于开展农业特色互联网小镇建设试点的指导意见	2017 年 10 月 10 日	2017 年 10 月 10 日	农业部
	关于深化“互联网 + 先进制造业”发展工业互联网的指导意见	2017 年 11 月 19 日	2017 年 11 月 19 日	国务院
	关于推进中医药健康服务与互联网融合发展的指导意见	2017 年 12 月 4 日	2017 年 12 月 4 日	国家中医药管理局
	关于鼓励和规范互联网租赁自行车发展的指导意见	2017 年 8 月 1 日	2017 年 8 月 1 日	交通运输部、中宣部
	密码法(草案征求意见稿)	N/A		国家密码管理局
	电信业务经营许可管理办法	2017 年 7 月 3 日	2017 年 9 月 1 日	工业和信息化部
	关于发布《慈善组织互联网公开募捐信息平台基本技术规范》等 2 项行业标准的公告	2017 年 7 月 20 日	2017 年 8 月 1 日	民政部
	关于清理规范互联网网络接入服务市场的通知	2017 年 1 月 17 日	2017 年 1 月 18 日	工业和信息化部

《网络安全法》行政执法相关处罚案例

案例	处罚行为	处罚措施	法律依据
广东省网信办对腾讯公司微信公众号平台存在用户传播暴力恐怖、虚假信息、淫秽色情等危害国家安全、公共安全、社会秩序的信息问题依法展开立案调查	腾讯公司微信公众号平台存在用户传播暴力恐怖、虚假信息、淫秽色情等危害国家安全、公共安全、社会秩序的信息；新浪微博对其用户发布传播“淫秽色情信息、宣扬民族仇恨信息及相关评论信息”未尽到管理义务；百度贴吧对其用户发布传播“淫秽色情信息、暴力恐怖信息帖文及相关评论信息”未尽到管理义务	对腾讯公司、新浪微博作出最高罚款的处罚决定； 对百度贴吧作出从重罚款的处罚决定	《网络安全法》第47条、第68条
北京市网信办依据《网络安全法》就新浪微博对其用户发布传播“淫秽色情信息、宣扬民族仇恨信息及相关评论信息”未尽到管理义务以及百度贴吧对其用户发布传播“淫秽色情信息、暴力恐怖信息帖文及相关评论信息”未尽到管理义务的违法行为，分别作出行政处罚			
北京市网信办、天津市网信办联合约谈了李文星之死的直接涉事招聘网站BOSS直聘法定代表人，要求该网站整改网站招聘信息	为未提供真实身份信息的用户提供信息发布服务；未采取有效措施对用户发布传输的信息进行严格管理，导致违法违规信息扩散	责令改正	《网络安全法》第24条、第61条、第47条、第68条
广东汕头网警支队在对该市网络安全等级保护重点单位进行执法检查时发现，汕头市某信息科技有限公司于2015年11月向公安机关报备的信息系统安全等级为第三级，经测评合格后投入使用，但2016年至今未按规定定期开展等级测评	未按规定履行网络安全等级测评义务	警告并责令其改正	《网络安全法》第21条、第59条第1款

续表

案例	处罚行为	处罚措施	法律依据
北京市网信办、北京市规划国土委就违法违规发布“大棚房”租售信息一事，联合依法约谈58同城、赶集网、百度等网站	58同城、赶集网、百度等网站违法违规发布“大棚房”租售信息	责令整改	《网络安全法》第47条、第68条，《互联网新闻信息服务管理规定》第16条、第25条
广东省通信管理局连续依法查处了广州荔支网络技术有限公司、深圳市三人网络科技有限公司、广州市动景计算机科技有限公司、阿里云计算有限公司等四家互联网企业违反《网络安全法》案件	广州荔支网络技术有限公司发现用户利用其荔枝FM网络平台发布和传播违法有害信息未立即停止传输，防止信息扩散，保存有关记录并向主管部门报告；深圳市三人网络科技有限公司未要求用户提供真实身份信息提供网络电话服务，存在被利用从事信息通信诈骗活动的安全隐患；广州市动景计算机科技有限公司提供的UC浏览器智能云加速产品服务存在安全缺陷和漏洞风险，未能及时全面检测和修补，已被用于传播违法有害信息，造成不良影响；阿里云计算有限公司为用户提供网络接入服务未落实真实身份信息登记和网站备案相关要求，导致用户假冒其他机构名义获取网站备案主体资格	对广州荔支网络技术有限公司责令立即整改，并给予警告，要求该公司切实落实信息服务管理责任；对深圳市三人网络科技有限公司责令立即整改，罚款五万元，并责令停业整顿，关闭网站；对广州市动景计算机科技有限公司责令立即整改，采取补救措施，并要求其开展通信网络安全防护风险评估，建立新业务上线前安全评估机制和已上线业务定期核查机制，对已上线网络产品服务进行全面检查，排除安全风险隐患；对阿里云计算有限公司责令立即整改，切实落实网站备案真实性核验要求	《网络安全法》第22条第1款、第24条第1款、第47条、第61条、第68条，《互联网信息服务管理办法》第16条、第23条，《电话用户真实身份信息登记规定》第17条
重庆公安局网安总队在日常检查中发现，重庆市某科技发展有限公司自《网络安全法》正式实施以来，在提供互联网数据中心服务时，存在未依法留存用户登录相关网络日志的违法行为	未依法留存用户登录相关网络日志	警告并责令其改正	《网络安全法》第21、第59条
山西忻州市某省直事业单位网站存在SQL注入漏洞，严重威胁网站信息安全，连续被国家网络与信息安全信息通报中心通报	未按照网络安全等级保护制度的要求，采取防范计算机病毒和网络攻击、网络侵入等危害网络安全行为的技术措施	警告并责令其改正	《网络安全法》第21条、第59条

专 题 报 告

Special Reports

B.2

以网络安全标准化推动网络空间法治化

左晓栋　周亚超*

摘　要： 网络安全标准化是网络空间法治化的基础，是国家治理乃至参与全球治理的重要工具。中央网信办、国家质检总局、国家标准委已于2016年8月联合印发《关于加强国家网络安全标准化工作的若干意见》，有针对性地部署了网络安全标准化工作的重点任务。但我国标准化工作仍存在一系列问题，如工作机制缺乏统筹协调，重大项目成果未能有效转化成标准，标准缺失老化滞后、交叉重复矛盾，标准的实施监督力度和实施效益有待提高，国际标准化水平不高，基础性研究经费投入不足等，亟待解决。

关键词： 网络安全　标准　治理　法治

---

* 左晓栋，中国信息安全研究院教授级高级工程师，副院长；周亚超，中国信息安全研究院高级工程师。

网络安全标准化是网络安全保障体系建设的重要组成部分，是维护国家利益和保障国家安全极为重要的技术支撑，是抓好网络安全工作的重要切入点。特别是，标准是一种具有规范性意义的重要技术文件，强制性标准则相当于国外的技术性法规。因此，健全、完善的网络安全标准是网络空间法治化的基础。党的十八大以来，以习近平同志为核心的党中央从总体国家安全观出发，就网络安全问题提出了一系列新思想新观点新论断，并对加强国家网络安全标准化工作提出新要求。

为适应国家网络安全工作的新形势新任务，落实党中央的要求，落实国家标准化工作改革方案，进一步发挥网络安全标准在保障国家安全、促进产业发展、维护公民利益等方面的基础性、规范性作用，2016 年 8 月 12 日，中央网信办、质检总局、国家标准委联合印发了《关于加强国家网络安全标准化工作的若干意见》（以下简称“《若干意见》”）。这份经中央网络安全和信息化领导小组批准的文件，面向建设网络强国的宏伟目标，部署了当前和今后一个时期国家网络安全标准化工作的重点任务。文件内容丰富、措施有力、针对性强，将构建统一权威、科学高效的网络安全标准体系和标准化工作机制。

一　法规政策要求

2016 年 11 月 7 日，第 12 届全国人民代表大会常务委员会第 24 次会议通过《中华人民共和国网络安全法》（以下简称“《网络安全法》”），对标准化工作提出了更高的要求，如通过完善标准体系来引导网络安全的防护体系建设，通过制定重要领域的网络安全标准提升整体的安全防护水平，通过标准的强制性要求加强核心领域的网络安全保障。今后一个时期我国网络安全标准化工作的重心就是建立与《网络安全法》相配套的网络安全国家标准体系。

2016 年 12 月 27 日，中央网信办发布《国家网络空间安全战略》（以下简称“《战略》”），从顶层设计的角度明确了保障网络安全的基本要求和主要目标，显示了捍卫网络安全的决心以及开展国际合作的愿望。针对标准化工作，《战略》指出要“加强网络安全标准化和认证认可工作，更多地利用标准规范网络空间行为”，要求深化标准规范领域的国际合作。

2017 年 11 月 4 日，全国人大常委会表决通过了新修订的《中华人民共和国标准化法》。新标准法的修订坚持改革导向、问题导向、实践导向，在对近 30 年来标准化工作全面总结的基础上，重点解决标准化工作中存在的突出问题，充分吸收标准化改革的成果和实践经验，形成了全新的标准体系、管理体制和运行机制，对网络安全标准化工作产生巨大推动作用。

二 《若干意见》编制原则

《若干意见》由质检总局牵头，会同中央网信办、发展改革委、工业和信息化部、公安部、国家密码局、国家保密局等 11 个部门成立联合起草组，征求了中宣部等 18 个部门的意见，达成一致意见后形成《若干意见（草稿)》，请中央网信办报中央网络安全和信息化领导小组各成员进行审改，针对反馈意见逐条修改，形成《若干意见》终稿。《若干意见》在编制过程遵循了以下原则。

一是坚持以习近平总书记网络强国战略思想和系列重要讲话精神为统领。处理好安全和发展、标准制定和产业发展的关系，明确标准化工作在网络安全保障体系建设、构建安全的网络空间等方面的定位。

二是坚持网络安全相关战略规划与标准化工作改革方案相结合。在网络安全领域优化完善各级标准，改进标准制定过程管理，突出重点、补齐短板，以标准支撑网络安全相关战略规划。

三是坚持问题导向。聚焦当前迫切需要解决的突出问题，围绕工作机制、标准质量、实施应用等方面提出有针对性的措施和意见，做到可操作、可实施。

四是坚持国际标准化与国内标准化工作并重。研究提出有效措施，以标

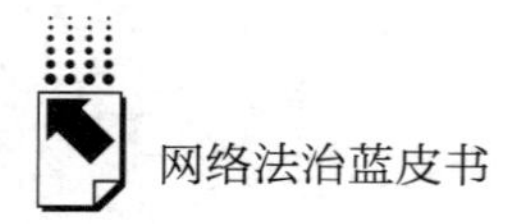

准促进国内技术产业“走出去”；完善相关机制，推动实质性参与国际标准化活动，提高网络安全国际规则和国际标准规则制定的话语权。

三 《若干意见》编制主要内容

《若干意见》从工作机制、标准体系、标准质量、标准宣贯、国际标准化、人才建设、资金保障等七个方面详细提出了当前及今后一段时期我国网络安全标准化工作的重点任务和方向。

一是建立统筹协调、分工协作的工作机制。首先，从国家标准层面来看，网络安全国家标准的统一性和一致性缺乏机制保障。《若干意见》提出了国家标准工作机制要坚持统一谋划、统一部署，由全国信息安全标准化技术委员会（TC260，以下简称“信安标委”）对网络安全国家标准进行统一技术归口，并且在其他标准中涉及网络安全内容的国家标准，也应征求中央网信办的意见，以确保国家标准统一权威，这将有效解决网络安全国家标准的统筹协调问题，这也是《若干意见》关心的极其重要的问题。其次，从国家标准与地方标准、行业标准之间的协调层面，提出要建立网络安全行业标准联络员机制和会商机制，促进行业标准与国家标准的协调和衔接配套，能有效避免行业标准间的交叉矛盾。

网络安全标准应该为产业发展提供强大的牵引力，也应该成为产业的优质孵化物。当前，标准与科技、产业的衔接不够，标准对产业的指导不足，产业中的优秀实践以及一些重大科研成果未能有效转化为标准。因此，在《若干意见》中提出建立产业应用中的标准信息共享机制，重大工程或科研项目成果转化为国家标准，促进标准与科技、产业进行有益互动。

在军民网络安全标准的兼容发展方面，建立军民网络安全标准的协调机制和联络员机制，加强主管部门之间的交流、协调和密切协作。目标上，定位为推动军民标准兼容，促进军民标准的双向交流；在国防领域，优先采用先进适用的国家标准，共同推动基础性标准的军民通用。

二是加强标准体系建设。标准体系建设包含两个层面的内容，一个层面是国家标准层面的技术体系，推动网络安全标准与国家相关法律法规的配套衔接，并兼顾我国在世界贸易组织（WTO）等国际组织中承诺的国际义务，体现了网络安全标准对于法律法规的重要支撑作用；提出了继续完善网络安全标准体系，定期发布网络安全标准体系建设指南等措施。加强标准的顶层设计和规划布局，以体系为指导，确保标准的目标、定位清晰，减少国家标准间的交叉重复。

另一个层面则是广义的标准体系，主要指强制性、推荐性国家标准，行业标准、地方标准等构成的网络安全标准体系之间的关系，突出各级标准之间的协调统一。在网络安全国家标准方面，整合精简强制性标准，在关键信息基础设施保护、涉密网络等涉及国家安全的领域应制定强制性国家标准；优化完善推荐性标准，在基础通用领域制定推荐性国家标准。在行业标准方面，视情适度开展行业标准化工作，在行业特殊需求的领域制定推荐性行业标准，行业标准应该是国家标准的补充和细化，尽量避免与国家标准的交叉和矛盾。在地方标准方面，因其主要满足地方自然条件、民族风俗习惯的特殊技术要求，而网络安全标准很少因为地域差异而有不同的规范要求，因此，原则上网络安全地方标准将不再制定。

围绕国家战略需求，加快开展关键信息基础设施保护、网络安全审查、网络空间可信身份、关键信息技术产品、网络空间保密防护监管、工业控制系统安全、大数据安全、个人信息保护、智慧城市安全、物联网安全、新一代通信网络安全、网络安全信息共享等领域的标准研究和制定工作。截至2017 年 12 月，信安标委正式发布了 200 余项网络安全国家标准，但是对于近年来的国家重点工作支撑力度相对不足，网络安全国家标准应围绕国家重大战略规划提供保障支撑，这些重点领域的标准将是今后一段时期我国网络安全标准的工作重点，有力保障我国网络安全和信息化建设。

三是提升标准质量和基础能力。目前，网络安全上升为国家战略，在新时代新形势下，国家对标准质量和能力提出了更高的要求。《若干意见》从适用性、先进性、规范性等三个方面保障和提高标准的质量，包括提高标准制定的参与度和广泛性，鼓励和吸收更多的企业、高校、科研院所、检测认证机构和用户等各方实质性参与标准制定，及时转化科技创新成果，提升标准的科技含量和技术水平，缩短标准制修订周期，建立完备的网络安全标准制定过程管理制度和工作程序，细化明确各阶段的议事规则，优化标准立项和审批程序等重点措施。针对标准化专业机构，提出了强化基础能力建设的具体措施，如提升标准信息服务能力和标准符合性测试能力，提高标准化综合服务水平，加强网络安全标准化战略与基础理论研究等措施。当前，迫切需要提升国家标准化专业队伍能力，打造国家级标准技术验证和服务的综合平台，汇聚“产学研用”优势创新资源，形成合力，共同支撑国家标准化共性技术研究，支撑网络强国建设。

四是强化标准实施和宣贯。标准的实施和宣贯是标准化工作能否真正服务产业、服务大众的关键环节，标准的实施必须要有正确的引导，确保标准落地“不跑偏”。《若干意见》要求采取多种形式促进标准实施，加强标准的宣贯和推广，促进网络安全相关管理和应用单位学标准、懂标准、用标准。包括政策文件积极采用国家标准，组织开展重点标准的试点示范、实施情况反馈和标准实施效果评价，开展多渠道标准宣贯，开展网络安全优秀实践案例评选活动等具体措施，努力提升标准落地效力。在实施宣贯方面突出了四个重点，一是突出了媒体的解读和宣传；二是突出了发挥地方政府和行业管理部门在促进标准实施方面的作用；三是突出了利用优秀应用案例来推广宣传标准，发挥优秀实践在标准实施中的带动作用；四是突出了标准试点示范和实施效果反馈，形成了制定标准、应用效果反馈、修改完善标准的有效闭环。

五是加强国际标准化工作。网络安全国际标准化工作在国际网络安全博弈、国际话语权主导、推动企业走出去等方面具有极端重要性，是各国战略竞争的必争之地。目前，我国网络安全国际标准化工作相对薄弱，参与程度低，所提技术意见和贡献少，我国网络安全国际标准化工作任重而道远。《若干意见》中体现了国际标准化工作的两个层面，一个是积极参与国际标准化工作，提升参与水平和贡献力，2018 年 4 月，国际标准化组织在中国武汉召开第 27 分委会（SC27，负责网络安全标准）的工作组会议和全体会议，我国将推进国产密码算法、大数据安全能力成熟度模型等国际标准提案；另一个是积极参与网络空间国际规则制定，扩大影响、提高话语权。重点包括参与或主导制定相关国际标准，推动将自主制定的国家标准转化为国际标准，促进自主技术产品“走出去”，打造复合型国际标准化专家队伍，提高国际标准化组织注册专家的数量，推荐有能力的专家担任国际标准组织职务等措施，努力提升我国网络安全标准化能力，提高国际话语权。

六是抓好标准化人才队伍建设。在学科建设和学历教育方面，《若干意见》中强调设立网络安全标准化相关课程，培养标准化专业人才队伍，鼓励校企合作，支持在校学生到企业实习和企业人员到学校接受标准化培训。人才培训方面，鼓励有条件的企业开展标准化知识培训。人才引进方面，鼓励有条件的企业引进在国际标准化组织（ISO）、国际电工委员会（IEC）、国际电信联盟（ITU）等国际标准化组织担任职务的高端国际标准化人才，建立网络安全标准化专家库。人才激励方面，对参与网络安全标准制定的专业技术人才在提高待遇、晋升职称等方面予以倾斜等重点举措。

七是做好资金保障。我国的网络安全标准化工作经费方面，存在企业经费投入较低、国家经费支持不足的问题。《若干意见》中一方面要求利用好中央和地方现有财政渠道，利用好中央资金，持续对网络安全标准化工作进行支持；发挥好地方标准补助政策，对网络安全国家标准的制定单位进行补助。另一方面鼓励社会公益性基金支持网络安全标准化活动，如在中国互联网发展基金等社会公益基金内设立网络安全标准优秀奖等形式，对先进适用、贡献突出的标准进行奖励。

四　十大重点问题与应对措施

面对当前网络安全发展的新格局，我国标准化工作存在一系列突出问题，如工作机制缺乏统筹协调，重大项目成果未能有效转化成标准，标准缺失老化滞后、交叉重复矛盾，标准的实施监督力度和实施效益有待提高，国际标准化水平不高，基础性研究经费投入不足等。本文总结了网络安全标准化工作值得关注的十大重点问题以及《若干意见》相关应对措施。

（一）标准工作机制缺乏统筹协调

网络安全主管部门较多，统筹协调机制必不可少，包括对网络安全标准的协调。2002 年 4 月 15 日，信安标委在北京正式成立。此后不久，国家标准委曾正式发文，授权信安标委对网络安全（当时称信息安全，本文不作区别）国家标准进行统一技术归口，统一组织申报、送审和报批。但随着信息化的发展，信息技术与传统行业深度融合，“老革命”遇到了“新问题”。例如，工业控制系统安全标准，既是信安标委的重点工作，也与全国工业过程测量控制和自动化标准化技术委员会（TC124）密切相关；汽车电子网络安全标准，既在信安标委的物联网安全标准体系中占有一席之地，也是全国汽车标准化技术委员会（TC114）需要重点关注的标准。这些标委会将特定领域网络安全标准纳入工作范围有其充分的道理，因为安全与发展本身不能分开，但这也带来了新的协调需求。可以预见，在“互联网 +”行动计划深入推进的背景下，今后此类问题必将越来越多。

另外，国家、地方、行业都在制定网络安全标准，缺乏统筹规划和整体部署，国家标准与行业标准交叉重复立项，国家标准之间、国家标准与行业标准之间存在冲突矛盾的问题。

为此，《若干意见》除重申了由信安标委对网络安全国家标准进行统一技术归口的规定外，还指出，其他涉及网络安全内容的国家标准，应征求中央网信办和有关网络安全主管部门的意见，这样有效解决网络安全国家标准的统筹协调问题，确保相关国家标准与网络安全标准体系协调一致。在行业标准层面，探索建立网络安全行业标准联络员机制和会商机制，通过会商沟通确保行业标准与国家标准的协调和衔接配套，避免行业标准间的交叉矛盾。

（二）标准与产业应用脱节

俗话说，一流企业做标准。标准是一种重要的智力成果，对提升产业竞争力、推动企业走出去等方面具有极端重要性。近年来，一些国家重大工程、重点科研项目开始将标准作为验收考核指标，这无疑具有积极意义。但这些措施还没有与国家标准化工作建立紧密衔接和互动关系。例如，重大工程和科研项目产生了哪些可以上升为标准的技术成果？标准化管理部门无从获悉这些信息，也就难以在规划标准体系时为之提前做出安排。项目成果能不能产生标准？是否合格？这本身也不是由立项单位和项目承担单位能够自行决定的。一般而言，在项目验收时，一些产业化指标、论文指标等都可以获得并定量考核，但标准的制定要经历特定程序和相对长的时间，项目验收与标准制定难以同步。最终，项目承担单位只能拿出一些草稿来应对，验收往往流于形式。

为了解决这个问题，《若干意见》要求建立重大工程、重大科技项目标准信息共享机制，这实际上是建立项目主管部门与标准化管理部门之间的工作联系，有利于推动项目成果真正转化为国家标准。针对现阶段在专业技术资格评审中成果认定多集中于论文、专利等，对标准的重视程度不够的问题，《若干意见》中明确将标准作为成果形式之一，纳入专业技术资格评审中，从而可以充分发挥标准对产业的引领和拉动作用。

（三）国内制标受制于国际规则，成为国外企业关注重点

标准产生于社会化大生产中分工合作的需求，是经济活动的产物。反过来，标准也对贸易、经济直接产生重大影响，标准及建立在标准之上的合格评定制度构成了国际贸易中的技术性壁垒（TBT）。为此，WTO 等国际贸易组织对成员制定标准有一些原则性要求，集中体现在 WTO 的《技术性贸易壁垒协定》（《TBT 协定》）中，核心内容是要求成员采用国际标准以实现便利贸易的目的。2000年，WTO 的 TBT 委员会通过决议，确定了“国际标准”的六原则：透明、开放、公正与协商一致、有效与相关、一致、发展

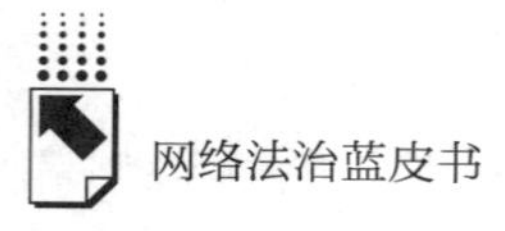

内涵。

对国内制标而言，采用国际标准的要求主要适用于技术性法规的制定，即强制性国家标准和有明确技术指标的某些法规和政策。WTO 还规定，各成员在制定或修订现行技术法规、合格评定程序及措施时，如缺乏国际标准或与有关国际标准不一致，并且可能对其他成员的贸易有明显影响时，必须在法规批准前 60 天向 WTO 秘书处通报，给予其他成员一定的评议时间并尽可能考虑其合理意见。根据我们承诺的国际义务，自主制定的网络安全强制性标准应该通报。

值得注意的是，西方一些国家有意模糊“技术性法规”这一限定词，一味要求各国制定任何网络安全标准都应以国际标准为基础，其真实意图是规避他国的网络安全监管要求。围绕网络安全推荐性标准的国际竞争已经成为当前的热点。

2015 年 12 月，第 26 届中美商贸联委会联合成果清单上，美方确认，中国企业可无歧视地、依有关标准制定组织的规则和程序，参与美国自愿性标准制定；中方欢迎在华美资企业无歧视地参与中国推荐性国家标准和团体标准制定。2016 年信安标委换届时，首次增加了微软、英特尔、思科和 IBM 等外企代表作为工作组成员加入，允许这些公司积极参与规则制定，而非作为观察员，这在国际标准化工作中起到了示范作用。当然，此事与中美商贸联委会的成果清单没有直接关系，但中方如何参与美国网络安全标准的制定，这方面还没有建立机制，我们应该追问美国，在网络安全标准领域什么时候落实其承诺？

为适应国际规则要求，《若干意见》提出要推动网络安全标准与国家相关法律法规的配套衔接，并兼顾我国在世界贸易组织（WTO）等国际组织中承诺的国际义务，这也是体现了网络安全标准对于法律法规的重要支撑作用，凸显了网络安全标准对于国际贸易中的“通行证”作用。

（四）对制定强制性标准存在定位错误

很多人对强制性标准的认识有误区，认为某项工作重要，相关要求必须得到遵循，所以要制定强制性标准。事实上，标准本身并不具备强制性，其强制性要通过相关机制来保证。当法律法规引用某标准时，这个标准对所调整的社会关系而言是强制的；当政策引用某项标准时，这个标准对政策规范范围内事项而言是强制的；当合同引用某项标准时，这个标准对合同当事方而言是强制的。正因为如此，国外很少有“强制性标准”的概念，而是称“技术性法规”，即这些技术文件的强制性通过法律机制来保证。入世谈判时，外方认同我国的“强制性标准”就是 WTO 所称的“技术性法规”，因此我国才保留了“强制性标准”这一特殊的标准形式。

那么，什么时候要制定强制性标准？我国标准化法明确规定，强制性标准应严格限定在保障人身健康和生命财产安全、国家安全、生态环境安全和满足社会经济管理基本要求的范围内。这与 WTO 的“一般安全例外”、“国家安全例外”基本一致。而在这些领域实施强制性标准，正是通过立法执法、行政许可或强制性认证（3C）来保证的。换言之，一个标准是否强制，与这项标准所支持的工作是否重要，没有必然联系。

那么，既然“没有网络安全就没有国家安全”，网络安全是否属于 WTO 的“国家安全例外”呢？这不能一概而论。网络安全肯定包含国家安全的内容，但也有一部分属于商业领域（即非国家安全领域）的安全，在真正属于国家安全的领域，我们可以制定强制性标准。

由于历史的原因，我国现行强制性国家标准、行业标准、地方标准达 1.1 万余项，数量庞大，制定发布主体多，各级强制性标准之间缺乏有力的组织协调，亟须强化强制性标准统一管理。为此，2016 年 2 月，国务院办公厅印发了《强制性标准整合精简工作方案》，直指现行强制性标准存在的交叉重复矛盾、超范围制定等主要问题，要求通过废止一批、转化一批、整合一批、修订一批，实现“一个市场、一条底线、一个标准”。方案指出，要将现行强制性国家标准、行业标准、地方标准整合形成强制性国家标准一级。新的标准化法规定，强制性国家标准由国务院批准发布或者授权批准发布（即不再由国标委自行发布，层级明显提升），行业标准、地方标准不得作为强制性标准。

根据上述精神，《若干意见》指出，按照深化标准化工作改革方案要求，整合精简强制性标准，在国家关键信息基础设施保护、涉密网络等领域制定强制性国家标准。同时，《若干意见》要求根据实际情况在行业特殊需求的领域制定推荐性行业标准。这透露出两个信息：不再制定强制性网络安全行业标准，谨慎制定推荐性网络安全行业标准。

在网络安全国家标准领域，目前仅有一项强制性国家标准，即 GB17859－1999《计算机信息系统安全保护等级划分准则》，该标准是一项框架性的强制标准，与其他若干推荐性标准共同构成支撑信息安全等级保护工作的技术标准体系。《网络安全法》第 22 条第 1 款要求“网络产品、服务应当符合相关国家标准的强制性要求”，第 23 条要求“网络关键设备和网络安全专用产品应当按照相关国家标准的强制性要求，由具备资格的机构安全认证合格或者安全检测符合要求后，方可销售或者提供”。然而，对于如何理解“网络产品和服务”“网络关键设备和网络安全专用产品”的概念和强制标准适用范围，如何落实国家标准的强制性要求，需要进一步的研究。

为贯彻《网络安全法》和《若干意见》的相关要求，在 2017 年标准化工作中，首次在重点类项目中提出以下领域的强制性国家标准编制要求，包括网络产品和服务安全、网络关键设备和网络安全专用产品安全、关键信息基础设施保护、涉密网络等领域，以建立与《网络安全法》实施相配套的网络安全标准体系框架。

（五）地方标准与国家标准交叉重复矛盾

据统计，现行国家标准、行业标准、地方标准中仅名称相同的就有近 2000 项。如果在缺乏地方特色的通用领域制定地方性标准，显然会带来标准技术指标不一致甚至冲突等问题，这就人为制造了“不标准”，对市场主体执行标准和政府部门行政执法带来很多困难。一些地方可能提出，当地工业发达，工控安全是地方特色；还有的地方认为，当地正在推动大数据产业发展，大数据安全是其地方特色。只能说，这些地方急需某些方面的网络安全标准。地方可以积极采用已有国家标准或提出国家标准立项申请，但不能通过制定地方标准解决其缺少网络安全标准的问题。

《若干意见》指出，原则上不制定网络安全地方标准。这一规定符合国务院标准化工作改革精神，也反映了网络安全的内在规律。2015 年 2 月，国务院《深化标准化工作改革方案》对推荐性地方标准的定位作了明确：制定满足地方自然条件、民族风俗习惯的特殊技术要求。显然，网络安全与地方自然条件、民族风俗习惯不搭界。换言之，“网络安全”并无“地方特色”。

（六）编制程序烦琐导致标准老化滞后

先进性是对标准的基本要求。但无论是标准还是法律法规，都天然带有滞后性，这与先进性是相悖的。特别是，标准制定程序较为复杂和烦琐，制定周期往往达到 3 年甚至更长，这已经成为制约标准先进性的突出因素。目前，信安标委归口管理、正式发布的网络安全国家标准超过 200 项，但已立项但尚未发布的标准项目居然达到了 192 项（含部分研究项目），其中很多项目立项于 10 年以前（2006）。这些项目不但浪费财政资金，更严重脱离技术发展新阶段和现实需求。

除了提高标准的科技含量和技术水平外，缩短标准制定周期成为提升标准先进性的重要手段。为此，《若干意见》明确提出，必须缩短标准制定周期，原则上不超过 2 年。据了解，信安标委已经开始对已发布的网络安全国家标准进行先进性、适用性复审，并逐项梳理超期未结题项目，该停止的果断停止。

（七）标准文本不能广而告之

一直以来，国家标准的电子版严禁上网公开，获得国家标准的渠道只有一个：到标准出版社购买。有专家指出，在整个标准化工作中，制定标准只占到了 5%，剩下的 95% 在于宣传、贯彻、实施。而在互联网如此发达的今天，社会大众居然不能轻松获得标准文本，这与标准化工作的宗旨背道而驰。标准这种由财政资金支持制定的、指导经济社会运行的基础性、公开技

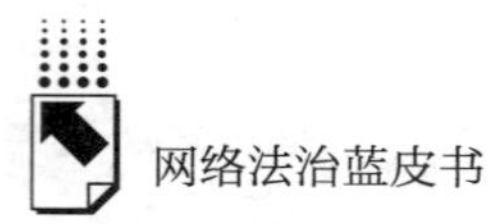

术性文件，成为一些单位赢利的工具。

为此，国务院《深化标准化工作改革方案》和新的标准化法规定，要将强制性标准免费向社会公开。《若干意见》则更向前一步，要求通过传统媒体和互联网等多种渠道公开发布网络安全国家标准。这看似是一句套话，实则是在国家标准委支持下我国网络安全标准化工作改革迈出的重要一步。根据这一要求，2016 年 8 月 5 日，信安标委将网络安全国家标准正式上网，这对广大网络安全工作者而言是福音，体现了国家标准委对网络安全标准化工作的支持和重视，也是主管部门求真务实、认真贯彻落实习近平总书记网信系列重要讲话精神的结果。

（八）缺少强有力的标准实施机制，很多标准停留于一纸空文

生产电源的企业不敢低于国家标准，生产轮胎的企业也不敢低于国家标准，因为这些企业的产品要经过 3C 认证才可上市。道理显而易见，标准不会自然实施，强制性标准不会自然强制，必须被法律法规、政策、合同、合格评定制度等所引用。加大标准实施力度的关键环节在于政府部门在政策制定、相关工作部署时要积极采用国家标准。

为此，《若干意见》要求加大标准实施力度，各地区、各部门在政策文件制定、相关工作部署时要积极采用国家标准。但一些部门在制定政策文件时，往往走向另一个极端，即简单地规定“按照有关国家标准”。殊不知，这漫不经意的一句套话，对标准化工作造成了伤害。这本身就是无的放矢，没有实际意义。更重要的，这种写法本来是将标准中的条款在政策文件实施范围内变成了强制，但由于没有明确指向，实际上是把所有“有关标准”都变成了强制，这根本做不到，而且也不是政策文件的本意。今后，国家政策文件中应尽量少出现“按照有关标准”这类话。如果写，就应当指明是哪个标准，或标准中的哪个条款。

（九）国际标准化人才缺乏，国际话语权不高

标准是话语权、影响力，标准是网络空间国际博弈的焦点，是维护国家

利益的前沿阵地。加强国际标准化工作最关键的是人才。国外一些专家几十年如一日，在ISO等国际标准化机构精耕细作，早已形成“势力范围”。对新来者而言，非十年之功难窥门径。我国专家参加ISO等国际组织的会议，很多时候还处在“看西洋镜”阶段。目前，中国国家标准对国际标准的贡献率只有0.5%，与中国的大国身份严重不符。具体到网络安全标准领域，情况更是不容乐观。

为此，《若干意见》要求，实质性参与国际标准化活动，推动国际标准化工作常态化、持续化。在国家标准委的大力支持和信安标委的不懈努力下，目前我国在ISO注册的网络安全专家达到了近40人，国际标准制定也多次取得突破，这都是可喜的成绩。下一步要重点培养专业精、外语强的复合型国际标准化专家队伍，尤其要保证我国专家参与国际标准化工作的持续性和稳定性。

（十）标准工作资金保障不足

资金问题虽然老生常谈，但对网络安全标准化工作而言仍是个涉及观念和认识的问题。在传统工业领域，企业参与标准制定的积极性很高。有时，即使国家财政对一个标准仅支持几千、一两万元，甚至不投入，企业也热情不减。个中原因不言自明，如近来出现的某企业在国家电视台以“国家标准的制定者”作为广告语的现象。

但网络安全有其特殊性。维护网络安全不是简单的市场活动，某些标准针对的不是企业所推崇的技术或产品，而是用于加强网络安全管理的基础性规范，反映的是政府意志，企业对此缺少动力。虽然信安标委近年来努力提高标准制定的参与度和广泛性（目前信安标委81名委员中，来自企业的委员占了多数，这比上届有了根本性改变），大力发挥企业的主体作用，但至少在目前，企业不能作为制定国家网络安全标准的主要资金渠道，国家财政应加大投入。

在保证国家投入的基础上，《若干意见》鼓励社会资金支持。文件提出，设立网络安全标准优秀奖，这具有很好的导向意义。2016年2月，全

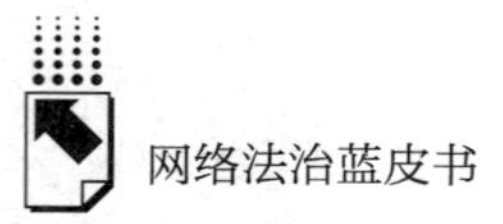

国政协常委、香港新世界发展有限公司主席郑家纯先生捐资3亿元设立了首个网络安全专项基金，目前该基金已经发起了网络安全人才奖、优秀教师奖、优秀教材奖、奖学金、网络安全标准优秀奖的评选。其中，每个优秀标准奖励50万元。相信这会在社会上掀起新一轮关注标准、使用标准、更好地制定标准的热潮。

五　结语

网络安全标准突出体现了国家意志和管理要求，是国家治理乃至参与全球治理的重要工具，已经广泛应用于世界政治经济等领域。运用标准化手段维护网络安全符合国际惯例，符合国内实际，也符合改革发展的方向。今后我国网络安全标准化的一项重要工作，就是积极成为国际网络安全标准与规则制定的参与者、引领者，在国际网络安全标准和规则制定中更多地发出中国声音，体现中国元素，维护中国利益，拓展中国发展空间。

B.3
关于我国关键信息基础设施保护制度实施的思考与建议

刘金瑞*

摘　要： 关键信息基础设施保护已成为各国网络安全法治的核心，以美国为代表的域外制度设计包括五个方面：建立政府和行业的协作机制；制订国家级保护计划；设立信息共享和分析中心；评估漏洞风险和确定优先防护措施；制定网络安全框架。借鉴域外法治经验，对落实我国关键信息基础设施保护制度提出如下建议：一是从国家安全高度把握关键信息基础设施的界定；二是进一步理清关键信息基础设施保护的领导体制；三是处理好关键信息基础设施保护和网络安全等级保护的关系；四是进一步细化关键信息基础设施的特别保护义务；五是坚持安全与发展并重，构建政府和企业的协作机制。

关键词： 关键信息基础设施保护　网络安全　网络安全等级保护

一　关键基础设施保护是网络安全立法的核心

当前，互联网和信息化浪潮遍及全球，深入社会生活的各个领域，极大

---

* 刘金瑞，中国法学会法治研究所副研究员。

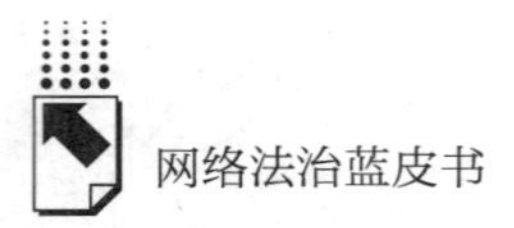

地改变着人类的生活方式。随之出现的网络安全问题给人类社会带来了新的巨大挑战，网络安全的治理和立法已经成为一个全球性的议题。

（一）网络安全的核心是保护关键基础设施

随着信息通信技术的革命性进展，交通、电力、电信、供水、金融及政府服务等基础设施的运营越来越依靠网络信息系统，人类的日常行为和生活越来越转化成网络空间的信息数据流。然而，互相连接、互相依赖的网络信息系统也极易因其一部分的基础设施受损、被拒绝服务、速度攻击而整个陷入瘫痪，流动在网络空间的信息数据也极易被拦截、窃取和破坏，从而引发了网络安全的问题。

对此，美国立法界定为“信息安全”（information security），2002 年《联邦信息安全管理法》规定“信息安全是指保护信息和信息系统不受未经授权的访问、使用、披露、破坏、修改或者销毁”，以确保信息的完整性、保密性和可用性。[①] 而欧盟立法从最开始就界定为“网络和信息安全”（network and information security，NIS），是指“网络或信息系统在一定的可信度下抵御突发事件或者非法或恶意行为的能力，这些行为会危害其所存储或传输的数据的可用性、真实性、完整性以及保密性，危害通过这些网络和系统提供的或者可获得的相关服务。”[②] 网络安全就是要确保网络信息系统[③]及其所存储和传输的数据的安全。

---

① *Federal Information Security Management* Act（FISMA），44 USC § 3542（b）（1）．此外，在美国版权法的某些条款中，将“信息安全”界定成“为了确定和解决政府电脑、电脑系统或者电脑网络漏洞而采取的行为”，Copyright，17 USC 1201（e），1202（d）。

② *Regulation No* 460/2004 *of the European Parliament and of the Council of* 10 *March* 2004 *establishing the European Network and Information Security Agency*，*art.* 4（c），*OJ L* 77，13. 3. 2004，*p.* 5；Communication from the Commission to the Council，the European Parliament，the European Economic and Social Committee and the Committee of the Regions on Network and Information Security：Proposal for A European Policy Approach，COM（2001）298 final，6. 6. 2001，p. 9.

③ “信息系统（information system）”是指计算机和电子通信网络，以及它们为了自身的运行、应用、保护及维持的目的所存储、处理、存取或者传输的电子数据，*Regulation No 460/2004 of the European Parliament and of the Council of 10 March 2004 establishing the European Network and Information Security Agency*，art. 4（b），OJ L 77，13. 3. 2004，p. 5。

从世界范围的网络安全政策和立法来看,① 核心内容就是要保护事关国家安全、公共安全的关键基础设施(Critical Infrastructure),保护这些基础设施所依赖的网络信息系统及其所存储和传输的数据。关键基础设施面临的安全风险不仅包括自然灾害等物理威胁,更包括各国网络安全立法所强调的针对信息系统的网络威胁,表现为网络黑客、网络间谍、网络盗窃甚至令人担忧的网络恐怖主义、网络战争等。②

这并非杞人忧天:2010 年 9 月,摧毁伊朗核电站离心机的 Stuxnet 病毒,据媒体披露是由美国与以色列共同研发,③ 该病毒后感染世界各地,我国也深受其害;2013 年 6 月,美国情报部门前雇员斯诺登披露,美国国家安全局曾广泛入侵中国主要电信公司以获取手机短信信息,并持续攻击清华大学的主干网络等;④ 近年来,针对我国关键基础设施和特定目标的高级持续性威胁(APT)攻击频现,例如 2015 年曝光的境外“海莲花”黑客组织多年以来针对我国海事机构实施 APT 攻击以及长期针对我国政府机构实施攻击的 APT - TOCS 事件;2015 年,国家信息安全漏洞共享平台发现境外有千余个 IP 地址渗透扫描我国大量使用的某款工业控制系统,有数百个 IP 地址访问过我国互联网上暴露的工业控制设备。⑤ 鉴于关键基础设施关系到国家命脉和社会运行,上述威胁对国家安全、社会稳定以及民众生活

---

① 参见下文对美国网络安全政策和立法的梳理介绍;European Network and Information Security Agency, *National Cyber Security Strategies: Setting the Course for National Efforts*, May 2012, http://www.enisa.europa.eu/activities/Resilience - and - CIIP/national - cyber - security - strategies - ncsss/cyber - security - strategies - paper/at_ download/fullReport, last visited on Jul. 29, 2016。

② 平时指称网络攻击行为的这些种类并不是截然区分的,某个行为可能同时属于多个种类。

③ David Sanger, *Obama Order Sped Up Wave of Cyberattacks Against Iran*, http://www.nytimes.com/2012/06/01/world/middleeast/obama - ordered - wave - of - cyberattacks - against - iran.html? pagewanted = all&_ r = 0, last visited on Jul. 3, 2016.

④ *Snowden Reveals more US Cyberspying details*, South China Morning Post, Jun. 23, 2013, http://www.scmp.com/news/hong - kong/article/1266777/exclusive - snowden - safe - hong - kong - more - us - cyberspying - details - revealed, last visited on Jul. 29, 2016.

⑤ 国家互联网应急中心:《2015 年中国互联网网络安全报告》,人民邮电出版社,2016,第 17 页。

造成了极大的挑战，关键基础设施保护已成为各国网络安全治理和立法的核心内容。

（二）关键基础设施概念的界定

美国最早开始关注关键基础设施保护，并逐步探索法律保护框架。1996年7月，克林顿政府颁布《第13010号行政命令》（以下简称E. O. 13010），首次提出关键基础设施不仅面临物理威胁，也面临该设施信息或通信部分遭受攻击的网络威胁。[①] 1998年5月，克林顿政府颁布《第63号总统决策指令》（以下简称PDD－63），将关键基础设施定义为"维持经济及政府最低限度运行所必须的那些物理的或基于网络的系统"。[②]

2001年10月，小布什政府颁布《美国爱国者法案》（USA PATRIOT Act），[③] 将"关键基础设施"定义修正为"对于美国来说至关重要的物理的或虚拟的系统和资产，一旦其能力丧失或遭到破坏，就会削弱国家安全、国家经济安全、国家公众健康与安全之一或者这些重要领域的任何组合"。该定义为之后的美国立法所沿用。[④] 2013年，奥巴马政府的《第21号总统政策指令》[⑤]（以下简称PPD－21）认为关键基础设施涉及通信、信息技术、金融服务、政府设施、交通系统、商业设施、关键制造、能源等16个领域。

2016年7月6日，欧盟通过了《关于欧盟共同的高水平网络与信息系统安全措施的指令》（以下简称NIS指令），并于同年8月8日正式生效，

① Executive Order 13010：Critical Infrastructure Protection，Federal Register，Vol. 61，No. 138，July 15，1996，pp. 37347－37350.

② Presidential Decision Directive 63：Critical Infrastructure Protection，May 22，1998，http：//www. fas. org/irp/offdocs/pdd/pdd－63. htm，last visited on Jul. 29，2016.

③ 该法案的全称为"Uniting and Strengthening America by Providing Appropriate Tools Required to Intercept and Obstruct Terrorism Act of 2001"，译为"2001年使用适当的手段来阻止或避免恐怖主义以团结并强化美国的法案"，取英文原名的首字缩写成为"USA PATRIOT Act"，译为"美国爱国者法案"。

④ USA PATRIOT Act，Title X，Sec. 1016. Critical Infrastructures Protection Act of 2001，42 USC § 5195c.

⑤ Presidential Policy Directive 21：Critical Infrastructure Security and Resilience，February 19，2013，http：//www. fas. org/irp/offdocs/ppd/ppd－21. pdf，last visited on Jul. 29，2016.

欧盟各成员国要在 2018 年 5 月 9 日之前将其转化为国内法。指令并没有采用“关键基础设施”的概念，而是使用了“基本服务运营者”的表述。所谓“基本服务运营者”，是指“提供维续关键社会活动及/或经济活动基本服务的主体，该服务的提供依赖于网络和信息系统，网络安全事件会对该服务的提供造成重大的破坏性影响”，涉及能源（电力、石油及天然气）、运输（航空、铁路、水运及陆运）、银行、金融市场基础设施、医疗卫生、饮用水供应和分配以及数字基础设施（互联网交换点、域名系统服务提供者及顶级域名注册）领域。①

作为欧盟成员国的德国于 2015 年 8 月 14 日通过了《加强联邦信息技术安全法》修正案，增加了“关键基础设施”的定义，是指“对于德国共同体的运作具有重大意义的设施、设备或者其组成，一旦停止运作或者遭受损害将造成严重的供应紧张或者对公共安全产生严重威胁”，涉及能源、电信、信息技术、交通运输、卫生、食品以及金融保险领域；具体由联邦政府以法规命令予以规定，但明确排除了这些领域中的小企业。②

可以发现，无论是美国还是欧盟，都将关键基础设施保护上升到维护国家安全和公共安全的高度，在界定“关键基础设施”及其范围时强调国家安全和公共安全，所谓的“关键”就是指事关国家安全和公共安全，这既突出了保护的重点，也避免了将过多企业纳入监管而徒增企业负担。

近年来，面对严峻的网络安全形势，我国高度重视关键基础设施保护。2015 年 7 月 1 日通过的《中华人民共和国国家安全法》第 25 条明确规定：“实现网络和信息核心技术、关键基础设施和重要领域信息系统及数据的安全可控。”2016 年 3 月，《关键信息基础设施安全保护条例》纳入国务院 2016 年立法工作计划研究项目。2016 年 4 月 19 日，习近平总书记在网络安

---

① *Directive (EU) 2016/1148 of the European Parliament and of the Council of 6 July 2016 concerning measures for a high common level of security of network and information systems across the Union*, OJ L 194, 19.7.2016, pp. 13 – 14, 27 – 29.

② *Gesetz zur Stärkung der Sicherheit in der Informationstechnik des Bundes*, BGBl. I S. 2821, § 2 (10), § 8c (1), http://www.gesetze-im-internet.de/bsig_2009/BJNR282110009.html, last visited on Jul. 29, 2016.

全和信息化工作座谈会上重要讲话指出："金融、能源、电力、通信、交通等领域的关键信息基础设施是经济社会运行的神经中枢，是网络安全的重中之重，也是可能遭到重点攻击的目标。……不出问题则已，一出就可能导致交通中断、金融紊乱、电力瘫痪等问题，具有很大的破坏性和杀伤力。"

2016 年 11 月，我国正式通过《中华人民共和国网络安全法》（以下简称"《网络安全法》"），其第三章"网络运行安全"的第二节明确规定了"关键信息基础设施的运行安全"，建立了关键信息基础设施保护的基本框架，明确将"关键信息基础设施"界定为"公共通信和信息服务、能源、交通、水利、金融、公共服务、电子政务等重要行业和领域，以及其他一旦遭到破坏、丧失功能或者数据泄露，可能严重危害国家安全、国计民生、公共利益的"信息基础设施。2017 年 7 月 11 日，国家互联网信息办公室发布《关键信息基础设施安全保护条例（征求意见稿）》（以下简称"《条例》征求意见稿"），进一步细化了相关制度设计。

落实《网络安全法》确立的关键信息基础设施制度是切实维护我国网络空间主权与网络空间安全的重大举措。《条例》征求意见稿力图全面落实《网络安全法》要求的努力值得肯定，但从制度设计的可操作性和实践需求的迫切性来看，还有较大的提升空间。本文就是在这一背景下，针对《网络安全法》确立的关键信息基础设施保护的基本法治框架以及我国面临的严峻挑战，在观察分析域外法治进展的基础上，提出落实我国关键基础设施保护制度的思考与建议。

二　域外关键基础设施保护立法的制度架构——以美国为例

《网络安全法》作为我国网络安全领域的基本立法，虽然明确规定了关键信息基础设施的定义、行业主管部门负责制、运营者的安全保护义务、国家网信部门的职责范围，为我国关键信息基础设施保护立法提供了基本的制度框架，但制度实施的体制机制有待后续制定的《关键信息基础设施安全保护条例》进一步细化。本部分梳理分析美国关键基础设施保护的立法经验和实施框架，以资我国后续立法借鉴。

美国网络安全立法的核心就是关键基础设施保护，它的战略政策和立法逐步推进，基本经历了从国内到国际，从政策到立法，从克林顿政府的被动应对到小布什政府《网络空间安全国家战略》的主动防御，再到奥巴马政府《网络空间国际战略》的国际威慑，美国网络安全风险应对策略逐渐走向全面和成熟。[①] 在战略全面成熟之后，美国奥巴马政府开始推动网络安全的综合性立法。

（一）美国关键基础设施保护立法的基本思路

对于网络安全和关键基础设施保护，美国有超过50部联邦法律直接或间接与之有关，但至今仍没有一部统一的框架性立法。奥巴马政府上台后，开始推动网络安全的综合性立法，其中最为重要的两个议题是“保护私有关键基础设施”与“促进网络安全信息共享”。[②] 对于前者，美国的立法设想集中体现为《2012年网络安全法案》[③]（以下简称S. 2105）的相关规定，但至今未获通过。之所以只是“私有关键基础设施的保护”，是因为美国已经在行政系统内部署“爱因斯坦”计划[④]应对政府关键基础设施的威胁，但对于大部分的私有关键基础设施，美国政府不可能强行将其纳入检测防御系统，只能谋求其他解决方案。对于后者，美国的立法设想集中体现为2015年12月签署生效的《网络信息安全共享法》[⑤]（以下简称CISA）。这两个议

① 参见刘金瑞：《美国网络安全的政策战略演进及当前立法重点》，《北航法律评论》2013年第1辑（总第4辑），第209~218页。

② 对于美国网络安全综合性立法的相关法案及内容介绍，参见刘金瑞：《美国网络安全立法近期进展及对我国的启示》，《暨南学报》（哲学社会科学版）2014年第2期。

③ S. 2105, Cybersecurity Act of 2012, February 14, 2012, http://www.gpo.gov/fdsys/pkg/BILLS-112s2105pcs/pdf/BILLS-112s2105pcs.pdf, last visited on Jul. 29, 2016.

④ 该计划旨在为联邦政府网络部署入侵检测系统和入侵防御系统，美国国内对该计划的争议很大，主要问题在于这些系统可能会违反《美国宪法第四修正案》，侵害个人隐私和公民自由。

⑤ *Cybersecurity Information Sharing Act of 2015*, https://www.congress.gov/bill/114th-congress/senate-bill/754, last visited on Jul. 29, 2016.

题是关键基础设施保护立法的两大重点，以下结合 S. 2105 和 CISA 的相关规定对美国的立法思路作一简要介绍。

1. 保护私有关键基础设施的立法思路

S. 2105 是唯一进入参议院全体辩论的法案，是目前美国国会关于网络安全综合性立法最重要的法案。主要立法思路是：授权国土安全部划定关键基础设施的范围，并赋予这些设施以强制性的监管方案和安全标准。其主要内容包括：

（1）定义该法案所覆盖的“关键基础设施”。其是指这样一些系统或资产，一旦它们被未经授权地损害或访问，便很可能导致生命维持服务的中断，足以导致受害者数量极大的大规模伤亡事件，或者导致美国长时间停工、造成灾难性经济损害的大规模疏散，或者导致国家安全的严重恶化。“灾难性经济损害”被定义为包括美国金融市场、交通系统的崩溃或根本性破坏，或者对美国经济造成其他系统性的、长期的损害。但关键基础设施不包括“商业性信息技术产品”。

（2）对关键基础设施的特定系统和资产设立监管方案。授权国土安全部认定对关键基础设施的网络安全威胁，指定哪些资产或系统为监管方案所覆盖的“关键基础设施”，并且确定其为抵御已认定的网络安全威胁而应该具备的性能标准。新的监管方案是否适用于某一主体的系统或资产取决于国土安全部部长是否已指定它们属于所覆盖的“关键基础设施”，关键基础设施的所有者也可以自己认定或请求将其系统或资产认定为所覆盖的“关键基础设施”。①

（3）规定不遵守监管标准所承担的法律责任。S. 2105 明确授权国土安全部制定征收民事罚款的规定，以处罚关键基础设施没有遵守监管标准的行为。法案允许关键基础设施所有者或运营者每隔三年自我证明或交由第三方评估其遵守标准的情况，但是国土安全部有权在合理怀疑时可以审核和检查。在民事责任方面，对于正在经受的威胁的关键基础设施，只要其所有者或运营者满足法案规定的监管标准，已经顺利通过评估以及在事件发生时仍

① §102－104，S. 2105.

在实质性地遵守标准，就可以豁免惩罚性赔偿。[①]

（4）规定国土安全部可以从关键基础设施收集有关信息。S. 2105 授权国土安全部部长为了进行风险评估以及评价性能标准的遵守情况，可以从关键基础设施收集相关信息，这些信息将被认定为《2002 年关键基础设施信息法案》（CIIA）所规定的“关键基础设施信息”（CII），不适用《信息公开法》政府信息公开的要求。[②]

在美国，S. 2105 及类似私有关键基础设施保护立法引发的主要争议主要包括：（1）行政决定引发的行政诉讼问题。将私主体纳入关键基础设施并要求其承担强制性义务，如果这些私主体不服行政决定，可能会对国土安全部提起行政诉讼。（2）纳入监管方案引发的责任承担问题。纳入类似 S. 2105 法案的关键基础设施运营者，不仅因为怠于遵守相关安全标准而可能承担行政责任或刑事责任，而且可能因为不遵守监管标准这种注意义务而构成法律上的当然过失（Negligence *per se*），需要承担民事损害赔偿责任。

2. 促进网络安全信息共享的立法设计

2015 年 12 月 18 日，CISA 在争议中签署生效，以激励联邦政府和企业为了国家安全而共享网络威胁信息。主要立法思路是通过交换和共享安全信息，来预防和充分应对网络安全事件，以减少损害发生。其主要内容包括：

（1）联邦政府共享网络威胁信息。授权联邦政府共享非机密的“网络威胁指标”和“防御措施”——关于表明网络是如何被攻击以及这些攻击是如何被成功检测、预防或者减轻的，二者统称为“网络威胁信息”；授权不仅可以在政府机构间分享此种非机密的信息，也可以与企业和公众分享；机密的网络威胁信息在政府机构之外的共享，仅限于具有适当安全资质的主体；要求联邦政府定期发布“网络安全最佳实践”，以帮助小型企业应对其面临的网络安全挑战。[③]

---

① §105，S. 2105.

② *The Freedom of Information Act*, 5 U. S. C. §522（d）（3）.

③ Sec. 103，CISA.

（2）授权企业为了网络安全目的可以监控其自身的信息系统以及所有存储、处理和传输在该系统内的信息；完全豁免企业因为此种监控而可能承担的法律责任。[①]

（3）企业共享网络威胁信息。授权企业与七大特定政府机构分享网络威胁信息，这些机构包括国防部（包括国家安全局）、国家情报总监办公室、国土安全部；企业同样豁免因共享而可能承担的法律责任；规定企业与联邦政府共享网络威胁信息，不影响其他保护性法律的适用，比如保护商业秘密的规定仍然适用。[②]

（4）隐私保护。要求联邦政府保存、使用或者传播网络威胁信息时，必须保护这些网络威胁信息里任何可识别的个人信息不被未经授权的使用或者披露；要求企业标明其所共享的网络威胁信息中的个人信息，删除和网络安全威胁没有直接关系的个人信息；规定发布相关指南，协助企业识别可能包含个人信息的网络威胁信息。[③]

（5）后续行动。根据 CISA，制定了四个相关程序和文件。除了 2016 年 2 月制定的联邦政府向非联邦机构共享网络威胁信息（包括“网络威胁指标”和“防御措施”）的程序规定之外，还包括 2016 年 6 月 15 日发布的“非联邦机构向联邦机构共享网络威胁信息指南”、“联邦政府接收网络威胁信息程序”和“隐私和公民自由保护指南”。[④]

在美国，CISA 和类似网络安全信息共享立法引发的争议主要包括：（1）企业采取技术措施监控自身的网络设施和共享网络威胁信息等，可能违反《电子通信隐私法》（ECPA）等隐私权保护的法律规定[⑤]，CISA 对此虽然规

① Sec. 104, CISA.

② Sec. 105, CISA.

③ Sec. 105, CISA.

④ DHS, *DOJ Release 4 Final Guidance Documents on Cyber Threat Data Sharing*, http: //www. executivegov. com/2016/06/dhs – doj – release – 4 – final – guidance – documents – on – cyber – threat – data – sharing/, last visited on Jul. 29, 2016.

⑤ Aaron J. Burstein, *Amending the ECPA to Enable a Culture of Cybersecurity Research*, Harvard Journal of Law & Technology, 2008, p. 167.

定了企业责任豁免，但争议仍然存在。（2）规定豁免企业共享信息的法律责任，有两方面的争议：一方面，私主体对这种豁免仍存在不信任，联邦机构可能以此作为不利于当事人的证据用于行政执法等；另一方面，责任豁免如涉及舍弃第三方私主体的合法权益，其正当性受到质疑。（3）共享信息可能会侵害企业的商业利益。类似商业秘密等商业信息，可能发生泄露而被竞争对手获取。因此，企业一般不愿与政府共享涉及商业利益的信息，此类立法的成效有限。

（二）美国关键基础设施保护制度的实施框架

美国关键基础设施保护至今没有通过一部综合性立法，其通过一系列政策文件和行政法令构建了关键基础设施保护的制度框架。本文将这一制度框架梳理为以下五个方面，以清晰地展示美国的实际制度运行，为我国相关立法和制度设计提供有益借鉴。

1. 建立政府和行业的协作机制

为实现政府和行业在保护关键基础设施方面的合作，1998 年 PDD－63 开始指定联邦的不同部门作为相关行业基础设施保护的领导部门，布什政府和奥巴马政府通过行政命令多次调整行业分类和所对应的领导部门。2013 年 PPD－21 法令确定的有 16 种行业分类和对应的领导部门，例如财政部负责金融服务领域，国土安全部负责电信、信息技术、化学、商业设施等领域。

PDD－63 要求每个行业的领导部门选任代表该部门的“行业联络官”和代表行业设施所有者/运营者的“行业协调员”。1999 年 12 月，一些行业自发确立了“关键基础设施安全伙伴关系”，以分享安全信息和策略，维护跨行业间的依存关系。国土安全部不是该合作伙伴关系的一部分，但是起到了联络作用，为其举行会议提供行政支持。这一合作伙伴关系联络协调其成员为国家相关战略和国家保护计划的制订提供支持。

之后，小布什政府提出了一个新的“关键基础设施保护伙伴关系模式”，将 PDD－63 要求的行业联络官和行业协调员模式发展成“政府协作

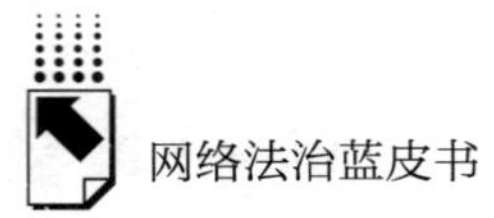

委员会”和“行业协作委员会”，扩大了政府和所有者/运营者的代表性。“政府协作委员”包括州、地方和部落的政府机构。“行业协作委员会”建立自身架构和领导体制，独立于联邦政府运行。在这种模式下，之前跨行业的“伙伴关系”发展为“私营部门跨行业委员会”。行业协作委员会为国家关键基础设施保护计划（NIPP）和特定行业计划（SSP）制订提供支持。①

2006 年 3 月，国土安全部根据《国土安全法》② 的授权建立了不适用《联邦咨询委员会法》的“关键基础设施伙伴关系咨询委员会”（CIPAC），该委员会的会议和文件可以不向公众公开，但国土安全部会公开会议的时间和合适的议程。国土安全部是委员会的秘书单位。它的成员既包括行业协作委员会的行业成员，也包括州、地方和部落的政府机构。

2. 制定键基础设施保护计划

从 1996 年克林顿第 13010 号命令开始，就要求拟订国家关键基础设施保护的相关计划和对策。1998 年，克林顿政府 PDD－63 要求制订“国家基础设施保障计划”；2000 年，克林顿卸任之前，提出了《信息系统保护国家计划》（NPISP），但并没有实施。③“9·11”事件之后，2001 年小布什政府第 13231 号行政命令、《国土安全法》、2003 年《网络安全国家战略》都有类似的要求，尤其是 2003 年小布什政府的《第 7 号国土安全总统指令》（以下简称 HSPD－7）明确要求制定综合性计划，保护 14 类国家关键设施和重点资源（CIKR），重点资源指“维持最低程度的经济与政府运行必需的公有或私有的资源”，HSPD－7 细化为水坝、政府及商业设施。④

① U. S. CongressGeneral Accountability Office, *Critical Infrastructure Protection: Progress Coordinating Government and Private Sector Efforts Varies by Sectors' Characteristics*, GAO－07－39, October 2006.

② *Homeland Security Act of 2002*, Public Law 107－296—Nov. 25, 2002.

③ The White House, *Defending America's Cyberspace: National Plan for Information Systems Protection (Version 1.0)*, January 2000, http://www.fas.org/irp/offdocs/pdd/CIP－plan.pdf, last visited on Jul. 29, 2016.

④ Homeland Security Presidential Directive 7: *Critical Infrastructure Identification, Prioritization, and Protection*, 39 Weekly Compilation of Presidential Documents, 1816, December, 17, 2003.

国土安全部未能在2004年底前按指令要求如期发布计划，直到2006年6月，小布什政府第一次正式发布国家关键基础设施保护计划（以下简称NIPP）。针对HSPD－7保护CIKR的政策目标，该计划不再仅限于防范恐怖主义，还包括预防天然灾害，强调增强国家事前准备、突发事件应对以及灾后恢复等；联邦相关部门分别负责细化的18种CIKR（增加核能反应堆），并制订“特定行业计划”（SSP）。NIPP于2009年第一次更新，部分特定行业计划也随之更新，2010年决定每四年更新一次。

2013年2月，奥巴马政府颁行《第13636号行政命令》[①]（以下简称E.O. 13636）以及保障该命令顺利执行的《第21号总统政策指令》（PPD－21）。随后，根据PPD－21的要求，NIPP第二次更新，新计划保留了之前基本的伙伴关系模式和风险管理框架，涉及16种行业，但信息技术业和电信业等特定行业计划并没有更新。

3. 设立信息共享和分析中心

1998年，PDD－63规定联邦调查局内部的“国家关键基础设施保护中心”（NIPC）维持政府和私营部门之间相关信息的流通和共享；与之相对，规定私营行业建立信息共享和分析中心（以下简称ISAC），负责收集、分析和共享其成员间的安全事件信息和应对信息，促成政府和私营行业之间的信息交换。这一设想最后发展成每个行业都有一个信息共享和分析中心。ISAC和前述行业协作委员会的不同之处在于，ISAC是24小时、365天全天候运行的，设施运营者的安全事件报告和来自政府的威胁信息，都通过该中心被通报、分析和共享。

虽然PDD－63将ISAC设想成交换关键基础设施信息最主要的渠道，但国土安全部还是发展出了一系列其他的信息交换系统和机制。除了行业协作协会，美国计算机应急中心（US－CERT）[②] 接受安全事件报告，公布最新的计算机漏洞威胁信息以及特定安全事件应对信息，负责国家网络警报系

① Executive Order 13636: *Improving Critical Infrastructure Cybersecurity*, Federal Register Vol. 78, No. 33, February 19, 2013, pp. 11737－11744.

② 承担了国家关键基础设施保护中心（NIPC）的大部分职能。

统，任何组织或者个人都可以订阅这一系统的通报信息。国土安全部还开发了国土安全信息网络（HSIN），最初是作为联邦、州和地方基层政府执法机构交流和分析威胁信息的主要通信网络。现在 HSIN 提供 50 个州、5 个领地、50 个城市以及国土安全部的国家行动中心的实时连接。HSIN 现正扩展到包含每个关键基础设施行业（称为 HSIN – CI），作为关键基础设施保护伙伴关系模式的一部分。

“9·11”事件之后，国土安全部建立了“关键基础设施保护行政通知服务处”（ENS），该部门直接联系国土安全部和主要产业公司的首席执行官。ENS 负责向合作伙伴警示关键技术设施安全事件、发布警告产品和组织电话会议。国土安全部还负责运营不依靠公共交换电话网和互联网的“关键基础设施警告网络”（CWIN），为国土安全部与其他政府机构、私营行业和国际机构提供安全通信。

此外，2002 年《国土安全法》要求建立“信息共享和分析组织”（以下简称 ISAO），其是指“公共部门或私营行业组织建立或雇佣的，以收集、分析、交流或者披露关键基础设施信息为目的的正式或非正式组织”，以有助于检测、减轻或者恢复关键基础设施所遭受的损害。[①] 根据 PDD – 63 建立的 ISAC 是行业导向的，而《国土安全法》界定的 ISAO 没有此种要求。2015 年 2 月，奥巴马政府的《第 13691 号行政命令》[②]（E. O. 13691）要求国土安全部长支持这些组织的发展，以促进网络安全信息分享。

4. 授权国土安全部认定关键设施、评估漏洞风险和确定优先防护措施

2002 年《国土安全法》授权国土安全部负责以下任务：（1）从各种各样的渠道获取、接收、分析和整合信息，以识别和评估恐怖主义威胁的性质和范围；（2）开展美国重点资源和关键基础设施漏洞的综合性评估，以明确特定攻击类型引发的风险；（3）整合相关信息，分析漏洞评估，以确定优先的保护和支撑措施。而且，根据小布什政府的《关键基础设施和重要

---

① *Critical Infrastructure Information Act of 2002*, 6 U. S. C. 131 (5) .

② E. O. 13691: *PromotingPrivate Sector Cybersecurity Information Sharing*, Federal Register, Vol. 80, No. 34, February 20, 2015, pp. 9347 – 9353.

资产的物理保护国家战略》,[①] 国土安全部还负责:“与其他主要利益相关者合作,发展一套以国家层面的关键性来识别设施、系统和功能的统一方法,以有助于确立优先保护者;建立一个综合性数据库,编录这些关键设施、系统和功能;维持一种针对关键行业漏洞和应备措施而不断更新的综合性评估。”奥巴马政府的 PPD - 21 指令重申了这些职责。

国土安全部通过不同的机制,包括依靠通过州国土安全官员和行业领导机构官员以及“国家基础设施模拟与分析中心”(NISAC)[②] 和“关键基础设施分析办公室”的分析等方式,来认定符合关键基础设施定义的关键基础设施资产。国土安全部将关键基础设施资产分为国内和国外两类,分别纳入“国家关键基础设施优先保护计划”(National Critical Infrastructure Prioritization Program)和“关键海外依存行动计划”(Critical Foreign Dependencies Initiative),两种计划对应了两类秘密的关键基础设施列表数据库。国土安全部通知这些资产的所有者或运营者,帮助他们进行更为具体的漏洞/恢复能力评估,并对如何减轻风险提供建议。此外,国土安全部还负责地区性恢复能力评估计划(HRAP),将漏洞评估扩展到在特定地理区域的关键基础设施和重要资源集群。评估结果将与相关参与人分享,包括设施的所有者或运营者、州和地方政府。这些评估的参与人是自愿的,是否采纳减少风险的建议也是自愿的。即使这些建议被采纳,国土安全部也不会去追踪这些建议的实施情况。

5. 制定网络安全框架

在推动国会立法受阻之后,奥巴马政府于 2013 年颁行 E. O. 13636 和 PPD - 21,要求国家标准和技术研究院(NIST)负责制定网络安全技术标准,领导研发减少关键基础设施网络风险的“网络安全框架”。该框架要侧重跨部门的、自愿性共识标准和行业最佳实践,保持技术中立,必要时审查

---

① The White House, *National Strategy for the Physical Protection of Critical Infrastructure and Key Assets*, February, 2003, http://www.dhs.gov/xlibrary/assets/Physical_ Strategy.pdf, pp. 71 - 79, last visited on Jul. 29, 2016.

② National Infrastructure Simulation and Analysis Center,该中心根据《2001 年关键基础设施保护法》建立。

并更新，特定领域领导部门配合审查并制定特定领域指南，该框架的安全标准将纳入政府采购计划和合同管理。① 这一框架是国土安全部负责建立的“自愿关键基础设施网络安全计划”的基础。此外，E. O. 13636 要求国土安全部通过协商机制、参考特定行业部门的专业知识，认定并且逐年更新关键基础设施列表，明确那些一旦发生网络安全事故就可能在公共健康或安全、经济安全和国家安全方面在地区或全国范围内产生灾难性影响的设施，但不包括商业信息技术产品或消费信息技术服务；秘密通知这些设施的所有者和运营者（可以复议），鼓励他们采用基于“网络安全框架”的“关键基础设施网络安全计划”。②

美国国家标准和技术研究院于 2014 年 2 月 12 日发布了 1.0 版的《网络安全框架》，该框架包括：一组用以预测和防护网络攻击的常见活动（“框架核心”），确定了关键基础设施实体应具备识别、保护、检测、响应和恢复等五种能力；一种用以评估核心活动实现程度和测算应对攻击准备程度的分层方法（“框架实施层”），根据框架执行情况分为部分具备、熟知风险、符合标准和自动适应等四个层级；以及一个根据各组织业务需求、风险承受能力和资源确定的实施方案（“框架配套方案”），比较当前配套方案和目标配套方案，可以暴露问题，提升组织的网络风险管理。该框架还包括了一份较为全面的参考资料，列出了关键基础设施各个行业通用的一些特定标准、指南和实践。③ 目前，NIST 正在修订该框架，2017 年 12 月已经公布了 1.1 版的《网络安全框架》（第二稿）。

三 关于落实我国关键信息基础设施保护制度的建议

关键信息基础设施保护就是要保护关键基础设施所依赖的网络信息系统

① Sec. 7－8，E. O. 13636.

② Sec. 9，E. O. 13636.

③ National Institute of Standards and Technology，*Framework for ImprovingCritical Infrastructure Cybersecurity*（*Version 1. 0*），February 12，2014，http：//www. nist. gov/cyberframework/upload/cybersecurity－framework－021214. pdf，last visited on Jul. 29，2016.

及其所存储和传输的数据不受非法行为的威胁和侵害。我国《网络安全法》确立了关键信息基础设施保护制度的基本框架，本文针对这一基本制度实施的重点难点以及正在制定的《关键信息基础设施安全保护条例（征求意见稿）》（以下简称“《条例》征求意见稿”），提出以下四方面的理解思考和完善建议。

（一）进一步理清关键信息基础设施保护的领导体制

《网络安全法》第 32 条原则上规定了关键信息基础设施分行业、分领域主管部门负责制，《条例》征求意见稿第 4 条规定“国家行业主管或监管部门按照国务院规定的职责分工，负责指导和监督本行业、本领域的关键信息基础设施安全保护工作”。但“国家行业主管或监管部门”的表述还是比较原则，《条例》本身就是国务院的行政法规，建议在《条例》中直接把“按国务院规定的职责分工”规定下来，进一步明确领导不同行业关键信息基础设施保护的主管部门，明确国家网信部门、工信部门、公安机关等各自职责范围和执法权限。

鉴于关键信息基础设施是该行业和领域中事关国家安全的重要信息系统，确定主管部门不一定囿于国家对行业主管部门的分工安排，例如美国就规定国土安全部负责保护电信、信息技术、国防工业基地等多个领域的关键信息基础设施。建议考虑由国家网信部门主管多个领域的关键信息基础设施安全保护工作，比如可以规定其负责保护核设施、水坝、关键制造等领域的关键信息基础设施。

在明确关键信息基础设施分行业分领域主管部门的基础上，建议修改《条例》征求意见稿第 19 条，对于关键信息基础设施认定指南，规定由各主管部门分行业分领域分别制定。理由在于：不同行业不同领域有不同的特点，各主管部门在多年监管中也积累了不同的宝贵经验，例如我国能源等行业的监管就是例证；分行业分领域认定更有利于实现认定指南和监管清单的动态调整，更便于主管部门听取吸收行业企业的意见建议；从美国、欧盟监管经验来看，也基本是由各行业各领域主管部门分别提出认定意见。对于不同领域关键信息基础设施认定指南，建议规定由国家网信部门会同国务院电信主管部门、公安部门等负责审核并提出修改建议。

此外，《网络安全法》并没有对政府部门和私营部门的网络信息系统进行区分保护，政府网络信息系统需要遵循与私营部门一样的网络安全义务。但政府部门的系统比一般私营部门更加重要，这些系统被攻击所造成的危害更大，美国、欧盟都规定了比私营部门更严格的监管标准，美国还在政府系统专门部署“爱因斯坦”入侵检测系统和入侵防御系统以应对威胁。建议《条例》应针对政府部门和私营部门的关键信息基础设施设立不同的监管框架，对于政府部门要规定采用统一的技术规范、严格遵守统一的监管标准。

（二）进一步明确关键信息基础设施范围的认定制度

《网络安全法》第 31 条采用了“列举 + 概括”的形式，将“关键信息基础设施”界定为“公共通信和信息服务、能源、交通、水利、金融、公共服务、电子政务等重要行业和领域”，以及其他可能严重危害“国家安全、国计民生、公共利益”的信息基础设施，明确了所谓的“关键”是指事关国家安全、国计民生和公共利益。该定义虽然存在较大的解释空间，但从制度目的和实践需求看，关键信息基础设施保护应限定在较窄的范围为妥，如此便可处理好与覆盖一般网络信息系统的网络安全等级保护的关系，也可避免对产业界施加不当的监管负担。《条例》征求意见稿第 18 条重申了“危害国家安全、国计民生、公共利益”的表述，并细化列举了可能纳入关键信息基础设施保护的“单位”。

但是该条列举“单位”的各项表述，在逻辑层次上并不一致。第（一）、（三）项列举的“能源、金融、交通、水利、卫生医疗、教育、公用事业、国防科工、大型装备、化工”等侧重的是“行业领域”，第（二）项列举的“电信网、广播电视网、互联网”等侧重的是“网络设施”，第（四）项列举的“广播电台、电视台、通讯社”侧重的是“新闻单位”，第（五）项兜底规定了“其他重点单位”。《条例》征求意见稿在《网络安全法》基础上进一步细化保护范围的尝试值得肯定，但关键信息基础设施保护的具体范围，实际上是要确定纳入保护范围的具体的“网络信息系统”，征求意见稿规定到“单位”这个层面并没有解决根本问题。

考虑到《条例》不可能列举出纳入保护范围的具体“网络信息系统”，建议《条例》将细化保护范围的思路转向规定关键信息基础设施认定制度。从美国、欧盟的经验来看，国外认定关键信息基础设施有两种基本方式，一是从网络架构设施入手，二是从关键网络服务入手。从“网络架构设施”入手，是将国家网络设施看成整体，侧重认定保护其中的骨干网络和关键运行节点，上述第 18 条第（二）项的列举有这种方式的影子，但这种方式往往会忽视金融、能源、交通等很多行业领域的重要网络服务，因此各国大都并未以此作为主要认定方式。域外认定关键信息基础设施主要采用“从关键网络服务入手”的方式，这种方式的认定方法有三步：一是确定关键行业领域，二是确定关键行业领域中的关键网络服务，三是确定支撑这些关键网络服务的网络信息系统和设施。

基于域外经验，再加上前述关键信息基础设施的认定由各主管部门主导为妥，建议《条例》征求意见稿第 18 条修改到关键信息基础设施所涉及的“关键行业领域”这个层次，将该条的各项列举修改为“不同的关键行业领域所对应的不同主管部门”，例如规定“国防领域的关键信息基础设施具体范围由国防部负责认定”。同时，进一步完善《条例》征求意见稿第 19 条的规定：一是规定各领域关键信息基础设施认定指南由各主管部门分别制定；二是完善关键信息基础设施的认定程序，考虑到纳入保护范围的经营者应遵守强制性监管标准，应当规定相关运营者不认可主管部门行政认定时的复议等救济程序；三是规定认定的关键信息基础设施纳入秘密清单予以保护，从域外经验来看，关键信息基础设施虽然涉及的重要行业领域是公开的，但考虑到切实确保国家安全，其具体范围是秘密不公开的，建议我国也建立关键信息基础设施秘密清单制度。

（三）进一步细化关键信息基础设施的特别保护制度

鉴于关键信息基础设施的重要性，《网络安全法》对其供应链安全和数据留存传输作出了特殊规定，但这些规定原则性较强，《条例》征求意见稿基本上沿袭了《网络安全法》的相关规定，制度细化落实看似是要通过《条例》的配套行政规章予以解决。但《条例》作为《网络安全法》的配套行政法规，本来就是要解决上位法的具体实施问题，建议抓住此次立法时机通盘予以考虑，在《条例》中一揽子“批发”规定关键信息基础设施特别保护制度的细化落实，避免在《条例》之下再出现大量行政规章“零售”现象。

《网络安全法》第 35 条规定了关键信息基础设施采购网络产品和服务的国家安全审查制度，《条例》征求意见稿第 31 条规定了这一审查要按照“网络产品和服务安全审查办法”的要求。根据 2017 年 6 月 1 日起施行的《网络产品和服务安全审查办法（试行）》第 10 条规定，“产品和服务是否影响国家安全由关键信息基础设施保护工作部门确定”，实际上并未明确审查的机制和程序。建议《条例》细化落实这一审查制度，进一步明确关键信息基础设施运营者采购网络产品和服务时安全审查的具体范围、程序标准以及不同行业领域的审查机制。此外，还要规定运营者纳入关键信息基础设施保护范围之前所采用的网络产品和服务如不符合安全审查要求时的处理机制。

《网络安全法》第 37 条规定了关键信息基础设施个人信息和重要数据境内留存和出境评估制度，《条例》征求意见稿第 29 条规定出境评估要按照“个人信息和重要数据出境安全评估办法”的规定。但从目前公布的《个人信息和重要数据出境安全评估办法（征求意见稿）》来看，该办法适用于所有的“网络运营者”，规定需要出境安全评估的“数据”范围过于宽泛，部分条文强调个人信息出境时需经“主体同意”，在一定程度上与域外一般探讨的“个人数据跨境流通规制”相混淆。这种宽泛的数据出境安全评估要求不符合我国《国家安全法》、《网络安全法》的立法本意，会给国内外网络企业造成不必要的负担，也会引起国外政府和产业界不必要的误解。建议《条例》明确境内存储和出境安全评估义务仅适用于“关键信息基础设施运营者”，并进一步明确个人信息和重要数据的界定以及这些数据出境安全评估的程序。

《网络安全法》第 38 条规定了关键信息基础设施定期进行安全检测评估制度，《条例》征求意见稿第 28 条重申了这一制度，要求关键信息基础设施运营者可以自行或者委托网络安全服务机构对其设施每年至少进行一次安全检测评估。鉴于关键信息基础设施事关国家安全，建议《条例》规定关键信息基础设施检测评估服务机构许可准入制度，规范这些服务机构的资质要求、测评流程、测评标准、测评结果的运用和报告等。

鉴于上述关键基础设施特别保护义务多通过国家监管标准来落实，建议明确规定国家组织制定的关键信息基础设施监管标准具有强制效力，纳入保护范围的运营者应严格遵守有关强制性标准，否则要承担相应的法律责任。明确关键信息基础设施监管标准的强制性，可以与网络等级保护标准的自愿性区分开来，以国家强制力确保关键信息基础设施的有效保护。此外，应承认关键信息基础设施保护法制是一个多层次规范相互配合的法制体系，《条例》应着重解决其中事关国家安全的重点问题，有些主要不涉及国家安全的问题应该通过其他法律规范来解决，比如对网络信息系统非法侵入的规制，应主要遵循《刑法》第 285 条、第 286 条等的规定。

（四）进一步构建政府和企业之间网络安全协作机制

保护关键信息基础设施的技术性较强，实现关键基础信息设施安全可控，离不开产业界的支持，政府不应该把企业只当作是被监管者，而是应该把企业当成是协作者，共同维护网络安全。《网络安全法》和《条例》征求意见稿都缺乏构建政府与企业之间协作机制的规定；对于网络安全信息共享，前者第 39 条和后者第 38 条只是强调促进有关部门、运营者以及有关研究机构、网络安全服务机构等之间的“网络安全信息共享”；前者第 25 条和后者第 39 条规定了运营者应按照规定报告网络安全事件；前者第 51 条和后者第 36 条规定了建立网络安全监测预警和信息通报制度。

但这些规定相对比较原则和简单，没有具体负责机构和实现机制，对企业的激励也不够充分。建议《条例》增加授权政府与企业建立协作机制的规定，并进一步完善网络安全信息共享制度和企业责任豁免制度。

一是授权国家网信部门、相关行业主管部门与关键信息基础设施运营者建立协作机制。在确定各行业领域政府主管部门的基础上，鼓励引导各个行业领域成立自身的行业协作委员会，授权政府主管部门和相应的行业协作委员会建立公私合作协作机制。私营部门通过这一机制反映自身面临的网络安全威胁，并协助主管部门制定行业关键基础设施保护和安全信息共享计划；国家网信部门等国家机关通过这一机制广泛征求产业界的意见，在制定关键基础设施保护政策和标准等过程中，充分反映行业的最佳实践。

二是完善网络安全信息共享制度，包括政府和企业的网络安全信息共享机制和行业内网络安全信息共享机制。目前，我国虽然已建立国家网络与信息安全信息通报中心、国家计算机网络应急技术处理协调中心等网络安全事件监测、通报和处置机构，但力量比较分散缺乏协调整合，与企业和行业组织的联系还不够充分。建议授权网信部门建立专门的国家级网络安全信息共享中心，负责发展相应的信息交换技术和共享标准，定期公布行业的最佳实践，为中小企业网络安全信息共享提供建议指南。还应授权政府各主管部门根据网络安全信息的分级，在国家级信息共享中心的支持下，积极发展多层次多渠道的信息共享机制，推动建立私营行业之间的网络安全信息交换组织。此外，建议规定与政府共享信息和政府使用共享信息时，不能侵害个人隐私、商业秘密、知识产权等合法权益，规定这些信息不适用信息公开的披露义务，以维护私主体的合法权益。

三是规定企业责任豁免制度以激励其与政府协作。即规定企业在遵循法定强制标准和按照法定要求共享网络安全信息的情况下，减轻或免除因此而产生的法律责任，以此激励企业主动与政府部门进行网络安全协作和共享网络安全信息。例如，对于遵守监管标准的关键基础设施运营者，可以考虑规定其信息系统被恶意攻击而导致大规模数据泄露时，可只向消费者承担补偿性赔偿责任，而非承担惩罚性赔偿责任。为了提升企业发现网络安全漏洞的能力，打消其因分享信息而承担责任的顾虑，建议规定企业有权监视其负责运营的网络信息系统以及系统内存储、处理和传输的数据，并规定不承担因此而产生的法律责任。除此之外，激励企业与政府实现网络安全协作的制度设计，还可以考虑规定政府购买相关信息或服务、给予有关企业一定税收减免等措施。

B.4

构建我国国家关键数据资源保护体系

洪延青*

摘　要： 近年来，我国政府高度重视数据在新常态中推动国家现代化建设的基础性、战略性作用，将“数据作为国家基础性战略资源”。《网络安全法》对数据安全和个人信息保护给予了足够的关注，但从“数据作为国家基础性战略资源”这个层面来看，缺乏通盘考虑。本文最后提出了构建我国国家关键数据资源保护体系的初步设想。

关键词： 大数据　基础性战略资源　网络安全法　国家层面的数据保护

中共中央政治局于2017年12月8日下午就实施国家大数据战略进行第二次集体学习。习近平总书记强调要推动实施国家大数据战略，加快完善数字基础设施，推进数据资源整合和开放共享，保障数据安全，加快建设数字中国，更好服务我国经济社会发展和人民生活改善。充分利用大数据资源的重要基础，是对国家关键数据资源具备充分的保护能力。什么是国家关键数据资源，《中华人民共和国网络安全法》（以下简称《网络安全法》）就关键数据资源的保护做了哪些规定？还存在哪些亟待弥补的短板，都是值得我们关注的重大问题。

* 洪延青，北京大学法治与发展研究院研究员。

一　国家关键数据资源辨析

《网络安全法》中并没有“国家关键数据资源”这样的字样，但有“重要数据”和“个人信息”的规定。笔者认为，可以粗略地将“国家关键数据资源”理解为“重要数据”与“个人信息”的总和。

（一）如何理解“重要数据”

2016年11月7日全国人大常委会通过的《网络安全法》，删除了原本二审稿中“重要业务数据”中的“业务”两字，体现了立法者最后时刻的考量：重要数据的重要性，针对的是整体层面的利益保护，即保护国家安全、国计民生、公共利益。因此，只要网络运营者的数据不涉及整体层面利益，就不属于“重要数据”的范畴。例如，一家互联网公司的高层会议纪要，对这家公司来说非常重要，但如果不涉及国家、公共利益，显然不属于“重要数据”的范畴，这样的数据就能够自由出境。但是一家生产战备物资的企业，其信息系统形成的进出货记录、库存水平等数据，可能就涉及国家安全事项，应当认定其为“重要数据”，《网络安全法》要求其在出境前进行安全评估。

略举几例。据阿里巴巴2016年11月2日公布的2016年9月底的季度业绩显示，淘宝中国平台活跃买家高达4.39亿户。根据淘宝的隐私政策，淘宝买家至少需要提交以下信息：姓名、性别、出生年月日、身份证号码、护照姓、护照名、护照号码、电话号码、电子邮箱、地址等。结合上述信息推知，阿里巴巴至少掌握了4亿中国公民的基础个人信息；而且借助于买家支付、收货等场景，其掌握的数据真实性甚至远超政府机关。单个公民的基础信息，无疑属于应当保护的个人信息。而一家私营企业汇聚了如此海量的公民个人信息库，其意义显然超脱了保护个人权益的层面。

又如，2016年11月，俄罗斯知名网络安全厂商卡巴斯基公开抗议微软挤压第三方杀毒软件在Win10操作系统的生存空间。[①] 表面上看来，该事件事关商业竞争。但更进一步考量，此事关乎国家安全。习近平总书记指出，维护网络安全的关键在于“全天候全方位感知网络安全态势”。[②] 因此，没有关于网络攻击、威胁来源、恶意地址等网络安全信息汇聚形成的安全大数据，也就根本无法做到“知己知彼”。微软排斥其他杀毒软件在其生态中的运作，客观上造成了独掌围绕其平台产生的安全大数据的结果。

第三个例子关乎住房空置率。据业内说法，空置率主要是指在统计时刻内没有被使用的住房除以全社会总住房所得出的空置率。而一旦“房屋空置率超过5%到10%，房地产市场就出现较大问题了：房屋闲置比较严重，严重的供过于求，租金、房价要开始回落了”。而且，“住房空置率反映了社会资源浪费的问题。空置率高企反映了近些年来住房的投资属性被无限放大、夸大，而住房的居住属性被淡化、弱化的现实，其背后则反映了中国社会贫富严重分化的现实”。[③] 在中国，房价目前已是政府、百姓最关心的事情之一。因此，特别是在政府出台调控措施时，空置率很可能成为“对宏观经济调控政策、措施有较大影响的统计报告”，或者是“反映重大经济、社会问题的统计数据和统计报告”，属于国家机密的范畴。[④] 这也从侧面说明了为何一些地方统计部门曾就当地住房空置情况做过调查。但对调查结果一直讳莫如深。过去，学者或民间力量为算得空置率只能通过“数黑灯”或入户抽样调查，现如今，只需结合海量的快递订单、水电运行等数据，在某一区域甚至全国范围内得出准确的房屋空置率并非难事。

---

① Kevin Townsend, *Kaspersky Lab Accuses Microsoft of Aggressive Attitude Towards Endpoint Security Firms With Windows 10*, November 15, 2016, http://www.securityweek.com/security - firms - allege - microsoft - anti - competitive.

② 习近平：“在网络安全和信息化工作座谈会上的讲话”，2016年4月19日，http://news.xinhuanet.com/politics/2016 - 04/25/c_ 1118731175.htm。最后浏览日期为2017年12月31日。

③ 孟斌、曹建海、姜炜、陈国强：《空置率为何成了机密》，《中国财富》2010年第10期。

④ 见“国家统计局关于印发《经济工作中国家秘密及其密级具体范围的规定》中有关统计工作条目的解释的通知”，http://www.stats - fj.gov.cn/xxgk/fgwj/gfxwj/201211/t20121114_ 35768.htm。最后浏览日期为2017年12月31日。

以上三个例子均表明，大数据对国家发展、治理、安全等方面具有越来越重要的意义。如果用一句话来解释，“重要数据”这个概念的提出，实质上是在大数据时代下维护国家安全、社会公众利益的客观要求，也是国家层面的数据安全保护对大数据时代特点的自然反应。

在过去，“个人信息、企业数据、国家数据”的分类存在一定的意义，因为往往只有国家掌握的数据，才有可能影响到整体层面的利益。但在大数据时代，数据收集、汇聚、流转等环节，大量地发生在公共部门之外，许多企业掌握着海量的数据资源。这些数据，已经具备了影响国家、公共利益的可能性。如阿里巴巴掌握的海量用户信息，首先肯定是个人信息，同时也是企业拥有的数据，但是由于其规模和颗粒度均可比拟公安机关的国家人口基础信息库，准确性甚至更胜一筹。对国家来说，这样规模的人口基础数据一旦泄露，很可能对国家安全造成严重危害。

再如为金融、能源、交通、电信等重要行业中的关键基础设施提供网络安全防护过程中产生的数据，包括系统架构、安全防护计划、策略、实施方案、漏洞等信息。这些数据虽然掌握在网络安全服务提供者（私营部门）手中，但这些数据一旦泄露，将大幅增加这些关键基础设施面临的网络安全风险。因此这些数据，从国家层面来说，肯定属于“重要数据”。综上来说，判定重要数据，要求我们放弃从“谁掌握数据”来着手，而是从数据可能影响的价值、利益来判断。

从“重要业务数据”转变为“重要数据”，说明《网络安全法》超越了相对为人所熟悉的“个人信息、企业数据、国家数据”的分类方法，进而从数据所影响的价值着手。换句话说，不论是个人信息或是企业数据，只要有可能危及整体层面的利益，就会被认定为“重要数据”。因此，在国家互联网信息办公室公布的《个人信息和重要数据出境安全评估办法（征求意见稿）》（以下简称“《出境安全评估办法》”）中，重要数据被定义为“与国家安全、经济发展，以及社会公共利益密切相关的数据”。制定过程中的国家标准《信息安全技术数据出境安全评估指南（征求意见稿）》（以下简称《数据出境安全评估指南》）在附录中给出了重要数据的示例以及识别指南。

（二）如何理解个人信息

在《网络安全法》中，个人信息是指“以电子或者其他方式记录的能够单独或者与其他信息结合识别自然人个人身份的各种信息，包括但不限于自然人的姓名、出生日期、身份证件号码、个人生物识别信息、住址、电话号码等”。在《最高人民法院、最高人民检察院关于办理侵犯公民个人信息刑事案件适用法律若干问题的解释》（以下简称“两高”司法解释）中，公民个人信息是指“以电子或者其他方式记录的能够单独或者与其他信息结合识别特定自然人身份或者反映特定自然人活动情况的各种信息，包括姓名、身份证件号码、通信通讯联系方式、住址、账号密码、财产状况、行踪轨迹等”。

两个定义作对比的话，区别在于“两高”司法解释中多出来的“反映特定自然人活动情况”。国家标准《信息安全技术个人信息安全规范》（GB/T 35273－2017）对上述两个定义做了综合，将个人信息界定为：“以电子或者其他方式记录的能够单独或者与其他信息结合识别特定自然人身份或者反映特定自然人活动情况的各种信息”，“包括姓名、出生日期、身份证件号码、个人生物识别信息、住址、通信通讯联系方式、通信记录和内容、账号密码、财产信息、征信信息、行踪轨迹、住宿信息、健康生理信息、交易信息等。”

《信息安全技术个人信息安全规范》还在附录A中进一步阐释了个人信息的范围：“判定某项信息是否属于个人信息，应考虑以下两条路径：一是识别，即从信息到个人，由信息本身的特殊性识别出特定自然人，个人信息应有助于识别出特定个人。二是关联，即从个人到信息，如已知特定自然人，则由该特定自然人在其活动中产生的信息（如个人位置信息、个人通话记录、个人浏览记录等）即为个人信息。符合上述两种情形之一的信息，均应判定为个人信息。”附录A还列举了13类个人信息范围。

个人信息和我们常说的“个人隐私”有何区别？回顾欧美在个人信息保护方面的立法和理论，最先出现的是隐私权的概念。隐私权可简单理解为“别管我”（leave me alone），即个人私生活不被打扰的权利——“惟我独自享有的他人不得侵犯、干扰、触及的个人生活秘密、宁静的权利”。这是隐私权首次被提出时的经典理解。[①] 可以看出，隐私权是个人用于抵抗外界对其私人领域、私密信息窥探、侵犯的一种对内防御性机制。

随着信息技术的不断发展，人们不断认识到技术运用可能对个人带来各种风险。“个人信息自决理论”应运而生。该理论认为，为保障人格的自由发展，个人应当能自由地决定以何种方式实现人格发展；人格的形成，主要是在人与外界，特别是人与人的交往过程中实现，因此个体需要掌控对外自我披露或表现的程度，以便合理地维持自身与他人之间的人际关系，所以个人应当能自由、自主地决定如何使用个人信息。[②]

也就是说，个人信息保护赋予个人有权控制个人信息出于何种目的，面向何种对象范围，通过何种途径扩散和披露，亦即“个人依照法律控制自己的个人信息并决定是否被收集和利用的权利。”[③] 与单纯的、被动的防御性隐私权不同，以个人信息自决理论为基础的个人信息保护，是一种管理信息扩散和披露的机制，是一种面向外部的控制。[④] 如今，欧美在个人信息保护方面的立法，基本都超越了原先隐私权相对狭窄的内涵，转而以个人信息自决为理论基础。[⑤]

因此，个人信息保护主要在于“保护对个人信息的自主使用，要求他人

---

① 1890 年美国法学家沃伦（Samuel D. Warren）和布兰戴斯（Louis D. Brandis）在《哈佛法律评论》上发表了题为《隐私权》（The Right to Privacy）的文章，首次提出隐私权概念。

② 谢远扬：《信息论视角下个人信息的价值——兼对隐私权保护模式的检讨》，《清华法学》2015 年第 3 期。

③ 王利明：《论个人信息权的法律保护——以个人信息权与隐私权的界分为中心》，《现代法学》2013 年第 4 期。另见王利明：《隐私权概念的再界定》，《法学家》2012 年第 1 期。

④ 廖宇羿：《我国个人信息保护范围界定——兼论个人信息与个人隐私的区分》，《社会科学研究》2016 年第 2 期。

⑤ 有必要说明的是，欧洲严格区分个人信息保护和隐私两个概念。最明显的是在《欧盟基本权利宪章》（Charter of Fundamental Rights of the European Union）中，个人信息保护和隐私分属两个不同的权利，由第七条和第八条分别规定。欧洲最新的《通用数据保护条例》（GDPR）正文中没有用到隐私（privacy）这个词。而在美国立法中的隐私，除了最开始的“别管我”的概念，现在已经包含了“个人信息自决”的内涵。基本上可以认为，美国法律中的隐私概念与欧洲的个人信息保护概念类似。

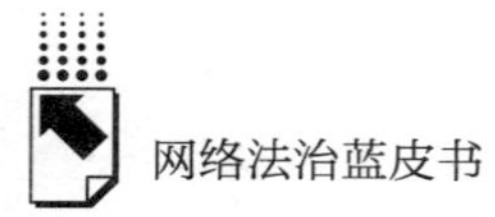

不得以违反本人意愿的方式对个人信息进行处理。这是因为非经本人同意的数据处理会在社会中造成超出本人预期的结果，并对本人的人格发展造成不可预料的影响，使得本人人格塑造的结果偏离原本的预期。”①

（三）小结

“数据已成为国家基础性战略资源”，这是指导我国未来经济社会发展的两份基础性文件——《促进大数据发展行动纲要》和《中华人民共和国国民经济和社会发展第十三个五年规划纲要》（以下简称十三五规划）的共同认识。《促进大数据发展行动纲要》还进一步指出，“大数据正日益对全球生产、流通、分配、消费活动以及经济运行机制、社会生活方式和国家治理能力产生重要影响。”

习近平总书记在多个场合一再强调，“网络安全和信息化是一体之两翼、驱动之双轮，必须统一谋划、统一部署、统一推进、统一实施”。因此，在按照“十三五规划”的要求，“全面实施促进大数据发展行动，加快推动数据资源共享开放和开发应用，助力产业转型升级和社会治理创新”时，如何对数据这样一种宝贵的国家基础性战略资源进行有效保护，成为我国政府必须正视的当务之急。

随着《网络安全法》于2017年6月1日正式实施，我国网络安全工作的基本框架、网络安全工作的重点任务和要求得到明确。如果说网络空间存在两大基本命题——网络安全和信息化的说法成立，《网络安全法》无疑具备我国网络空间“基本大法”的地位。

既然数据已被认定为“国家基础性战略资源”，那么《网络安全法》是否对数据（或大数据）② 做出了与其地位相匹配的安全保护规定，以实现“安全和发展要同步推进”的总体要求？这是下一节探讨的主要内容。

---

① 谢远扬：《信息论视角下个人信息的价值——兼对隐私权保护模式的检讨》，《清华法学》2015年第3期。

② 网络数据，是指通过网络收集、存储、传输、处理和产生的各种电子数据。见《网络安全法》第76条。

二 《网络安全法》中对数据安全保护的三个层次

在《网络安全法》通过之际的新闻发布会上，全国人大法工委向外界表明："制定网络安全法是落实国家总体安全观的重要举措"。① 综观《中华人民共和国国家安全法》（以下简称"《国家安全法》"）和《网络安全法》，主要保护的对象是整体层面（包括国家和社会）的安全利益和个人层面的安全利益。

两部法律共同价值取向是：第一，相对于政府和互联网巨头，个人是弱者，需要法律保护；第二，公共利益和国家安全是公共产品（public goods），自然人、企业都不会主动提供，因此只能靠组织公权力集体产出这样的公共产品，而法律就是组织公权力的一种清晰、稳定的形式，所以需要法律来保护公共利益和国家安全；第三，纯粹单个企业或组织的安全利益，无须国家直接运用公权力出面保护，现有的刑法、民商法等已经提供了足够的法律手段。②

沿着这样的思路出发，并结合《国家安全法》对数据提出的核心要求——安全可控③，笔者认为，可以构建出数据安全保护的三个阶梯式层次：首先是最基础的数据安全，其次是个人数据的保护，最高层次是国家层面的数据保护。

（一）数据安全保护三层结构

1. 数据安全（data security）

数据安全可以等同为传统所说的信息安全（information security）。信息

---

① "中国首部网络安全法通过明确网络空间主权原则"，http：//money.163.com/16/1107/20/C5A0TCFH002580S6_ all.html。最后浏览日期为2017年12月23日。

② 当然，当某企业被认定为关键信息基础设施的运营者，国家会将其纳入专门的保护体系，背后的原因也在于其"一旦遭到破坏、丧失功能或者数据泄露，可能严重危害国家安全、国计民生、公共利益"。见《网络安全法》第31条。

③《国家安全法》第25条规定，国家建设网络与信息安全保障体系，提升网络与信息安全保护能力，加强网络和信息技术的创新研究和开发应用，实现网络和信息核心技术、关键基础设施和重要领域信息系统及数据的安全可控；加强网络管理，防范、制止和依法惩治网络攻击、网络入侵、网络窃密、散布违法有害信息等网络违法犯罪行为，维护国家网络空间主权、安全和发展利益。

安全主要追求三性，即所谓的 CIA：保密性（confidentiality），指信息不被泄露给未经授权者的特性；完整性（integrity），指信息在存储或传输过程中保持未经授权不能改变的特性；可用性（availability），指信息可被授权者访问并使用的特性。[①] 也就是说，数据安全保障的是信息或信息系统免受未经授权的访问、使用、披露、破坏、修改、销毁等。[②] 如果用公式表示的话，数据安全 = 保密性 + 完整性 + 可用性。

2. 个人信息保护（data protection）

结合上一节中对个人信息的定义，数据安全和个人信息保护的区别应当比较明显了。首先，没有数据安全，肯定没有个人信息保护，因为信息系统被攻破，数据遭到泄露，那数据保护要求的授权和控制扩散的机制就无从谈起。其次，即便实现了数据安全，也并非一定做到了个人信息保护，例如数据虽然很安全地存储在组织机构的信息系统中，但如果没有根据个人授权的范围来处理数据，就违背了个人的数据保护权利。

这也是为什么在各国的个人信息保护立法中，数据安全部分的规定独立成章，但篇幅不大。以欧盟《通用数据保护条例》（GDPR）为例，立法的重心在于规定个人信息处理的基本原则[③]、数据主体的权利[④]、数据控制者和处理者的义务配置等。保障数据安全仅仅是数据控制者和处理者众多义务之一，其更重要的义务是在数据的收集、存储、使用、共享、公开、跨境传

① 几乎任何一本信息安全教材都会在第一章中介绍 CIA 三性，并将这三性奉为信息安全的基本原则。见 Michael T. Goodrich and Roberto Tamassia，2013，*Introduction to Computer Security*，Pearson，“Chapter 1：Introduction”。

② 《网络安全法》第 10 条规定：“建设、运营网络或者通过网络提供服务，应当依照法律、法规的规定和国家标准的强制性要求，采取技术措施和其他必要措施，保障网络安全、稳定运行，有效应对网络安全事件，防范网络违法犯罪活动，维护网络数据的完整性、保密性和可用性。”该条文将网络数据的安全概括为完整性、保密性和可用性。

③ 见欧盟《通用数据保护条例》第二章。基本原则包括“合法、公平、透明原则”，“目的拘束原则”，“数据最小化原则”，“准确性原则”，“存储限制原则”，“安全原则”，“问责原则”。

④ 见欧盟《通用数据保护条例》第三章。权利主要包括知情权、查询权、纠错权、删除权（被遗忘权）、限制数据处理的权利、携带数据的权利、反对数据处理的权利、不受对个人有显著影响的、以自动化方式做出的决定的权利等。

输等环节中提供各种机制，使得数据主体得以行使其个人信息的“自决权”。例如充满争议的被遗忘权，是 GDPR 的一大创新。显然被遗忘权无关乎数据安全，而是赋予个人在特定情况下删除与其相关的个人信息的权利。

如果用公式来表达数据保护与数据安全之间的关系：个人信息保护 = 数据安全 + 个人信息自决权利 + 数据控制者等相关方满足个人信息自决权利的义务。

3. 国家层面的数据保护

回到上文的三个例子。首先，阿里巴巴掌握的人口信息，规模和颗粒度均可比拟公安机关的国家人口基础信息库，准确性甚至更胜一筹。对国家来说，人口基础数据一旦泄露，很可能对国家安全造成严重危害，[①] 因此国家人口基础信息库是作为涉密系统来建设和管理。所以，国家层面的数据保护首先应要求阿里保障其掌握的大数据的安全，也就是前文讲到的保密性、完整性、可用性。

其次，除数据安全之外，由于某些特定大数据对国家来说具有基础性、战略性的作用，国家应当具有一定的支配权。例如阿里巴巴汇聚的我国人口大数据，如果不将其划成涉密系统的话，则国家至少应当有权要求其不得对外共享、交易，并且不得向境外的组织、个人提供。第二个例子中，鉴于微软操作系统在我国用户数量庞大，国家应当有权要求微软不得独占，乃至于要求其与主管部门共享 Win10 平台产生于我国境内的网络安全大数据。这不仅是因为海量用户产生的安全大数据对维护国家网络安全至关重要，失去此数据很可能造成威胁情报上的盲区；另一原因是如果说安全大数据可以用于提升安全水平，反过来，安全大数据当然可以很轻易地被恶意分子用于分析系统和空间的漏洞和脆弱性，找到攻击的切入点，因此有必要严格管控。

---

① 土耳其现有人口 8000 万。2016 年 4 月，土耳其国家警察部门所持有的将近 5000 万土耳其公民的个人信息遭泄露，并在黑市上售卖。这些数据中包含土耳其前任、现任国家领导人的个人和亲属信息。见 Doug Olenick, *50 million exposed in Turkish data breach*, April 04, 2016, https://www.scmagazine.com/50-million-exposed-in-turkish-data-breach/article/528739/。

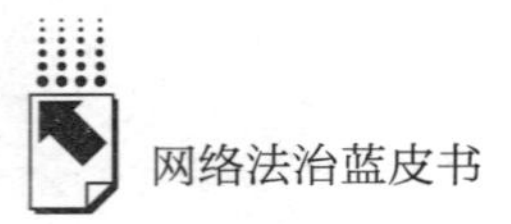

第三个例子中，淘宝、顺丰等企业显然拥有了海量的快递订单数据，而目前，支付宝、微信等应用集成了生活缴费功能，获得越来越多家庭的青睐。上述两类数据并非属于国家秘密。但两者一结合，很容易综合分析得出受严格保护的国家机密数据。大数据的发展，事实上导致了国家秘密和非国家秘密之间的界限不断在模糊。对于“单独或者与其他信息相结合分析后，有可能对国家安全和公共利益造成不利影响的数据”，本文称之为敏感数据。显然，敏感数据要比实践中认定的“国家秘密”范围要大得多。虽然将所有敏感数据都纳入“国家秘密”这样由公权力直接管控的强制机制内不是个现实的选项，但客观上确实存在强烈的需求来防范敏感数据被敌对国家或势力恶意使用（malicious use of big data），例如在关键时间节点恶意发布有关信息危害我国经济安全等。

因此，国家层面的数据保护，除了数据安全及对数据一定的支配权外，还包括控制敏感数据可出于何种目的，面向何种对象范围，通过何种途径扩散和披露。综上，国家层面的数据保护 = 数据安全 + 数据支配权 + 防止敏感数据遭恶意使用对国家安全的威胁。

综上，《网络安全法》对数据安全保护的要求可总结如下：

数据安全 = 保密性 + 完整性 + 可用性
个人信息保护 = 数据安全 + 个人信息收集和使用基本原则（合法、正当、必要、公开透明等）+ 个人删除和更正的权利
国家层面的数据安全保护 = 数据安全 + 重要数据的支配权 + 数据出境安全评估

（二）检视《网络安全法》关于数据的主要规定

《网络安全法》对数据的主要规定如表 1 所示。可以看到，数据安全保护的三个层次均有涉及，而且对数据安全和个人信息保护这两个维度着墨最多。首先，保障数据完整性、保密性和可用性的目标，在《网络安全法》的总则部分第 10 条就予以明确。第 21 条规定了网络运营者（包括关键信息基础设施的运营者）的安全保护义务，明确提出“防止网络数据泄露或者被窃取、篡改”是安全保护的目的之一。第 27 条则是要求任何人不能提供

专门用于窃取网络数据的程序和工具。第 31 条更是从数据泄露可能造成的危害这个角度来界定关键信息基础设施的范围。

表 1 《网络安全法》涉数据规定整理

维 度	条 文
数据安全	第 10 条:“维护网络数据的完整性、保密性和可用性”。
	第 21 条:“防止网络数据泄露或者被窃取、篡改”。
	第 27 条:“不得提供专门用于……窃取网络数据等危害网络安全活动的程序、工具”。
	第 31 条:“一旦遭到破坏、丧失功能或者数据泄露,可能严重危害国家安全、国计民生、公共利益的关键信息基础设施”。
个人信息保护	第 40 至 44 条。
国家层面的数据保护	第 37 条:“关键信息基础设施的运营者在中华人民共和国境内运营中收集和产生的个人信息和重要数据应当在境内存储”。
	第 51 条:“国家网信部门应当统筹协调有关部门加强网络安全信息收集、分析和通报工作”。
	第 52 条:“负责关键信息基础设施安全保护工作的部门,应当……按照规定报送网络安全监测预警信息”。

其次，个人信息保护方面。《网络安全法》不仅继承了我国现有法律关于个人信息保护的主要条款内容，而且根据新的时代特征、发展需求和保护理念，创造性地增加了部分规定，例如第 40 条明确将收集和使用个人信息的网络运营者，设定为个人信息保护的责任主体；第 41 条增加了最少够用原则；第 42 条增设了个人信息共享的条件；第 43 条增加了个人在一定情形下删除、更正其个人信息的权利；第 44 条在法律层面首次给予个人信息交易一定的合法空间。可以说，以上五条关于个人信息的规定，注重保障个人对自己信息的自主权和支配权，且条条有创新，与现行国际规则及美欧个人信息保护方面的立法实现了理念上的接轨。

最后，相比前两个维度，《网络安全法》在国家层面的数据保护不成体系，给人“蜻蜓点水”的感觉。第 51、52 条对网络安全信息做出了规定，但规定的对象仅是国家网信部门和负责关键信息基础设施安全保护工作的部门，要求前者加强安全大数据的收集，后者及时报送安全信息。回到前文提到的卡巴斯基与微软的争端，第51条加强收集网络安全信息的要求是否意味着网信部门有权阻止微软打造其封闭的安全生态，强制要求其对包括国产杀毒软件在内的第三方安全厂商开放？如果不是，那该条是否意味着网信部门有权要求微软与国家共享其安全生态在境内产生的网络安全信息？上述问题的答案不得而知。

再看第37条，这是除数据安全层面外，《网络安全法》对关键信息基础设施上的数据的唯一规定。第37条要求关键信息基础设施的运营者在境内运营中收集和产生的个人信息和重要数据应当在境内存储。在此专门做分析。

（三）数据出境安全评估解析

目前，《出境安全评估办法》已经完成了向社会公开征求意见的阶段。国家互联网信息办公室于2017年5月18～19日两天就《出境安全评估办法》还分别召开与内资、外资企业的交流讨论会。虽然最终文本还未公布，但《出境安全评估办法》构建出的制度框架应该不太会有大的变化。本节将从三方面解读该制度框架。

1. 数据出境控制措施的国际趋势

首先从地域范围来说，据统计，目前全球有超过60个国家和地区提出了数据出境控制的要求。美国信息技术与创新基金会（ITIF）2017年5月1日发布的关于数据跨境流动的研究报告《跨境数据流动：障碍在哪里？代价是什么?》指出，实施数据出境控制的国家遍布各个大洲，既有加拿大、澳大利亚、欧盟等发达国家和地区，也包括俄罗斯、尼日利亚、印度等发展中国家。当然，各国实施的出境控制所适用的数据范围、控制程度各有不同。

从时间维度来看，现有的数据本地化存储规定，大多数是在2000年后做出的。从图1可以发现很有趣的一点：数据本地化存储的兴起，恰恰与以互联网、分布式系统、云计算、大数据等信息技术发展同步。一方面，随着云计算、分布式系统等被大规模采用，数据占有者控制数据的能力在削弱，中间环节在增多。原本在单机时代非常明了的问题，例如数据种类有多少、规模有多大、存在哪里、谁能访问等，现在已经变得不那么容易回答了。

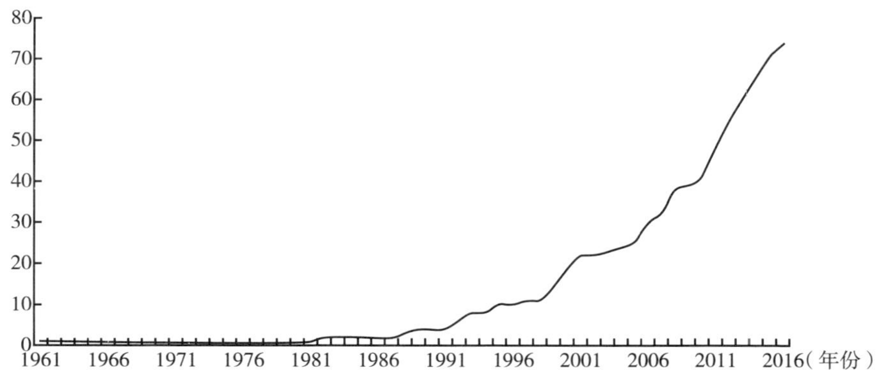

图 1　数据本地化措施的演变发展

该图转引自：Martina Francesca Ferracane, *Data Localization Trends*, European Centre for International Political Economy, Presentation in Beijing, 19 JULY 2016。

另一方面，大数据技术的发展则大大增强了数据占有者对数据控制的需求。一旦海量数据对外界披露，无论是主动的共享开放，还是信息系统被攻破而导致的数据被动泄露，都可能被恶意使用，例如敌对势力将海量数据与其他数据集组合，用各种算法进行数据挖掘等，分析掌握了能威胁国家安全的信息。

从这两个方面就不难理解，国家建立数据出境控制措施，在很大程度上是面对上述两难时的一种反应。

2. 在发展和安全之间实现平衡

如今，数据天然地跨国界流动，并因流动而获得价值，数据流能引领技术流、资金流、人才流，已经成为基本共识。因此，数据流动是原则，限制流动的情形是例外。这一点在《出境安全评估办法》中得到很好的体现。

首先，《出境安全评估办法》符合公权力行使必须遵循的正当性和必要性的基本原则。按照最新的规定，出境安全评估，评的是数据出境可能对整体层面（包括国家和社会）和个人层面的安全利益所造成的风险：这一方面是由于个人是弱者需要法律保护，另一方面则因为国家安全和社会公共利益是公共产品，自然人、企业都不会主动提供，只能靠公权力来组织产出。

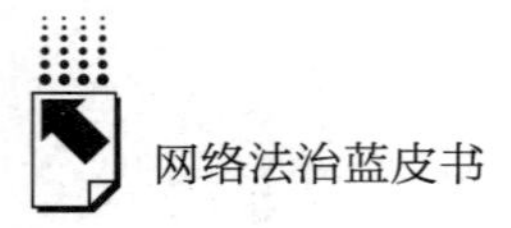

因此，《出境安全评估办法》最新版本在开篇中直言，其目的是“维护网络空间主权和国家安全、社会公共利益，保护公民合法利益”。至于在现实中占绝大多数的、仅仅涉及纯粹单个企业或组织安全利益的数据出境，《出境安全评估办法》并没有强制要求进行安全评估。试想，如果出境的数据不涉及个人和整体层面的安全利益，国家却规定企业必须对仅涉及其自身利益的商业秘密、知识产权等进行出境评估，显然，这样做不仅没必要，还会吃力不讨好。企业也会觉得政府管得太宽、太多，干涉企业的经营自由。政府也会觉得无从下手，毕竟在“什么数据对企业来说最该保护”这个问题上，企业一定会比政府有发言权，判断也更为准确。

其次，《出境安全评估办法》坚持自行评估为主原则。对于个人信息出境，以个人知情同意为主要情形。个人在完整、准确了解数据出境的目的、范围、类型、接收方所在国家或地区，以及可能出现的风险后，可以授权同意其个人信息出境。《出境安全评估办法》还规定了网络运营者在涉及个人信息和重要数据出境前，自行组织或委托网络安全服务机构进行出境安全评估。出境存在涉及可能影响国家安全和社会公共利益的情形时，需要主动报行业主管部门。

最后，从《出境安全评估办法》有关数据不得出境的规定来看，危害国家安全和社会公共利益为主要情形，同时还规定了未经个人同意，其个人信息不得出境。

综上看来，《出境安全评估办法》重点关注了整体层面的安全利益，也正是通过抓住这个数据出境风险中最重要的部分——重要数据的出境安全，《出境安全评估办法》很好地实现了发展与安全的平衡。

3. 科学的评估设计

《出境安全评估办法》对安全评估的设计兼具科学性和完备性。按照规定，出境评估首先评估数据出境活动是否具有合法性和正当性；在此基础上再评估数据出境计划是否风险可控。对于后者，《出境安全评估办法》从两个方面入手，一是评估出境数据的属性，亦即传统风险评估中的资产重要性，包括数据的数量、范围、类型、敏感程度等；二是评估数据出境发生安全事件的可能性，评估针对的环节包括：数据发送方实施数据出境的技术和管理能力、数据传输的过程、数据接收方对所接受的数据的安全保护能力，以及数据接收方所在国家或地区的政治法律风险等。通过评估数据的属性和数据出境各环节中发生安全事件的可能性，网络运营者能预估数据出境的风险，并采取相应的安全措施。制定过程中的国家标准《数据出境安全评估指南》对上述思路进行了细化。

总的来说，《出境安全评估办法》在一定程度上避免了大量的个人信息和国家的敏感数据流至境外，但并不能完全杜绝像阿里巴巴这样掌握国家大量基础数据的公司，将数据转卖至境内具有外资背景的公司的可能。这些公司无须将数据转移至国外，只要在境内完成分析，就能在不违反《网络安全法》的情况下，达到危害我国国家安全的目的。

三　完善国家关键数据资源的设想

综上，《网络安全法》对数据的安全保护，主要着眼于两方面：一是要求各类组织切实承担起保障数据安全的责任，即保密性、完整性、可控性。二是保障个人信息安全可控。但对于国家层面的数据保护，《网络安全法》仅仅规定了关键信息基础设施上的重要数据应当留存本地。

据前文推导出的公式来看，如果将数据真正当成“基础性战略资源”，则国家层面的数据保护至少包含了三项主要内容：数据安全、数据支配权、防止敏感数据遭恶意使用对国家安全的威胁。在这三个方面，《网络安全法》都欠缺清晰的思路。首先数据安全层面，该法对构成“基础性战略资源”的数据安全保障依附于对关键信息基础设施的保护之上，数据本身没能构成独立的保护对象。其次，对构成“基础性战略资源”的数据的支配权，该法仅仅提出留存境内的要求。而如前述的例子，为保护国家和公共安全，对数据支配的要求显然应具有更丰富的内涵。最后，对防止敏感数据遭恶意使用对国家安全的威胁，该法完全没有涉及。

另一方面，《网络安全法》对数据的保护，与国家对档案、土地、稀

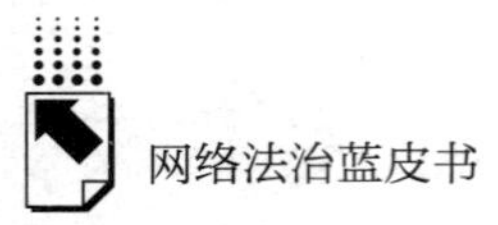

土、石油、森林等资源的现行管理体制相比，相信不用专业知识也能直观地看到前者尚未形成全面、完整的体系。在此方面，《网络安全法》错失了对新兴“基础性战略资源”的保护做顶层设计的机会，再一次体现出真正做到“网络安全和信息化是一体之两翼、驱动之双轮，必须统一谋划、统一部署、统一推进、统一实施”，是多么困难的一件事。

为弥补《网络安全法》的缺憾，有效的出路是国务院制定行政法规，超脱《网络安全法》设定的框架，着重从至少数据安全、数据支配权、防止敏感数据遭恶意使用对国家安全的威胁这三个方面来设计对数据的保护制度。这是下一节讨论的重点内容。

（一）总体结构设想

数据的安全要依据数据的特点，突出重点领域，瞄准关键节点，进行可操作性的制度设计。

1. 数据安全的最大特色是流动，因此，网络是什么结构，数据就呈现什么结构。目前，网络是去中心化的结构，因此数据的流动也是去中心化的形态。对一个去中心化的结构要管理和确保安全，非常困难。只能退而求其次，去监管网络或数据网络中各个节点（也就是组织）的安全能力。这是提升数据在网络中流动的安全基线的办法。

2. 对普通节点，主要防范的风险是黑灰产。

3. 在这个基础上，网络中一定有几个节点越来越大，例如随着数据的汇聚、累积等，网络中一定有比较大的节点。从数据的角度来看，主要监管几个大型的节点，这是被攻击、滥用的主要风险点，主要防范对象是黑灰产的盗用、该节点的滥用以及具有国家背景的组织的盗用和滥用。

4. 因此，对大的数据节点，除了安全中经常提出的 CIA 三性外，还有很重要的一点是监管它“对外提供数据的动作”，包括共享、转让、合作、提供数据产品、出境等，需对这些动作予以更强的规范。

5. 判断大的节点的标准：重要行业（比如金融、医疗、交通等）+重要组织（处于重要行业之外的掌握大量数据的重要组织）。

6. 个人信息保护：防范个人信息处理活动对个人合法权益造成的风险。

将上述要点用图来表示，概括起来，大体如下：

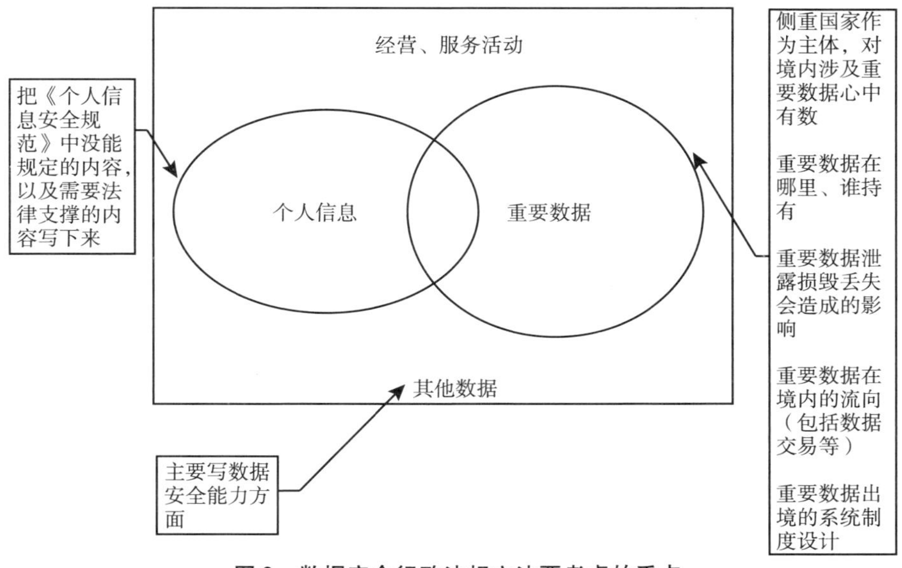

图 2　数据安全行政法规立法要考虑的重点

（二）重要数据安全保护维度构建

由于《网络安全法》仅对重要数据出境做了具体规定，对于重要数据的其他生命周期的保护缺乏设计，本节有针对性地提出构想，也分三个层面。

1. 重要数据的质量、持续更新、准确度

作为国家关键数据资源的重要数据，如果其在收集环节，被敌对势力有意污染，那受污染的数据资源将无法起到支撑国家主权、发展、安全利益，无法支撑国计民生，无法支撑公共利益。

对该项，笔者提出专家建议条款："收集重要数据时，网络运营者应采用必要措施，保障数据准确性、真实性、时效性，加强数据质量管理，并拟定重要数据安全保护计划。"

2. 重要数据的保密性、完整性、可用性

这在很大程度上依赖于系统的安全。但应该对传统的系统安全提出更多的针对数据的要求。如，通过最小授权原则来配置权限达到访问控制目的不够时，需要自动化审计一个具备合法权限的内部人员其具体的数据操作行为。

对该项，笔者提出专家建议条款："组织应开展数据安全监测、审计、检测和风险评估，逐步建立个人信息和重要数据安全态势感知、预警和溯源能力。"

3. 重要数据在使用、流转过程中的可信可控问题

这是难点。举例说明：Facebook 在美国大选问题上饱受指责，原因是美国不少人认为其被俄罗斯利用了。媒体报道，俄罗斯通过第三方在 Facebook 上购买政治广告，并定向提供给特定人群，帮助特朗普当选。在美国，购买、发布政治广告是合法的，且 Facebook 盈利的主要模式就是收集、分析个人信息后，对特定人群定向投放广告。因此，在国会的听证中，Facebook 高管抱怨，其商业模式是合法的，政治广告内容是合法的，只不过问题出在谁买了并要求投放这些广告。言下之意，审查谁买了这个广告，这个问题平台根本做不了。

实际上对于这个情况来说，Facebook 及其掌握的数据，在安全性、保密性、完整性三个方面来说，完全没有问题。问题出在谁利用这些数据。又由于作为国家关键数据资源的重要数据肯定不能静止不动、封存不用，将来一定会遇到类似的问题。这就是所谓的作为国家关键数据资源的重要数据的可信、可控的问题的表现之一。就比如，美国通过国家安全审查不批准蚂蚁金服收购速汇金（MoneyGram），即便蚂蚁金服承诺所有的数据将留在美国本地。美国人主要考虑的是可信、可控问题。这个问题，应当是国家网络安全审查应当着重解决的，无法通过认证、测评、安全检查来解决的。

对该项，笔者提出专家建议条款："网络运营者利用重要数据开展非主营业务、与现有主营业务关联性不高的新业务、对外开展业务合作的，应事先进行安全评估，采取适当措施降低安全风险。"

四　简短的结语

事实上，在国务院和各部门的文件中，有资格被称为"基础性战略资

源”的只有数据（或大数据）和档案。而冠以“战略资源”的，则有土地、草原、稀土、石油、天然气、粮食、水、森林、矿产、煤炭等。从字面上来看，加上“基础性”这样的限定，自然意味着更加重要。这也从另一个侧面体现了我国党和政府对数据的高度定位以及对其作用的深刻认识。但这样的对比也同时凸显出一个严峻的现实：我国对稀土、石油、天然气、矿产、森林等战略资源已经配套建立了相对成熟的保护体系，而与之相比，国家对数据资源显然尚未形成一套科学完备的、与其重要性相匹配的保护体系。

对数据这样一种“基础性战略资源”来说，《网络安全法》现有的设计还不厚实、充分，例如对重要数据的支配权，《网络安全法》仅仅规定了网络安全信息一种，至于防止重要数据遭恶意使用对国家安全的威胁，《网络安全法》仅规定了出境安全评估。《网络安全法》开了个好头，但显然还需要通过制定《数据安全管理办法》等措施，使安全真正地赶上大数据发展的步伐。

B.5

互联网新闻治理中社交媒体的平台责任

张凌寒*

摘　要： 社交媒体已成为民众获取新闻的主要媒介。然而，社交媒体平台信息泄露、内容低俗等不良事件频发。尽管有关部门采取约谈、关停等手段，但仍暴露出公权力规制工具单一、监管滞后等问题。引入公共利益原则对社交媒体平台进行治理，既符合新闻媒体的传统价值，又可以有效平衡社交媒体平台商业利益和国家安全利益，从而缓解国家权力对网络平台治理的僵化和不足。但公共利益原则在社交媒体平台的贯彻又面临着社交媒体享有左右舆论的技术权力，用户从受众变为传播者，算法主宰新闻传播生态等新问题。应在社交媒体平台治理的制度设计上引入第三方力量参与平台治理，并激活用户自治，增加用户作为新闻传播者的责任。基于公共利益原则应适当以正当程序和比例原则限制平台权力，并同时明确公权力的新闻审查标准。

关键词： 社交媒体治理　公共利益原则　合作治理　算法监管

一　问题的提出

自2016年美国大选启幕，Facebook的创始人马克·扎克伯格一直被多方

---

* 张凌寒，东北师范大学副教授。本文系中国法学会部级项目“新闻传播中社交媒体的法律规制——以公共利益为视角”［CLS（2016）C14］的阶段性成果。

指责，认为Facebook上泛滥的不实新闻对本届美国总统选举造成了巨大的影响。① 数据显示，社交媒体正在取代电视、报纸等传统媒体，甚至新闻网站等网络媒体，成为获取新闻的重要渠道，进而对社会政治经济产生巨大影响。② 传统媒体也纷纷开通社交媒体账户作为传播渠道。③ 由于社交媒体的新闻契合用户对于新闻垂直化、个性化的要求，并且方便用户互动参与，日益受到网络用户的青睐。一项2016年的调查显示，已有51%的网络用户将社交媒体作为新闻来源。④ 考虑到年轻人的获取偏好，⑤ 社交媒体将在未来新闻和信息传播中占据主导地位。

2016年以来很多国家开始要求社交媒体平台主动承担监控义务，对用

---

① Facebook假新闻影响选举的指责，从2016年9月就开始被多次报道。2016年11月11日，美国《财富》杂志刊文指责Facebook称，尽管Facebook没有散播怂恿选民投票支持特朗普的新闻，但是Facebook上流传着关于美国政治虚假的小道消息使得选举的天平向特朗普倾斜。《赫芬顿邮报》也放出调查报道称，Facebook热门话题板块上针对希拉里谣言数量尤为突出，并借此质疑Facebook对这类谣言的整治不力。《纽约杂志》也发文称，数千万的Facebook用户都有预谋或者情绪性地分享了针对希拉里的虚假新闻。此外，纽约大学新闻系教授Jay Rosen、社会学家Zeynep Tufekci、尼曼新闻实验室负责人Joshua Benton也分别撰文称，希拉里败选与Facebook上的传播虚假消息关系密切。来源：《美国主流媒体与扎克伯格激辩：Facebook的假新闻到底帮没帮特朗普胜选?》，http：//it. sohu. com/20161114/n473138951. shtml，2017年4月2日访问。

② 根据皮尤研究中心2015年的一份报告显示，Twitter和Facebook的用户中，各有大约63%的用户将其视为一种新闻的获取渠道，这一数据比起2013年有很明显的增长。来源：http：//www. journalism. org/2015/07/14/the - evolving - role - of - news - on - twitter - and - facebook/，2017年3月18日访问。

③ 据统计，美国每份日发行量超过十万份的报纸都有社交媒体账户以在网络推广其内容。美国Facebook在2013~2014年一年间，新闻市场的占有率从16%急剧增加到26%，取代了谷歌一直以来占据的第一新闻来源网站的位置。来源：Facebook cuts into Google's lead as top traffic driver to online news sites. Marketing Land. http：// marketingland. com/facebook - cuts - googles - lead - top - traffic - driver - online - news - sites - report - 75578，2017年4月2日访问。

④ 牛津大学路透新闻研究院：《数字新闻2016年报告（Digital New Report 2016）》来源：http：//www. digitalnewsreport. org/，2017年3月9日访问。

⑤ 据实证研究，年轻人通过社交媒体获取新闻的比例远高于中年人和老年人。参见Carroll J. Glynn a，Michael E. Huge，Lindsay H. Hoffman：All the news that's fit to post：A profile of news use on social networking sites。印尼要求社交媒体关闭宣扬极端言论的账户。印尼通信部长警告社交媒体不关闭激进内容账户将被阻止共享，http：//finance. sina. com. cn/roll/2017 - 07 - 01/doc - ifyhryex5667798. shtml，2017年7月12日访问。

户上传的恐怖、色情、仇恨等非法内容加强监管并承担法律责任。社交媒体在舆论压力下开展了对假新闻泛滥的自我规制。Facebook、Google 等网络巨头采取了开发新的假新闻过滤系统、引进第三方监督机构、发动用户手工标注举报虚假信息等方式应对假新闻,[①] 但成效有待时间检验。

相比国外社交媒体依靠行业自律，我国更为依赖政府管制。2017 年 6 月 1 日实施的《互联网新闻信息服务管理规定》对社交媒体平台等传播新闻参照管理传统媒体的方式，从新闻源、编辑制度、外资比例等多方面予以事前许可与日常监管。国家互联网信息办公室（以下简称“国家网信办”）明确提出，网络信息要强化网络平台的主体责任。[②] 近两年的一系列政策法规将主体责任框架规则具体化、可操作化，形成了我国网络信息传播的规则体系。

本文意在梳理互联网新闻规制的框架与规则，探讨这种规制转向的动因，检讨现行规制体系可能带来的问题并提出解决方案。

二　社交媒体平台责任的框架与规则

世界第一个社交媒体 Facebook 在十余年前为方便哈佛大学同学们的交流而创立。[③] 经过十几年的发展，社交媒体已经成为网络时代信息传播重要

---

① 2017 年 1 月下旬 Facebook 宣布在法国测试一套“事实核查工具”，并与法国有声望的新闻媒体和机构展开合作。Google 也宣布与一个名叫 Crosscheck 的假新闻监督机构合作，在 Google 的新闻搜索中帮助公众判定媒体报道的真实性。CrossCheck 采取的是人工核查的方式。另外，Google 还从 AdSense 广告联盟中移除了超过 200 家发行商，因为他们在假新闻网页中投放 AdSense 广告来获取收益。2016 年 6 月 22 日，微信安全团队通过公众号“谣言过滤器”推出“辟谣小助手”服务。同时，官方公众账号“微信安全中心”“腾讯安全观”也将提供辟谣小助手服务。http：//tech. qq. com/a/20160622/053885. htm，2017 年 7 月 1 日访问。

② 见“强化网站主体责任正当时”，载于中华人民共和国互联网信息办公室官方网站，http：//www. cac. gov. cn/2016 – 12/22/c_ 1120166441. htm，2017 年 7 月 15 日访问。

③ 参见百度百科词条：Facebook。来源：http：//baike. baidu. com/link？ url = r96F5gnpT7wLa6xFr87GIzTglFdR7_ GevJbgnq7gJ5giDuac_ cPMkLFd_ qV4dIUntRwvuWhBVKcSFVS2E7dARp0hpI8FhK – tJ7NyGjZr6za，2017 年 5 月 20 日访问。

路径。对社交媒体的治理也从以技术中立地位出发的平台法律责任为主，逐步过渡到以遏制技术权力为目的的政府管制。近两年，我国在社交媒体平台井喷式发展后迅速建立起了一套以政府为主导的强管制体系。

（一）社交媒体平台责任框架的演进：从间接责任到主体责任

国内外的社交媒体公司，如新浪微博、Facebook、Twitter 等都用“平台”这种最普通的建筑结构的比喻来描述自己在 Web2.0 时代的功能和地位：仅仅在网络空间提供给用户交流的场所，代码权和上传信息的权利属于用户。社交媒体“网络平台”的定位，意在描述其技术中立的法律地位。在此定位下，学界认为其本质是用户获得网络服务的“工具”。因此，各国对网络服务提供者的法律规制也遵循同一思路。如美国 1998 年《千禧年数字版权法》确立“避风港原则”和“红旗标准”。按照这两个原则，网络平台因为并不提供内容，只要没有对特定侵权行为故意视而不见，并在接到权利人的通知后及时采取了处理侵权信息的措施，就可以不承担侵权责任。这两项原则现已成为各国平台责任立法的参照系。① 同样，我国《侵权责任法》制定时，也在第 36 条移植了这两个原则，将网络平台在理论上定位为间接侵权责任人，适用避风港原则与红旗标准。对于用户发布的违法信息，《互联网信息服务管理办法》规定，平台承担责任的条件是“发现”相关内

① 2000 年，欧盟发布《电子商务指令》移植了“避风港原则”和“红旗标准”。其第 14 条规定，除用户受控于平台或依平台指令实施的侵权行为外，平台不知道用户的行为违法，或在知悉违法行为或事实后删除该违法信息或采取措施阻止该违法信息的传输，不承担侵权责任。第 15 条明确了平台原则上不负有积极查找平台内违法行为和信息的义务，除非基于保护国家安全、国防和公共安全以及为防止、追查、侦破和惩治刑事犯罪的需要而要求采取有针对性、临时性的监控措施。新加坡、巴西等国立法则进一步细化了红旗标准。如新加坡《电子交易法 1998》（Electronic Transactions Act，1998）第 26 条规定，仅提供接入、存取服务的网络服务提供者对站内第三方制作、发布、传播或散布的侵权信息，除违反合同特别约定，或违反成文法规定的监管要求，或者是违反成文法或法院的删除、阻止、限制访问的要求外，不承担民事责任和刑事责任。《巴西网络民事基本法》第 19 条规定，除法律另有规定外，网络服务提供者仅在接到法院令后，未在规定时间内删除或屏蔽侵权信息时，才对站内用户侵害他人权益的行为承担侵权责任。

容而不处理,[①] 也秉承了这一理念。

2016 年以来,《网络安全法》出台，随即国家网信办密集出台一系列政策，迅速将网络平台责任从民事责任角度的松散管理，转化为强管制为特征的主体责任体系。在相关法律法规中，网络平台的主体责任频被提及,[②] 或被具体化为“信息内容安全管理主体责任”,[③]“信息发布和运营安全管理责任”。[④] 因此，主体责任可概括为对用户注册时的管理审查、对平台内容的审核巡查、对个人信息的处置防护、对突发事件的应急处理等，目的为维护网络传播秩序。

（二）社交媒体平台主体责任框架下的规则梳理

我国在网络新闻、信息传播方面设立了如下规则体系：

1. 政府事先许可，平台遵循入门政策

我国设置的规则将网络平台作为传统媒体，《互联网新闻信息服务管理规定》不仅要求其取得互联网新闻信息服务许可方可从事采编发布、转载、传播平台等服务，而且要求网络平台必须提供人员资质证明、平台出资成分证明等多项材料，获得宣传部门和网信部门的许可。类似的资质要求也体现在网络直播服务、互联网应用程序服务、互联网搜索服务等一系列网络服务中。

2. 政府设定标准，平台承担普遍性监控义务

对于网络传播信息的标准，我国不仅设立了多层次的负面清单，还设立

---

① 《互联网信息服务管理办法》第 16 条。

② 如:《互联网论坛社区服务管理规定》第 5 条规定“互联网论坛社区服务提供者应当落实主体责任，建立健全信息审核、公共信息实时巡查、应急处置及个人信息保护等信息安全管理制度，具有安全可控的防范措施，配备与服务规模相适应的专业人员，为有关部门依法履行职责提供必要的技术支持。”《互联网直播服务管理规定》第 7 条第 1 款规定，“互联网直播服务提供者应当落实主体责任，配备与服务规模相适应的专业人员，健全信息审核、信息安全管理、值班巡查、应急处置、技术保障等制度。提供互联网新闻信息直播服务的，应当设立总编辑。”

③ 如:《互联网用户公众账号信息服务管理规定》第 5 条。

④ 如:《互联网用户公众账号信息服务管理规定》第 10 条。

了正面清单。内容审查负面清单的标准包括三个层次：第一层次为违法信息，如“九不准”中的危害国家安全、破坏社会稳定等，[①]“七条底线”中的“法律法规底线”“社会主义制度底线”；第二层次为民事侵权信息，如侵害私权利的“侮辱或者诽谤他人，侵害他人合法权益的”“公民合法权益底线”；第三层次为道德性规定，如“危害社会公德或者民族优秀文化传统的”“道德风尚底线”等。与此同时，还有内容审查的正面清单，提出对网络信息的倡导性要求，如“弘扬社会主义核心价值观”等。

由于信息体量和技术手段的限制，这些标准主要由网络平台负责审查执行，换句话说，这些规定将主动的普遍性监控义务加之于网络平台。这种义务主要体现在：第一，网络平台监控资质和能力的要求，即要求平台为信息安全配备与服务规模相适应的技术能力和人员配置。第二，对日常监控义务的履行要求，要求平台建立一系列用户注册审查、发布内容审查、日常巡查机制和安全防护等制度。鉴于日常审查和监控已经作为政府对平台运营的基本要求，网络平台“发现”违法信息也应理解为主动的普遍性监控义务。

3. 政府属地管理，平台联动执行

政府对于网络企业也逐步明确采取了“属地管理”模式，相应地，我国互联网企业较为集中的北京、杭州和广州地方政府网信办相对于其他地区网信办承担了较多的互联网企业的管理责任。

在新闻内容治理上也出现政府与平台联动执行的态势。北京市网信办约谈多家网络平台，共同关停了一些八卦炒作的公号；网信办也与其他行政执法部门，如文化部门的执法大队等共同进行了联合执法行动。

（三）社交媒体平台主体责任体系的特征

我国互联网新闻治理的平台责任体系日臻健全，并呈现如下特征。

1. 价值取向：信息审查目标以安全为最高追求

我国社交媒体平台责任体系追求的最高目标是信息安全。这种对于安全

① 《互联网信息服务管理办法》第 15 条。

的追求体现在对整个网络平台信息管理流程的监管：从用户注册和资格审查，到网络信息内容的审核发布流程，日常巡查的“信息安全管理制度”，以及要求平台具有“安全可控的防范措施”等具体制度。

2. 法律地位：网络平台扮演行政相对人与信息监管者的双重角色

一方面，高度强调网络平台作为行政相对人的服从性。法规要求网络平台对行政机关提出的整改意见必须及时落实，① 未达到要求的将受到行政处罚，甚或从重处罚。② 另一方面，网络平台对网络用户、网络信息又有巨大的审查权力。基于相关政策性文件，平台既可以对用户注册进行真实身份信息、资质等审查，③ 又可以对用户上传内容采取审查、标注、先审后发等管理措施，④ 甚至可以对用户进行处罚。

3. 管理措施：严格的网络平台属地化、区块化管控体系

在信息安全的价值指引下，近两年国家网信办密集颁布规章及规范性文件，并建立起了相应的管控体系，充分体现了行政的高权性。一部分以传播内容为调整对象，如《互联网新闻信息服务管理规定》《互联网跟帖评论服务管理规定》。另一部分则将网络空间进行区块划分以落实监管责任，以平台类型如直播平台、视频平台、公众号以及组群内容进行管理等。这种监管体系将网络的信息内容和平台类型进行了区块化的划分，分门别类进行严格管理。

三　社交媒体平台主体责任体系建立根据

（一）安全利益的转向：平台权力商业利益化的应对策略

社交媒体等网络企业一直以“网络平台”自称，坚决否认其在新闻等

---

① 《互联网新闻信息服务单位约谈工作规定》第 6 条。

② 《互联网新闻信息服务单位约谈工作规定》第 7 条。

③ 《互联网用户公众账号信息服务管理规定》第 7 条。

④ 《互联网直播服务管理规定》第 7 条。

网络信息传播中的主体地位。例如，扎克伯格在2016年底回应“Facebook已经成为最重要的媒体”的言论时，极力否认其是一个媒体。一直以来，“平台”这种表述使得社交媒体等网络平台成为言论自由的代言人。它策略性地表达了社交媒体代表民间力量，又向公众暗示自己与国家权力之间的距离。然而，在现实中，网络平台早已超越了平台的中立性技术地位，发展成了介于国家权力和民众之间的一种技术权力。在商业利益驱使下，这种权力对言论产生了巨大的影响。

在社交媒体与用户的关系上，社交媒体享有绝对权力。其一，社交媒体决定用户是否可以进入平台，并可监控和关闭账户或者禁言。其二，对于用户创作和上传的内容，社交媒体可以享有知识产权，并利用其进行广告盈利，却不为其承担侵权责任。其三，用户必须遵守社交媒体制定的信息传播规则。社交媒体不仅有内容的审查权，甚至有纠纷的裁判权，如认定是否涉嫌侵犯他人名誉、隐私等。这些过程在后台进行，用户无法得知、观察，更遑论监督。

这种技术权力的商业利益化更体现在与公权力的对抗上。囿于技术能力的限制，公权力对网络信息的管控必须依赖社交媒体等网络平台。而这种私人的技术权力并非每次都听命于公权力。根据Google年度数据透明度报告显示，2016年YouTube接到泰国政府149项要求移除涉嫌侮辱王室的视频的行政命令，YouTube只移除了其中的70%。[①] Twitter年度数据透明度报告同样显示，2013年下半年有来自各国377项对用户言论、用户账户等信息的删除要求，Twitter仅执行了其中的少部分。[②] 这些数据充分显示在网络信息层面，社交媒体拥有比国家更为直接的权力。国家权力则只有间接手段，诸如取缔平台运营、行政处罚等。在商业利益指引下，网络平台对社会舆论产生巨大影响，甚至挑战公权力。

---

① Google.（2014a）. Google transparency report. 27.03.14 来源：https：//www.google.com/transparencyreport/userdatarequests/countries/，2017年5月12日访问。

② Twitter（2014c）. Transparency report：Content removal requests. 来源：https：//transparency.twitter.com/removal－requests/2013/jul－dec，2017年3月2日访问。

（二）平台责任的扩张：监管部门网络时代的力有不逮

网络时代的信息体量和传播方式都给人类社会传统的监管秩序带来了巨大的挑战。

近两年，平台责任呈现明显的扩张趋势，内容审查标准日益严格，平台责任形式更加多样化。这种从技术中立的假设到平台责任的扩张，是监管部门应对网络时代的信息体量和社会结构变化最为便利的选择。第一，监管部门不具备技术能力对海量网络信息进行审查，而网络平台有更为强大的技术，能够以较为低廉的成本过滤掉违法内容。借助网络平台，网络信息规制的成本更为低廉。第二，从行政成本和效率的角度考虑，发布违法内容的用户难以定位，而网络平台却更加容易管理。相关部门对网络平台直接监管，行政成本更为低廉。而这种行政监管责任的转移和下放不仅体现对网络平台上，公众号发布者、网络组群的群主、论坛的版主都有相应的责任，成为行政部门进行监管的着力点。第三，近年来大型网络平台已经发展壮大成为具有雄厚资本的企业。因此政府相应改变了早期避免抑制互联网企业发展的方针，转而强调它们应承担与能力相适应的社会责任，参与到违法内容的审查和日常监管当中。

从另一方面来说，平台责任的扩张可以使得监管部门隐藏于互联网内容审查的幕后，避免自身直接面对海量信息的审查、管理、删除等工作可能带来的海量行政复议与行政诉讼，从而使得监管部门与直接的监管对象有网络平台作为缓冲。

（三）属地化区块化管理：工业时代的制度惯性

我国平台责任体系的贯彻落实，以属地监管和区块化监管为特征。这两项监管制度的选择充分体现了政府部门在选择治理手段时仍然延续了工业时代的制度惯性。

第一，采取网络企业的属地管理体系，便于当地政府网信办进行约谈、处罚等行政行为。在确定属地管理后，北京、杭州与广州市的网信办成为了全国管理互联网企业最多的三个地方网信办。在近年的行政执法活动中，三地网信办往往形成了联动态势。

第二，对网络空间仍采用科层管理的体制。一方面，网络平台按照提供服务的类型进行区块化管理，体现了行政思维中将社会诸多管理部门分业监管的理念。针对不同类型的网络企业制定不同的政策，制定从审核、发布、管理等流程化管理政策。另一方面，在公众号、群组、论坛等网络平台中推行群主、论坛版主进行内容审查的责任体制，仍然是延续了现实社会的科层管理体制。这种政策体现了立法者对于网络空间结构的理解，仍然将用户与群主、平台之间的关系视作科层管理的关系。

四　社交媒体平台主体责任适用中可能存在的问题

（一）过于强调安全利益可能损害表达权利

当安全利益成为了社交媒体乃至整个网络信息治理的最高追求，政府部门、网络平台的行为都将受其指引，其最终的方向可能会损害表达权利。

网络平台为追求安全利益，也会加强自我审查，以避免用户言论带来的风险。在现有的体制下，立法对于平台的审查义务和法律责任要求较为严格。为了避免可能承担的法律责任，平台本能的会对网络信息内容实施比法规政策更为严格的审查，对于可能触及红线的内容一律从严处理。

（二）增强平台责任反而导致技术权力扩张

国家对网络平台施加了更为普遍性的主动信息监控义务，目的在于追求安全利益的同时，遏制网络平台的技术权力。然而，这些措施却反而造成了技术权力进一步扩张。

首先，平台责任的扩张，使得平台基于用户合同进行言论规制的权力得到了公权力的认可和强化。公权力强化网络平台对言论审查的责任，使得其基于用户合同进行的言论规制被公权力所承认和保护。本质上来说，这是基

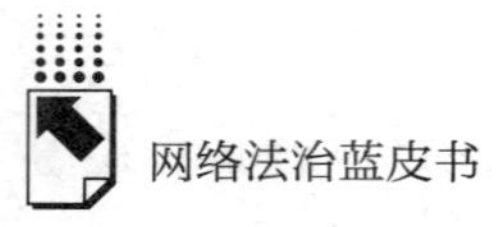

于私人合同对言论进行的规制。问题在于，网络用户并没有用户协议中的议价能力，只能点击“同意用户协议”以获取网络平台服务。而且由于社交媒体类网络平台逐渐向着垄断化方向发展，用户并没有选择离开的能力。

其次，扩张的平台责任，使得网络平台成为言论相关规范的实际制定者和执行者，然而此规范和操作流程并没有公开的审查和质询程序。一方面，平台在用户协议中列举的审查标准除了法规政策标准之外，还包括平台自身运营、发展需求之外的法外要求，造成了审查标准的扩张。另一方面，平台进行爬虫寻找、关键词搜索、信息断开和屏蔽中所执行的具体标准，用户无从知晓。或者说，恰恰是由于缺乏法定程序，才使得平台对于言论的审查变得如此有效率。

（三）传统管理手段忽视网络时代特点

以主体责任为架构的强管制体系，建立起了网络空间区块化划分、科层制责任、属地化管理的制度，沿用了工业时代的政治与法律概念对网络空间进行规制，忽视了网络空间与网络平台的本质。

第一，属地管理忽视网络空间的跨域性而存在执行难题。互联网超越了空间和地域的限制。属地管理似乎是执法的便利性而设，但网信部门基于执法授权，只能处理属地辖区内的信息内容违法事项。然而，国家允许网站异地备案模式，这使得地方网信办无从开展所谓的“属地管理”工作。面对网络信息普遍的“跨地域”违法现象，地方网信办在收集证据之后，如果报告至国家网信办由其进行协调，按照常规行政流程将会在时间上大大影响执法效率。而现实执法中缺乏法定化的异地联动执法机制。为了执法便利性而设的属地管理反而造成了管理的不力。

第二，网络空间的区块化、层级化管理，忽视了网络空间的交互性和平等性。这种规制模式忽视了网络信息是多平台而非单向流动，立体交互式传播而非分层级传播。这种对网络信息传播的错误假设，造成了在实践中，根据网络平台的经营内容分别由相应部门实施专项规制的区块化监管模式。导致参与互联网规制的不同部门之间的监管边界往往晦涩不清，极易产生职能交叉与监管真空等问题。为了应对这种情况，网信部门尽管被赋予了网络信息内容监管的组织核心地位，但又缺乏自上而下的执法队伍予以履行，需要依赖其他部门譬如文化执法或者网安大队。这种区块化、层级化的管理方法和互联网交互性之间的矛盾，造成了我国网络信息治理以运动式执法、专项式执法为主要方式。

五　社交媒体平台主体责任体系的完善

（一）增加新闻信息审查标准的明确性和可预期性

新闻审查归根结底属于网络平台信息内容的审查。新闻的审查标准决定了网络平台违法行为的判定、行政责任的承担，是网络平台责任的起点，具有至关重要的作用。对网络内容的审查，不可避免存在滥用权力的可能。应尽量增加新闻审查标准的明确性和可预期性，既有利于公众遵循，也有利于约束平台在信息审查时的扩大解释，危害表达权利。

第一，应尽量明确敏感性信息审查的标准。这类信息的限定过宽，打击过重将会引起寒蝉效应。当前对于敏感性信息的审查标准立法用语高度抽象，具有过宽的解释空间，易于导致适用困难和权力滥用。应秉承最小侵害标准，最大程度限缩其范围。

第二，新闻中涉及公民私人权利的应尽量涵盖可能的权利保护。对于网络诽谤、造谣、侵犯他人隐私权、名誉权等私权利的新闻和评论，应以被侵权人提出异议为前提。但提出异议只是必要条件而非充分条件，是否真正有害，应适用我国民事侵权法的认定及处理机制，给予双方当事人充分质证辩论的机会，善用通知与反通知规则。

当前，我国对网络新闻信息审查的标准多以限制性陈述为主，并且多采取概括式的立法模式。对于表达权利的限制，宜采取一般概括条款与具体列举条款并重的模式，并且在实践中以指导性司法案例或行政执法案例作为补充。

（二）合理设置社交媒体平台的主体责任

主体责任体系已经将日常信息审查、内容监控与安全巡查制度作为平台运营的基本要求，故社交媒体平台在互联网新闻治理中承担民事责任和行政责任的主观形态——“发现”，可以被理解为主动性的、普遍性的监控义务。这种社交媒体平台的主体责任，既是网络平台作为行政相对人的义务，也是在平台内部进行信息治理的权力。

平台的内容审查权力本质上是基于网络用户协议进行的私主体之间的规制。网络平台与用户虽然同为私主体，但是在技术能力方面已经日趋分化，平台与用户间的权力结构已经形成。平台权力本质是一种私权力，在行使私权力时，应当遵守权力行使的基本规则。其中最重要的就是必要性原则、比例原则与程序公开原则。

首先，社交媒体平台为了免于过高的法律风险，往往在公权力内容审查的标准之上，加强自我审查。社交媒体平台私权力的形式同样应该遵循必要性原则，参考公权力运行的相关限度，防止社交媒体平台形成私权力的滥用。

其次，社交媒体平台对新闻及言论的规制应该遵循比例原则。尤其是涉及言论可能侵害私权利的情况，对一方用户采取的禁言、取下、删除等不利措施应当是损害最小的。

最后，社交媒体平台对互联网新闻和言论的审查应该遵循正当程序原则。平台规则的制定应该公众参与并信息公开，充分接受公众的建议和质询。在作出对用户的处罚措施时，应该说明理由并遵循公开程序，以有效防止平台私权利滥用，切实保障用户权益。

“政府管平台，平台管用户”和“谁运营，谁负责”是我国网络平台主体责任设置的主要指导思路。然而，简单的思路既容易造成监管部门的懒政、导致缺乏有效行政监管，又容易造成私权力负担了过多管理职责，阻碍产业发展并侵害用户权益。政府在设置平台主体责任时，应当充分尊重平台的自我规制，合理设定平台义务。平台主体责任也应该符合必要性原则、比例原则、正当程序原则。唯有如此才能真正有效克服市场失灵、社会失灵与政府规制失灵问题，实现良好治理。

（三）统一垂直管理并丰富监管手段

属地化、区块化的网络平台监管模式并不适合互联网传播的跨区域性与无界性特征。互联网打破了传统的时间和空间的概念，传统的科层管理、分业管理显然已经不适应互联网的发展业态。网络信息立体交互式传播，并且全平台全媒介传播早已经成为互联网新闻和信息传播的常态。社交媒体等网络平台的影响力跨越地域，对互联网新闻治理也需要全国统筹的治理格局。

现行的网信部门属地化管理呈现出许多弊端，垂直化管理势在必行。一方面，这是全国统一进行政治性信息规制的要求。垂直管理统一管理更有利于统一判断标准，有利于在全国范围内确立内容审查标准在行政执法和司法实践中的权威性。另一方面，网络平台影响波及全国，急需设立一个行政级别与其影响力对应的监管机构。这样一方面避免异地备案造成的属地管理的弊端，另一方面有助于实现网信系统内部的监管经验交流，建立自身的科技监管队伍，符合网络治理能力现代化的发展需求。

我国互联网信息治理的监管手段以约谈为主要形式，以关闭网站为底线，监管手段过于单一。尤其是在对网络平台进行区块化监管的模式下，网信部门经常组织专项整治行动，如近两年开展影响较大的就包括“新闻敲诈和假新闻”专项行动、“网络敲诈和有偿删帖”专项工作、“婚恋网站严重违规失信”等多项专项整治工作。而这些行动都需要文化、公安等执法部门予以配合，各级网信部门并无此权限。因此，应及时破解网络治理区块化的现状，丰富监管工具，使监管社交媒体平台的行政部门尽量统一，以减轻企业负担，实现过错与责任的相适应。

六　结语：设计适应互联网时代的新闻治理方案

互联网时代的新闻治理要面临种种技术发展及社会变革带来的挑战。一

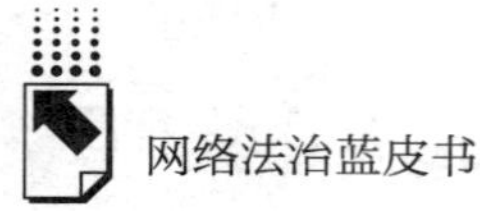

方面，从整个社会结构来说，工业时代公权力—市民的社会二元结构被打破，公权力—平台—市民的社会结构正在迅速建立起来。在网络时代，不仅要探讨公权力在新闻治理中应该扮演何种角色，也要深入探讨私权力给新闻治理和言论表达带来的挑战应如何应对。另一方面，互联网时代的新闻开始大部分由机器人撰写，并由算法推送给用户。新闻的理念不再是让用户找到新闻，而是新闻按照用户的需求精准找到用户。如果继续坚持对于新闻信息内容审查，对结果进行监管，势必将力有不逮。如何对机器人写手进行规范，如何对推送新闻的算法进行审查，应该是在注意力稀缺的互联网时代，新闻规制进化的方向。

B.6
后真相时代情绪化网络舆情监管

王瑞奇 *

摘　要： 本文以“后真相”为切口，关注近年来先后发生的“雷洋案”“魏泽西事件”“罗一笑事件”“辱母案”“红黄蓝虐童案”等热点新闻在网络空间引发的情绪化舆情现象，并结合互联网时代网络舆论的表达特点、形成特点和传播特点，以及近年来我国网络舆情监管工作和方法中存在的争议和问题，提出八项建议，力求改善热点事件中非理性情绪在网络肆意蔓延的情况。

关键词： 后真相　舆情　情绪化表达　互联网

一　情绪传播大于事实传播

“后真相”（Post-truth）是新闻传播领域一个相对较新的概念。2016 年 11 月 16 日，牛津英语词典将“后真相”选为 2016 年年度词汇，该词引起大范围瞩目。目前，无论是学术界还是实务界都对“后真相”的概念没有统一界定。究其内涵，主要指现下愈发全民性、碎片性、话题性的互联网言论环境给信息传播带来的主观化、情绪化表达倾向。在这一背景下，公众对于传统新闻传播的核心元素——事实不再关注，而是热衷“贴标签”“站队”“抠字眼”等，导致缺乏分析和证据的情绪化表达在传播速度和传播影

* 王瑞奇，中国政法大学光明新闻传播学院讲师。

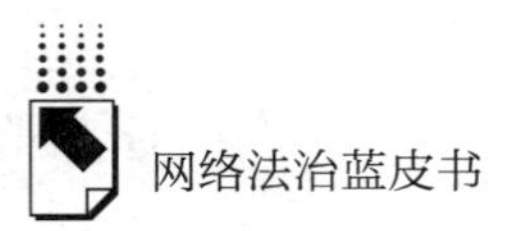

响力方面均远胜于事实传播。其结果是使真相在传播中逐渐被弱化、被边缘化甚至被摒弃，最终沦为信息传播的配角。

后真相时代的信息传播依然以事件为出发点，但从传播效果来看，引发信息传播的事实往往仅起推手作用，情绪的扩散才是关键。这反映了互联网信息传播的无序状态。在这种状态下，人们面对的世界真伪难辨，但人们有时并不介意被假象、谣言所欺骗。这导致信息传播的过程从挖掘真相转变为制造真相。事实让位于情绪，真相被情绪改写。

二　情绪化网络言论对舆情危机的催化作用

20 世纪上半叶，研究社会运动的斯梅尔塞（Smelser）提出加值理论。他认为，集体行为是由更为宏观的社会结构因素导致的，结构性诱因、结构性怨恨、一般化信念、触发性事件、有效的动员、社会控制能力的下降等六个因素影响着集体行为。而且，上述因素次第增加，即因素具备的越多，集体行为爆发的可能性越大；如果以上因素均具备，则必然发生集体行为。另有研究者提出：在大众传播活动中，事件对公众的影响分为事实认知、情绪鼓动和行为指导三个阶段。① 社会情绪可以在一定程度上引导或者改变公众的行为，即网民情绪可能转变为舆情危机的引爆点。而社交媒体、网络自媒体的便捷度加强、信息传播、交流自由度提高、把关人功能缺失等因素已导致互联网信息传播出现大量不规范，甚至违法信息，例如：标题党、标签党、任意符号化、虚假消息、谣言，甚至煽动性、仇恨性言论等等。

尽管大多数情绪化表达并未超越言论自由的保护范围，近年来国际、国内发生的一系列重大社会事件已经证实：网络信息的传播不仅能促进群体的缺场交往，也能促进社会力量的虚拟聚合。② 互联网通过虚拟社交在线下实现群体聚集的能量是任何媒介都无法企及的。与理性的群体共识不同，社交

① 朱玉华、辛旺：《浅析热点事件中网民行为与心理——以安徽芜湖女大学生坠楼案为例》，《现代交际》2016 年第 21 期。

② 刘少杰：《网络化时代的社会结构变迁》，《学术月刊》2012 年第 10 期。

媒体空间的意见共同体，最大特点就是临时性、部落化。其意见表达往往并非基于事实、理性，而是以主观好恶为出发点，带着强烈的社会情绪进行表达。从实践来看，近年美国、德国、土耳其等国家对于互联网言论的监管力度均在不同程度上有所加强。尽管各国在程度和手段上有较大差异，但它们都把互联网舆情监控、疏导作为维护社会稳定的一种方式。虽然各国的种种政策、法规以及监管手段或多或少都引起了抨击和质疑，但加强互联网舆情监管已经成为一种趋势。

三　后真相时代情绪化表达失范的原因

互联网情绪化表达是多种因素综合导致的。除了互联网表达匿名性、强互动性、高效性、聚合性等特征之外，还与各国的社会结构、历史背景、民族分布、政治环境等因素相关。

对我国而言，互联网情绪化表达事件频发主要受以下因素影响。首先，我国正处在社会转型期，各种群体在发展机会、收入分配、教育医疗等问题上的境遇存在较大差异。同时，我国社会内部仍存在司法不公、政治腐败、体制不健全等一系列无法在短期内消除的矛盾。部分民众抱有仇富、仇官等不平衡心态，甚至对于医疗、教育、公检法、政府系统的人和事持敌视态度。部分生活境遇不佳者因不能改变现状则在情绪上呈现悲伤、失落、愤恨、焦虑甚至绝望。当互联网出现契合其心态、经历、需求的事件，他们就以自己的固有好恶作非理性判断，甚至故意忽略事实，仅把互联网当作情绪发泄的工具。例如，2017 年 8 月，榆林产妇跳楼事件发生后，在产妇跳楼原因以及医院与家属双方的言行、责任尚无定论的情况下，就有大量网民在微博、新闻客户端等公共平台发表“医生就是谋财害命”“医院为了挣钱不管患者死活”“婆家人只想着抱孙子，不管媳妇死活”“婆婆为了追生二胎不同意产妇剖腹产要求”等武断言论。一些颇有影响力的大 V、公众号也发表文章调动舆论情绪。例如，粉丝数量达百万的公众号咪蒙就以《我拿你当老公，你却拿我当子宫》博得点阅和转发。

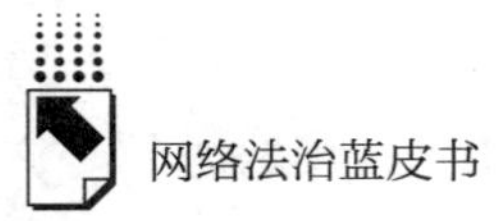

情绪的调动往往以个体个人境遇为基础。榆林产妇坠楼事件的评论中就有许多人谈到自己不幸的婚姻生活、不良的婆媳关系和不愉快就医体验，等等。而事实上，现实中的境遇可能因主体认知的偏差被放大。《人民论坛》问卷调查中心曾进行过一项问卷调查，结果显示认为自己是弱势群体的党政干部受访者达45.1%、公司白领受访者达57.8%、知识分子（主要为体制内科研单位工作人员）受访者达55.4%，而普通网友中有弱势感的受访者则达到73.5%。[①] 有研究者提出，个体力求将自我利益最大化的利益导向性驱使着他们在网络空间就与切身利益相关的问题发表言论时也力求通过简短言语赢得言论上风。[②] 至于这些观点和诉求是否理性、是否可行则不在他们考虑之列。2016年，一场以“支持判人贩子死刑”的网络请愿活动刷爆微信朋友圈。数以万计接受过现代文明教育的国人用近乎法盲的表达方式参与公共事件，要求国家修改立法，“人贩子一律死刑”“要求国家给新生儿免费提供DNA注册”。这场由商业资本操控的网络请愿使得一场全民性反思人贩子惩治的公共议题沦为发泄戾气的场域。这也从一个侧面反映出网络表达的非理性和网民平均素质的倒退。

其次，当下中国存在“传统主流媒体舆论场”和“新媒体舆论场”并存的传播格局。我国传统舆论场向来由以新华社、人民日报等主流媒体把持，留给社会大众的表达、互动空间不大。社会公众不断聚集的情感只能被压抑、被堵塞。而新媒体舆论场的开放性、互动性恰好弥补了主流舆论场的不足，为公众长期无法表达的种种情绪提供了抒发的渠道。“社交媒体让带有负面社会情绪的市民快速、低成本地组织起来，抗议者在一个半公开的环境中，避免了个体的孤立感，也降低了政治情绪宣泄的法律风险和道德风险”。[③] 法不责众的侥幸心理为互联网失范言论提供了最后屏障，带有强烈负面情绪的言论很快在互联网空间蔓延。有国外学者研究发现，情绪会在社

---

① “官员自称‘弱势群体’折射了什么?”，中国网络电视台，http://news.cntv.cn/20101208/110618.shtml。最后浏览日期为2018年5月20日。

② 张静、赵玲：《论网络舆论理性化与情绪化的博弈》，《现代情报》2013年第6期。

③ 吴瑛：《国内外舆论互动对社会情绪的影响研究》，《中州学刊》2016年第7期。

交媒体平台的用户间专递并影响他们的转发和表达行为。① 社交媒体在激起负面社会情绪上作用强大。“而相比于理性群体，相同信息在非理性群体中更容易扩散和传播”。②

四　网络舆情管理策略

移动互联网时代特有的信息传播、舆论形成、情绪爆发的速度和影响力已超越以往任何时代。因此网络言论的疏导、治理的政策、法规和手段都应该慎重、小心，否则可能既达不到预期的疏导效果，又招来国内外舆论的抵触甚至声讨。现有的网络言论治理主题的学术论文通常都会从完善立法、明确网络运营商的平台责任、加强媒体正向舆论引导、提高网民自身素质等方面提出建议和意见。这些方案无疑是必要甚至必不可少的，但共同点是建议内容过于宽泛、实践性不强。

结合后真相时代的传播特点以及近期一些热点网络舆情事件的实例，现有的网络舆情管理策略可以从以下八个方面做些许改进。

首先，强化技术性手段的作用。

近年，国家一直致力于完善互联网信息传播的政策、法规，先后对互联网服务的运营资质、从业资格、互联网空间的内容生产、传播机制以及违法、侵权行为等诸多方面作出了规定。这为营造天朗气清的互联网空间提供了良好的制度保障。立法对社会治理的作用在任何国家都是毋庸置疑的。言论自由是各国普遍接受和认可的一项基本人权。尽管各国、各界都对言论自由限制的必要性已达成共识，但对具体的限制界限和尺度的争论并未停止，且这种意见分歧也延伸到互联网领域。因此，各国有关互联网表达的政策、

① Kramer A D，Guillory J E，Hancock J T. *Experimental evidence ofmassive-scale emotional contagion through social networks.* Proceedings of the National Academy of Sciences，2014，111（24）：8788－8790.

② 张亚楠、何建佳：《基于网民心理的微博舆论传播模型及仿真研究》，《计算机应用研究》2018 年第 5 期。

法规常常受到质疑。不可否认，随着科技的日新月异，法律的滞后性弱点愈发凸显，不排除有些新的法律出台后不能适应新的信息环境。

相比之下，通过技术手段——例如信息检索、改变搜索内容排序、给虚假信息添加警示标签、向用户推送辟谣信息等——能更好地解决互联网不当表达问题。部分能通过技术手段解决的问题，可考虑先通过技术手段管理，在充分的论证和实践之后再考虑立法，尽量避免匆忙立法导致立法内容很快滞后或者不够完善的情况。

第二，应谨慎选择舆情干预对象。

删帖和关键词限制是两种较常见的处理互联网不当表达的方式，包括学者、互联网从业人员在内的社会大众对于这些管控手段的担心不无道理。言论自由是一种很脆弱的权利，如果不能将对它的限制明确在有限的范围内，就有可能引发寒蝉效应。从以往的实践来看，无论是删帖还是关键词屏蔽，都仿佛披着一层神秘的面纱。公众不知道相关的操作标准、对象和管理周期，有时只能通过搜索结果反推相关内容是否被屏蔽和删除。由于不清楚网络的删帖、屏蔽是由谁操作，许多网民就把一切都归咎于网信部门。例如，2017 年 11 月，北京红黄蓝虐童事件引起网民公愤，影星章子怡发表的微博“听说有三种颜色上不了热搜”引起百万级别转发、评论。大量网民认定微博热搜被人为“动手脚”。其后，围绕该事件的种种猜测和谣言在网络广泛流传，有网民对其深信不疑。2018 年 1 月 2 日，中央芭蕾舞团就其与冯远征夫妇的知识产权官司发表网络声明后，双方支持者均有人在网络空间发言表示网信部门参与删帖，限制己方言论。

可见，即便为了维护社会稳定和公共安全，也应当明确对网络言论实施干预的范围的条件，谨慎选择干预的时机和对象。对于不涉及敏感话题或对社会稳定没有影响的事件，网信部门或者其他各级政府机关应尽量少干预，甚至不干预。除此之外，在互联网公关行业异常发达的今天，网信部门还应当限制资本对于言论的干预，尽量维护网民对互联网空间言论自由的信心。

第三，逐渐丰富技术性言论干预手段。

相比彻底屏蔽、删除信息，给虚假信息、违规信息添加“假新闻”“谣言”等标签的技术办法要更容易被公众接受。互联网信息平台推出的各种新技术、新功能越来越多。例如，当用户转发的推文被证实为假新闻、谣言之后，微信会主动向相关用户发送提示：“您之前转发的某某文章已经被证实是假新闻、谣言。”这种手段显然更柔和，更容易被接受。

目前，微信、微博等大型互联网平台的信息筛查技术、内容审查技术已经相对成熟。当信息被官方认定为假新闻、谣言后，可通过标签提示或者附加辟谣信息等方式，替代原有的删除、屏蔽手段。

更重要的是，从实践来看，删帖、屏蔽等手段在重大社会事件、网络舆情危机中的效果并不理想。网民的发表欲望和切身诉求有时并不会因强硬的言论政策而消散。这种堵塞言路的做法有时会强化网民的负面情绪，甚至把这种集体负情绪储存起来，化为对政府的不信任和猜疑。古罗马历史学家塔西佗（Tacitus）指出，一旦民众给政府贴上标签，那么无论之后政府做什么，他们都不喜欢。从近年的一系列网络事件可以看出，现有的言论管控政策已经在一定程度上掉入了“塔西佗陷阱”。伴随着各种猜测、阴谋论在互联网空间的快速扩散，主流媒体的解释通稿、辟谣报道被不断边缘化，甚至成为“证伪”素材。政府的公信力不断流逝，“不可信”则成为政府的标签。

第四，注意把握情绪干预的时机。

个体的情绪转化、态度转变尚需要时间，群体更是如此。有研究者把网络舆情事件中网民的情绪变化分为三个阶段：“情绪型舆论产生时期”、“情绪型舆论对抗时期”和“情绪型舆论突发或衰变时期”①。舆情事件爆发后，社会情绪会伴随着信息的发掘、传播而不断累积，最终由量变到质变，形成一定规模的情绪化舆情。

传统的危机公关理论认为：为防止负面情绪的迅速扩散应尽早进行情绪干预，相关事件发生后的最初 24 ~72 小时被认为是最佳干预时间。从近年

① 郑宛莹：《从李天一事件谈媒体对于网络情绪性舆论的引导》，《现代传播》2013 年第 12 期。

发生的几个网络事件来看，情绪型舆论聚集期已大幅缩短。这意味着留给言论干预主体的时间也大幅缩短。例如，2016 年“罗一笑事件”在一天时间里实现舆情反转，这种情况下，想在情感聚集阶段实施干预几乎不可能。

网络情绪聚集到一定程度之后，就会进入“情绪型舆论对抗时期”。此阶段网络言论的创造、传播和扩散往往存在很大非理性成分。部分网民甚至在缺乏事实基础的情况下将自我置于政府或者某种外力的对立面，盲目发表偏激、对抗甚至是鼓动群体对立的言论。例如，榆林产妇跳楼事件中，公众对该事件的评价一边倒向了对产妇家人的调侃与谩骂。面对一致的负面网络舆论，主流媒体停止观望，采取了转移、分散情绪等措施对舆论进行疏导、分流。虽然文章主题并不是直接对抗公众的舆论，但文章的标题却一定程度上“触怒”了网友，一些只看过标题的网友误以为此篇文章是对于某一方的声援。

网络信息更迭迅速，引发全网热议的新闻如果缺乏持续性爆料也很难长时间维持关注度。过去两年广受关注的“雷洋案”“魏泽西事件”“罗一笑事件”“辱母案”“红黄蓝虐童案”等事件，网络热议时长基本维持在 7 天左右。其后，网络舆论将进入“情绪型舆论突发或衰变时期”。尽管还是会有少部分网民坚持关注相关事件并坚持转发信息、发表评论，但在这一时期，整体的参与热情将逐渐衰退，而新的新闻事件的出现将加速这种衰退。部分事件的权威媒体深度报道、官方调查结果通报都在这一时期发布。综合分析、对比各种观点、信息之后，在此阶段仍然关注相关事件的网民通常能够更理性地看待事件本身并识别谣言和不当言论，但由于此时该事件整体关注度大幅下降，这些表达往往很少受关注，传播效果远不及事件爆发初期。

第五，丰富信息供给、弱化观点输出。

在网络情绪处于难以把控的对抗期，政府部门和媒体发布的权威信息必不可少，但其摒除谣言、消除疑虑的作用并不突出。如前文所述，网络情绪形成后需要一定的时间才能疏解，而且公众给政府贴的标签有时不能随着事件热度的降低而衰退，反而会沉淀下来变为刻板印象。在这一时期通过主流媒体，特别是官方媒体发表导向性很强的文章，试图强行扭转舆情有时候会起反作用。例如，2016 年 1 月，“快播”案庭审直播之后，《人民日报》和新华社先后发表评论《快播的辩词再精彩也不配赢得掌声》和《要对快播案“狡辩的权利”报以掌声》。两者题目似乎针锋相对，给网民一种两大官方媒体走向对立的感受。

因此，在情绪对抗期，应该通过官方通报、主流媒体向公众展示更多的事件细节，让公众能从更多的角度了解事件来龙去脉，也能为各种观点提供更多信息供其分析、论证，更可以避免不必要的猜测、演绎。在丰富的信息传播过程中，各方观点不断吸纳新成员，并实现自我升级、完善，在群体内部达成共识，而不是把矛头指向政府，盲目问责、攻击。

第六，降低对网民自我约束的期待。

很多学者都把提高网民素质、加强自我约束作为网络空间风气治理的重要手段。网络空间特有言论氛围本就容易让人降低表达的严谨意识，而且网民素质是改善网络空间言论风气的根本，但提高网民的整体素质并非一朝一夕能完成的任务。近年移动互联网和智能手机不断普及，互联网用户的平均文化水平伴随着互联网用户群体的扩大而降低。调查结果显示，目前我国具有初中文化程度的人口与智能手机用户数量大体相当，同为 5.2 亿。[①] 这意味着，我国新闻受众的平均教育水平低于纸质新闻时代。用户在知识结构上的差异不仅导致网络空间非理性言论比例的上升，也为虚假新闻、谣言等不良信息提供了市场。相比较受过高等教育的网民而言，受教育程度较低的网民尚不能独立分析、判断网络信息的真伪，加上获取信息的渠道有限，容易偏听偏信、盲目转发、武断下结论。

各种深层次社会矛盾和利益冲突日趋复杂化、尖锐化，也反映出普通民众对公权的逆反心理以及社会成员之间一些非理性情绪和怨恨心理趋于加重。而不满、逆反情绪在群体内部不断积累，在特定情景诱发下，极容易以激烈、冲动的形式表现出来，从而产生暴力攻击行为。

第七，约束资本对舆论的干预。

---

① 张毅：《手机阅读颠覆新闻传播》，《人民日报》2015 年 6 月 18 日第 19 版。

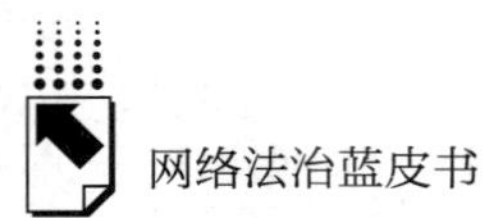

“水军”已不是什么新鲜词。网络公关公司通过发帖、删帖、制造话题、舆论分流等手段左右舆论走向的机制已经较为完善，而且在很多新闻事件中起到了显著的作用。2018 年 1 月引发全网关注的女星李小璐“做头发”事件，就被爆出当事人出 1400 万公关费的新闻。虽然上述公关费是否真实存在无证可考，但这则新闻从一个侧面反映出网络公关公司确实有能力影响网络舆情的呈现结果。彻底禁止商业资本对于网络言论的干涉在实践上存在难度，但网信部门有必要列明禁止商业资本干涉网络言论的几个条件。例如，涉及公共利益、公共安全以及可能影响社会稳定的重大事件，任何主体不得借助商业资本改变网络言论的呈现状态。

最后，为正向表达提供素材。

“认知评价理论认为，在刺激事件激发起情绪之后，个体会全面评估情绪表达的可行性、风险性、成本支出和表达效果，并根据对刺激的控制程度来调节情绪表达”。[①] 网络舆论中的表情包、段子、戏谑等传播方式就是调节情绪的典型方式。时下最受网民喜欢的各类表情符号和表情包中，有很大比例是负面情绪的符号。部分网络用户在发表评论时，仅使用表情符号或者表情包。其中使用率较高的“姚明笑着哭”“张学友吃屎吧你”“黑人问号脸”“葛优北京瘫”等都是表达负面情绪的。网民在使用这些负面符号时可能只是因其好玩或者抒发自己戏谑的情绪，但是大量的负面表情符号会让网络言论的整体呈现偏向消极。此外，微信、微博的点赞与转发功能也是一种间接的评论手段。而微信、微博只有“赞”，没有“反对”，导致很多不恰当的、非理性的网络表达收到大量的“赞”，容易引起误解。因此，有必要加强正向网络符号的供给，让网民有更多机会挑选适当的网络符号表达情感。

① 吴瑛：《国内外舆论互动对社会情绪的影响研究》，《中州学刊》2016 年第 7 期。

B.7
互联网时代被遗忘权在刑事司法中的适用

郑　曦*

摘　要：　被遗忘权是公民要求删除与其相关的数据信息的权利，该权利源自刑事司法，但在民商法领域得到深入研究和应用，在刑事司法中“被遗忘”。事实上，被遗忘权在刑事司法中有广泛的适用空间，已被定罪的罪犯、被害人、被认定无罪的被追诉人、证人等诉讼参与人均有主张被遗忘权的利益需求。然而刑事司法中这些信息主体主张其被遗忘权时可能与公众知情权、言论自由和新闻自由、公共安全等权利和法益产生冲突。为解决此种冲突，应对被遗忘权在权利主体的范围、适用的案件类型、行使被遗忘权的方式和程序等方面加以限制，从而实现被遗忘权在刑事司法领域的合理运行。

关键词：　被遗忘权　刑事司法　信息主体

随着网络技术的迅猛发展和“大数据”时代的到来，近些年欧美民商法学界热议的公民被遗忘权这一新兴权利甚至影响到了立法和判决。受其影响，我国民商法学者们也对被遗忘权给予关注，并提出了建设性的意见。①

*　郑曦，北京外国语大学法学院副教授。

①　其中较有影响的著述如杨立新、韩煦：《被遗忘权的中国本土化及法律适用》，《法律适用》2015 年第 2 期。

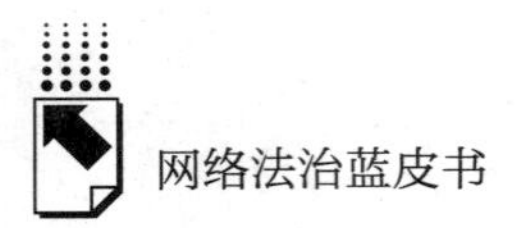

然而在刑事司法领域，被遗忘权似乎是一项“被遗忘”的权利，鲜有学者关注。事实上，追本溯源，被遗忘权正是起源于刑事司法领域。刑事司法领域正视和迎接这一“被遗忘”的权利的回归，是在信息爆炸的时代下进一步加强人权保障的必有步骤。

一　被遗忘权从民商法领域向刑事司法的回归

（一）被遗忘权的产生背景和基本概念

遗忘，原是人的本能。然而随着计算机、数据库和网络技术的发展，被遗忘似乎已成奢望，这也使得人们对其信息能否被合理使用以及其使用是否会造成对公民权利的侵害存有怀疑。早在1967年，著名记者帕卡德就对此表达过担忧：“中央数据银行最令人担忧之处在于：其将权力集中于坐在电脑前面操控按钮之人的手中，一旦我们的生活细节信息被汇入中央计算机或其他信息存储系统，我们都在一定程度上为掌握此系统之人所掌控。”① 于是人们逐渐意识到，为避免信息数据存储技术威胁个人自由，既要让信息数据有进入计算机、数据库和网络这类数据存储系统的途径，也应当考虑给予其从数据存储系统中被删除、被“遗忘”的途径，进而形成双向的通道。

被遗忘问题真正进入法律的视野并被作为一项权利进行探讨是新近的事情，且恰恰出现在刑事司法领域。一般认为，被遗忘权来源于法国法中被称为“le droit à l’oubli”的权利，此种权利的内容是允许被定罪的罪犯在服刑改造期满后要求其被定罪和监禁的相关事实不被公开。② 然而，刑事司法领域的学者们似乎很快就遗弃了该权利，鲜有人讨论刑事司法中的被遗忘权，反倒是在民商法领域，这一权利得到了充分和激烈的讨论，并逐渐引起立法

① Vance Packard, “Don’t Tell It To the Computer”, *New York Times Magazine*, January 8, 1967.

② Jeffrey Rosen, “The Right to be Forgotten”, *Stanford Law Review Online*, vol. 64, 2012, p. 88.

和司法界的重视。

在被遗忘权问题上，欧盟向来走在前沿。早在 2009 年，就有法国议员提出涉及被遗忘权的议案。2012 年 1 月，欧盟公布《关于涉及个人数据处理的个人保护以及此类数据自由流动的第 2012/72 号草案》，该文件正式使用“被遗忘权”的概念，并在附件 4 中对被遗忘权做了定义：“被遗忘权是指公民在其个人数据信息不再有合法之需时，要求将其删除或不再使用的权利，如当时使用其数据信息是基于该公民的同意，而此时他/她撤回了同意或存储期限已到，则其可以要求删除或不再使用该数据信息。”①

从这一概念出发，可以明确的是，被遗忘权的权利主体是信息主体，是指产生个人信息且能通过直接或间接手段被识别身份的自然人；义务主体是应信息主体要求负有信息删除义务的人，包括自然人、法人和公共机构；②被遗忘权的内容是权利主体即信息主体要求义务主体删除与其相关的信息数据的权利。根据该定义，公民要求删除其个人数据信息、要求“被遗忘”需要注意如下三个问题：其一，权利的主体范围受到限定，只有数据信息所指向的公民才能主张此种权利，即只有信息主体才能成为权利主体，且此种权利主体只能是个人；其二，必须在对该数据信息的存储和使用不再有合法理由的情况下方能提出删除要求，即此项权利不得对抗对数据信息的合法存储和使用需求；其三，即便公民先前同意存储和使用该数据信息，亦可以设定存储和使用的期限，或在之后撤回此种同意。

（二）被遗忘权在民商法领域的实践运用

欧盟意欲确认被遗忘权的做法引起了一些人的反对，尤其是科技公司、电信网络运营商等，表达了对被遗忘权的合法化可能影响公众知情权，甚至威胁言论自由的担忧。然而，欧盟法院于 2014 年 5 月做出了“谷歌西班牙

---

① 参见欧盟委员会网站 http：//ec. europa. eu/justice/data - protection/document/review2012/sec_ 2012_ 73_ en. pdf，最后浏览日期为 2016 年 6 月 22 日。

② 杨立新、韩煦：《被遗忘权的中国本土化及法律适用》，《法律适用》2015 年第 2 期。

分公司和谷歌公司诉西班牙数据保护局和冈萨雷斯案”的判决，[①] 正式将被遗忘权确立为公民的一项民事权利。

在该案中，一位名为马里奥·科斯特加·冈萨雷斯的西班牙公民于2010年向西班牙数据保护局提出了一项针对《先锋报》[②]、谷歌西班牙分公司和谷歌公司的投诉。冈萨雷斯投诉称，1998年《先锋报》刊登了一些不动产强制拍卖的名单并被谷歌收录，其中冈萨雷斯的名字也位列其中，现如今只要在谷歌中输入其姓名，即可以查到《先锋报》关于此事的报道。由于与其相关的拍卖程序早已在数年前结束，这些报道的信息也不再有效，因此冈萨雷斯在投诉中提出如下请求：第一，要求《先锋报》要么删除或修改上述已被收录的页面以保证其个人信息不再出现，要么使用搜索引擎提供的特定工具以保护此信息；第二，要求谷歌西班牙分公司或谷歌公司删除或隐藏与其相关的个人信息，以保证该信息不再出现在搜索结果中且不被链接到《先锋报》。西班牙数据保护局驳回了冈萨雷斯的第一项请求，认为《先锋报》的报道完全合法，但同意了其第二项请求，要求谷歌西班牙分公司和谷歌公司采取适当方式从其搜索结果中撤销相关数据信息并保证日后不会搜索到此信息。随后，谷歌西班牙分公司和谷歌公司向西班牙国家高等法院提出起诉，要求撤销西班牙数据保护局的决定，后此案被提交给欧盟法院审理。在最终的判决中，欧盟法院判定谷歌西班牙分公司和谷歌公司有义务删除相关信息。除此之外，判决还谈及了冈萨雷斯提出的被遗忘权问题，欧盟法院认为随着情势变迁，原有信息可能变得不适当、不相关或超越限度，在此种情况下，信息主体可以要求将其删除。这实际上是肯认了公民的被遗忘权，因此，此案判决一出，人们即认为被遗忘权已在欧盟得到确认和适用。

2016年4月27日，欧洲议会和欧盟委员会通过《关于保护自然人个人

① *Google Spain SL*, *Google Inc. v Agencia Española de Protección de Datos*, *Mario Costeja González*, C-131/12, EU: C: 2014: 317.

② 该报名为“La Vanguardia”，是一份在西班牙，尤其是加泰罗尼亚地区发行量极大并极具影响力的报纸。

数据处理和关于此种数据自由运转、以及撤销第95/46/EC号指令的第2016/679号条例（一般数据保护条例）》，该条例第17条对被遗忘权做了详细规定，[①] 共分3款。第1款规定数据主体有权要求数据控制者毫不迟延地删除涉及自身的相关个人数据，在法定情况下，数据控制者承担毫不迟延地删除这些个人数据的义务。第2款规定，若数据控制者已经将此个人数据公之于众，并且根据第1款规定有义务删除此个人数据，则在考虑可采取的科技和实施成本的基础上，该数据控制者应采取合理步骤（包括技术手段）告知其他使用该个人数据的数据控制者该数据主体已提出删除个人数据相关的链接、拷贝和复本的要求。第3款规定了不适用第1款和第2款的特殊的数据使用情形。

相比于欧盟在被遗忘权问题上的大步前进，美国的态度就保守得多。美国，联邦层面基本对此项权利持“充耳不闻”的态度。但是加利福尼亚州于2013年颁布了第568号法案，该法案要求自2015年1月1日起，互联网网站运营商、在线服务商、在线应用商或移动应用商必须允许未成年人自行删除或要求其删除由未成年人自己提供数据信息。[②] 该法案规定的权利在主体方面仅限于未成年人、在内容方面仅限于未成年人自己提供的信息，显然适用范围窄于欧盟的规定，但毕竟是在被遗忘权问题上的正式立法尝试。

（三）封存犯罪记录：刑事司法领域被遗忘权的原始样态

如前所述，尽管被遗忘权起源于允许被定罪的罪犯在服刑改造期满后要求其被定罪和监禁的相关事实不被公开，然而在刑事司法领域几乎无人提及被遗忘权的概念。不过，允许罪犯申请封存或消除犯罪记录的做法在立法和实践中都得到肯定。

---

① 欧盟第2016/679号条例英文版参见 http：//eur - lex. europa. eu/legal - content/EN/TXT/PDF/？uri = CELEX：32016R0679&from = EN，最后浏览日期为2016年8月17日。

② 参见加利福尼亚州议会信息官方网站，http：//leginfo. legislature. ca. gov/faces/billNavClient. xhtml?bill_ id = 201320140SB568，最后浏览日期为2016年6月22日。

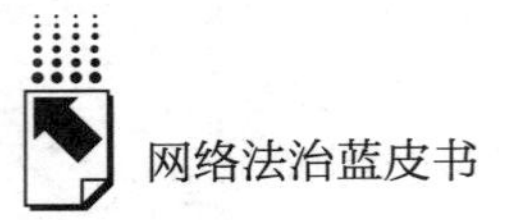

新西兰《2004 年犯罪记录法（清白法案）》（*Criminal Records*（*Clean Slate*）*Act 2004*）是关于封存罪犯犯罪记录立法之典型。根据该法，只要符合其第 7 条的规定，大多数罪犯的犯罪记录都可以被封存而不被披露。具体而言，其要求是：第一，过去 7 年中未因其他案件曾被判有罪；第二，从未被判处监禁类刑罚（例如监禁、矫正培训、青少年管教等）；第三，从未因为精神状态原因而被法院判令羁押于医院；第四，未曾因“特殊类犯罪”（例如性侵儿童、年轻人或精神残障人士）而被定罪；第五，已经根据法院的命令全额支付所有与刑事案件相关的罚款、赔偿金或费用；第六，从未根据《1998 年陆地交通法（*Land Transport Act* 1998）》或其他较早的相关规定被剥夺驾驶资格。[①] 该法规定显然是为了使得曾经犯罪之人不再背负沉重的犯罪记录负担，促进其向正常生活回归。但是该法规定的犯罪记录封存有两方面特点：其一是仅限于曾犯罪行轻微的罪犯，不适用于重刑罪犯；其二是封存犯罪记录的规定自动适用，无须该罪犯申请。第二项特点使得该法案的规定与作为当事人权利的被遗忘权存在一些区别，与其说该法案规定了公民的权利，倒不如说规定的是政府的职责。

我国也有封存或消除罪犯犯罪记录的相关规定，主要体现在对未成年犯罪人的保护方面。2012 年修改的《中华人民共和国刑事诉讼法》（以下简称《刑事诉讼法》）专章规定了“未成年人犯罪案件诉讼程序”，其中第 275 条规定：“犯罪的时候不满 18 周岁，被判处 5 年有期徒刑以下刑罚的，应当对相关犯罪记录予以封存；犯罪记录被封存的，不得向任何单位和个人提供，但司法机关为办案需要或者有关单位根据国家规定进行查询的除外；依法进行查询的单位，应当对被封存的犯罪记录的情况予以保密。”最高人民法院《刑诉法解释》第 490 条作了类似的规定并强调了人民法院对查询申请的审批权，第 467 条还规定：“对依法公开审理，但可能需要封存犯罪记录的案件，不得组织人员旁听。”最高人民检察院《人民检察院刑事诉讼规则》则对这一问题规定更为详细，第 503、504 条规定对符合《刑事诉讼法》第

---

① Section 7 of Criminal Records（Clean Slate）Act 2004.

275条情形的，“人民检察院应当在收到人民法院生效判决后，对犯罪记录予以封存。……人民检察院应当将拟封存的未成年人犯罪记录、卷宗等相关材料装订成册，加密保存，不予公开，并建立专门的未成年人犯罪档案库，执行严格的保管制度”。与新西兰法律相似的是，这些规定强调司法机关主动实施封存的职责，并未给予当事人申请封存的权利空间。

尽管目前刑事司法领域关于封存罪犯犯罪记录的规定还很难等同于被遗忘权，但不妨视其为被遗忘权在刑事司法中的一种原始样态，稍加修正就可以出现具备正式权利形式的被遗忘制度。此外，从这些规定也可以看出，被遗忘权在刑事司法领域具有广阔的适用空间。

二　刑事司法中被遗忘权的适用空间

在刑事司法领域，被遗忘权的义务主体主要是国家司法机关，新闻媒体、网络运营商、电信服务商也可能成为义务主体。但刑事司法中的权利主体较多，即包括当事人，如罪犯、被害人以及被认定无罪的被追诉人，也包括其他诉讼参与人，如证人。

（一）已被定罪之罪犯的被遗忘权

已被定罪之罪犯的被遗忘权最重要的体现即在于其犯罪记录不为公众所知。正如前文所述，包括我国在内的一些国家已经建立了针对罪行轻微罪犯或未成年罪犯的犯罪记录封存制度，但目前此制度仍有进一步扩展的空间，以推动被遗忘权正式成为罪犯的一项权利。

首先，可以将申请犯罪记录的封存作为一项权利赋予已被定罪的罪犯，即将犯罪记录封存从纯粹由政府主动实施转变成政府主动实施与罪犯申请相结合的方式。以我国为例，现有的《刑事诉讼法》规定的是对于被判处较轻刑罚（5年有期徒刑以下）的未成年罪犯的犯罪记录由司法机关主动封存。可以考虑在保留此项主动封存规定的前提下，允许其他罪犯申请封存其犯罪记录，并由司法机关最终决定是否批准。这样做的好处在于：其一，放宽了可以被封存犯罪记录的案件范围，使得除未成年罪犯之外的其他犯较轻罪行的罪犯也有机会卸下前科的沉重包袱，从而更好地回归社会；其二，可以使罪犯这一信息主体通过行使被遗忘权从被动接受变为主动申请，司法机关可以判断其改造的效果并做出决定。

其次，可以将罪犯申请犯罪记录封存的权利进一步拓展到有条件地申请彻底删除犯罪记录。① 从封存到彻底删除，是一个重大的突破。事实上在此问题上国外已有立法先例，例如《法国刑事诉讼法典》（Code de Procédure Pénale）在第770条规定："对未满18周岁的未成年人做出的裁判决定，在此种决定做出后3年期限届满，如该未成年人已经得到再教育，即使其已经达到成年年龄，少年法庭得应其本人的申请或检察机关申请或依职权，决定从犯罪记录中撤销与前项裁判相关的登记卡；少年法庭做出终审裁判，经宣告撤销登记卡时，有关原决定的记述不得保留在少年犯罪记录中；与此裁判相关的登记卡应予销毁。"② 对于罪犯而言，彻底删除犯罪记录是其被遗忘权在刑事司法领域的终极实现形式，意味着其彻底卸下先前犯罪的负担。由于彻底删除犯罪记录意味着即便是基于合法目的查询也无法查询到相关记录，因此司法机关务必慎重，宜只限于较窄的案件类型范围内，并应设立特定的严格要求，只有满足条件方可实施。

再次，可以允许罪犯申请删除相关新闻报道。对于曾经被定罪的罪犯而言，新闻媒体对其犯罪事实和判刑情况的报道可能对其未来生活造成重大的负面影响，尤其在网络社会，高速的信息传播可能使得这种负面影响成百倍地扩大。对于司法机关主动封存的案件，新闻媒体自然无法直接报道；但对于允许罪犯自行申请封存或者删除犯罪记录的案件，即便司法机关批准封存或删除了保存在司法机关的犯罪记录，先前已经进行的新闻报道仍可能对其产生不利，此时就应当允许其凭司法机关批准封存或删除犯罪记录的裁决或申请专门的法院命令要求新闻媒体删除相关新闻报道。

---

① 学界对于可以被彻底删除的究竟是犯罪记录还是前科记录仍存在争议，参见于志刚《"犯罪记录"和"前科"混淆性认识的批判性思考》，《法学研究》2010年第3期。

② 《法国刑事诉讼法典》，罗结珍译，中国法制出版社，2006，第612页。

（二）被害人的被遗忘权

在刑事司法中，同样身为当事人的被害人对于被遗忘权也有利益需求。但相较于被定罪的罪犯，由于案件事实记录与其不存在“前科”关系，因此被害人在被遗忘问题上关注的焦点并非案件事实在司法机关的封存或删除，而往往在于删除新闻媒体中与其相关的个人信息报道。

刑事案件的被害人，尤其是性犯罪案件的被害人，有可能因为新闻媒体的报道而使其长期生活在媒体的聚光灯下和公众的关注目光中，从而对其造成持续的“二次伤害”。此种情况在现实中屡见不鲜。例如，在深圳曾经发生过一起强奸案，该案中被害人杨武（化名）的妻子王娟（化名）遭到同乡、西乡街道社区治安联防队员杨喜利的强奸，杨武出于恐惧，在杨喜利对妻子施暴的过程中始终躲在杂物间，未敢出来制止。[①] 案件一经报道，立即引起了新闻媒体的关注，许多记者涌入被害人家中，对被害人进行了轮番轰炸式的采访。被害人王娟即便躲到被窝中掩面不愿见人，仍有记者将摄像机、相机、话筒和录音笔伸到其嘴边。面对镜头，被害人杨武对记者哀求：“我忍受的是所有男人不能忍受的耻辱和压力，我不愿意回忆，求求你们了，出去好吗?”[②] 新闻报道给两位被害人造成了极大的困扰，直至今日，网络上仍有关于此事的许多报道。

被害人在遭受犯罪侵害时已然受过一次伤害，新闻媒体的报道以及相关报道在网络上的长期存储又会给他/她造成持续的二次伤害，这对于被害人而言显然是不公平的。允许被害人享有被遗忘权，即是允许其尽量减轻此种二次伤害的不利后果，可以使被害人对犯罪及相关报道进行“损害控制”（Damage Control），从而也平复其可能因此造成的对抗、报复等负面情绪，尽快抚平其伤痕而使其回归正常生活。

对于被害人而言，其被遗忘权应由其主动行使。这是因为案件的相关报

---

① 成希：《妻子遭联防队员毒打强奸丈夫躲隔壁“忍辱”一小时》，《南方都市报》2011 年 11 月 8 日第 2 版。

② 叶铁桥：《“最残忍的采访”有违新闻伦理》，《中国青年报》2011 年 11 月 12 日第 1 版。

道及其网络存储在不同的情况下对于不同的被害人可能产生负面影响，也可能产生正面影响，其效果如何，以及是否愿意任由其存在而为人所知应当由被害人自行判断。因此，被害人被遗忘权的实现应由被害人主动向新闻媒体、网络运营商、电信服务商等申请删除相关报道和信息。如果新闻媒体、网络运营商、电信服务商拒绝删除相关报道和信息，则被害人可以向法院申请法庭命令或提起诉讼，以强制其删除。

（三）无辜者的被遗忘权

刑事案件中的无辜者，其中一类指的是被指控犯罪，但经过刑事诉讼并不构成犯罪而被认定无罪之人，在我国包括因无罪而被公安司法机关撤销案件、不起诉、宣告无罪、被错误定罪后获得平反的犯罪嫌疑人或被告人；另一类是指从未经历刑事诉讼，但因公安司法机关操作失误被误登记为罪犯之人，在实践中包括犯罪记录的“张冠李戴”“无中生有”等情形。

这些人本属无辜，但或者遭到公安司法机关的错误追究，以致卷入刑事诉讼中；或者因为公安司法机关的工作失误，被误认为是罪犯。其与刑事案件发生关系本就是错误的，则应当允许其申请有关机关和媒体删除相关信息，以免对其今后生活造成影响。英国就曾发生过此类事件。据英国《每日电讯报》报道，英国犯罪记录管理局（Criminal Records Bureau）曾由于工作失误，将许多无辜公民错误地登记为罪犯、另将一些罪犯错误地登记为无辜者，受影响的人数超过 1500 人；其中被错误登记为罪犯的无辜公民，生活受到重大影响，尤其在求职过程中，许多人因为犯罪记录管理局的错误犯罪记录而无法申请保姆、教师、辅导员、托儿所工作人员、公益组织志愿者等需要无犯罪记录的职位，一些人甚至需要通过诉讼来为自己正名。[①]

为了避免损害后果的发生或进一步扩大，应当允许无辜者这一信息主体申请封存或删除相关信息。对于第一类无辜者，即被指控犯罪而后被认定无

① Christopher Hope, “Criminal Records Bureau Errors Lead to Hundreds Being Branded Criminals”, *Daily Telegraph*, 2009 - 08 - 02.

罪之人，司法机关除了应当主动封存或删除对该无辜者不利的信息之外，还应当主动或应无辜者的申请，在媒体上公开其错误追诉或定罪的失误而为其正名；对于新闻媒体先前对于其“犯罪”事实的报道，该无辜者有权要求相关媒体予以删除，如其拒绝，则可以申请司法机关强制其删除或对其提起诉讼。对于因司法机关工作失误被误登记为罪犯之人的第二类无辜者而言，司法机关在接到该无辜者的申请或因其他方式发现错误后应尽快删除相关错误信息，如果该错误信息已经对其造成损害，则司法机关应出具相关文件证明其清白，从而为其减少或消除此种损害。

（四）证人和其他诉讼参与人的被遗忘权

除了上述刑事诉讼的当事人之外，其他诉讼参与人也可能有被遗忘的诉求，其中最常见的是证人主张其被遗忘权的情形。我国目前刑事诉讼中证人出庭作证率极低，出庭率不到5%，[①] 其中一个重要的原因是证人保护制度实施不力。尽管2012年修改的《刑事诉讼法》第61条规定“人民法院、人民检察院和公安机关应当保障证人及其近亲属的安全”，但由于该法概括地规定三机关均有保护义务却未规定具体细则，以致实践中难以落实。于是，证人被威胁、打击乃至杀害的情况时有发生。[②] 在此种情况下，证人要求“匿名作证”或者要求作证后删除相关个人信息就具有现实的必要性，这就使得证人的被遗忘权有存在的空间。我国法律事实上已经从公安司法机关职权角度有条件地部分承认证人被遗忘权的合理性。例如，《刑事诉讼法》规定在危害国家安全犯罪、恐怖活动犯罪、黑社会性质的组织犯罪、毒品犯罪等案件中，人民法院、人民检察院和公安机关应当采取不公开真实姓名、住址和工作单位等个人信息、不暴露外貌、真实声音等措施保护证人的作证安全。[③] 但目前的规定无论在案件类型、保护方式等方面都过窄，有进一步拓展的可能，尤其应当赋予证人主动申请删除个人信息或“匿名作

① 赵珊珊：《刑事证人出庭作证制度虚化防范》，《中国政法大学学报》2015年第2期。

② 胡云腾：《证人出庭作证难及其解决思路》，《环球法律评论》2006年第5期。

③ 参见《刑事诉讼法》第62条。

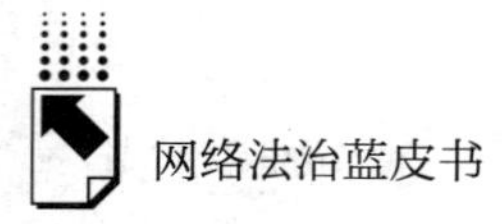

证”的权利，从而使得这种制度的运行更加及时充分，也有利于我国刑事案件证人出庭率的提高，进而符合直接言词原则的要求。

除了证人之外，其他诉讼参与人，包括法定代理人、诉讼代理人、辩护人、鉴定人、翻译人员等，也可能有主张被遗忘权的需求，也应当对此种需求加以考虑，从而保障这些诉讼参与人的合法权利不因刑事案件的处理而受到不当影响。

三　刑事司法中被遗忘权与其他权利或法益的冲突和解决

（一）可能与被遗忘权产生冲突的权利或法益

刑事司法中所保护的权利或法益向来是多元的，不同的权利或法益代表了不同的价值取向，这些权利或法益在特定的条件下可能会发生冲突甚至对立的情形，从而对“如同桅杆顶尖，对船身最轻微的运动也会作出强烈的摆动”[①] 的刑事司法制度产生影响。被遗忘权在刑事司法中同样可能与其他权利或法益产生冲突，其中发生冲突可能性较高的权利和法益包括公众知情权、言论自由和新闻自由、公共安全等。

被遗忘权可能与公众的知情权产生冲突。知情权是指自然人、法人及其他社会组织依法享有的知悉、获取与法律赋予该主体的权利相关的各种信息的自由和权利。[②] 公众的知情权是民主的社会治理体制的基础，基于此种权利，相关主体具有信息公开的义务。[③] 然而，知情权以及由此衍生出的信息公开制度可能对刑事司法中的相关信息主体行使其被遗忘权产生阻碍：一方面，被定罪的罪犯、被害人等希望通过行使被遗忘权避免其成为“非自愿

① 〔德〕拉德布鲁赫：《法学导论》，米健、朱林等译，中国大百科全书出版社，1997，第120页。

② 汪习根、陈焱光：《论知情权》，《法制与社会发展》2003年第2期。

③ 郭道晖：《知情权与信息公开制度》，《江海学刊》2003年第1期。

性公众人物”[①]；另一方面，公众需要了解刑事犯罪的相关信息。例如，在我国，根据审判公开原则，刑事案件的宣判应当公开进行，裁判文书还要上传到“中国裁判文书网”供公众查询。此时相关信息主体的被遗忘权就需以特别方式行使，例如申请司法机关隐去其姓名等，从而既保护当事人的被遗忘权，又确保公众对刑事案件知情的权利。

被遗忘权可能与言论自由和新闻自由的原则产生冲突。言论自由是诸法治国均确认的宪法原则，《美国宪法第一修正案》规定言论自由不得被剥夺。《中华人民共和国宪法》第35条也规定：“中华人民共和国公民有言论、出版、集会、结社、游行、示威的自由。”从言论自由这一自然人的权利又衍生出新闻自由这一法人的权利，要求不得阻挠新闻机构客观公正地报道新闻。于是有学者认为，肯定刑事司法中信息主体的被遗忘权，实际上是允许这些作为信息主体的个人对新闻报道进行“审查”，可能导致客观报道刑事案件的新闻自由遭受限制，进而导致对言论自由原则的损害。例如乔治·华盛顿大学教授杰弗里·罗森就对此持悲观态度：“尽管在欧洲甚至全世界都有关于创设新型被遗忘权的提议，以便我们逃离过去，但这些权利会对言论自由造成重大威胁。”[②] 如何平衡被遗忘权和言论自由和新闻自由的关系，是刑事司法中被遗忘权制度不能回避的问题。

被遗忘权可能与公共安全发生冲突。霍布斯说：“人民的安全乃是最高的法律”,[③] 这种说法固然有点言过其实，但也从某一方面说明了公共安全的重要价值。生命、自由、财产这些为人类所珍视的权利，无一不是需要有公共安全作为保障的，公共安全作为一种幕后的支撑力量，是正义得以实现的基本前提。为保障公共安全，刑事司法可能设置特殊的制度，然而这些制度可能对信息主体行使被遗忘权造成阻碍。例如，1994年美国《联邦暴力

① 翁国民、汪成红：《论隐私权与知情权的冲突》，《浙江大学学报》（人文社会科学版）2002年第2期。

② Jeffrey Rosen, “Free Speech, Privacy and The Web that Never Forgets”, *Journal of Telecommunications and High Technology Law*, vol. 9, 2011, p. 345.

③ Thomas Hobbes, *De Cive*, Oxford University Press, 1983, p. 157.

犯罪控制和法律实施法（Federal Violent Crime Control and Law Enforcement Act of 1994）》中规定，各州必须建立有关性犯罪尤其是儿童性犯罪罪犯登记的数据库，并将有性犯罪前科的罪犯个人资料在互联网上进行公布以供公众查询，此外各州政府执法机构需向社区内有未成年子女的家庭告知在本社区居住的性犯罪罪犯的情况，以便其提前采取保护措施。[①] 韩国也设立了“性犯罪者公布栏”网站[②]，允许公众查询性犯罪者的姓名、住址、照片等个人信息。此时，作为性犯罪者显然无法行使其被遗忘权。而在现今恐怖主义犯罪对各国造成越来越大威胁的情况下，为打击恐怖主义、维护国家安全，国家也可能禁止恐怖主义犯罪中的信息主体行使其被遗忘权。在这些情形下，刑事司法中信息主体的被遗忘权利在与公共安全价值发生冲突的情形下，往往只能向公共安全利益做出妥协。

（二）冲突的解决：刑事司法中被遗忘权的适当限制

为了解决刑事司法中信息主体行使被遗忘权与公众知情权、言论自由和新闻自由、公共安全等权利和法益的冲突，不同的权利和法益之间难免需要平衡和妥协。因此，对被遗忘权有必要做适当的限制，以实现与其他权利或法益的协调。

首先，在权利主体方面，应对作为被定罪罪犯的公众人物的被遗忘权进行限缩，不宜令其享有与普通罪犯无差别的被遗忘权。一方面，公众人物社会地位特殊，其行为往往是公众关注的焦点，其生活长期处在媒体的聚光灯下，对自身的隐私期待较之普通民众更低，他们也知道自己一旦涉嫌刑事犯罪，必然会引来大量的关注。因此如果允许公众人物享有与普通民众同等的被遗忘权，可能影响公众对其进行批评监督，尤其是对于政治公众人物而言，此种批评监督是保证其依法行使公共权力的关键；另一方面，公众人物也是人，也有可能犯错，也可能希望摆脱过去所犯的错误对今后生活的影

① 联邦和各州相关的法律规定被以一位遭性侵害并被杀害的女童命名而称为“梅根法案”（Megan’s Law）。

② 韩国“性犯罪者公布栏”网址：www. sexoffender. go. kr，最后浏览日期为2016年6月22日。

响，因此倘若完全剥夺其被遗忘权也不合理。此外在刑事司法中，一旦公众人物犯罪，对其定罪量刑的公开宣告和报道能够对社会公众产生知法守法引导的效果，例如著名音乐人高晓松醉酒驾车案的判决就对宣传“醉驾入刑”和教育公民拒绝酒后驾车方面起到了很好的作用。考虑到公众人物本身隐私期待较低、公众对其有批评监督的权利以及对其定罪量刑有重要的社会教育意义等因素，公众人物在刑事司法中行使被遗忘权时，尤其是其作为被定罪后的罪犯而行使被遗忘权，要受到较普通罪犯更为严格的限制。例如规定更严苛的适用条件、更长的信息保存时间等。

其次，在案件类型方面，一些特殊案件中应当限制甚至剥夺被定罪的罪犯的被遗忘权。第一，对于危害国家安全犯罪和恐怖主义犯罪，国家安全和公共安全的法益超过了被定罪罪犯的被遗忘权，国家机关有权决定此类案件中相关信息数据的使用方式，其存储、共享、封存、删除等行为由国家机关根据需要决定，不应赋予被定罪罪犯申请封存和删除的被遗忘权。第二，对于性犯罪，尤其是针对未成年人的性犯罪的被定罪罪犯，应当考虑借鉴美国和韩国的做法，不但剥夺罪犯的被遗忘权，而且设置专门的数据信息系统供公众查询相关案件信息。这是出于保护公众，尤其是保护未成年人这一弱势群体免受性犯罪侵害的公共利益的考量，要求此种类型案件中被遗忘权向公众知情权和公共安全做出让步。第三，对于重大的贪污贿赂案件，由于贪腐案件“对社会稳定与安全所造成的问题和构成的威胁的严重性，其破坏民主体制和价值观、道德观和正义并危害着可持续发展和法治”①，为加强打击力度和宣传效果，在此类案件中可以限制甚至剥夺被定罪罪犯的被遗忘权，具体限制或剥夺的强度和条件可以明确规定的方式或法官个案裁量的方式加以解决。但是应当注意的是，在这些案件中被限制或剥夺的是被定罪罪犯的被遗忘权，而被害人、无辜者、其他诉讼参与人的被遗忘权不应受到此种限制或剥夺。

最后，在刑事司法中信息主体行使被遗忘权的方式和程序方面应当有合

---

① 《联合国反腐败公约》序言。

理的规定。第一，在权利行使方式方面，应当采取“申请+审查”的模式。被遗忘权作为一项个人权利，区别于政府职权的重要一点就在于信息主体有权决定是否行使，因而行使被遗忘权应当以信息主体申请为前提。但是如前所述，由于刑事司法中当事人行使被遗忘权可能涉及众多权利和法益的冲突与平衡，因此，应允许对此种权利行使的司法审查。具体而言，当信息主体申请司法机关删除与刑事案件相关的数据信息时，应由法院对其申请进行审查；当信息主体申请新闻媒体或网络运营商等删除相关数据信息遭到拒绝时，可以向法院申请删除数据信息的命令或向法院起诉该义务主体。第二，在权利的行使条件方面，针对前述危害国家安全犯罪、恐怖主义犯罪、性犯罪和重大贪污贿赂犯罪等刑事案件被定罪后的罪犯，法院可以在定罪量刑的判决中判令其不得申请封存或删除其犯罪相关数据信息，或者规定申请需经过的最短时间和相应条件，从而限制或剥夺其被遗忘权；对于其他类型的案件，法院在审查信息主体的申请时，应当考虑案件判决至今经过的时间、社会公众对此案件数据信息的需求等因素后做出决定。第三，在权利行使的时间方面，考虑到我国刑事判决需公开宣告且收录于“中国裁判文书网”，因此出于保护刑事案件被害人、证人以及较轻微犯罪的罪犯等诉讼参与人的目的，可以允许他们在裁判文书作出之前申请法院在判决中隐去其姓名和其他能够推断出其个人身份的信息，[①] 或以化名或代号取代之。

通过上述做法，对刑事司法中信息主体的被遗忘权从权利主体的范围、适用的案件类型、行使被遗忘权的方式和程序进行限制，可以有效缓解其与其他权利和法益发生的冲突，从而实现不同价值之间的平衡，满足刑事诉讼既打击犯罪又保障人权的双重追求。

---

① 对此我国已有相关规定，但目前规定系由法院自行主动决定而未赋予被害人、证人等申请权。例如《最高人民法院关于人民法院在互联网公布裁判文书的规定》第6条规定：“人民法院在互联网公布裁判文书时，应当保留当事人的姓名或者名称等真实信息，但必须采取符号替代方式对下列当事人及诉讼参与人的姓名进行匿名处理：（一）婚姻家庭、继承纠纷案件中的当事人及其法定代理人；（二）刑事案件中被害人及其法定代理人、证人、鉴定人；（三）被判处三年有期徒刑以下刑罚以及免予刑事处罚，且不属于累犯或者惯犯的被告人。”

四　我国刑事领域被遗忘权的现实与未来

（一）刑事领域被遗忘权的现有基础

2015年12月，北京市第一中级人民法院（以下简称北京市一中院）作出了我国第一例涉及被遗忘权案件的二审判决。在任某与北京百度网讯科技有限公司名誉权纠纷案中，北京市一中院维持了海淀法院的一审判决，认为“被遗忘权是欧盟法院通过判决正式确立的概念，虽然我国学术界对被遗忘权的本土化问题进行过探讨，但我国现行法律中并无对‘被遗忘权’的法律规定，亦无‘被遗忘权’的权利类型”①，而任某主张的被遗忘权属于人格利益，但任某未能证明其正当性和保护必要性，从而驳回了任某要求百度删除关于其曾在某教育机构工作的特定经历信息的请求。

北京市一中院的判决看似否定了被遗忘权的适用，但实际上却可以被视为一个积极的开端。一方面，该案判决首次正视了被遗忘权问题，将任某主张的被遗忘权视为一般人格权并将该问题作为案件争议焦点，这在我国司法实践中是前所未有的；另一方面，该案判决驳回任某被遗忘权请求的依据是我国目前法律中对于被遗忘权尚无规定以及任某未能就该项人格利益的正当性和保护必要性提供足够的证明，换而言之法院是考虑现有法律依据和当事人证明责任两方面因素而做出裁判的，并未否定被遗忘权本身的合理性及其在未来可能存在的适用空间。

事实上，北京市一中院判决中谈及的法律依据，尽管在民事领域尚无被遗忘权之明确规定，② 但在刑事领域却依稀可见其原始样态，相关条文前文

① 北京市第一中级人民法院民事判决书（2015）一中民终字第09558号。

② 但在指导性文件层面，国家质量监督检验检疫总局和中国国家标准化管理委员会2012年发布的《信息安全技术公共及商用服务信息系统个人信息保护指南 GB/Z 28828－2012》第5.5条提出了个人信息删除的相关方式，与被遗忘权有相近之处。

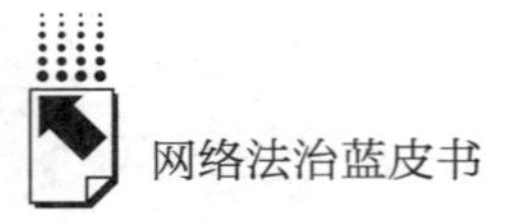

已有充分讨论，此处不再赘述。这些封存犯罪记录的规定，尽管被规定在“未成年人犯罪案件诉讼程序”这一特殊程序中作为对未成年人的特殊保护，但已经符合“le droit à l'oubli”这一被遗忘权的本源权利关于准许罪犯被定罪和监禁事实不被公开的基本要求，从而为被遗忘权在我国刑事领域的确立和继续发展打下了法律根据方面的原始样态基础。

（二）我国刑事领域被遗忘权的发展前景

如前文所述，大数据在刑事司法领域的广泛运用既给刑事司法的运作带来进步和便利，但同时也带来了个人信息安全和保护方面的挑战和难题。在此种情况下，与其他领域的被遗忘权适用一样，刑事领域被遗忘权制度的构建也是互联网时代的必然选择。从当前的现实看，笔者认为未来我国刑事领域被遗忘权制度将经历一个从确立到深化发展的过程。第一步是在刑事司法领域正式承认被遗忘权制度，尤其是在立法中肯定被遗忘权，并对刑事司法领域中的被遗忘权从权利主体的范围、适用的案件类型、权利行使的方式和程序等做出具体规定。第二步是在被遗忘权于刑事领域中确立之后，进一步对其进行深化改造，将其行使权利提出申请的内容从封存犯罪记录和其他案件信息扩展至有条件地彻底删除此种数据。

如果说封存犯罪记录和其他案件信息是刑事领域被遗忘权的1.0版本，则对相关数据的彻底删除则是刑事领域被遗忘权的2.0版本。这种版本升级并非没有根据，从欧盟被遗忘权的概念和制度看，被遗忘权本质即在于删除相关数据，《一般数据保护条例》第17条的标题更将删除权（right to erasure）与被遗忘权画上了等号；值得注意的是，“erasure”这个词所表达的删除有清除之意，较之一般的删除更为彻底，可见欧盟在设置被遗忘权允许权利主体申请删除相关数据时指彻底清除。在刑事司法领域，这种删除或者彻底清除也有可能在有限范围内实现，例如允许轻微犯罪的罪犯在经过一段时间改造并完成法定的要求后申请彻底删除相关犯罪记录，从而使其彻底卸下以往错误的包袱而重新融入社会。① 但是彻底删除犯罪记录和其他案件信息不比封存，意味着一旦删除则无论基于何种需求均永远无法查询，必须慎之又慎，只宜限于极少的案件类型中并对其规定极其严格的要求方可施行。

总而言之，在推动互联网时代下我国刑事领域被遗忘权的确立和发展问题上，我们应当既有积极的努力，又有审慎的态度。互联网时代信息的失控风险使得刑事领域产生被遗忘权的适用空间，确立被遗忘权制度成为必然；但刑事司法涉及诸多法益，其中一些法益更涉及公民的生命、自由、财产等核心利益，因此必须在被遗忘权适用时做好与这些法益的平衡，并对被遗忘权的行使设置必要的限制，唯有如此方可实现被遗忘权在刑事领域自身的理性发展及其与其他制度的良性互动以。

① 《法国刑事诉讼法典》中已有类似的初步规定，其第770条规定："对未满18岁的未成年人做出的裁判决定，在此种决定做出后3年期限届满，如该未成年人已经得到再教育，即使其已经达到成年年龄，少年法庭得应其本人的申请或检察机关申请或者依职权，决定从犯罪记录中撤销与前项裁判相关的登记卡；少年法庭做出终审裁判，仅宣告撤销登记卡时，有关原决定的记述不得保留在少年犯罪记录中；与此裁判相关的登记卡应予销毁。"

B.8
建设网络空间国际法强国的中国方略

黄志雄*

摘　要： 随着网络空间对人类生活产生越来越大的影响，近年来，国际法在网络空间治理中的作用日益受到重视，国际规则博弈已成为网络空间的一个焦点问题。中国实施网络强国战略，必然需要建设网络空间国际法强国，积极、深度参与网络空间国际规则的制定和适用。由于网络问题在中国受到的高度重视和网络空间国际法尚处于起步阶段等因素，中国建设网络空间国际法强国面临着难得的机遇。与此同时，国际法适用于网络空间这一新领域时存在的新问题和不确定性以及中国在国际法底蕴方面的欠缺，也使中国面临着巨大的挑战。中国应当从形象塑造、理论研究、实践引领、制度建设和人才培养等方面着手，大力加强网络空间国际法强国建设，在相关国际规则的形成中有效地体现中国的话语权和影响力。

关键词： 网络空间　国际法　国际规则制定　话语权

网络空间对人类生活所产生的深远影响，无疑已经超过了此前人类历史上的任何一项科技发明。正因为如此，网络空间治理现已成为各国普遍关注的一个重要问题，国际法在网络空间治理中的作用尤其受到重视。对中国而言，2016 年 3 月正式通过的《中华人民共和国国民经济和社会发展第十三

---

* 黄志雄，武汉大学法学院教授、副院长。

个五年规划纲要》（以下简称“十三五规划”）不仅明确提出要“实施网络强国战略”，还要求“积极参与网络、深海、极地、空天等领域国际规则制定”,[①] 从而吹响了建设网络空间国际法强国的号角。为此，本文将在梳理网络空间国际规则博弈的现状和问题的基础上，阐述我国建设网络空间国际法强国的重要意义、面临的机遇和挑战以及需要着重解决的问题。

一　国际规则博弈已成为网络空间的焦点问题

网络空间现已成为陆地、海洋、空气空间、外层空间之后的人类生活“第五空间”（fifth domain）。此前的历史表明，每一次人类活动领域向新的空间拓展，都必然需要在该空间确立和形成相应的国际法律制度，用国际法律规则来指引、规范各国的相互交往。海洋法、空气空间法、外层空间法等领域的国际法发展都验证了这一点。

不过，相比较 20 世纪国际法在空气空间和外层空间领域的迅速发展，网络空间的国际法规则显得“姗姗来迟”。在 20 世纪后期互联网发展和网络空间形成的较长时间内，倡导网络空间自我规制和“自由放任”、反对国家主权适用于网络空间的“去主权化”观念十分盛行，这不仅使得国家和政府管制发挥的作用十分有限，也在客观上导致了这一阶段网络空间的“去国际法化”。

但是，20 世纪 90 年代中后期以来各种不法行为和安全威胁的增多，迫使国家不得不通过制定各种国内法规和政策“回归”到网络空间治理中，并导致现实世界的国际关系和国际秩序开始向网络空间延伸。由于国际法的产生和发展是以主权国家彼此交往形成的国际关系和整个国际社会的存在为社会基础,[②] 这就为国际法在网络空间的适用提供了必要的前提。另外，网

① 《中华人民共和国国民经济和社会发展第十三个五年规划纲要》新华社，http://news. xinhuanet. com/ziliao/2016 -05/23/c_ 129006906. htm，最后浏览日期：2017 年 12 月 13 日。

② 梁西主编、曾令良修订主编：《国际法》（第三版），武汉大学出版社，2011，第 5 页。

络空间跨越国界、全球联通的特点，决定了各国必须通过国际法规则来共同应对网络空间治理中的有关问题。这些问题涉及国际社会的整体利益和国家的权利义务，不可能由各国通过其国内法单独加以解决，而必须依照各国共同制定和遵循的国际法规则来解决。

正因为如此，2010 年以来，国际法在网络空间的“回归”态势趋于明朗化，国际法在网络空间治理中的作用日益受到各国的重视。值得一提的是，由中国、俄罗斯、美国、英国等主要国家的代表组成的联合国信息安全政府专家组，在 2013 年 6 月达成的一份共识性文件中指出：国际法特别是《联合国宪章》的适用，对国际维持和平与稳定及促进创造开放、安全、和平和无障碍的信息和通讯技术环境至关重要。[①] 这就表明，网络空间的秩序构建离不开国际法规则的适用已成为国际社会普遍接受的观念。

不过，与国际法的大多数领域相比，国际法在网络空间的适用问题仍处于起步阶段，各主要国家对于网络空间国际规则的制定和适用还存在一系列分歧，主要体现在：（1）规则形式之争，即网络空间的国际规则，是应当首先立足于既有国际法规则（主要是习惯国际法）在网络空间的适用，还是应当强调为这一新的虚拟空间“量身定制”新的国际法规则（特别是达成新的国际条约）？（2）规则内容之争，即应当主要通过哪些领域、何种内容的国际规则来确立网络空间的国际秩序？（3）规则制定场所之争，即是应当通过西方国家力推的“多利益攸关方”网络空间治理模式来澄清和发展网络空间国际规则，还是以国家主导的联合国等政府间国际组织作为发展网络空间国际法的主渠道？（4）国家在网络空间治理中的地位和作用之争，包括如何界定网络空间的国家主权、如何平衡网络主权与网络空间人权保护

---

① See United Nations General Assembly, *Report of the Group of Governmental Experts onDevelopments in the Field of Information andTelecommunications in the Context ofInternational Security* (*24 June 2013*), Sixty-eighth session, A/68/98, para. 11, paras. 19 – 20. 联合国信息安全政府专家组全称为“国际安全背景下信息和通讯领域的发展政府专家组”，它具有广泛的国际代表性，并且在网络空间国际法规则的制定中发挥着越来越重要的作用。

的需要等。

国际社会围绕国际法适用于网络空间问题存在的分歧和博弈，一个深层次的原因是有关国家在意识形态、价值观以及现实国家利益等方面的差异乃至对立，并由此形成了以美国为首的西方发达国家阵营和以中国、俄罗斯为代表的新兴国家阵营之间的对立。另外，人类对网络空间这一新领域的认识还相对有限，在现实世界形成的国际法规则能否适应网络空间秩序构建的需要，还有待通过进一步的观察和国家实践来确认。

但应当看到，主张国际法适用于网络空间反映了网络空间国际秩序构建的客观需要，也推动了包括中国在内的国际社会对网络空间国际规则的重视。正因为如此，在联合国框架内，联合国信息安全政府专家组继 2013 年通过的共识性文件后，又在 2015 年进一步就国际法如何适用于信息和通讯技术的使用以及负责任国家行为规范的确立等问题达成新的共识。① 西方主导下编写的网络战《塔林手册》（Tallinn Manual）在 2013 年出版并产生了较大影响，试图继续构建和平时期网络空间国际法体系的《塔林手册 2.0 版》也已经在 2017 年 2 月出版。② 近两年来，网络空间国际规则问题在二十国集团安塔利亚峰会、七国集团伊势萨摩峰会、金砖国家果阿峰会以及其他各种双边和多边场合都备受关注。显然，网络空间的大国博弈正越来越“聚焦”于相关国际规则的制定和适用。

二　网络空间国际法强国是我国网络强国战略的重要基石

自中国在 1994 年全功能接入互联网以来的二十多年中，互联网在中国

---

① See United Nations General Assembly, *Report of the Group of Governmental Experts on Developments in the Field of Information and Telecommunications in the Context of International Security* (*22 July 2015*), *Seventieth session*, A/70/170, para. 13, para. 28.

② Michael Schmitt, ed., *Tallinn Manual on the International Law Applicable to Cyber Warfare*, Cambridge University Press, 2013; Michael Schmitt, ed., *Tallinn Manual 2.0 on the International Law Applicable to Cyber Operations* (2nd edition), Cambridge University Press, 2017.

得到了长足的发展。截至2018年6月底，我国网民规模达8.02亿。[①] 目前，中国互联网是全球第一大网，网民人数最多，联网区域最广。中国已经成为网络空间的核心利益攸关方之一，网络空间对我国的经济发展、社会稳定和国家安全都有着极大的重要性。

正是在这一背景下，中国政府提出了建设网络强国的宏伟战略。2014年2月27日，习近平总书记在中央网络安全和信息化领导小组第一次会议上指出："要从国际国内大势出发，总体布局，统筹各方，创新发展，努力把我国建设成为网络强国。"[②] 上述讲话，初步勾勒出建设网络强国的愿景目标。2016年3月16日由十二届全国人大四次会议批准的"十三五规划"，正式将"实施网络强国战略"纳入这一未来五年中国经济社会发展的纲领性文件。

"十三五规划"并未对"网络强国"的内涵加以明确阐述。不过，该文件第一次明确提出要"积极参与网络、深海、极地、空天等领域国际规则制定"，凸显了参与网络空间国际规则制定、建设网络空间国际法强国对于实施网络强国战略的重要意义。习近平总书记在主持2016年10月9日第36次中共中央政治局集体学习时，对网络强国建设提出了六个"加快"的要求：加快推进网络信息技术自主创新，加快数字经济对经济发展的推动，加快提高网络管理水平，加快增强网络空间安全防御能力，加快用网络信息技术推进社会治理，加快提升我国对网络空间的国际话语权和规则制定权，朝着建设网络强国目标不懈努力。[③] 这一重要讲话，进一步阐明了"网络强国"的基本内涵，表明实施网络强国战略的核心要素和重要基石之一，就是通过网络空间国际话语权和规则制定权的提升，成为网络空间国际法强国。

---

① 中国互联网络信息中心：《第42次中国互联网络发展状况统计报告》（2018年7月），第1页。

② 《习近平主持召开中央网络安全和信息化领导小组第一次会议 李克强刘云山出席》，人民网，http://politics.people.com.cn/n/2014/0227/c1001-24486430.html，最后浏览日期：2017年12月13日。

③ 《中共中央政治局就实施网络强国战略进行第三十六次集体学习》中央政府网，http://www.gov.cn/xinwen/2016-10/09/content_5116444.htm，最后浏览日期：2017年2月15日。

中国实施网络强国战略，就必须成为网络空间国际法强国，这主要是因为：

第一，在“硬实力”层面，网络空间国际法对于网络空间治理、网络资源分配和国家利益的实现发挥着越来越关键的作用。正如何志鹏教授所说，国际法作为国际社会的行为规则和指南，其表面是对国家权利和义务的静态的配置，在深层却是一种力量的博弈和利益的划分；“如果能够占据国际法的主动权，就能够在规则的制定、实施的过程中，更多地体现自己的利益、维护自己的利益、实现自己的利益。”① 以当前备受关注的网络主权为例，这一概念涉及的焦点问题之一，就是国家在多大程度上有权依法管理互联网、包括对相关网络信息、数据进行监管和内容审查。中国与俄罗斯等六国共同向联合国大会提出的《信息安全国际行为准则》，明确主张与互联网有关的公共政策问题的决策权是各国的主权，强调各国有责任和权利依法保护本国信息空间及关键信息基础设施免受威胁、干扰和攻击破坏。②

第二，网络空间国际法与一国在网络空间事务中的“软实力”息息相关，它在很大程度上决定着该国在网络空间博弈中的话语权和主导权。近年来各国对网络空间国际规则的高度重视，原因之一就是试图以此来争夺网络事务中的话语权和主导权。2011 年 5 月在其《网络空间国际战略》中率先打出“网络空间法治”旗号的美国政府，无疑更加深谙此道。未来我国也亟须增强有效利用网络空间国际法这种通行话语的“软实力”，以此在网络事务中占据道义制高点、赢得制度性话语权，使自己的利益和诉求得到国际社会的认同和支持。

第三，网络空间国际法是我国回应西方国家在网络领域的抹黑和打压、扭转在网络博弈中的被动局面的重要工具。近年来，西方国家日益借

① 何志鹏：《走向国际法的强国》，《当代法学》2015 年第 1 期，第 149 页。

② “信息安全国际行为准则”（2015 年 1 月修订本），中国外交部 2015 年 1 月 13 日，http://www.fmprc.gov.cn/mfa_chn/ziliao_611306/tytj_611312/zcwj_611316/P020150316571763224632.pdf,最后浏览日期：2017 年 12 月 13 日。

重网络空间国际规则来对中国进行施压和指责，中美两国围绕“网络经济间谍”问题的规则攻防，就是一个耐人寻味的例证。[①] 此后的发展表明，美国政府的有关主张至少已经在政治层面得到主要大国的接受（尽管这在国际法上并没有任何依据）。[②] 这在一定程度上说明，中国在当前的网络空间国际规则制定中仍处于相对弱势地位，我国如果不能够有效参与和影响新规则的制定和确保现有规则得到正确适用，就不可能从根本上扭转我国的这种被动局面。

三　建设网络空间国际法强国面临的机遇与挑战

与其他国际法领域（如海洋法、空间法）相比，网络空间国际法强国建设在国际法理论、国际法实践、国际法人才和国际法教育等方面必然会存在若干共性的问题，但同时也面临着一些特殊的机遇和挑战。

（一）机遇

尽管网络空间国际法这一新领域主要是在2010年以来才开始受到较大关注，但从网络空间在国内外的发展现状来看，我国建设网络空间国际法强国，至少面临着三大难得的机遇。

第一，我国在网络领域已经拥有较为可观的“硬实力”，这为相关“软实力”的提升创造了良好的条件。中国互联网在过去20多年来从无

① 关于2014年美国起诉5名中国军人事件相关国际法问题的分析，可参见黄志雄：《论间谍活动的国际法规制——兼评2014年美国起诉中国军人事件》，《当代法学》2015年第1期，第138～147页。

② 例如，2015年9月中美两国首脑在美国华盛顿会晤期间，双方达成了以下共识：“中美双方同意，各自国家政府均不得从事或者在知情情况下支持网络窃取知识产权，包括贸易秘密，以及其他机密商业信息，以使其企业或商业行业在竞争中处于有利地位。”《习近平访美中方成果清单发表》人民网，http：//politics. people. com. cn/n/2015/0926/c1001－27637282. html，最后浏览日期为2017年12月13日。此后，包括2015年10月中英首脑会晤等双边场合以及二十国集团安塔利亚峰会、七国集团伊势萨摩峰会等多边场合都以公报的形式作出了类似表述。

到有、从小到大、从弱到强，快速崛起和急起直追的态势非常明显。知名学者方兴东甚至认为，全球网络格局经历了“美国绝对主导”“美国主导”“中国开始崛起”“中国崛起”等几个阶段后，现已进入“中美两强博弈”阶段。① 中国互联网的快速发展和“硬实力”的增长，使我国积极参与网络空间国际治理、赢得更大的国际话语权和制度性权利成为可能。

第二，中国政府和社会各方面对网络空间治理问题高度重视，这为我国建设网络空间国际法强国营造了良好的外部环境。特别是 2014 年 2 月由习近平总书记任组长的中央网络安全和信息化领导小组成立以来，从各级政府到普通民众，对于网络空间治理和发展的关注达到了前所未有的程度，这足以成为我国建设网络空间国际法强国的巨大动力。具体就网络空间国际法而言，我国的重视程度也不断加大。以前述“十三五规划”的相关阐述和习近平总书记在 2016 年 10 月 9 日中共中央政治局集体学习时的重要讲话为代表，从官方文件到领导人讲话，在较短时间内如此频繁地强调对网络空间国际规则制定的重视，这在国际法的其他领域似乎尚无先例。显然，这也是我国建设网络空间国际法强国的宝贵“东风”。

第三，网络空间国际规则正处于发展的起步阶段，这为我国深度参与和积极影响网络空间国际法提供了前所未有的契机。由于种种历史原因，中国在国际法的大多数领域长期扮演着国际规则的“被动接受者”角色，很少能够在规则形成阶段就参与相关国际规则制定、反映自身利益和诉求。而在网络空间国际法领域，相关国际法规则和制度尚未成型，各国在这一领域基本处于同一起跑线上。因此，我国完全有可能在网络空间国际法的形成阶段充分发挥影响力，真正成为规则制定者和主导者。

（二）挑战

必须看到，在建设网络空间国际法强国的征程上，我国也面临着诸多问

① 方兴东：《中国互联网激荡 20 年》，《互联网经济》2016 年第 12 期。

题和挑战。

第一，我国国际法底蕴还存在很大欠缺，在理论、实践、人才培养等方面都不足以满足建设网络空间国际法强国的需求。简言之，由于“我们从来没有形成过具有引领地位的国际法理论，也没有丰富的国际法实践，而且还没有形成国际法的理论能力和实践能力，同时也远远没有形成一个良好的国际法人才队伍和国际法人才培养机制”①，这势必导致我国在建设网络空间国际法强国时，不得不在理论和实践积淀、人才培养等方面面临“捉襟见肘”的困境。

第二，国际法在网络空间这一新领域的适用还存在很多新问题和不确定性，这对我国运用和塑造国际法的能力是一个很大的挑战。网络空间是人类利用现代科学技术“缔造”的一个新的非物理空间，但网络空间的物质基础、活动者乃至虚拟信息都与现实世界有着复杂的重合和互动关系。网络空间的这些独特属性，必然会对国际法的适用提出很多新问题。② 对于这类问题的回答，传统智慧未必足以胜任，往往需要各国运用创新性思维，共同探讨最佳方案。无疑，这会对我国运用和塑造国际法的能力提出更大的挑战。

四　建设网络空间国际法强国的中国对策

随着国际关系和国际秩序向网络空间的延伸，网络空间的国际法治成为人类的共同目标。这也更为迫切地要求我国加快发展成为一个网络空间国际法强国，为网络空间秩序构建作出更大贡献。当前，我国尤其应当注意以下五个方面。

（一）进一步树立我国作为负责任网络大国的国际形象

中国是网络黑客攻击的主要受害国之一。但是，一些西方国家政府和媒

---

① 何志鹏：《走向国际法的强国》，《当代法学》2015 年第 1 期，第 155 页。

② See Julie Cohen, “Cyberspace as/and Space”, (2007) 107 *Columbia Law Review* 212, pp. 213 - 215.

体出于树立“假想敌”的需要，在互联网监管、网络黑客攻击等方面对中国妄加指责，大肆抹黑中国的国际形象，这对中国参与网络空间国际对话和规则制定产生了较为严重的消极、负面影响。中国政府应当利用各种多边、区域和双边渠道，更加积极有为地对外开展网络外交，从法理和事实层面驳斥西方国家对中国的无端指责。与此同时，我国也应当在国内继续大力奉行“依法治网”，加快改革和完善互联网管理体制；加大力度打击各种网络犯罪和黑客攻击，加强网络犯罪国际合作。这些举措，将有助于我国在国际法治博弈中占据道义制高点，进一步树立中国作为负责任的网络大国的国际形象。

（二）大力加强网络空间国际法领域的理论研究

我国深度参与网络空间国际规则制定，必须在准确定位我国国家利益的基础上，善于运用法律的逻辑、法律的话语来表达、反映我国的利益和诉求，用法治的思维来传播中国话语，提出中国主张，形成中国方案。所有这些，都必然要求我国政府和学界共同加强网络空间国际法领域的理论研究，特别是把握好“一个中心、两个基本点”。“一个中心”就是网络主权问题。尽管我国政府倡导的“网络主权”已经在国际上引发较大关注，但国家主权适用于网络空间的理论依据是什么？“网络主权”包含哪些具体内涵？其确立和适用的标准是什么？如何认识和处理网络主权和网络人权的关系？这些问题，都有待于通过深入、扎实的理论研究加以回答，以加强其说服力和影响力，从而为我国参与网络空间国际规则制定提供坚实的理论支撑。“两个基本点”就是网络空间国际法与现实世界国际法的联系与区别，以及中国与其他国家（特别是主要网络大国）在网络空间国际法领域主要问题的联系和区别。前一问题的实质在于如何看待网络空间的特殊性和现有国际法在网络空间的可适用性，后一问题的实质在于如何看待中国与其他国家（特别是主要网络大国）在网络空间利益与诉求的一致性与差异性。

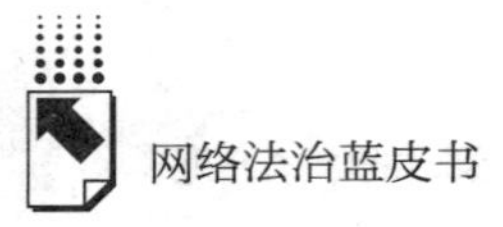

（三）加强网络空间国际法领域的实践引领

中国作为网络空间的核心利益攸关方之一，不应满足于一般性地参与网络空间国际规则制定，而应当立足于通过实质性地引领国际议题、主导规则内容、影响相关国际规则的制定和形成，使有关规则真正反映和维护本国利益。与西方国家相比，我国在网络空间国际法的实践能力方面仍存在较大差距，制约着我国有效参与网络空间国际规则制定。未来我国在议题设定上应当“有攻有防”，即着眼于推动制定网络反恐、打击网络犯罪等方面规则，防范西方国家将有关使用武力、人权保护等方面的既有国际法规则加以扩大解释并适用于网络空间；在谈判场所上应当“区分主次”，充分发挥在世界互联网大会、上海合作组织、亚非法协等机制内的话语权和影响力，以此引领谈判议题、引导规则内容；在规则形式上应当“软硬兼施”，既重视国际条约、习惯等“硬法”规则，也要高度关注国际组织决议、非约束性行为准则等“软法”的重要影响。

（四）完善与网络空间国际法强国相关的机制体制建设

网络空间国际规则制定中的话语权和影响力提升和网络空间国际法强国的建设，既受制于一国经济、军事等方面的“硬实力”，同时也有赖于一国制度、观念等“软实力”的增强。这种软实力，必须通过持续的能力培养和制度建设方能得以形成。其中，特别应当注重的是通过政府、学界、企业等方面的资源整合和力量配置，形成优势互补、供需对接、高效协作、有序运转的机制体制。目前，我国政府部门的相关机制体制尚不健全，多头管理、职能交叉、权责不一、效率不高等问题仍然存在。为此，我国需要优先考虑加强跨部门间的整合，推动相关机制体制的完善。

（五）采取得力措施加强网络空间国际法领域高端专业化人才培养

当代国际竞争归根结底是人才的竞争。如果我国在网络空间国际法领域没有一支高端专业化人才队伍，建设网络空间国际法强国就只能是空中楼阁。因此，我国一方面要通过脱岗学习、定期和不定期培训等多种形式，进一步提高相关实务部门业务主管人员的业务素质，另一方面要未雨绸缪，依托 2012 年启动的涉外卓越法律人才培养计划、2015 年国务院学位委员会批准设立的“网络空间安全”一级学科以及国家建设高水平大学公派研究生项目等平台，加快培养一批通法律、擅外交、会外语、懂（网络）技术、能够代表中国参与相关国际规则制定的高端复合型人才。

B.9

《电子商务法》法律责任相关规定及其解读

王文华*

摘　要： 电子商务活动相关法律责任的设置需要与电子商务立法指导思想相一致，即保障电子商务各方主体的合法权益，规范电子商务行为，维护市场秩序，促进电子商务持续健康发展。在具体规定方面，须保持权利、义务、责任的一致性，民事、行政、刑事责任对“法益侵害性”的判断应当进行综合、全面的实质性考量，宽严相济。一方面，严厉打击电子商务活动中的各种违法犯罪现象；另一方面，由于电子商务领域创新快，新技术、新业态、新模式层出不穷，且跨界融合趋势明显，对于其中一些行为的性质及后果尚不清晰的，应在发展中进行理性、科学的规范，做到包容、平衡、协调，保持立法的审慎、弹性、可持续，立足现实并适度前瞻。

关键词： 电子商务　法律责任　法益侵害性　宽严相济

2018年8月31日，十三届全国人大常委会第五次会议表决通过了《中华人民共和国电子商务法》（以下简称“《电子商务法》”）。这部法律

* 北京外国语大学法学院教授、博士生导师，电子商务与网络犯罪研究中心主任，《电子商务法》立法起草小组成员，兼任北京市法学会电子商务法治研究会副会长。

从2013年底启动，历时五年、经过四次审读、三次公开征求意见，各方充分表达了意见。《电子商务法》将成为保障电子商务各方主体的合法权益，规范电子商务行为，维护市场秩序，促进电子商务持续健康发展的重要法律依据。

我国的电子商务经过近20年的发展，已经走在了世界的前列，在发挥其诸多优势的同时，也亟待立法规范。电子商务带来的远不只是“互联网+”那么简单。作为技术进步和商业模式创新相结合的全新交易形态，它在多个领域的积极作用有目共睹，同时也带来了很多问题，高科技的“双刃剑”特点明显，诸如假冒伪劣、虚假宣传、盗版侵权、价格违法、食品药品安全、公民信息泄露、寄件丢失毁损、精准诈骗、非法传销、刷单炒信等，问题频发。一些电子商务经营主体的责任意识不强，消费者维权艰难。有些可以适用现行法律法规，有些则属于新问题，迫切需要专门立法予以解决。互联网不是“法外之地”，包括电子商务平台经营者在内的所有电子商务经营者都应当依法依规进行活动，并承担商业经营者所应当遵守的义务与责任。

法律责任（也被称为“罚则”）是一部法律的“牙齿”，它通过具有强制力的责任条款的设置，“倒逼”行为人履行法律规定的义务，因此责任条款的设置，对整部法律的实施效果具有重要影响。无它则法无执行力、威慑力，然而，若牙齿太过锋利，也有可能过犹不及。

法律责任按照不同的标准可以分为民事责任、行政责任和刑事责任。民事责任是指公民或法人因违反民事法律、违约或者因法律规定的其他事由而依法承担的不利后果，包括侵权责任、违约责任等。行政责任是指因违反行政法律或行政法规而应当承担的法定不利后果。刑事责任是指因违反刑事法律而应当承担的法定不利后果。从法律责任的三大责任类型来看，《电子商务法》第六章“法律责任”主要规定的是行政责任，它全面呼应了前面章节所设置的义务规定，从而使得义务规定得到法律强制力的实施保障。

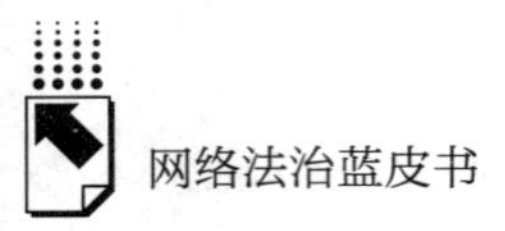

一　妥善处理本法内部、外部相关责任条款的协调与衔接

作为一部国内外史无前例、开创性的综合性电子商务立法，需要宽严适度、现实性与前瞻性相结合的法律责任规定，尽量做到平衡电子商务各方主体的合法权益，才有可能实现该法的立法目的——“保障电子商务各方主体的合法权益，规范电子商务行为，维护市场秩序，促进电子商务持续健康发展”。

首先，妥善处理法律内部相关责任条款的衔接与协调，同时避免过多规定行政责任。尽管电子商务法兼具商法、经济法的特征，其性质主要还是调整平等主体之间商业交易的法律规范，其选择性大于强制性，因而，从立法上看，能够通过民事责任解决的，就不轻易动用行政责任，处理好规范、监管与促进、服务的关系。

目前我国绝大多数法律中的“法律责任”一章以行政责任的规定居多，而行政责任本质上属于“违规责任”、“违规处罚”，即行为人违反之前章节相关义务的法律后果，这在一些国家直接规定为“违规犯罪”（regulatory offense）。至于民事责任条款，法律中的“法律责任”一章基本不涉及，或者一条概括规定予以带过。当然也有些法律包含较为具体的民事责任条款，例如《电子签名法》第四章“法律责任”就对与电子签名有关的民事责任作了具体规定，当然总体上还是电子认证服务机构的行政责任规定居多。本法中民事责任条款在其他章节也有分散性规定，例如第二章第二节“电子商务平台经营者”第三十八条的规定。①

此外，第四十一条至第四十五条对电子商务平台经营者违反知识产权保

---

① 《电子商务法》第三十八条规定，“电子商务平台经营者知道或者应当知道平台内经营者销售的商品或者提供的服务不符合保障人身、财产安全的要求，或者有其他侵害消费者合法权益行为，未采取必要措施的，依法与该平台内经营者承担连带责任。

对关系消费者生命健康的商品或者服务，电子商务平台经营者对平台内经营者的资质资格未尽到审核义务，或者对消费者未尽到安全保障义务，造成消费者损害的，依法承担相应的责任。”

护义务时的连带责任也作了专门规定。

其次，妥善处理本法外部相关责任条款的协调与衔接。法律责任一章的内容设置，对其他法律已有相关责任条款规定的，本法只是作提示性的转引性规定，不再具体规定处罚内容。只有在其他法律中的法律责任规定缺失或者不充分的情形下，本法才作具体的处罚规定。这是法律体系的科学性、系统性的必然要求。

例如，就民事责任而言，除了散见于前面章节的一些具体规定，《电子商务法》第六章“法律责任”一章（以下简称“本章”）第七十四条规定，“电子商务经营者销售商品或者提供服务，不履行合同义务或者履行合同义务不符合约定，或者造成他人损害的，依法承担民事责任”。

“本章”关于行政责任的规定总体秉承的原则是，其他法律有规定，同时又与本法有较大关联性的，该法也规定了指引性的注意性条款：

（一）第七十五条规定，“电子商务经营者违反本法第十二条、第十三条规定，未取得相关行政许可从事经营活动，或者销售、提供法律、行政法规禁止交易的商品、服务，或者不履行本法第二十五条规定的信息提供义务，电子商务平台经营者违反本法第四十六条规定，采取集中交易方式进行交易，或者进行标准化合约交易的，依照有关法律、行政法规的规定处罚”。

（二）第七十九条规定，“电子商务经营者违反法律、行政法规有关个人信息保护的规定，或者不履行本法第三十条和有关法律、行政法规规定的网络安全保障义务的，依照《中华人民共和国网络安全法》等法律、行政法规的规定处罚”。

（三）第八十一条第二款规定，“电子商务平台经营者违反本法第三十九条规定，对竞价排名的商品或者服务未显著标明‘广告’的，依照《中华人民共和国广告法》的规定处罚”。

（四）第八十五条规定，“电子商务经营者违反本法规定，销售的商品或者提供的服务不符合保障人身、财产安全的要求，实施虚假或者引人误解的商业宣传等不正当竞争行为，滥用市场支配地位，或者实施侵犯知识产权、侵害消费者权益等行为的，依照有关法律的规定处罚”。

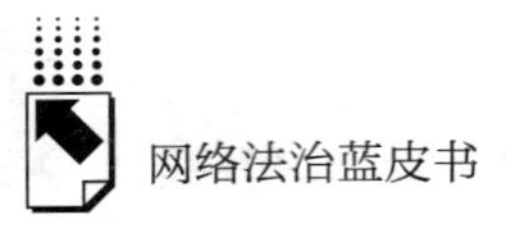

值得注意的是，由于现实情况的复杂性、法律关系调整的必要性等原因，本法与其他法律之间的竞合规定在所难免，对此应当根据《立法法》第九十二条的规定①进行处理。

二　关于民事责任、行政责任的承担方式

在民事责任承担方式上，最主要的是损害赔偿责任。立法过程中有一种意见提出规定“惩罚性赔偿金”，经研究认为，对一般商品，《消费者权益保护法》第五十五条已有相关规定，“经营者提供商品或者服务有欺诈行为的，应当按照消费者的要求增加赔偿其受到的损失，增加赔偿的金额为消费者购买商品的价款或者接受服务的费用的三倍；增加赔偿的金额不足五百元的，为五百元。法律另有规定的，依照其规定。经营者明知商品或者服务存在缺陷，仍然向消费者提供，造成消费者或者其他受害人死亡或者健康严重损害的，受害人有权要求经营者依照本法第四十九条、第五十一条等法律规定赔偿损失，并有权要求所受损失二倍以下的惩罚性赔偿”。至于一些特殊商品（例如食品），已有专门法律加以规定，《食品安全法》第一百四十八条第二款就对生产不符合食品安全标准的食品或者经营明知是不符合食品安全标准的食品的，规定消费者除要求赔偿损失外，还可以向生产者或者经营者要求支付价款十倍或者损失三倍的赔偿金，增加赔偿的金额不足1000元的，为1000元。故在《电子商务法》中不再对惩罚性赔偿进行专门规定。

在行政责任承担方式上，主要包括：责令限期改正、罚款、责令停业整顿，以及将违法行为计入信用档案并予以公示的信用罚。《行政处罚法》第八条规定行政处罚的种类只有七种：“（一）警告；（二）罚款；（三）没收违法所得、没收非法财物；（四）责令停产停业；（五）暂扣或者吊销许可证、暂扣或者吊销执照；（六）行政拘留；（七）法律、行政法规规定的其

① 《立法法》第九十二条规定，“同一机关制定的法律、行政法规、地方性法规、自治条例和单行条例、规章，特别规定与一般规定不一致的，适用特别规定。”

他行政处罚。”虽然“责令限期改正”在很多罚则中都有规定，但是严格说来它不是一种行政责任，只是一种行政命令，违反它导致的才是行政责任。

由于民事责任主要规定在该法“法律责任”之前的一些章节，对其释义也结合之前的各相应条款作出，因此对“法律责任”一章的释义对象，原则上限于“本章”条文。

我国刑法在打击伪劣商品的生产与销售、知识产权保护、个人信息保护、网络安全保护等方面都走在了世界前列，设置了相应的刑事责任条款，《电子商务法》尽管并不能直接规定罪与刑，却在民事责任、行政责任的设置上充分考虑与现行相关刑事责任规定的衔接。

三　强化电子商务平台经营者的法律责任

在电子商务发展中，平台经济的特点愈发明显，关于平台经营者与平台在法律上如何定位、相关责任如何承担等问题，一直是《电子商务法》立法中的重点，也是社会关注的热点。为充分保障消费者的合法权益以及其他电子商务主体的合法权益，真正做到“既要规范，又要促进”，包容审慎，经过广泛调研和论证，《电子商务法》总体上强化了电子商务平台经营者的法律责任，主要体现在以下几方面。

一是义务内容增加，而义务的违反一般也都会有法律责任条款的配置，其实也是强化了平台的责任。根据《电子商务法》的规定，电子商务平台经营者的义务包括三十多项，包括审核义务、安全保障义务、配合调查义务、不得滥用支配地位义务、退还押金义务、个人信息保护义务、数据提供义务、配合工商登记义务、数据保存义务、平台规则义务、自营业务区分义务、信息披露义务、信用评价管理义务、知识产权保护义务、不得进行标准化合约交易义务、履行质量担保、先行赔付承诺义务、投诉举报处理义务、协助维权义务等。最终稿进一步完善了商品服务交付的有关规定，明确了平台交易规则制定、公示及修改方式，强化了电子商务平台经营者的知识产权保护责任、竞价排名的信息标注标识责任等。

二是处罚力度加大，罚款数额由最高50万元提高至200万元。

终稿中有三个适用于电子商务平台经营者的条款对罚款数额作出规定，其中对平台“二选一”限制交易行为、知识产权间接侵权行为的罚款最高额由之前的50万元增加到200万元，并新增了平台违反对平台内经营者侵犯消费者合法权益采取合理措施的义务、主体资质资格审核义务、安全保障义务的处罚条款，最高罚款200万元。

就民事责任看，之前广受关注的第三十八条第（二）款“依法承担相应的责任”的内容也非常丰富，并非简单的连带责任或补充责任，而且责任更严、更全，超越了民事责任的范畴，既包括民事责任，也包括行政责任与刑事责任。

对平台责任强化，是建立在全面兼顾规范和管理需要的基础之上的，力求在“在发展中规范，在规范中发展”。《电子商务法》既有一系列平台义务、责任规定的条文，也有促进发展、鼓励创新的一系列规定，整体上一直是包容审慎的态度，立法过程中也充分考虑了平台企业的合规、守法成本，借用刑法上的一个词，也充分考虑了平台履行相关义务、承担相应责任的“期待可能性”。

当然，立法也要审时度势、及时回应社会重大关切。《电子商务法》三审稿为防止对用户画像、大数据“杀熟”，遏制电商平台交易者利用优势地位要求商家“二选一”，免除个人从事“零星小额交易活动”的登记义务，规定个人不需要办理市场主体登记，明确对押金、格式条款等行为的约束，增加了电子商务绿色物流条款等。当然，立法也要避免“现象立法”，也不是每个个案都有推动立法的意义，对电子商务领域新出现的问题，不见得都要在法律中回应，有些问题并不具有普遍性或长期性，或者通过执法、司法或者行业协会就能解决的，就不必体现在立法之中。

四　关于罚款数额设置，充分考量普遍性与特殊性的结合

针对该法最初建议稿的规定，有些部门的反馈意见提出，“三万元以上

50万元”以下相差将近17倍，不太合理。其实，《药品管理法》、《证券法》都有相差20倍的罚款规定，而《反垄断法》的罚款规定有“50万元以下”，没有下限，可以被理解为相差50倍甚至更多。另外，《药品管理法》第八十九条、《证券法》第二百零二条以及《反垄断法》第四十六条等都有类似的规定，罚款额等级悬殊都比较大。而《电子商务法》的罚款规定，在同一处罚档次以内，相差一般不超过10倍。

关于罚款数额的另一个争议问题，是要不要规定按营业额的百分比或违法所得的倍数罚款。

《电子商务法》对于违反信息披露和公示义务、推销、搭售商品或者服务、对押金退还设置不合理条件或者不及时退还押金的、违反平台内经营者身份核验、登记义务、未向相关监管部门履行信息提供、报告义务、商品和服务信息、交易信息保存义务等行为，设置了最高50万元的罚款；对电子商务平台经营者对平台内经营者在平台内的交易、交易价格或者与其他经营者的交易等进行不合理限制或者附加不合理条件，或者向平台内经营者收取不合理费用，情节严重的，以及对平台内经营者实施侵犯知识产权行为未依法采取必要措施，情节严重的，皆规定了最高200万元的罚款——比三审稿的罚款最高皆为50万元有很大提高，目的是有效保障各方权益、规范电子商务行为，维护市场秩序。

不过，借鉴其他立法经验，结合《电子商务法》的特点，若能增加倍数罚款之规定，采用“罚款数额加营业额的百分比或违法所得的倍数”的立法方式，效果可能更好——对其中情节严重的、有违法所得的，采用营业额的百分比或者违法所得倍数罚款制，没有违法所得或者违法所得难以计算的，处50万元（有些条款为200万元）以下罚款。原因主要有两方面。

在横向层面，确定数额的罚款制，在不同主体之间的适用效果可能差异较大，对于小微电子商务经营者，50万元的罚款不是个小数目，而对于规模大、效益好的“巨头”企业而言很可能只是“毛毛雨”，难以起到有效的遏制、预防的作用。加之执法中有时存在“处罚上限化”的倾向，认为“上限罚款”就是严格执法，这对于小微企业而言，可能被压得喘不过气

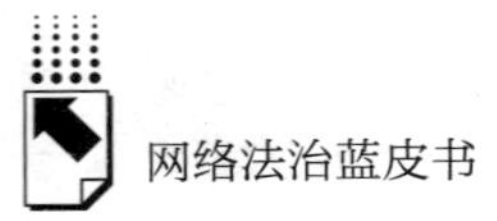

来，甚至难以“咸鱼翻身”，而对大平台而言，则常常无关痛痒。

在纵向层面，单一采用定额的罚款制，法的弹性、适应性会受到限制，随着时间的推移，由于物价水平变动等原因，这种“封顶”的罚款制其处罚效果可能会受限，影响立法目的的实现。

然而，对法律责任设置轻重程度、合理性的考察也可以转换一下视角。《电子商务法》采用该罚款规定模式，也可以说是基于以下四点原因。

一是从立法的体系性来看，尽管《电子商务法》调整电子商务中出现的法律关系，但是并非反之亦然——并非电子商务中出现的所有法律关系都归《电子商务法》调整，例如涉及《网络安全法》《民法总则》《合同法》《电子签名法》《侵权责任法》《消费者权益保护法》《反不正当竞争法》《广告法》《食品安全法》《药品管理法》《产品质量法》以及保护知识产权的法律的，这些法律中已有的责任条款依然适用，《电子商务法》就不予重复规定。

二是从《电子商务法》自身的体系性来看，“法律责任”一章主要是规定行政责任，《电子商务法》中的民事责任在其他章节也有规定，例如第三十七条、第四十五条规定的电子商务平台经营者与平台内经营者的连带责任，第五十四条规定的电子支付提供者的赔偿责任等。在“法律责任”一章中，作为概括性的规定，《电子商务法》第七十二条指明，“电子商务经营者销售商品或者提供服务，不履行合同义务或者履行合同义务不符合约定，或者造成他人损害的，依法承担民事责任。”因此，对行为人法律责任的追究，也并非只是罚款至多50万元这一项，对违约、侵权的，仍然需要依法承担相应的民事责任；构成违反治安管理行为的，依法给予治安管理处罚；构成犯罪的，依法追究刑事责任。《电子商务法》通过设置电子商务平台经营者不同情况下的连带责任，实际上是将法律的防线前移，加大了平台责任、突出对消费者、知识产权人等主体的权益保障，而不只是依赖事后处罚，这种连带赔偿责任的不可避免性在某种程度上比罚款的严厉性会来得更及时、更有效。

三是从一部法律的严厉程度看，不仅要看责任条款，还要看义务条款。

《电子商务法（草案)》在三审稿加大了平台的义务和责任，而这些义务的加重，实质上也是对平台提出了更高的要求，也是出于科学立法、平衡各方权益的考量。

四是从电子商务发展的政策导向来看，第一条就开宗明义地规定了“为了保障电子商务各方主体的合法权益，规范电子商务行为，维护市场秩序，促进电子商务持续健康发展。”这一立法目的，以及第四条“国家鼓励发展电子商务新业态，创新商业模式……”的立法方向，因此在维护市场秩序与保障各方主体权益之间、在规范与促进之间，立法者也是作了全面的权衡与考量，例如既要抓住电子商务平台经营者这个核心主体，也是不同于传统民商事法律的特殊、新型主体进行规范，也不能使责任设置导致平台遭遇不能承受之重，最终影响的不仅是平台经营者，也不利于消费者和其他相关方。

五　关于法律责任设置的类型化

《电子商务法》从一审到三审的一些调整修改，很大程度上回应了社会各方的关切，当然也包括在平台义务、责任内容上的修改。电子商务的蓬勃发展深深地影响了千家万户，改变了很多人衣食住行的生活方式，相当多的人几乎每天都在使用，这样一部法律的制定，有必要回应社会各方的重大关切，然而在多大程度上进行回应，并无标准答案，也无太多的国际经验可循——不同于其他法律的制定，我国是制定一部调整电子商务整个流程的综合性电子商务法律的开创者、先行者，遇到的各方关注的问题是新经济业态、新技术飞速发展（例如，利用“互联网 +”的分享经济）却又深度融合过程中出现的问题，也大多是具有中国特色的问题，立法者用心倾听并及时修正立法内容，与时俱进，目的是使得立法更具前瞻性和可操作性。

然而，该法的定位是法律，因此不必要也不应当将它与行政法规、部门规章、司法解释的功能相混淆。有些新问题的解决，可以通过实施细则、司法解释等进一步规范，通过下位法加强《电子商务法》的实际操作性，使这部法律充分实现其立法宗旨和目的、平衡各方利益，发挥其应有的作用。换言之，要分清立法、司法与执法不同阶段要处理的问题，任何时代的法律，都无法对其调整范围新出现的所有社会问题给出答案。因为“科学立法、严格执法、公正司法、全民守法”缺一不可。以电子商务平台经营者法律责任的类型化为例，可以说事关电子商务平台经营者的生死存亡，确实有必要进行精分，除了自营与非自营，在非自营的平台经营者中也还有介入程度不同之差，有些平台经营者尽管规模很大、影响与作用很大，然而其实就是居间信息服务提供者，对于平台内经营者开展的服务就很难做到事先防范、事中的现场实时监控，其相应的责任承担也有别于其他非自营平台经营者。除了立法专门加以规定，其实可以，也有必要在未来的实施细则中加以明确、精分。

总之，《电子商务法》对罚款数额以及其他责任承担形式的规定，都力求体现比例原则、“罚当其过/错”，在执行上具有可操作性，同时对某一（类）违法行为形成处罚的威慑力。而且，《电子商务法》的规定，特别是法律责任的规定，对于惩治电子商务领域形形色色的违法犯罪行为，例如，灰黑产业链集中“地带”的制假售假、侵犯公民个人信息、侵犯知识产权、非法获取计算机信息系统数据、盗窃、诈骗、敲诈勒索等，提供了重要的法律依据。

在规范网络秩序、保护公民个人信息、保护网络安全方面，我国也是刑法先行，但其中亦有不少涉及电子商务的问题，若一直缺乏专门、系统的规定，既不利于对涉电子商务犯罪的准确定罪处罚，影响对电子商务各方合法权益、电子商务秩序的有效保障，也影响对电子商务环境的净化，最终影响产业的健康可持续发展。因此，《电子商务法》的出台，给促进相关民事责任、行政责任与刑事责任的衔接适用提供了重要依据。当然，立法只是第一步，后续的执法、司法与适用研究，同样任重而道远；还需要尽快加强各部门的协同监管、社会共治；需要结合电子商务发展中的新问题、新情况，加快实施细则、司法解释、指导性案例的出台，使得这部“发展中的法”尽快平稳“落地”，发挥其应有的作用。

B.10

万物互联时代的民事诉讼体制再转型

史明洲*

摘　要： 我国现行的民事诉讼体制形成于20世纪90年代末，是一种"个案本位"的制度模式。这种诉讼体制虽然极大地提高了审理效率，但是在虚假诉讼规制等涉及裁判社会效果的问题上，难以提出有效的解决方案。在新一代信息技术逐渐成熟的时代背景下，借助物联网、大数据、区块链、智能合约等智慧革命的新工具，构建一种动态化的交易安全体系。在这种新的交易安全体系之下，所有的市场主体被互相连接，市场主体之间的法律关系变动可以在交易安全体系中获得实时的联动。凭借覆盖整个经济世界的动态化交易安全体系，民事诉讼体制可以实现个案的司法效果与裁判的社会效果的良性统一。

关键词： 交易安全　物联网　大数据　区块链　智能合约

一　背景：民事诉讼体制再转型的现实必要性

在20世纪90年代末，我国的民事审判领域进行了一次历史性的改革，成功地将中华人民共和国成立后一直沿用的职权干预型诉讼体制转变为当事人主导型诉讼体制。经由民事审判方式改革，我国的民事诉讼不仅在实定法

* 史明洲，中国政法大学民商经济法学院助理教授。

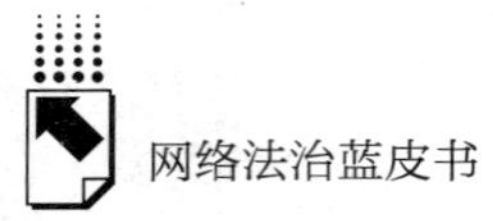

层面确立了当事人提出主张和证据为主、法院依职权调查为辅的程序原则，还实现了与德国、日本等主要大陆法系国家在学科基础理论上的接轨。[①]

民事审判方式改革之时正值中国经济高速发展的起步阶段，随着经济活动的日趋复杂化和活跃化，越来越多的民商事纠纷涌入法院。在这种背景下，如果不提高审判效率、改变传统的职权干预型诉讼体制，法院有限的人力、物力终将无法处理日益增多的案件。换言之，民事审判方式改革废除职权干预型诉讼体制、确立当事人主导型诉讼体制的直接动因是，通过把民事诉讼活动中提出主张、搜集证据等事务性工作的负担转移给当事人，从而大幅度减轻法院在处理相关事务上的负担（当然，通过民事审判方式改革，使我国的民事诉讼法学能够与大陆法系国家的主流理论接轨，也是重要的政策考量。但是，相比减轻法院负担这个更为急迫的任务，学理层面的考虑只是间接动因）。事实证明，民事审判方式改革取得了巨大的成功，法院能够处理民事案件的“容量”获得了近十倍的提升。根据最高人民法院的统计，1998 年全国各级地方法院共审理了一审的民事、经济、行政、海事案件 492.9 万件，而到 2017 年，仅仅是民事、商事（经济）（一审审结）案件，这个数字就变成了 4783.5 万件（其中，商事案件 1643.8 万件、民事案件 3139.7 万件），增长幅度约 900%，[②] 并且还以每年 10% ~20% 的速度继续增长。应当说，民事审判方式改革对法院审理效率的提升，是我国民商事审判工作得以持续、平稳运行的主要原因。

但是，20 世纪 90 年代末确立的当事人主导型诉讼体制也存在无法回避的问题。具体来说，改革所依据的民事诉讼法学理论背后的基本理念是古典当事人主义。这种当事人主义理念形成于 19 世纪末的德国，强调当事人对自己私权利的主张与处分，其逻辑基点是作为独立主体的各具体当事人之间的关系。因此，古典当事人主义的基本视角是“当事人 - 当事人”，基于这

---

① 关于这次改革的详情，主要的文献有江平、陈桂明编《民事审判方式改革与发展》，中国法制出版社，1998 年；张卫平《转化的逻辑：民事诉讼体制转型分析（修订版）》，法律出版社，2007 年。

② 数据引用自 1999 年和 2018 年的《最高人民法院工作报告》。

种理念构建的当事人主导型诉讼体制是一种“个案本位”的制度模式。例如，古典理论认为，除非判决效力在法律上的牵连（如既判力的扩张或形成力引起实体法律关系变动等），否则不同的案件将依据判决效力相对性原则被视为没有必然联系的、独立的个体。也就是说，传统的当事人主导型诉讼体制把个案看作是独立的存在，在这种观念之下，2017 年的 4783.5 万件民商事一审案件是几千万个互不联系的孤岛。

很显然，古典当事人主义是一种高度的拟制。实践中，这种抽象化的思维在中国遭遇到了极大的阻力。首先，中国的法官基于朴素的法感觉，拒绝接受“除非判决效力在法律上的牵连，否则不同的案件将被视为没有必然联系的、独立的个体”的判决效力相对性原则，而是坚持认为，前诉法院的裁判必然会对后诉法院的裁判产生法律上的影响，即已为人民法院发生法律效力的裁判所确认的事实，当事人无须举证证明。[①] 其次，中国的司法政策决策者从来不满足于“在孤立个案的视角下”看待法院裁判，而是要求法院和法官既重视诉讼的司法效果，也重视诉讼的社会效果。此时，诉讼不仅是法律概念，还是一个社会概念。法院对一个个具体“案件”的裁判聚合在一起形成了裁判的社会效果，除了古典当事人主导型诉讼体制的“当事人－当事人”视角，中国法还存在“法院－案件”的观念模型。

在大多数案件中，法院在传统当事人主导型诉讼体制下作出的审判，都是具备良好社会效果的。但是，在特定情形之下，法院裁判的社会效果可能因为当事人主导诉讼的理念而遭受严重的冲击。例如，在诉讼当事人串通侵害第三人利益的虚假诉讼中，原告以虚构的债权为由提起诉讼，要求被告给付一定的金钱，被告自认该债权的存在或者不做实质性抗辩而故意放弃防御。根据古典的当事人主义，法院只得依据当事人提出的主张和证据作出裁判，在被告自愿放弃防御的情况下，应判决原告胜诉。判决生效后，被告依据生效判决确定的义务向原告给付金钱，即可在法律外观上完成财产的合法转移。对于前述虚假诉讼，大陆法系理论的通说认为，虚假诉讼虽然虚假，

① 《最高人民法院关于适用〈中华人民共和国民事诉讼法〉的解释》第 93 条第 1 款第 5 项。

但基于判决既判力的相对性原则，该诉讼的判决对于未参加诉讼的第三人（原告的债权人等）而言不产生任何“法律上的效力”。虚假诉讼判决虽然成为原告向被告转移财产的法律依据，但该判决对第三人的影响是“事实上的”而非“法律上的”。

如上所述，传统的当事人主导型诉讼体制只提供“当事人-当事人”视角的解决方案，认为“法院-案件”视角的问题不是法院裁判应当考虑的对象。与此相对，中国的司法政策决策者和法官则对于“法院-案件”视角的“裁判的良好社会效果”具有强烈的需求。民诉法学的理论供给与司法实践的现实需要之间处于一种“鸡生蛋还是蛋生鸡”的尖锐对立状态。

二　瓶颈：古典交易安全观的方法论困境

传统当事人主导型诉讼体制与中国司法实务现实需要之间的张力看起来是“理论”与“实践”的矛盾，但实际上则是“旧的理论体系”与“新的实践需要”的矛盾。1877 年《德意志帝国民事诉讼法典》颁布后的 100 多年里，人类社会不断向前演进，在 20 世纪初开始的金融资本兴盛和 20 世纪末的信息革命之后，又迎来以大数据、区块链、云计算、人工智能等新的信息技术为代表的智慧革命，整个世界的经济格局已然发生颠覆性的变化。但是，民事诉讼法学的世界观（准确地说是交易安全观）仍然是建立在 19 世纪末的经济基础之上的。

具体来说，19 世纪末形成的传统当事人主导型诉讼体制本质上是一种“个案本位”的思考模式。这种思考模式认为，无论作为社会存在的经济世界是多么浩瀚无涯的存在，民事诉讼都只解决诉讼中两个（或者极其有限的几个）当事人之间的法律关系。但是，在良性法制体系之下，虽然民事诉讼只就孤立的个案提供救济方案，裁判的效果却可以传至整个社会体系。因为，如果法院作出裁判的标准是形式性的、裁判的结果是确定性的，那么“过去诉讼”中形成的形式化的裁判标准和确定性的裁判结果所构成的稳定体系将成为“未来诉讼”的行为规范。当整个社会都是按照一种形式化、确定化的行为规范运行的时候，如果后来的行为没有不按照已有的行为规范实施，法院将以这些行为规范作为裁判规范，纠正那些偏离轨道的行为。在传统当事人主导型诉讼体制的视野下，交易安全是一种静态化的交易安全，或者说是抽象化的交易安全。

然而，静态化的交易安全观是一种循环论证，在哲学上存在无法忽视的缺陷。这种交易安全观建立在一个前提之上，即体系内部具备强有力的纠错机制，对于那些偏离行为规范的行为，法院可以通过裁判规范予以纠正。但是，如果这个前提发生动摇，即体系本身对于某种偏离行为规范的行为无法纠错，或者纠错成本过于高昂，那么交易安全将遭受事实上的冲击，静态化交易安全观所设想将无法实现。

由于古典的静态化交易安全观对立法者和司法解释制定者思维方式的束缚，我们看到，在一些特定类型的案件中，法院的纠错能力遇到相当大的挑战。仍然以虚假诉讼规制问题为例，虽然立法者在 2012 年的《中华人民共和国民事诉讼法》（以下简称“《民事诉讼法》”）修订中增设了第三人撤销之诉制度以打击虚假诉讼，最高人民法院也在司法解释中规定了虚假诉讼的认定标准。[①] 但是，这些法律规范在实践中的应用举步维艰。

---

① 《民事诉讼法》第 56 条第 3 款：前两款规定的第三人，因不能归责于本人的事由未参加诉讼，但有证据证明发生法律效力的判决、裁定、调解书的部分或者全部内容错误，损害其民事权益的，可以自知道或者应当知道其民事权益受到损害之日起六个月内，向作出该判决、裁定、调解书的人民法院提起诉讼。人民法院经审理，诉讼请求成立的，应当改变或者撤销原判决、裁定、调解书；诉讼请求不成立的，驳回诉讼请求。

《最高人民法院关于审理民间借贷案件适用法律若干问题的规定》（法释〔2015〕18 号）第 19 条：人民法院审理民间借贷纠纷案件时发现有下列情形，应当严格审查借贷发生的原因、时间、地点、款项来源、交付方式、款项流向以及借贷双方的关系、经济状况等事实，综合判断是否属于虚假民事诉讼：（一）出借人明显不具备出借能力；（二）出借人起诉所依据的事实和理由明显不符合常理；（三）出借人不能提交债权凭证或者提交的债权凭证存在伪造的可能；（四）当事人双方在一定期间内多次参加民间借贷诉讼；（五）当事人一方或者双方无正当理由拒不到庭参加诉讼，委托代理人对借贷事实陈述不清或者陈述前后矛盾；（六）当事人双方对借贷事实的发生没有任何争议或者诉辩明显不符合常理；（七）借款人的配偶或合伙人、案外人的其他债权人提出有事实依据的异议；（八）当事人在其他纠纷中存在低价转让财产的情形；（九）当事人不正当放弃权利；（十）其他可能存在虚假民间借贷诉讼的情形。

第一，法官的调查能力有限。在20世纪90年代末的民事审判方式改革之后，法官依职权调查在整个民事诉讼中处于极其边缘的地位。虽然《民事诉讼法》和司法解释仍然允许法官在一定情况下依职权调查，但其调查手段仅限于向当事人询问或者向有关机关调取证据等非常弱的调查方式。与公安、检察、监察机关等其他维护公共利益的公权力机关相比，法院既不具有侦查权，也不具有审讯权、留置权，调查能力极其有限。

第二，虚假诉讼耗费大量的司法资源。无论是当事人询问还是法院向有关机关调取证据，都是非常耗时费力的调查方式。在案多人少矛盾突出、结案压力巨大的现实背景下，法官没有动力主动就是否属于虚假诉讼展开调查。不仅如此，虚假诉讼的服判率约等于100%、上诉率约等于0%，相比存在真实争议的案件，法官没有必要“多此一举”。根据“最高人民法院认定虚假诉讼第一案”（（2015）民二终字第324号民事判决）主审法官的介绍，为了认定该案属于虚假诉讼，法官在交叉询问环节设置了100多个问题，并动用其在最高人民法院执行局积累的人脉资源，在上海、沈阳、丹东等地调取了双方当事人十几个账户，阅读了上千页的转账记录等财务资料。该案的审理，占据了审判团队整整一个月的时间。

第三，虚假诉讼的违法成本极低。《民事诉讼法》第112条虽然规定：“当事人之间恶意串通，企图通过诉讼、调解等方式侵害他人合法权益的，人民法院应当驳回其请求，并根据情节轻重予以罚款、拘留；构成犯罪的，依法追究刑事责任。”但是，实践中追究刑事责任的情形十分少见，对妨碍民事诉讼行为的惩戒以罚款和拘留为主，《民事诉讼法》第115条规定：“对个人的罚款金额，为人民币十万元以下。对单位的罚款金额，为人民币五万元以上一百万元以下。”“拘留的期限，为十五日以下。”对于虚假诉讼的实施者而言，一边是虚假诉讼可能谋取的巨大利益，另一边是最高不超过100万元人民币的罚款和不超过15日的拘留，违法成本极低。

也就是说，在大多数案件中，由于纠错能力、纠错成本等事实上的原因，法院并不能纠正那些偏离行为规范的虚假诉讼行为。而且即便是被认定为虚假诉讼的行为，与虚假诉讼制造者所受到的惩罚相比其对整个社会造成的损害来说，也是微乎其微的。在静态化的交易安全观之下，不可能找到问题的解决方案。

三　对策建议：借助新一代信息技术，构建动态化的交易安全体系

由于静态化交易安全观在哲学上的瑕疵，为了在“当事人 - 当事人”的视角之外加入“法院 - 案件”视角的审视，必须建立一种新的交易安全观。在这种新的思维之下，不仅所有的市场主体都被包含在内，这些交易主体之间动态化的关联也被予以考虑。这种动态化的交易安全观包含两个要素：连接、联动。

首先，连接是指经济世界的一笔笔交易被想象成是一条条首尾相连的“锁链”，连接着两个（或者多个）市场主体，即锁链的“端头”。任意的市场主体只要与其他的市场主体发生财产法、身份法或者行政法等上的关联，就会产生一条连接线，一个市场主体可能与数个市场主体之间建立连接。各个主体之间的无数条连接线经由市场经济主体的中介，被组成一张覆盖整个经济世界的锁链网。

其次，联动是指锁链网的内部是动态化的。在客体层面，锁链既可以根据新的交易出现或者交易的持续进行而不断延伸，也可能因为交易的完成或者交易的失败（无效、解除或者债权因破产而在法律上消灭）而消失。在主体层面，新的市场主体可能因自然人的出生或者法人的设立而随时产生，也会因为自然人的死亡和法人的终止而随时消亡。

在传统的意识中，只有金钱或者有体物等经济利益是可以被人类的直观认识把握的，信用、虚假诉讼等只是一个抽象的概念，其具体内涵无法被人类直接认识。而在新的动态化交易安全体制下，信用、虚假诉讼等抽象的概念，都能够获得一种图示化的展示，成为一种可以被人类把握的利益。例如，“信用”的图示是，当一个市场主体 A（锁链的端头）基于一定的原因与其他市场主体 B（锁链的端头）建立了连接时，如果 A 基于约定（如合

同）或者法定（如侵权）的清偿机制履行债务，A 和 B 两个市场主体之间的锁链将消失，如果 A 没有基于约定或者法定的清偿机制履行债务，A 和 B 两个市场主体之间的锁链不消失，并发出警示性的表示。此时，A 的“信用”就是与其连接的锁链的状态。假设与主体 A 相连接的锁链中没有警示性锁链，动态化交易安全体制将评价主体 A 为“信用良好”的主体，同理，假设与主体 A 相连接的锁链中有警示性锁链，动态化交易安全体制将评价主体 A 为“信用不良”的主体。又如，“虚假诉讼”的图示是，市场主体 C 与市场主体 D 之间不具有真实的债权债务关系，即没有锁链连接。虚假诉讼的判决相当于在 C 与 D 之间架设了一条没有实体基础的新的连接，因此在动态化交易安全观之下，虚假诉讼将被视为对整个交易安全的侵害。

不过，动态化交易安全也具有一个前提，那就是必须站在“上帝的视角”对所有市场主体之间的所有连接和实时的联动予以把握。这种理想化的前提看似是天方夜谭，但是在新一代信息技术的条件下，它其实离我们并不遥远。

（一）借助物联网、大数据技术在市场主体之间建立连接

首先，物联网技术为市场主体之间的“常态化”连接提供技术支持。物联网的英文名称是“Internet of Things”（IoT），顾名思义，就是物物相连的互联网。其中有两层意思：第一，物联网的核心和基础仍然是互联网，是在互联网基础上的延伸和扩展的网络；第二，物联网的用户端延伸和扩展到了任何物品与物品之间，进行信息交换和通信，也就是物物相息。物联网通过智能感知、识别技术与普适计算等通信感知技术，广泛应用于网络的融合之中。在物联网成熟化的社会中，几乎所有的物品（things）和服务（服务往往也是借助某种有形的方式提供的）都会以一定的形式被连接在同一张互联网之中，因此几乎所有的交易行为都会在“联网”的状态下进行。例如，X 向 Y 购买一辆汽车的交易中，X 通过在线支付的方式向 Y 交付货款，Y 将汽车交付给 X。由于汽车是物联网的一部分，所以不仅汽车的地理位置、行驶数据、使用年限、修理记录等物理特征的数据会被物联网抓取，汽

车的物权归属等有关法律特征的数据也可以由物联网一并管理，Y 将汽车交付给 X，汽车在物联网中的物权归属将自动标注为“Y→X”。换言之，只要是在物联网环境之下，市场主体之间的交易关系就是以某种物联网上关联的方式呈现出来的。

其次，大数据技术为市场主体之间的“非常态化”连接提供技术支持。根据 IBM 公司给出的定义，大数据是指一种规模大到在获取、存储、管理、分析方面极大地超出传统数据库软件工具能力范围的数据集合，具有巨大的数量（Volume）、多样性（Variety）的数据形式（结构化、非结构化、文本、多媒体等）、极高的数据运动速度（Velocity）和真实性（Veracity）等四个分析维度（4V）。[①] 大数据技术不依靠法律人常用的因果关系（强关联），而是从大量蛛丝马迹（弱关联）中寻找联系。[②] 例如，X 因民间借贷从 Y 处借款 1000 万元人民币，到期未归还。Y 向法院起诉 X 胜诉后，向法院申请强制执行。法院在执行程序中发现，X 有两个户籍，除了中国大陆的身份 X 之外，还有一个中国香港的身份 A。其中，身份 X 名下几乎没有任何财产，但身份 A 名下却有价值上亿元港币的不动产。根据现有的判断标准，除非债权人 Y 能够提供 X 就是 A 的证明文件，否则法院无法认定身份 A 与身份 X 是同一自然人，也就无法执行身份 A 名下的香港不动产。但是，在成熟的大数据技术条件下，有可能通过分析 X 的出境记录、指纹、金融交易记录等数据，认定身份 X 与身份 A 实属同一自然人，从而在身份 A 与债权人 Y 之间建立联系。

此外，大数据技术的“非常态化”有三层含义。第一，非经物联网的“常态化”途径建立的连接。虽然由于物联网的普及需要软件、硬件的协同推进，其在全社会的普及需要经历相当长的时间，在物联网应用大面积普及

① 参见 IBM 商业价值研究院《IBM 商业价值报告：大数据、云计算价值转换》，东方出版社，2015 年，第 106 页以下。

② 事实上，由强关联主导变为弱关联主导，是互联网时代整个社会的特征。例如，有的社会学家用“强连带、弱连带”的范式来解释和处理互联网时代的社群关系。参见罗家德《复杂：信息时代的连接、机会与布局》，中信出版集团，2017 年，第 57 页以下。

之前，经由大数据技术建立的市场主体连接将占到相当大的比例。但是，在物联网社会建成之后，低成本的物联网型连接终将替代较高成本的大数据型连接。第二，基于非结构化数据建立的市场主体连接。结构化数据是指由二维表结构来进行逻辑表达和实现的数据，严格地遵循数据格式与长度规范，主要通过关系型数据库进行存储和管理，对于数据处理来说是“干净的数据”。与结构化数据相对的则是不适于由数据库的二维表展现的非结构化数据，包括所有格式的办公文档、XML、HTML、各类报表、图片和音频、视频信息等，这些数据对于数据处理来说是“脏的数据”，需要进行数据清洗。很显然，物联网技术获取的数据自始是结构化数据，不需要后期的数据清洗、利用效率高，是理想的常规数据。第三，基于被动数据建立的市场主体连接。主动数据是指市场主体为了实现某种目的而主动披露的数据；被动数据则是指市场主体提供数据的目的并非主动实现某种目的。以前述通过获得境外户籍方式逃避债务的案例为例，X 留下出境记录、指纹、金融交易记录等数据的目的显然不是为了证明身份 X 与身份 A 之间的关联。但这些被动数据，最终能够帮助我们在身份 A 与债权人 Y 之间建立关联。综上，这种“非常态化”连接在相当长一段时间内，会是对经由物联网技术建立的“常态化”市场主体连接的重要补充。

（二）借助区块链技术实现法律关系变动与交易安全体系更新的联动

法律关系变动与交易安全体系更新之间的联动，主要通过应用了区块链的智能合约技术实现。智能合约（Smart Contract）的术语由法学家尼克·萨博（Nick Szabo）提出，他对智能合约的定义是：一个智能合约是一套以数字形式定义的承诺，包括合约参与方可以在上面执行这些承诺的协议，当一定条件被满足时，可以被计算机系统自动执行的合约。不过，智能合约原本只是特定当事人之间约定的计算机化处理，并不必然具备“涵盖整个交易世界”的宏观内涵，因此，法律关系变动与交易安全体系更新的联动必须由“区块链+智能合约”的技术组合实现。在一套区块链体系之下，开发人员会为智能合约撰写代码，智能合约用于交易双方或多方之间的任何交换行为，该代码包含一些会触发合约自动执行的条件。例如，X 向 Y 购买一辆无人驾驶汽车的交易中，当 Y 收到 X 通过在线支付的方式支付的价款时，智能合约会自动触发交货条款，汽车在物联网上的归属主体变更为 X，随后汽车以无人驾驶的方式驶向 X 的车库。并且，由于物联网系统上汽车的归属主体已经变更为 X，因此该汽车会收到 X 车库的门禁系统密码，自行驶入 X 的车库。这个合约可以确保 X 与 Y 之间的合同义务“同时履行”。一旦编码完成，智能合约就会被上传到区块链网络上，即它们被发送到所有连接到网络的设备上。当作为交易安全体制的整个物联网系统应用了区块链的底层技术时，前述有关智能合约的数据就会向全网络广播，并只有在所有设备都接收到广播时才视为有效。因此，无论是智能合约的签订还是执行，都会得到整个网络的监督，任何单独的一方都不能操纵合约。在应用了区块链的智能合约技术成熟的情况下，大部分的社会交易都将通过基于区块链的智能合约，实现一定的法律关系变动与交易安全体系更新之间的联动。

综上，当市场主体之间借助物联网、大数据技术建立起连接，并且法律关系变动与交易安全体系更新之间又借助区块链技术实现了联动时，动态化的交易安全保障体制就基本完成了。在这种体制之下，民事诉讼的审理将变得相当轻松。以前述的虚假诉讼为例，立法可以规定，一定数额以上的借贷行为必须通过法定的区块链智能合约实施。由于所有的区块链交易都需要向全网络广播，所以市场主体 C 与市场主体 D 之间是否存在真实的债权债务关系，对于整个体系而言一目了然（交易信息可以作加密处理以保护隐私，只有法院裁判等合理需求才会获得密钥）。此时规制虚假诉讼的成本远远低于制造虚假诉讼的成本，虚假诉讼也就得以彻底规制。

B.11

关于网络犯罪协同立法的研究报告

武汉大学法学院网络犯罪协同治理课题组*

摘　要：　我国当前的信息网络犯罪呈递增高发态势。基于此类犯罪所具备的特点，构建综合治理体系势在必行，而推进协同立法模式才能为信息网络犯罪的综合治理奠定规范基础。基于狭义与广义信息网络犯罪不同的范畴与特性，我国目前的信息网络犯罪立法在宏观与微观层面上均存在不足，应当通过完善国家立法，有针对性地出台明确各方治理主体权责的法律性文件，积极推动行业软法的构建，以及推动社会主体参与信息安全保护，构建层次明晰的协同立法体系，推动信息网络犯罪的长效综合治理。

关键词：　信息网络犯罪　综合治理　协同立法模式

一　我国网络犯罪的现状

过去20年以来，互联网的迅猛发展，以及它对人类社会组织结构与生活空间的全面渗透，带来的不只是经济发展与文化繁荣。基于（数据化的）信

---

* 项目负责人：敬力嘉，武汉大学法学院博士后研究人员；项目组成员：王肃之、王晓晓、高丽丽、胡骞，执笔人：敬力嘉，武汉大学法学院博士后研究人员；王肃之，最高人民法院法官助理。

息在全球范围内的流动性，一个行为可能引发的法益侵害风险，在可侵害对象的广泛性与后果的严重性上，呈现出高频度与不可预见的特征。[①] 我国网民规模已经超过八亿，电子商务、互联网金融以及各类互联网公共服务类应用均实现用户规模稳定增长，多元化、移动化特征明显。这说明，企业的生产经营以及政府对社会治理公共职能的履行，都逐渐构筑于互联网之上。网络空间，这一跨越时间与空间的流动空间，使行为人与不同主体的不同类型、重要程度与数量的法益产生连接，降低了技术门槛。犯罪行为人的行为可侵害对象的数量，以及可侵害法益的类型、数量与重要性都无法预测，网络犯罪可能造成的社会危害呈几何倍数增长。随着社会经济的发展，我国当前的网络犯罪呈现以下四个特点。

第一，我国网络犯罪呈递增高发态势，类型向多样化发展。诺顿公司2015 年发布的《诺顿网络安全调查报告》指出，在 2014 年接受调研的 14个国家里，中国是网络犯罪最严重的受害国。仅在 2014 年，中国就有 2.4亿网民成为网络犯罪的受害者，经济损失达 7000 亿元人民币。[②] 目前侵财犯罪，如电信网络诈骗犯罪，以及淫秽、赌博、黑客攻击、侵犯公民个人信息、网络制贩毒、网络制贩枪、网络制贩假币、传销、网络侮辱诽谤等犯罪，已成为当前突出的犯罪类型。而随着移动终端规模的加速扩张，网络犯罪便捷性大大提高，新的犯罪手法和形式不断涌现。

第二，我国网络犯罪逐渐趋于专业化、规模化和产业化。网络犯罪的产业链化日益明显，在这条黑色产业链上，上游为提供技术的黑客，中游为黑色产业犯罪团伙，下游则是支持黑色产业犯罪团伙的各种周边组织，其“年产值”超千亿元。

第三，由于人机分离、跨地域性等特性，办理网络犯罪的时间和金钱成

① See. Katharina Dimmroth, Wolf J. Schünemann, *The Ambiguous Relation Between Privacy and Security in German Cyber Politics*, in:（Edited.）Wolf J. Schünemann, Max-Otto Baumann, *Privacy, Data Protection and Cybersecurity in Europe*, Springer International Publisher, 2017, p. 101.

② 参见《赛门铁克发布〈诺顿网络安全调查报告〉》，《科技日报》2015 年 12 月 2 日第 11 版。

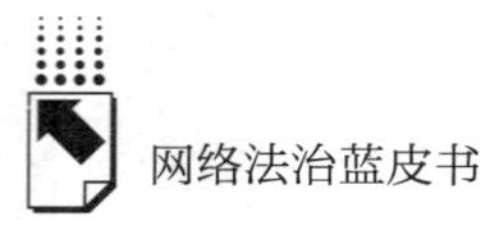

本很高，破案率很低。中部某省刑侦总队重案支队负责人去年在接受媒体采访时表示，“通讯信息诈骗案发量呈爆炸式增长，破案率低到不好意思说，大概不超过3个百分点”。[①]

第四，网络犯罪的报案率非常低，导致犯罪黑数很大。网络犯罪案件通常存在单案涉案金额小、办案难度大、成本高、周期长等问题，以及受到人力、物力、财力、执法质量考核等因素制约，办案机关通常会以单个案件涉案数额达不到立案标准，或以案件管辖范围不确定等理由不予受理。[②]

二 我国网络犯罪的协同立法现状

网络犯罪是一个犯罪学概念，它包括以网络为工具、网络化的传统犯罪，以及侵犯法定主体信息专有权的纯正网络犯罪。我国网络犯罪的治理处于立法体系的构建与完善阶段，需要从两个层面考察：网络犯罪的治理主体，以及治理所依据的法律法规。

（一）我国网络犯罪治理主体

首先需要厘清的，是我国网络犯罪的治理主体。我国网络犯罪的治理主体，主要包括两类：一类是司法主体，包括人民法院、人民检察院；另一类是行政主体，包括网信办、公安机关的网络安全保卫部门（以下简称“网安部门”）等。就第二类主体而言，基本可以总结为以网安部门为支撑，以网信办为中枢的多头共治。根据现行《公安机关刑事案件管辖分工规定》，网安部门直接管辖的刑事案件共七种：1. 非法侵入计算机信息系统案［《中华人民共和国刑法》（以下简称《刑法》）第285条］；2. 非法获取计算机信息系统数据、非法控制计算机信息系统案［《刑法》第285条第2款，《修正案（七）》第9条第1款］；3. 提供侵入、非法控制计算机信息系统

① 参见孟超：《通讯信息诈骗“爆表”》，《经济参考报》2015年5月20日第5版。
② 参见柴艳茹：《网络犯罪的打击困境与对策》，《人民论坛》2013年第30期。

程序、工具案［《刑法》第285条第3款，《修正案（七）》第9条第2款］；4. 破坏计算机信息系统案（《刑法》第286条）；5. 拒不履行信息网络安全管理义务案［《刑法》第286条之一，《修正案（九）》第28条］；6. 非法利用信息网络案（《刑法》第287条之一，《修正案（九）》第29条）；7. 帮助信息网络犯罪活动案［《刑法》第287条之二，《修正案（九）》第29条］。网安部门直接管辖的是侵犯法定主体信息专有权的纯正网络犯罪。

对于网络化的传统犯罪，在相关案件的侦查、证据固定、鉴定等过程中，各级网安部门提供了最为必需的技术支撑。根据《中华人民共和国网络安全法》（以下简称"《网络安全法》"）第8条的规定，国家网信部门负责统筹协调网络安全工作和相关监督管理工作，除了对涉及网络治理的所有职能部门，包括公安局、工商局、商务局以及国安等部门的工作进行协调，在政府职能部门同网络服务提供者就有关案件，比如相关证据的调取等事项的沟通中，发挥重要的协调功能。除此之外还承担了确定关键信息基础设施范围，进行网络安全执法状况检查，关停违法网站等重要执法功能。2017年9月7日，国家互联网信息办公室颁布了《互联网群组信息服务管理规定》以及《互联网用户公众账号信息服务管理规定》，为网络犯罪的治理提供了前置性规范。在网络犯罪的治理中，根据《网络安全法》第9条，以及《刑法修正案（九）》第286条之一拒不履行信息网络安全管理义务罪的规定，网络服务提供者应当承担作为行政作为义务的网络安全保护义务，以及作为刑事义务的网络信息安全保护义务，后者的属性是配合义务，具体包括风险审查和内容管理两个侧面。[①] 在网络犯罪的治理中，网络服务提供者兼具三重属性：被规制对象，配合义务主体以及治理主体。

然而，现行的网络犯罪治理主体间还未形成有效的协同治理机制，主要表现为以下几点：第一，在明确网信部门作为牵头主管部门之后，还需要通过法律进一步明确各个互联网管理职能部门的职责和权限，才能给多头共治局面的改变提供规范依据。第二，互联网行业内缺乏衔接互补的日常机制和

① 参见敬力嘉：《信息网络安全管理义务的刑法教义学展开》，《东方法学》2017年第5期。

稳定高效的工作流程，在信息网络犯罪治理中，遇事全靠政府协调。其三，对于网络服务提供者对政府职能部门配合义务的限度，还缺乏相应的法律规范予以明确。例如，在具体工作中，网安部门认为在办理案件时，对于调取银行记录遇到的各种门槛和阻碍，应当予以清除。此外，网安部门还认为网络服务提供者应当为他们提供“技术接口”，留存广泛的日志，而不局限于某一方面，以便于他们及时掌握有关用户行为轨迹的所有有价值数据。[①] 这事实上是职能部门的权限分配，需要法律规范予以进一步明确。

（二）我国网络犯罪治理的法律法规依据

网络犯罪的治理，不止是刑法问题，更是社会问题，需要整体法秩序予以系统应对。因此，网络犯罪治理所依据的法律法规，宏观层面包含规制整体网络空间的法律法规体系，微观层面主要是指刑事法律法规。

1. 宏观层面的法律法规体系

目前，我国规制网络空间的专门法律有 5 部，包括《网络安全法》这一基础性的专门法，以及《中华人民共和国电子签名法》《全国人民代表大会常务委员会关于维护互联网安全的决定》《全国人民代表大会常务委员会关于加强网络信息保护的决定》《中华人民共和国电子商务法》（以下简称“《电子商务法》”）；包含互联网法律规范的相关法律共 21 部，如《中华人民共和国刑法》《中华人民共和国著作权法》《中华人民共和国未成年人保护法》《中华人民共和国治安管理处罚法》《中华人民共和国侵权法》等；对互联网进行专门规范的行政法规，及行政法规效力的规范性文件共 51 部，如《中华人民共和国电信条例》《互联网信息服务管理办法》《中华人民共和国计算机信息系统安全保护条例》《信息网络传播权保护条例》等；部门规章和各部委的规范性法律文件 845 部，如《互联网域名管理办法》《工业

① 参见武汉大学法学院，“我院刑事法中心博士生团队赴四川省调研信息网络犯罪协同治理”，武汉大学法学院官网，http：//fxy. whu. edu. cn/archive/detail/102486，最后浏览日期为 2017 年 12 月 8 日。

和信息化部关于中国联通互联网骨干网融合问题的批复》等。①

然而，我国当前规制互联网空间的宏观法律法规体系，仍然存在以下问题：第一，法律整体的位阶不足，重要领域的立法仍处空白。我国规制互联网的专门立法仅有 5 部，整体立法位阶不高。目前仅在网络安全方面有《网络安全法》，电子商务方面有《电子商务法》，而个人信息保护、未成年人上网安全等重点领域，还没有统领性的专门立法作为相关领域的基础性规范。第二，部分立法缺乏系统性，难以协调。相关立法中，部门规章和规范性文件占据了绝对多数，相互间交叉重复、各自为政甚至冲突的情形都存在，例如《互联网信息服务管理办法》和《中华人民共和国计算机信息网络国际联网管理暂行规定》中，有关未取得经营许可证却从事经营互联网信息服务的行为的处罚方式就有冲突。第三，相关立法重行政管制，缺乏权利保护的路径。由于我国目前的相关立法多为部门规章和规范性文件，大多从部门利益出发，从方便政府管理的角度出发，重行政管制，在管理方式上主要以市场准入和行政处罚为主，思路方法简单机械。如在对互联网产业的管理方面，部分业务准入仍采用线下管理模式，在金融领域、互联网支付、互联网保险、互联网信托等业务的准入管理方面，仍然参照传统的线下业务准入条件设置，导致规模较小的企业难以进入。②

2. 微观层面的法律法规依据

微观层面的法律法规依据，主要是指刑事法律法规。从整体来看，规制网络犯罪的刑事法律文件主要有《刑法》《全国人民代表大会常务委员会关于维护互联网安全的决定》，以及 11 部司法解释。《刑法》分则设置了第 285 条规定的非法侵入计算机信息系统罪，非法获取计算机信息系统数据、非法控制计算机信息系统罪，提供侵入、非法控制计算机信息系统程序、工

① 基础数据参见张平等主编：《互联网法律法规汇编》，北京大学出版社，2012 年。有所更新的是法律层级的《网络安全法》，以及部委规范性文件层级的《互联网群组信息服务管理规定》和《互联网用户公众账号信息服务管理规定》等。

② 伦一：《互联网业务准入和监管政策》，载腾讯研究院等《网络空间法治化的全球视野与中国实践》，法律出版社，2016 年，第 37 页。

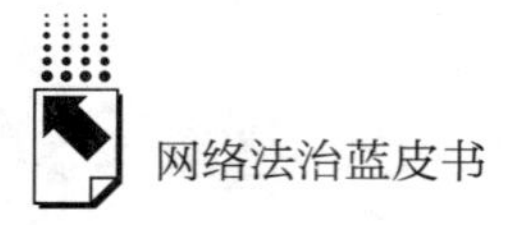

具罪，第286条规定的破坏计算机信息系统罪和网络服务渎职罪，第286条之一的拒不履行信息网络安全管理义务罪，第287条之一的非法利用信息网络罪，第287条之二的帮助信息网络犯罪活动罪，以及第291条之一编造、故意传播虚假信息罪，共9个罪名。此外，《刑法》第253条之一侵犯公民个人信息罪也常常作为“网络犯罪”的重要类型之一予以理解。

现行有效的司法解释主要包括《最高人民法院关于审理毒品犯罪案件适用法律若干问题的解释》《最高人民法院关于编造、传播虚假恐怖信息刑事案件适用法律若干问题的解释》《最高人民法院、最高人民检察院关于办理利用信息网络实施诽谤等刑事案件适用法律若干问题的解释》《最高人民法院、最高人民检察院关于办理危害计算机信息系统安全应用法律若干问题的解释》《最高人民法院、最高人民检察院关于办理利用互联网、移动通讯终端、声讯台制作、复制、出版、贩卖、传播淫秽电子信息刑事案件具体应用法律若干问题的解释》《最高人民法院、最高人民检察院关于办理利用互联网、移动通讯终端、声讯台制作、复制、出版、贩卖、传播淫秽电子信息刑事案件具体应用法律若干问题的解释（二）》《最高人民法院、最高人民检察院、公安部关于办理网络赌博犯罪案件适用法律若干问题的意见》《最高人民法院关于审理危害军事通信刑事案件具体应用法律若干问题的解释》《最高人民法院、最高人民检察院关于办理组织、利用邪教组织破坏法律实施等刑事案件适用法律若干问题的解释》《最高人民法院、最高人民检察院、公安部关于办理电信网络诈骗等刑事案件适用法律若干问题的意见》《最高人民法院、最高人民检察院关于办理侵犯公民个人信息刑事案件适用法律若干问题的解释》等。

然而，从整体来看，我国目前规制网络犯罪的刑事法律法规，仍然存在以下问题：第一，以规制网络犯罪手段行为为中心，对纯正网络犯罪所侵犯的法益缺乏认知，导致相关罪名的解释适用存在显著障碍。第二，《刑法修正案（九）》新增罪名，例如侵犯公民个人信息犯罪的入罪与量刑标准，在司法实践中缺乏可操作性。第三，规范供给不足。《刑法修正案（九）》新增涉网罪名以及《网络安全法》等法律法规出台之后，相关的配套规范没有跟上。

比如，刑法新增的拒不履行信息网络安全管理义务罪等罪名，没有追诉刑事责任的具体标准，司法机关在具体案件的侦办中就会感到无所适从。第四，信息网络犯罪相关电子证据的搜集、固定和鉴定都存在相当困难，电子证据搜集、固定和鉴定行为的法定主体，权力与责任的范畴等核心问题，缺乏法律规范的支撑。第五，对泄露公民个人信息的信息源单位，缺乏有效的处罚措施。前两个问题关乎法律条文的解释适用，有必要作进一步展开。

（1）以侵害行为为中心：刑法立法模式的缺陷

我国网络犯罪的刑事立法，可以分为三个阶段。

第一阶段，可归纳为“两点一面”的立法模式。此一阶段包括 1997 年现行《刑法》颁布至《刑法修正案（七）》出台之前的期间。《刑法》在第六章“妨害社会管理秩序罪”的第一节“扰乱公共秩序罪”中作出规定，在第 285 条规定了非法侵入计算机信息系统罪，在第 286 条规定了破坏计算机信息系统罪，在第 287 条作出利用计算机实施有关犯罪的提示性规定。正如皮勇教授所概括的：“以上立法规定构成我国‘两点一面’的网络犯罪立法结构，具有以下特点：第一，计算机信息系统是刑法保护的对象，特定领域的计算机信息系统受到更高程度的保护，网络犯罪的网络化特点没有受到重视。第二，对刑法第 285 条、第 286 条规定的行为之外的其他涉及计算机、互联网的犯罪行为，按照刑法其他规定处理，不与传统犯罪相区别。”①

“两点一面”的立法模式实际上确立了我国《刑法》中网络犯罪立法的基本路径——以规制犯罪手段行为为中心，即不论该网络犯罪行为所侵犯的法益究竟为何，只要其符合了非法侵入计算机信息系统罪、破坏计算机信息系统罪的构成要件，就可以按照这两个罪名定罪处罚；而对于不涉及侵入或破坏计算机信息系统的其他网络犯罪行为，按照其他犯罪的相应规定处罚。对此可以从以下三点予以理解：第一，以规制非法侵入、破坏的手段为指向。像第 285 条规定的非法侵入计算机信息系统罪对计算机信息系统的要求条件为

---

① 参见皮勇：《我国网络犯罪刑法立法研究——兼论我国刑法修正案（七）中的网络犯罪立法》，《河北法学》2009 年第 6 期。

“国家事务、国防建设、尖端科学技术领域的计算机信息系统”，侵入上述系统的行为实际上在相当程度上会危害国家安全；而第286条规定的破坏计算机信息系统罪中的计算机信息系统则没有上述要求，实际上将侵犯不同法益的非法侵入、破坏行为，因其行为的非法，统一规定为一种“扰乱公共秩序”的犯罪行为。第二，以计算机犯罪行为为主要规制对象。在现行《刑法》出台之时，中国正式接入互联网才不过三年时间，因而当时立法主要针对计算机犯罪展开，在保护计算机信息系统安全的框架下，对于其中“存储、处理或者传输的数据和应用程序”的行为予以保护，对“制作、传播计算机病毒等破坏性程序”的行为予以打击，这在当时网络犯罪的发展阶段或许无可非议，不过相对于现在而言当然显得范围极为狭窄。第三，秉持传统犯罪适用于网络犯罪的基本态度。第287条所作的利用计算机实施有关犯罪的提示性规定，实际上确立了网络犯罪除非和计算机信息系统相关，均按照传统犯罪的罪名处理，从而为以规制网络犯罪手段行为为中心的立法路径提供了法律衔接的方法。总体来看，“两点一面”所确立的、以规制网络犯罪侵害行为的网络犯罪立法路径，相对于当时中国网络犯罪的状况还是大体适当的。

第二阶段，可归纳为“双轨三点四线”的立法模式。2009年《刑法修正案（七）》基于12年间网络犯罪的新发展，对原有《刑法》规定作了较大幅度的修改，在第285条增设了第2款规定了非法获取计算机信息系统数据、非法控制计算机信息系统罪，第3款规定了提供侵入、非法控制计算机信息系统程序、工具罪，此外还在第253条之一规定了出售、非法提供公民个人信息罪以及非法获取公民个人信息罪。对《刑法修正案（七）》出台后的网络犯罪《刑法》规定体系，于志刚教授作出如下概括：“关于网络犯罪的刑事立法和司法实践中，刑法的思维结构可以称之为‘双轨三点四线’：‘双轨’的意思是专门用于制裁计算机犯罪的《刑法》第285条、第286条两个条文，与专门用于制裁传统犯罪网络化的《刑法》第287条，形成刑法应对网络犯罪的双轨并行的基本思路——前者指向纯粹的计算机犯罪，后者用于解决传统犯罪的网络化现象；‘三点’的意思是指刑法在思维上的观测点仅仅限于‘计算机软件’‘计算机系统’‘计算机数据’三类犯罪对象；‘四线’的意思是指三类犯罪对象映射在刑事立法中表现为有限的四个‘线性’罪名，即《刑法》第285条、第286条规定的四个独立的网络犯罪罪名：‘非法侵入计算机信息系统罪’‘非法获取计算机信息系统数据、非法控制计算机信息系统罪’‘提供侵入、非法控制计算机信息系统程序、工具罪’和‘破坏计算机信息系统罪’。”① 不过笔者认为，应该将侵犯公民个人信息犯罪也纳入上述体系，因为该类犯罪侵犯的也是信息数据，并且不属于“传统犯罪网络化”的犯罪类型，那么“三点”的范畴就需要有所调整，或许表述为“软件”“系统”“信息数据”更为妥当。

“双轨三点四线”的立法模式实际上延续了“两点一面”的立法模式确立的、以规制网络犯罪侵害行为为中心的立法路径，并在此基础上有所发展，一方面确实在一定程度上回应了网络犯罪的新发展，另一方面也使得这样一种立法路径的弊端逐渐显现。对此可以从以下三点予以理解：第一，依旧采取以规制网络犯罪侵害行为为中心的立法路径。《刑法修正案（七）》规定的非法获取计算机信息系统数据、非法控制计算机信息系统罪，以及提供侵入、非法控制计算机信息系统程序、工具罪，实际上是在非法侵入、破坏行为的基础上增设有关非法控制、非法获取行为的规定，仍旧是秉持不论实际侵犯法益的类型而按照手段行为的非法予以处罚的路径。第二，“双轨三点四线”的立法模式实际上与“两点一面”的立法模式一脉相承。“双轨”与“两点”所指含义大体相同，即第285条、第286条有关计算机新信息系统的犯罪，只不过“双轨”的内涵因《刑法修正案（七）》更为充实，所以能够构建出“双轨三点四线”的体系。第三，以规制网络犯罪侵害行为为中心的立法路径弊端开始显现。《刑法修正案（七）》增设的出售、非法提供公民个人信息罪以及非法获取公民个人信息罪增设在《刑法》第四章“侵犯公民人身权利、民主权利罪”中，然而实际上该类犯罪所侵犯的并非个人的信息安全，这样一种或许带有“望文生义”色彩的立法，也反映了由于原有网络犯罪立法路径缺乏对于犯罪对象及其法益的考量，因而可能导致立法错位的现实。总体

① 于志刚：《网络思维的演变与网络犯罪的制裁思路》，《中外法学》2014年第4期。

而言，在这一阶段，以规制网络犯罪侵害行为为中心的立法路径，仍旧可以发挥应有的作用，但是其缺陷也逐渐涌现出来，值得刑事立法予以关注。

第三阶段，可归纳为网络犯罪立法的全面化。2015 年通过《刑法修正案（九)》中有关网络犯罪的条文在很多方面都突破了原有的刑法规定，在第 286 条之一增设拒不履行信息网络安全管理义务罪，在第 287 条之一增设非法利用信息网络罪，在第 287 条之二增设帮助信息网络犯罪活动罪，对于相关的预备行为、帮助行为予以规制。此外，《刑法修正案（九)》也在第 253 条之一完善了侵犯公民个人信息罪，在第 291 条之一增设了编造、故意传播虚假信息罪，并且扩大了单位犯罪的适用范围。《刑法修正案（九)》的上述修改，重心依然在于规制网络犯罪侵害行为，并且扩展到相关行为，扩大了打击范围与力度。同时，《刑法修正案（九)》也反映了立法在关注侵害行为之外，也对于网络犯罪所侵害的对象与法益有所关切，网络犯罪立法的规模与质量正在提升。

在网络犯罪立法的全面化的背景下，在对于网络犯罪的治理走向全面化、有效化的同时，原有以规制网络犯罪手段行为为中心的立法路径，也愈发与当下网络犯罪治理实践相冲突：第一，上述立法路径不利于构建完整科学的网络刑法体系。在这样的立法路径之下，对于网络犯罪所侵犯的具体对象与法益不作讨论，不利于网络犯罪刑法规定的体系化、科学化，《刑法修正案（九)》不但未对侵犯公民个人信息罪的立法章节予以调整，而且编造、故意传播虚假信息罪目前也存在可能的适用问题。第二，易于导致条文适用的冲突。当网络犯罪行为依照第 285 条、第 286 条的规定应当予以处罚，同时其按具体侵害法益的罪名也应进行处理时，就会导致如文首所叙述的司法适用问题。而且随着网络犯罪的发展，类似的冲突情况只会有增无减。第三，不利于《刑法》的平衡与协调。经过《刑法修正案（七)》与《刑法修正案（九)》，网络犯罪的罪名规模已经较为庞大，然而除了第 285 条第 2 款、第 3 款在该条文下直接增加，其他无不采用寻找相关或类似条文增设“之一”的方法来增加条款，这就导致有关网络犯罪的条文十分庞杂臃肿，与整个章节显得极不协调，破坏了刑法条文的平衡性。而且，还会进一步影响罪刑的平衡性，比如，第253条之一第1款规定，该罪“情节特别严重的，处三年以上七年以下有期徒刑，并处罚金”。然而对比《刑法》第四章的其他犯罪，如暴力干涉婚姻自由罪，暴力干涉他人婚姻自由致使被害人死亡的，才处二年以上七年以下有期徒刑，这里存在明显的刑罚失衡。总之，在网络犯罪立法的全面化的背景下，以规制网络犯罪侵害行为为中心的立法路径的弊端也越发凸显，亟须刑事立法作出必要调整。

（2）以“情节严重”为依据：定罪与量刑标准的缺陷

由于对纯正网络犯罪侵犯的新型法益没有认识，只着眼于侵害行为的规制，直接导致的后果是相关罪名的保护范围不明确，即采取了情节犯的立法模式，在通过司法解释明确“情节严重”的标准时，只能按照政策性考量，将相关罪名构成要件行为本身造成的危害，以及相关罪名构成要件行为可能引发的其他严重危害结果，都混合地纳入情节标准，直接导致相关罪名定罪量刑的标准不具有明确性与可操作性。

例如，对于帮助信息网络犯罪活动罪的刑事归责，本罪规制的技术支持、广告推广、支付结算等网络参与行为，仅以在客观上可促进信息网络犯罪分子实施犯罪行为为标准，没有指向确切法益，而可帮助的犯罪类型没有界限，本罪可能侵犯的法益也就没有界限，本罪的保护范围因而模糊不清。根据笔者的统计，目前为止，中国裁判文书网收录的判决书中，包含帮助信息网络犯罪活动罪的案件有28件，① 案由有盗窃罪（2件），诈骗罪（8

① （2016）浙06刑终307号，（2016）苏05刑终776号，（2016）粤51刑终154号，（2017）琼97刑终74号，（2017）宁03刑终134号，（2015）吉刑初字第204号，（2017）豫0611刑初340号，（2016）桂0126刑初149号，（2016）苏0302刑初206号，（2017）鄂0303刑初74号，（2016）苏1182刑初310号，（2016）浙0726刑初968号，（2016）浙0604刑初1032号，（2017）苏0412刑初437号，（2016）苏1182刑初331号，（2016）新0203刑初151号，（2016）冀1102刑初202号，（2016）粤0306刑初350号，（2016）苏0206刑初578号，（2017）苏0311刑初275号，（2016）京0108刑初2019号，（2015）锡滨刑二初字第00026号，（2016）渝0106刑初1393号，（2017）苏0311刑初67号，（2016）苏0311刑初509号，（2016）浙1082刑初722号，（2016）新0203刑初151号，（2017）浙0782刑初1563号。文书号源自中国裁判文书网，http：//wenshu. court. gov. cn/list/list/？sorttype = 1&number = 6HWSQNKQ&guid = 6b2d721e - 4361 - 5f5f1c7c - 265f07ddb7c0&conditions = searchWord + QWJS + + + 全文检索：帮助信息网络犯罪活动罪，最后浏览日期为2017年12月8日。

件），侵犯公民个人信息罪（1件），开设赌场罪（1件），破坏计算机信息系统罪（1件），非法获取计算机信息系统数据罪（2件），组织领导传销罪（1件），破坏广播电视、公用电信设施罪（1件），制作、复制、传播、出版、贩卖淫秽物品牟利罪（1件），扰乱无线电管理秩序罪（1件），非法经营罪（1件），非法利用信息网络罪（1件），单独判处本罪的有7件。司法实践中，显然已将本罪普遍适用于借助信息网络技术实施犯罪的情形，本罪构成要件行为及其不法认定中巨大的恣意空间，显露无遗。随着我国社会组织结构持续的数据化、网络化，通过这些参与行为能够侵害的对象，以及法益的数量、类型和重要性会持续增长，若将这些行为都视为制造风险的行为，它们的不法内涵会随之无限扩张，没有可能给本罪的定罪量刑提供明确的标准，因此，情节犯的规定，只是提供了一个入罪的“口袋”，仍无法给行为的风险衡量提供清楚而确定的标准。

三 网络犯罪治理的域外协同立法经验

网络社会没有国界，网络犯罪的治理思路也有相通之处。在立足本国基本国情的基础上，借鉴国外法律的协同规定，进而有效地治理网络犯罪，是网络时代的必然要求，也是我国的应然选择。目前欧洲委员会颁布的《网络犯罪公约》（Convention on Cybercrime，以下简称“《公约》”）是世界范围内关于网络犯罪的重要公约，我国网犯罪的治理可以参考借鉴其有关规定。同时，德国、日本等国的立法也各有特色，有值得思考和借鉴之处。

（一）《公约》对网络犯罪的规制

《公约》的规制主要体现在主体协同上，即对于缔约国予以统一要求，使之协同打击网络犯罪。《公约》包括序言、第一章“术语的使用”、第二章“国家层面上的措施”、第三章“国际合作的规定”、第四章“最后条款”。其中涉及网络犯罪规定的主要是第二章第一节。该节涉及的网络犯罪主要有下述四类：侵犯计算机数据和系统可信性、完整性及可用性的网络犯罪（第 2 条至第 6 条）、与计算机相关的网络犯罪（第 7 条与第 8 条）、与内容相关的网络犯罪（第 9 条）、侵犯著作权及其相关权利的网络犯罪（第 10 条）。

1. 有关计算机数据和系统保密性、完整性、可用性的网络犯罪规制

《公约》第 2 条至第 6 条，主要规制了行为人实施的同计算机数据和系统保密性、完整性、可用性有关的网络犯罪：（1）非法访问行为，即在不经授权的情况下，故意地访问整个某一计算机系统或其中部分的行为。（2）非法截获行为，即在不经授权的情况下，故意地截获计算机系统之间或者系统中间非公开数据的行为。（3）数据干扰行为，即在不经授权的情况下，故意地破坏、删除、分解、更改、阻止计算机数据的行为。（4）系统干扰行为，即在不经授权的情况下，故意地经由键入、传递、破坏、删除、分解、更改计算机数据，进而影响计算机系统功能运转的行为。（5）设备滥用行为，即在不经授权的情况下，故意地制造、销售、基于运用目的而获取、散发或经由其他手段得到为实施前述行为的设备、程序、口令、密钥或类似数据的行为。

《公约》规定的五个法条行为，第一，行为表现方式是实施了非法访问、非法截获、数据干扰、系统干扰、设备滥用的行为，规制了大部分具有隐蔽性的网络犯罪，并且对于新的各种网络犯罪进行了独立的评价，其覆盖面比较全面。第二，行为人主观上是故意、未经授权实施，未对过失实施的网络犯罪行为进行规制，另外上述规定并未对目的有特定要求，不会受目的条件的过分约束而无法惩治相关网络犯罪。第三，行为是有害的，须对计算机数据和系统保密性、完整性和可用性造成侵犯的危害行为，未限定一定造成实害结果，可以认为在有害性问题上，《公约》采用了较为宽泛的理解，利于打击相关网络犯罪。

2. 计算机相关的网络犯罪规制

《公约》第 7 条、第 8 条主要规制计算机相关的网络犯罪：（1）与计算机有关的伪造行为：即在不经授权的情况下，故意地键入、更改、删除或阻止计算机数据，意欲将衍生的虚假数据认为真实或合法应用的行为。

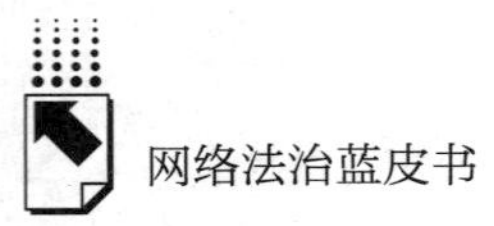

（2）与计算机有关的诈骗行为，即出于欺诈或其他非法目的，在不经授权的情况下，故意地键入、更改、删除或阻止计算机数据，或干扰计算机系统的功能的行为。

《公约》以上两条规制的网络犯罪，第一，行为表现为通过数据实施了伪造或诈骗的行为。第二，行为人主观上是故意、未经授权地实施，并且要求具有欺骗或其他不法目的。这两种危害行为中，要求一定特定目的。第三，行为危害性表现为可能造成虚假资料发挥作用或者财产损失，强调造成一定的实害结果，单纯的伪造、诈骗行为尚不应受到刑事处罚。

3. 与内容相关的网络犯罪规制

《公约》第 9 条主要规制与内容相关的网络犯罪——与儿童色情有关的危害行为，包括五种行为：（1）出于经由计算机系统散布的目的，而制作儿童色情资料的行为；（2）经由计算机系统使儿童色情资料被取得或提供儿童色情资料的行为；（3）经由计算机系统散布、传递儿童色情资料的行为；（4）出于个人或者其他人获得的目的，经由计算机系统获得有关儿童的色情资料之行为；（5）将儿童色情资料保存于计算机系统或者其他可供保存的介质中的行为。

《公约》本条规制的行为，第一，行为表现方式，实施了儿童色情有关的网络犯罪，即上述五种行为之一，保护范围较为广泛。第二，行为人主观上只要是故意地实施，没有强调该危害行为要具有特定目的。第三，行为危害性的认定，只要实施了行为就具有危害，不要求特定后果。

4. 与侵犯著作权及相关权利相关的网络犯罪规制

《公约》第 10 条主要规制与侵犯著作权及相关权利有关的危害行为。[①]《公约》要求，凡缔约的一方须在其法律体系中，通过立法或者其他需要的举措，将侵犯著作权或者邻接权的有关行为作为犯罪处理。同时《公约》允许对刑事责任的确定予以保留，只要该保留不违背其所承担的其他

① See Article 10 – Offences related to infringements of copyright and related rights, Convention on Cybercrime. 《公约》还要求遵循巴黎法案、《罗马公约》等协定的要求。

条约义务。

《公约》本条规制的行为，第一，行为表现方式，实施了侵犯著作权及相关权利有关的网络犯罪。第二，行为人主观上是故意。《公约》没有要求该行为具备营利目的。第三，行为危害性，不是从实害结果的角度衡量，而是要求达到“商业规模”。

《公约》是世界范围应对网络犯罪的关键一步，它规制了大部分网络犯罪，并推动世界各国在应对网络犯罪上走向合作。《公约》的缔约国不限于欧盟成员国，也不限于欧洲国家，它是对世界各国开放的国际条约。目前世界上多个国家都加入了《公约》，包括日本、南非等。但是也有学者指出，这个直接调整网络犯罪的最重要的国际公约只是应对网络犯罪总体的一部分。尤其是它难以规制大部分成员国和成员地区的网络犯罪。但是它为设计一个综合性规制网络犯罪的公约提供了一个良好的开端。不论怎样，网络犯罪是世界各国所共同面对的重大课题，对于我国而言，如何将国内立法与《公约》有机地结合起来，更好地治理网络犯罪是我们必须思考的重大现实问题。

（二）其他国家对网络犯罪的协同规制

其他国家对网络犯罪的协同规制主要体现在立法协同，即对于狭义的网络犯罪的专门规定与其他相关犯罪规定协同，构建完整的网络犯罪规制体系。

1. 德国对网络犯罪的协同规制

（1）对于有关数据的网络犯罪的规制

2007 年，德国通过了《以打击计算机犯罪为目的之刑法修正案》[①]（第 41 号）对于以数据为对象的网络犯罪，其刑法典第 202 条 a（探知数据）、第 263 条 a（计算机诈骗）、第 303 条（损坏财物）、第 303 条 b（破坏计算机）

① 相关条款条文参见皮勇：《论欧洲刑事法一体化背景下的德国网络犯罪立法》，《中外法学》2011 年第 5 期，及徐久生、庄敬华：《德国刑法典》，中国方正出版社 2002 年版中的相关内容。

等规定共同构成了关于数据的网络犯罪的规范体系。其大体可以分为以下几类行为：(1) 探知数据的行为,[①] 即在不经授权的情况下或者非经允许进入已采取安全措施的入口，故意地取得入口控制的行为。(2) 拦截数据的行为,[②] 即经由技术设备，在不经授权的情况下从非公开的数据信息系统的电子信息中取得无权访问的数据之行为。(3) 预备探知或拦截数据的行为,[③] 即预备实施探知数据或者拦截数据的行为，而制作密钥、代码或编写程序的行为。(4) 变更数据的行为,[④] 违法删除、隐藏、无效化、修改前述数据信息系统中的数据的行为（含未遂行为)。(5) 窝藏数据的行为,[⑤] 即以牟利或损害他人为目的，获得、传播或向第三人给予他人非法获取的非公开信息的行为。(6) 破坏计算机的行为,[⑥] 即出于故意，实施了探知、拦截数据的行为或者破坏数据信息系统、数据载体的，干扰了数据处理的行为。

总体来看，德国对于数据相关的网络犯罪的规制是较为深入、全面的。第一，行为表现方式上，除对于拦截数据、干扰数据等行为进行规制以外，横向上对于探知数据的行为加以规制，纵向上对于预备、未遂行为也加以规制。第二，行为人主观上，一般要求具有故意，个别行为要求具有特定目的，体现了很好的层次性。第三，行为危害性上，一般要求具有一定后果，但也有例外。在《修正案》的立法理由中，第 202c 条被归入“抽象危险犯”中。[⑦] 当然，德国也考虑到上述规定可能存在扩大处罚的倾向，所以也作了必要的限制。《修正案》非常谨慎地规定了本罪，并在司法实务中予以严格适用。

(2) 对其他的网络犯罪的规制

对于其他网络犯罪，德国刑法虽不像与数据相关的网络犯罪那样给予特

---

① 参见徐久生、庄敬华译:《德国刑法典》第 202a 条，中国方正出版社，2002。

② 参见徐久生、庄敬华译:《德国刑法典》第 202b 条，中国方正出版社，2002。

③ 参见徐久生、庄敬华译:《德国刑法典》第 202c 条，中国方正出版社，2002。

④ 参见徐久生、庄敬华译:《德国刑法典》第 303a 条，中国方正出版社，2002。

⑤ 参见徐久生、庄敬华译:《德国刑法典》第 202d 条，中国方正出版社，2002。

⑥ 参见徐久生、庄敬华译:《德国刑法典》第 303b 条，中国方正出版社，2002。

⑦ 有学者将该规定看作是对《公约》规定的“对预备行为给予刑罚处罚”的立法回应。

别的保护，但是也作出了相应的规定：第一，对于与色情有关的网络犯罪的规制。德国也是较早重视以法律手段对网络犯罪进行控制的国家之一，特别是对与儿童相关的色情犯罪进行严厉打击。① 《德国刑法典》在第 176 条（对儿童的性滥用）中规制了向未成年儿童展示有关淫秽的图像、模型，放映包含淫秽信息的音像、谈话的行为，当然也包括了通过网络实施这一危害行为。第二，对于财产有关的网络犯罪的规制。《德国刑法典》第 242 条（盗窃）规制了以非法占有或者让第三人非法占有的目的，意欲盗窃他人合法动产的行为，当然也包括通过网络实施这一行为。第 263 条（诈骗）规制了意欲使自己或第三人得到非法的财产利益，通过欺诈、歪曲、隐瞒的途径，指示他人基于错误损害其财产的行为，当然也包括通过网络实施这一行为。第三，对于有关著作权的网络犯罪的规制。对此，《德国刑法典》没有做出直接的规定，而是在其著作权法第 107 条作出了规定，但是其规制现在网络侵犯著作权的行为则显得不足。②

总体来看，德国刑法对于其他网络犯罪的规制并没有特别体现出网络的特色。之所以呈现这样的状况，某种程度上也可能由于德国对于与数据有关的网络犯罪进行了强力的保护。但对于我国来说，由于本身对于网络有关的危害行为规制不足，所以对于某些特定类型的网络犯罪还需作出专门的规定。

2. 日本对网络犯罪的规制分析

（1）电磁记录有关网络犯罪的规制

日本刑法在网络犯罪规制上很多情况下都是和“电磁记录”相关联的。《日本刑法典》第 7 条之二规定：本法所称“电磁记录”，是指用电子方式、

---

① 德国曾于 1996 年，根据本国的《少年色情法》，要求网络公司禁止其全球各地的 430 万订户存取 200 个新闻小组发出与色情相关的信息。

② 《德国著作权法》第 107 条：“（1）未经著作权人许可，在已经完成的艺术作品的原件上标记著作权人著作权标志，或者散发标记这种标志的作品的原件；（2）在已经完成的艺术作品的复制品、加工品或者改制品上标记使复制品、加工品或者改制品看起来像原件的著作权标志，或者将标记这种标志的复制品、加工品或者改制品加以传播，处以 3 年以下监禁和罚金，如果该种行为不能使用其他规定予以更加严厉的处罚的话；（3）本罪的未遂应当受到刑事处罚。”

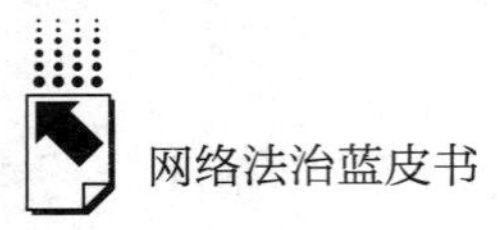

磁气方式及其他不能通过人的知觉认识的方式制作的供电子计算机进行信息处理所使用的记录。具体而言，又可以分为两类。

一类是以电磁记录本身为指向的网络犯罪，包括有关非法指令电子记录的行为和非法指令电磁记录（计算机病毒）制作及供用行为。非法指令电子记录的行为，[①] 是指出于使他人事务处理发生错误的目的（目的犯），非法制作前述电磁记录的行为（非法制作）。非法指令电磁记录（计算机病毒）制作及供用行为[②]具体包括三种行为：（1）“没有正当理由”“以供他人的电子计算机运行之用为目的”，制作或者提供电脑病毒的行为；（2）“没有正当理由”将电脑病毒供他人的电子计算机运行之用的行为。（3）“没有正当理由”“以供他人的电子计算机运行之用为目的”，所实施的取得、保管电脑病毒等的行为。这是日本在规制网络犯罪方面的立法突破，之前没有通过法律追究计算机病毒的制作、保管、提供等行为。[③] 与此相关的还有电子计算机损坏等业务妨碍行为的刑法规制：本罪由三个阶段构成，即通过实施针对电子计算机的加害行为，导致电子计算机的运行障碍，结果使该电子计算机承担的业务受到妨害。

另一类是其他犯罪相关电磁记录涉及到网络犯罪的规制，大致可以分为以下三个方面：一是有关文书的网络犯罪，包括在权利义务文书电磁记录作出伪造或不实记录的行为[④]，还有毁坏、抛弃国家机关抑或他人权利义务文书电磁记录的行为。[⑤] 二是有关磁卡电磁记录的网络犯罪，包括非法制作、准备非法支付的磁卡电磁记录的行为，[⑥] 以及持有上述非法磁卡的行为。[⑦] 三是有关诈骗的网络犯罪，包括制作、修改与财产损益相关的电磁记录，或

---

① 参见《日本刑法典》第 161 条之二。

② 参见《日本刑法典》第 168 条之二、之三。

③ 参见《サイバー刑法——ビジネスキーワード：ファイナンシャルアドバイザリー》，http：//www2. deloitte. com/jp/ja/pages/mergers - and - acquisitions/articles/term - cyber - law - 20120529. html，最后浏览日期为 2017 年 12 月 8 日。

④ 参见《日本刑法典》第 158 条、第 159 条。

⑤ 参见《日本刑法典》第 258 条、第 259 条。

⑥ 参见《日本刑法典》第 163 条之二、之四。

⑦ 参见《日本刑法典》第 163 条之三。

者提供与财产损益相关的虚伪电磁记录给第三人，自己获得或使第三人获得一定非法利益的行为。[①]

有关日本刑法中和电磁记录有关的网络犯罪可作如下分析：第一，行为表现方式，将部分相对隐蔽的电磁记录有关的网络犯罪纳入刑法视野，并独立地进行评价，具有前瞻性与广泛性。第二，行为主观上要求具有故意，一般过失行为不符合上述规定。另外，“非法指令电子记录”等行为还要求有特定目的。第三，行为危害性，其中部分危害行为要求产生一定结果，如电子计算机损坏等业务妨碍行为、使用电子计算机诈骗行为，其他行为则不要求。总体来看，以电磁记录保护为中心是日本有关网络犯罪立法的突出特点，对于我国有一定的参考意义。

（2）其他网络犯罪的规制

日本对于其他通过网络实施的危害行为的规定散见于刑法诸条：第一，毁损名誉的网络犯罪[②]，即公然指摘事实，毁损他人名誉的，也包括通过网络实施的犯罪。第二，盗窃相关的网络犯罪，[③] 窃取他人的财物的，当然包括在网络中窃取他人财物。第三，散发猥亵物品相关的网络犯罪。值得一提的是，2011 年日本通过的《为应对信息处理的高度化等刑法部分改正的法律》（法第 74 号），此次修正扩大了猥亵物品的范围，将散发、公然陈列、出于有偿散发目的的持有“有关电磁记录的记录媒介物”的行为也纳入刑法调整。[④]

上述条款，第一，行为表现方式，没有特别体现出网络的特点，其中很大原因是日本刑法将其中涉及“电磁记录”的部分做了单独规定。第二，行为主观上，一般要求具有故意，但注意对于上述行为中的一些目的限制予以削减，如散发猥亵物品相关的网络犯罪就不再有目的要求；第三，行为危

① 参见《日本刑法典》第 246 条之二。

② 参见《日本刑法典》第 230 条。

③ 参见《日本刑法典》第 235 条。

④ 参见（日）西田典之《日本刑法各论》，王昭武、刘明祥译，法律出版社，2013，第 409 页。

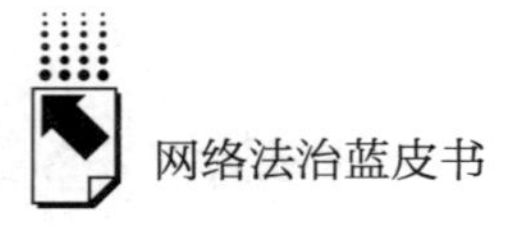

害性，上述行为并不特别强调具有特别的结果，而是在其所归属的危害行为结果中评价。日本对于其他网络犯罪规制的立法思路有与德国相近之处。

四 我国网络犯罪治理协同立法的主要方向

基于对我国网络犯罪现状、治理体系以及国外治理经验的研究，我们认为构建国家立法、法律性文件、软法三个层面的协同立法机制，是构建网络犯罪治理机制的规范依据应当选择的方向，具体拟提出以下对策。

第一，完善网络犯罪的协同国家立法。尽管网络犯罪活动在我国日渐猖獗，涉案数额日益增大，社会影响日趋恶劣，但从立法的层面上来讲，反映出的问题并没有得到足够的重视，也没有得到足够的回应。从刑法角度上来看，直接规制网络犯罪的罪名较少，且并不具体。对此应借鉴《公约》与其他国家网络犯罪法律规制的规制经验，围绕数据等核心对象构建独立的法益体系，在此基础上完善刑事立法规范。我国因大多数网络犯罪是侵犯财产型犯罪，故仍习惯性地将多数网络犯罪活动归于财产犯罪的规制之中。对网络的监管监测和技术标准等方面也缺乏相应的法律法规保障。因此，当前亟待完善治理电信网络诈骗的整体性法律法规。

在刑事法层面，针对网络犯罪相较于传统犯罪的新特点，应增设具体罪名。特别是电信网络诈骗犯罪行为等，简单地依靠侵犯财产型犯罪的数额和情节认定标准，并不足以应对其新型犯罪特征所引致的社会危害性的扩大。对于纯正网络犯罪定罪与量刑标准不明确的问题，应当基于此类行为是否侵犯法定主体信息专有权的判断，认定其刑事责任。针对网络犯罪中的网络服务提供者，侵犯公民个人信息犯罪中的信息源单位等，在刑法体系中应明确其单位的刑事责任，使对自然人犯罪的规制和对单位犯罪的规制形成互补。另外，虽然通过《刑法修正案（九）》增加了部分涉网犯罪的罪名，但还应优化打击网络犯罪的刑事司法程序，明确追诉刑事责任的具体标准，向一线司法人员提供具有刑事法律依据的具体指导。对于电子证据的搜集、鉴定以及认定，应流程确定、标准统一，尽量减少无效电子证据。

在行政法层面，对网络犯罪的治理离不开网络服务、电信、金融等相关行业的协助配合，因此在网络犯罪的治理中，应制定行政法规来明确主体、责任、义务以及相关的行业标准，做到有法可依和依法治理。我国虽然已经制定了一些维护网络安全、遏制网络犯罪方面的法律法规，但这些法律法规大多都是政策性、指导性的立法，偏重对计算机信息系统和自身利益的保护。在治理网络犯罪所发挥的作用有其局限性。还需要通过行政立法制定落实实名制查验、网络日志留存、追溯等治理信息网络犯罪的强制性规定，加强网络安全防护，提高整体防控网络犯罪能力，及时修订相关技术标准并加以严格落实来有效防范信息网络犯罪，挤压犯罪空间。这是整体治理网络犯罪的根本保障。对不落实相关要求，甚至纵容网络犯罪的行为应当进行严厉处罚。因此，应不断完善网络法规，规范网络行为，明确权利义务关系，从而建立起刑事法律、行政法律和民事法律相配套的整体法律体系。

第二，推动网络犯罪治理的相关法律性文件的出台。相当一部分网络犯罪已经不仅在犯罪的实施上形成网状，还在犯罪产业上形成链状，相关部门对于网络犯罪的治理不能孤立地仅以具体犯罪行为的实施者作为治理的对象，还应联动整个产业链和网络上的多个相关节点主体共同参与规范文件制定。目前虽然有网信办作为牵头部门，协调各个职能部门对网络犯罪进行整体的防范和治理，但仍有必要从规范性文件层面明确各个管理主体的职责和权限，以及在整个治理体系中的位阶和机能。不能简单地依靠命令和文件来推行协同治理机制，要让治理机制有法可依，依法行政，形成长效稳定的协同治理机制。同时，在行业之间、地域之间，建立稳定高效的衔接机制，有具体的规范性文件作为流程指引，减少管理上层级的跨越，实现跨行业和地域的直接对接。对于网络服务提供者以及电信、金融服务者的配合义务要在规范性文件层面进行明确，制定符合行业自身特点的执行标准。

第三，将行业软法纳入协同机制。政府在网络犯罪的治理过程中起主要和主导作用，但是政府除了使用行政手段管理和法律手段规制外，自身并没有其他可以有效使用的有力措施。因此，引导企业、协会通过制定和遵守行业规范开展网络犯罪的防治也是一种积极的尝试，通过相关行业规范文件的出台和实施，构建政府主导支持、企业和科研单位积极参与的网络犯罪的防护网。对此已有部分尝试，如《中国互联网协会互联网公共电子邮件服务规范》《互联网终端软件服务业规范》等，初步开展了行业参与网络犯罪的协同治理的尝试，而且取得了良好的效果。

此外，应推动社会力量特别是社会组织参与个人信息安全保护，在更广的范围内探索网络犯罪立法协同框架。目前亟须建立两种社会组织促进个人信息安全的保护：其一是需要建立个人信息监测机构，对于网络服务提供者等主体等收集个人信息的情况予以监测，并对公民提供必要的查询服务，协助国家做好个人信息安全管理、公民实现个人信息安全维护；其二是需要建立个人信息安全保护组织，独立地实施个人信息安全保护行动，代表公民维护其信息权益。

调研报告

Investigation Reports

B.12 大数据时代的互联网生态治理

金璇　郑洁*

摘　要： 大数据的发展不仅为互联网经济带来深刻变革，也对网络治理产生深远影响，极大地考验着网络安全。面对复杂程度不断提高的网络环境，网络风险直接危及关键基础设施，不法分子利用灰色地带逃避制裁，形成产业化运作，网络复杂场景下的黑色产业，对用户造成重大损失。因而，需要从大数据的视角出发，加大对网络安全领域的研究。文章分析了当前安全风险的类型及特点，就互联网生态治理，提出完善顶层设计，构建高效协调体系；优化政企合作，实现优势互补协同共治；加强行业自律，压实企业主体责任；完善法律法规，推动生态模式研究；动员网民参与，促进公众监督的应

* 金璇，腾讯公司安全策略高级总监、腾讯研究院安全研究中心专家；郑洁，腾讯守护者计划安全专家。

对措施等建议。为生态治理提供借鉴。

关键词： 网络谣言　大数据　人脸识别　人工智能

互联网经济进入下半场，大数据不仅成为新经济时代的“水和电”一样的能源，也是新安全与新风险的焦点。在新技术的催化下，违法分子逐渐将犯罪的触手伸向了网络空间，互联网安全生态变得更加复杂。基于这样的背景，互联网企业不仅承担着为用户提供更优质便捷服务的责任，同时还肩负着构建安全、健康的网络空间生态的使命。互联网企业理应赋予自己网络空间守护者的新角色，联手保卫网络空间新安全，维护健康有序的新生态。

一　大数据时代下的互联网产业特点

（一）数据爆炸带来的经济基础

过去十年，全球互联网数据传输总量增长了30倍，全球每年产生的数据量增长了66倍，网络生存成为网民生活的常态。

随着移动互联网的发展，用户在线的时长随之增长。2009～2011年，中国迈入移动互联网时代，移动互联网用户占比一路攀升至20%，成为拥有全球最大移动互联用户群体的国家。与此同时，以微信为代表的移动互联网即时通信应用兴起，随着移动互联网应用的普及，近乎让网民保持在实时在线的状态，为中国企业创造了弯道超车的大好时机，许多创新型产品和5G应用应运而生，公众号、小程序、共享单车、个性化资讯阅读等都是全球首创。从中国互联网被嘲笑的C2C（Copy to China）到美国硅谷兴起的2CC（to Copy China）意味着中国互联网的崛起和被认可。

（二）用户黏性带来的市场活力

用户的使用习惯也带来一些新的视角，用户之所以在网上停留这么长时间，除了互联网应用越来越多样化之外，有一个显著的特点，就是泛社交应用的使用和普及。人是具有社会属性的，所以具有社会属性的应用会让人们能够更真实地感受到处在互联网生活中的乐趣，用户不仅可以在互联网上获取资讯、随时随地听音乐、看电影、玩游戏等娱乐消遣，还可以通过越来越多的互联网应用便捷真实的生活，例如：移动互联网应用的普及推动了线下电子支付场景的丰富和普及，所以互联网生活的概念已经成为真实可实现的。

（三）多样场景带来的风险挑战

随着数据爆发和用户黏性的增强，互联网的生态安全已经直接与民众利益挂钩，成为社会安全的新板块。以移动支付为例：在中国，移动支付的普及度远远超出了许多发达国家，不仅大型的商场、超市可以使用移动支付，街边的早餐摊、菜市场都可以使用。这样惊人的普及一方面得益于像微信支付这样基于社交平台和市场保有率较高的 APP 平台发展的应用，让用户使用门槛降低，易于普及推广；另一方面也得益于人们对互联网支付习惯的养成。综观各类应用在中国互联网市场的发展历程，尤其是电子商务领域，用户从最初的不敢使用到如今的“低警惕性”使用，这种态度的转变值得我们思考，对用户的安全教育也不容忽视。

这里的安全问题包括直接安全（例如：人身安全和财产安全）以及间接安全（例如：时间、心理、情感、道德等安全）。根据中国互联网协会发布的《中国网民权益保护调查报告 2016》显示，2013～2016 年以来，尽管用户因网络安全问题而造成的损失有下降的趋势，但是仅 2016 年损失就高达 915 亿，这些问题包括欺诈、赌博等新型的互联网违法犯罪的形式。根据腾讯“守护者计划”2017 年第四季度《反电信网络诈骗大数据报告》显示，2017 年第四季度电信网络诈骗损失金额达 43.9 亿元，虽然环比微降，但单案件金额创下 1000 万元的新高。公安机关公布的数据显示，2017 年全国公安机关共破获电信网络诈骗案件 13.1 万起，共收缴赃款、赃物价值人民币 13.6 亿元，挽回经济损失 103.8 亿元，新型网络犯罪对政府也将是持续而艰巨的考验。

二　大数据时代下的互联网安全风险

（一）技术成为“双刃剑”，网络风险直接危及关键基础设施

工业和信息化部2018年2月发布的《2017年通信业主要指标完成情况》显示，截至2017年12月末，国内互联网宽带接入用户总数超过3.49亿，移动互联网用户总数超过12.72亿。这些数据表明，我国互联网基建规模迅速扩大。海量用户、大带宽一方面对推进社会的智慧建设起到关键促进作用，但另一方面也令无孔不入的黑产分子将触手蔓延到新的战场。从2017年腾讯公司“守护者计划”① 协助公安机关破获的网络黑产案件来看，黑产人员的作案模式已从潜伏偷窃数据或诈骗，升级到更简单粗暴的公然犯案。

在2017年以前，勒索赎金一直是黑客对企业的施害手法。而随着CIA所用病毒被公开，黑产分子仿效相关PC病毒的制作方法，利用现有的病毒制作工具，制作出新的勒索病毒，公然向用户个人索要赎金。例如：2017年6月，互联网就出现了一种新型手机勒索病毒冒充时下热门手游的辅助工具诱导用户下载，且与PC版“永恒之蓝”病毒的界面和勒索手法几乎一致，病毒运行后会对手机中的照片、云盘等目录下的文件进行加密，再向用户索要赎金。此案发生后，被河南安阳警方快速破获，并且勒索病毒制作者陈某及主要传播者晋某也被抓获。但是这一案例的出现也意味着，黑色产业链侵害个人用户利益的新型犯罪开始萌芽。

（二）产业化运作，利用灰色地带逃避制裁

除了简单粗暴的违法犯罪行为，越来越多的不法分子开始利用灰色

① 由国务院打击治理电信网络新型违法犯罪部际联席会议办公室指导、腾讯公司发起的反电信网络诈骗的公益行动。

地带擦边作案，以逃避法律的制裁。如果有人声称网络色情诱导诈骗会发展成一种年收入过亿的“生意”，可能公众大多会对这种说法存疑。但2017年以来，色情诱导诈骗已经从当初不入流的网站或者论坛广告小生意，不断拓展，发展成为规模化、组织化、产业链型的作业程序，有些黑产团伙甚至披着科技公司的外壳，表面上做着正经业务，暗地里却引诱用户连环充值。因此，这种新型威胁源达到“收入过亿”的规模，已经不只是空想。

2017年4月，武汉、大连、广东警方，先后打掉了3个大型公司化运营色情诱导诈骗团伙及其黑色产业链，共计抓获犯罪嫌疑人120余人，初步查明涉案金额达6亿元。通过对三起案件的研究发现，如今的网络色情诱导诈骗，比起传统的赤裸裸色情诈骗更为绵里藏针，其展示出来的内容都是经过精心剪辑的边角料，游走于法律界定的“淫秽物品”的边缘。据了解，当前的色情诱导诈骗黑色产业链的每一个环节，都是经过精心设计、有规模、系统化运作的。

以被查获的武汉雷胜科技公司为例，他们所制作的色情诱导诈骗App或网站，主界面会有各种“擦边球”信息，诱导用户点击观看。但是，显示为2小时时长的影片，往往只能看20秒。接下来，就是提示付费充值的对话框。根据提示的步骤充值成功后，用户会发现，也仅仅能再多看20秒的画面。要继续观看，还得充值。

在内容剪辑方面，他们的网站和App在上架应用市场时，为了能通过审核，其展示出来的内容都是经过精心剪辑的，很难直接用“淫秽物品”来界定。在支付环节，也有成熟的运作流程与渠道，即通过非法交易手段弄到企业资格，再以欺诈手段获取多个第三方支付接口，或开发短时间切换接口的平台逃避风控打击。

（三）多场景衍生复杂型黑产，实名制面临风险挑战

线上应用高度融入众多线下商业场景，线下社交模式换个方法转化为线上社交方式，大家不仅习惯线上抢红包、在网上为自己的小孩和歌星票选活

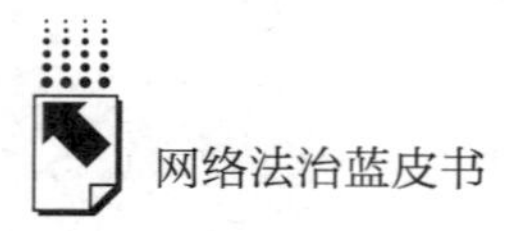

动投票，也习惯了通过手机的实名认证办理各种公共服务和商业应用。然而，这一切线上场景应用所开辟出来的全新市场，也同时面临着闻风而至的黑产威胁。与过去不同的是，线上新场景威胁源，开始把黑手全面伸向企业。

其中，企业对用户信息把关的第一道关卡“实名认证”，是目前黑产最为感兴趣的突破口——越来越多的黑产分子通过提供假的实名认证信息来觅得市场，应用于寄送快递、移动支付、网络直播、网络贷款、交通购票等场景。在2017年的黑产市场中，跟实名认证相关的资源相当抢手：一张包括正反面信息的身份证相片，只需花50～100元；如果想注册企业账号，花上800～1000元能弄到一整套的企业五证。

很多企业此前以为有了动态认证视频就能阻止这些虚假实名认证的蔓延，然而黑产分子只需要获得一张与账号注册者身份一致的大头照，就能够PS出一整套手持身份证的高清照，并且制作出抬头、低头、眨眨眼睛、读文字等一系列动作的动态认证录像。

如果说互联网行业面对全新的虚假实名认证挑战已经困难重重的话，那么互联网企业还将面对汹涌而来的“刷票党”“羊毛党”“刷粉党”等各种挑战，对抗压力更大。以“刷票党”为例，黑产分子通过使用一款名为“秒拨”的客户端软件，进行简单配置后，就可以实现自动变换IP地址，以规避投票平台的IP限制等安全策略，实现对某一选项的海量投票，严重影响网络诚信。类似“秒拨”的非法客户端软件，不仅提供动态IP的非法服务，还会提供：自动切换、秒级切换、断线重拨、清理COOKIES缓存、虚拟网卡（MAC）信息、多地域IP资源调换等功能，不断挑战互联网企业的IP策略和我国的互联网安全管理策略。刷票只是“秒拨”动态IP非法服务的冰山一角，黑产分子还能够实现对电商平台刷单和自媒体平台刷阅读量等违反规则、破坏诚信的操作。

“刷票党”还会演变成为“羊毛党”——当商家在电商平台上做拉新促销活动时，“羊毛党”也可利用“秒拨”动态IP服务绕过安全规则，用非法批量注册的账号获取优惠券。2017年，“守护者计划”协助警方打掉以陈某、曹某为首的非法提供“秒拨”动态 IP 服务的黑产团伙，发现该团伙利用“秒拨”动态 IP 技术，可调用全国 25 个省、上百个设区市的 ADSL 宽带动态 IP 资源，IP 池极其庞大，严重危害网络生态安全。

如果说“刷票党”和“羊毛党”还只是靠 IP 来作恶的话，那么“刷粉党”的作案工具就更惊心触目了——黑产人员通过把用户的手机变成被病毒木马控制的“肉鸡”来“刷粉”。黑产分子在用户不知情的情况下通过远程指令在用户手机上下载安装木马，使其变成了“肉鸡”，“偷偷”替自媒体平台刷流量，再从自媒体平台那里获取流量分成。

（四）安全防护能力亟须提升，政企网络应用成为重灾区

随着我国进一步构建信用社会的形势发展，黑产也将魔爪伸到信用建设相关领域，各类买卖公民个人信息和篡改学历的案件陆续出现。2017 年江苏常州警方破获的一起案件中，就发现犯罪分子招募黑客，侵入 gov、edu、org 等政府及教育部门的网站，通过漏洞扫描、上传木马程序等手段获得后台管理权限，篡改关于学历方面的信息内容，方便伪造的教师资格证书等国家机关证件能够通过“验证”，并组织代理商进行买卖。在这个案例中，黑产所用的手法，比此前做假证等传统手法要更为恶劣。

买卖公民个人信息，盗取他人信用，也是近年来黑产的专攻方向之一。当前，黑产团伙主要通过“撞库拖库”等手法，侵入政企服务器，窃取公民个人信息，并从事网络赌博、网络诈骗等不法活动。

2017 年“守护者计划”协助公安部及安徽、北京、辽宁、河南等地公安机关侦破的“9. 27”特大窃取贩卖公民个人信息案中，涉及物流、医疗、社交、银行等各类被盗公民个人信息 50 亿条，数量之庞大让人触目惊心。被抓获的 96 名犯罪嫌疑人，呈产业化、流程化的运作模式，其各自负责不同的环节，有人入侵政企服务器，有人出售窃取的信息，有人从事盗刷银行卡等违法犯罪活动（产业流程具体可见图 1）。在利益驱使下，黑产形成了无缝连接的合作链条，国内信用安全及信息保护问题所面临的形势愈发严峻。

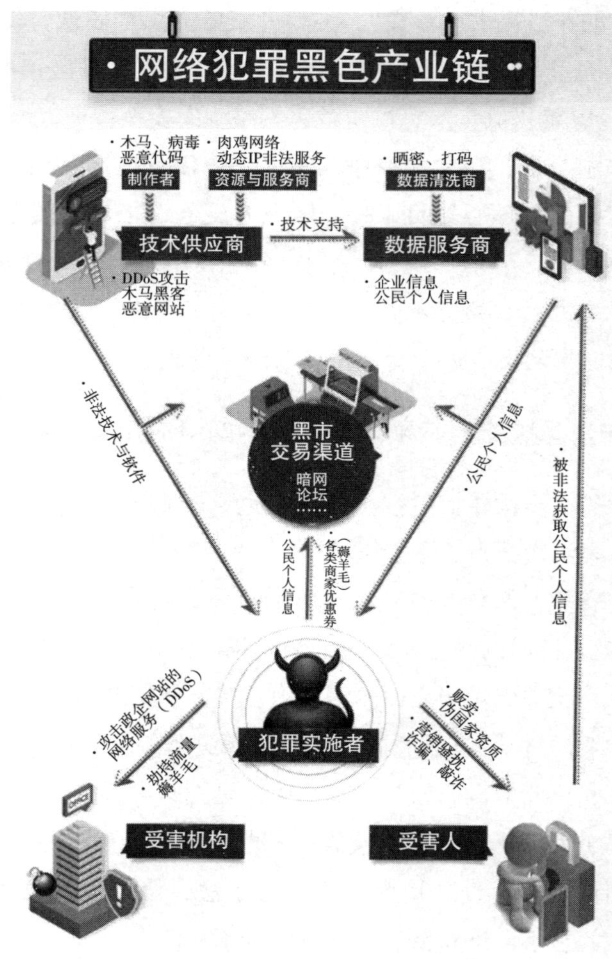

图 1　网络黑色产业链的主要运作流程

三　互联网生态治理的企业实践

在互联网生态治理中，企业承担着重要的角色，尤其是拥有海量用户的龙头企业，更有责任和义务要积极承担企业社会责任。在多年研究和实践基础上，腾讯搭建起以平台责任、行业协同、公共责任为基础，以网络空间安全为战略的互联网企业安全生态责任体系架构。在平台责任层面，持续加大在技术、人才、数据方面的能力建设，治理平台信息，打造安全有序的网络平台。在行业协同层面，充分发挥好“连接器”的作用，联合政府、行业机构、科研院所、互联网产业、安全产品提供商、上下游服务企业各方的力量，形成合力，共同促进安全生态建设。在公共责任层面，持续输出安全能力，协助打击网络犯罪，致力于青少年保护和网络安全知识普及，提高整个社会的安全防护能力。在空间战略层面，在“连接一切”的理念下，推进跨行业、跨领域、跨国界的网络安全合作，共同建设一个更完整、丰富、和谐的互联网安全生态系统（企业安全生态责任模型可见图2）。

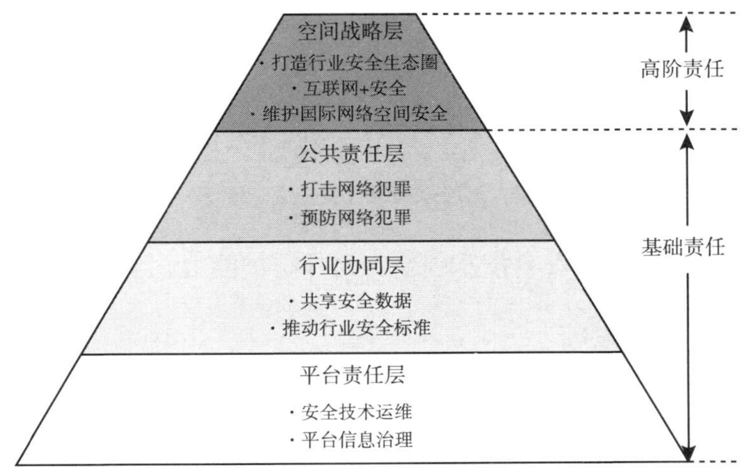

图2　互联网企业安全生态责任模型

（一）腾讯安全生态架构及理念

腾讯一直持续推进和建立开放、协作的安全生态新体系，并从产品、技术、策略、数据、信息五大层面入手，基于产品打造面向用户和社会的安全生态环境，以安全化的产品实现公众对互联网的正向认知，同时强化自身安全研发能力及创新能力，以应对日新月异的互联网发展及不法分子对网络生态的侵扰。不仅强大自身，也不断向全行业输出技术实力，推动信息共享，

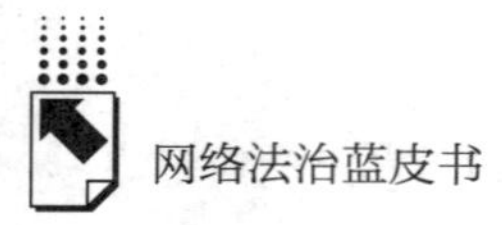

打通行业壁垒，构建符合互联网分享精神的全行业的防护体系（腾讯安全生态责任架构具体见图 3）。另外，腾讯还重视线上与线下联动打击，共享信息，联合公安机关等执法部门，重拳打击网络违法犯罪行为，以期最终实现健康的互联网安全新生态。

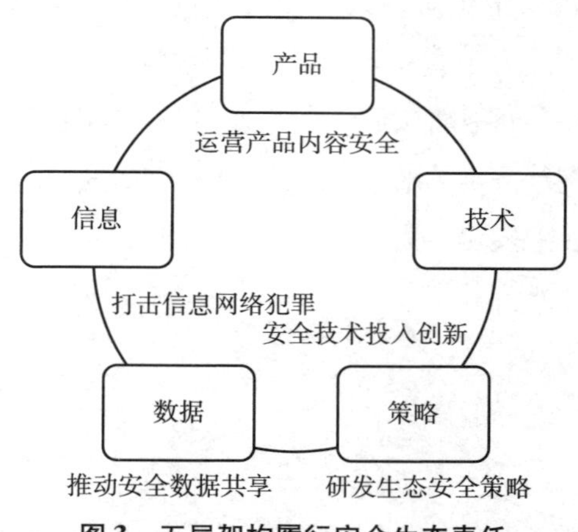

图 3　五层架构履行安全生态责任

（二）积极推进安全技术创新，提升防护能力

1. 打造安全矩阵

多年以来，腾讯基于安全领域积累的领先技术实力和丰富经验，打造了腾讯安全联合实验室、腾讯安全云库、腾讯手机管家、腾讯电脑管家、腾讯 WiFi 管家、腾讯御安全及腾讯守护者计划等安全产品矩阵，搭建了多场景、立体化防御体系。

腾讯安全在国内首创互联网安全联合实验室矩阵，拥有科恩实验室、玄武实验室、湛泸实验室、云鼎实验室、反病毒实验室、反诈骗实验室、移动安全实验室等七大实验室，专注安全技术研究及安全攻防体系搭建。将安全防范和保障范围覆盖了连接、系统、应用、信息、设备、云六大互联网关键领域，互联网安全技术研究领域已与世界接轨。

2. 人脸识别技术的应用

随着人类逐渐步入人工智能时代，AI 在安全领域的渗透日益深入，尤其是图像识别技术的应用。以腾讯旗下的机器学习研发团队——优图实验室为例，“优图”通过图像处理、模式识别、机器学习、数据挖掘等，形成了对人脸的最佳智能识别。2017 年 3 月，优图人脸检索准确率从原来的 99.65% 提升至 99.80%，这使其在国际人脸识别标志性比赛——LFW 和 MegaFace 上，均取得冠军成绩，也代表中国互联网技术刷新人脸识别准确率的世界纪录。

人脸识别技术已在中国多个领域成功落地，应用场景覆盖寻人、警务、金融、网络安全等领域。

在寻人方面，可通过对人脸的高识别率和毫秒级的海量检索能力，大大提升社会寻亲的成功率。2017 年 3 月，腾讯互联网 + 合作事业部与福建省公安厅合作的“牵挂你”防走失平台上线，在短短 3 个月内成功寻回 124 名走失人员，实现人工智能技术的社会公益价值。

在警务方面，人脸识别技术通过对采集的大量视频、图像开展分类梳理分析，进行计算机深度学习及警务智能化研究，探索视觉 AI 的警务应用。例如可以开展车辆识别、人脸识别、交通异常事件识别等方面的智能应用，助力警务服务模式的全新升级。

在金融科技方面，人脸识别和比对技术，可应用于银行的人脸验证、远程面核及异步审核中，实现远程身份认证，助力各项业务发展。除了助力认证，人脸识别技术可以结合金融系统及大数据，进行诈骗的分析。例如：腾讯优图和微众银行、腾讯云打造了基于人脸识别的 KYC（Know Your Customer）服务，同时与云安全天御产品集成，即可为各行业提供反欺诈云安全解决方案。

在广告监测方面，2017 年 9 月，国家工商总局全国互联网广告监测中心接入“腾讯优图广告图像识别技术”，实现人工智能技术在广告监管中的首次应用。启用后，监测中心能够对互联网广告中存在的虚假违法广告、政治敏感人物、事件中的广告图片进行监测识别，尤其对具有广告导向的内容也能实现精准监管，从而大大提高监测中心的监管效能。

3. AI 驱动下，反诈骗成效显著

2017 年以来，随着人工智能“风口”的到来，人类已经一只脚迈入了人工智能时代的大门。在安全领域，中国互联网企业早已着手利用人工智能技术进行黑产对抗模式的研究，如今业界已研发出麒麟、鹰眼、神荼、神羊等多款反诈骗产品，并已落地应用，多次协助公安部、国家食品药品监督管理总局等相关部门破获诈骗案件。

以技术辅助案件的发现和打击，也促进产生新的供人工智能技术学习的数据，在互相促进的循环中，人工智能技术通过对亿级体量的黑产数据的深入学习和研究，及多领域人工智能技术的实践经验的积累和试错，将促进类“智慧大脑”的安全产品的诞生。通过对通讯、金融等诈骗高风险领域黑产作恶的各个环节的覆盖和大数据学习，未来，安全产品将能够在诈骗的事前、事中以及案情分析等关键环节起到重要的作用。

4. 物联网安全防护能力建立

当前物联网市场高速增长，应用场景日益扩展。Gartner 预测，在 2020 年，智能设备的数量将达到 250 亿台左右，但伴随而来的是物联网安全生态的缺失。各大网络安全巨头应该领衔担负起构建更安全的网络环境的责任和使命。早在 2016 年初，腾讯首次推出领御守护计划，主要基于 TUSI（腾讯用户安全基础设施）认证标准、领御守护平台以及 QKey 硬件认证设备这“三驾马车”，从软件和硬件两个方面着手，为移动支付、智能家居行业搭建了一个安全开放平台，极大地降低了网络安全隐患。

2017 年 9 月 10 日，腾讯领御守护计划与 Intel 公司签署区块链合作框架协议，共同开发区块链技术，用于腾讯和无锡市高新区共同成立的国内首个 TUSI（腾讯用户安全基础设施）物联网联合实验室，为企业提供基于 TUSI 标准的物联网安全监测、产品安全评估、安全服务能力输出等多项服务，让产业链各方通过统一的标准设计软件、智能硬件和智能家居设备，共享统一的安全防护服务，从而提升物联网应用场景中的安全防护能力。

（三）加强治理平台信息，打造清朗网络空间

1. 开展网络有害信息专项清理整治

随着社交网络化，社交平台一方面承担着促进社交关系的作用，另一方面又被用作媒介渠道，所以社交网络是生态安全治理的重点。QQ 作为中国社交网络中最具代表且最具影响力的平台之一，肩负着重要的安全责任使命。腾讯公司在多年的 QQ 运营过程中，持续通过不定期专项整治行动与日常打击相结合的方式，与不法分子对抗。根据 QQ 安全团队公布的数据显示，2017 年 2 月 1 日起，QQ 安全团队开展“网络有害信息专项清理整治”，重点打击利用 QQ 进行不良信息传播、个人信息贩卖等违法违规行为。其间，QQ 安全团队针对涉嫌未成年色情传播、公民个人信息贩卖，共关停违法违规 QQ 群 600 余个，关停违法违规账号 500 余个，涉及其他违法违规行为的 QQ 群 1500 余个，共关停违规账号 1300 个。

2. 打击网络谣言，维护网络空间秩序

开放的互联网是社会生活的真实映射，而社会中存在的一些负面现象也会通过互联网放大。不实信息的传播就是典型的因媒介发生变化而由线下口口相传为主转为由线上利用社交信任和公众影响力而进行放大、传播。打击谣言、塑造清朗的网络空间是一种公共责任，互联网平台运营者应该积极履行平台责任，充分利用技术优势和平台能力，打击网络谣言。《2017 腾讯公司谣言治理报告》显示，腾讯公司为促进真实信息的呈现，积极进行谣言治理行动，已建立覆盖各渠道的产品矩阵（产品矩阵见图 4）。腾讯新闻较真平台、微信公众平台辟谣中心、微信安全中心、腾讯内容开放平台企鹅号辟谣机制、QQ 浏览器谣言大扫除圈和手机管家谣言骗局粉碎机等内容和渠道全打通的辟谣产品矩阵，能够从多角度来处理谣言信息，并为用户提供真实可靠的资讯内容，提高用户对谣言信息的辨识能力，放大科普信息的影响。

（1）微信开放辟谣能力，强化权威第三方合作

传统的谣言治理工作中，拥有辟谣能力的权威机构没有适合的辟谣平台

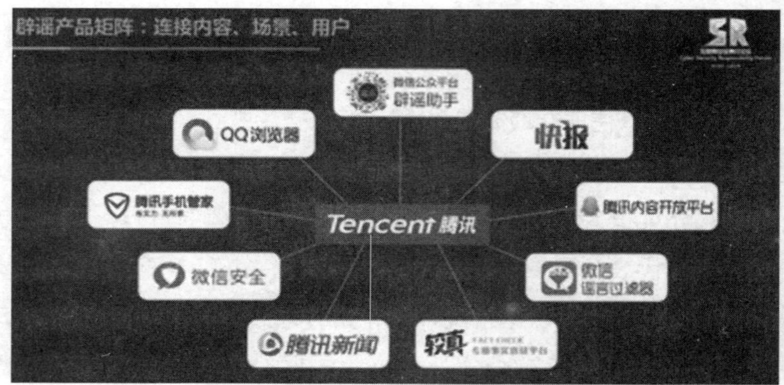

图4　腾讯公司辟谣产品矩阵

或更为广泛的科普渠道，而微信微博等平台服务数亿用户，但缺乏对谣言信息等的识别能力。微信通过 AI 识别技术及海量用户群体的举报数据，通过技术创新的方式开放辟谣能力，引进了专业的第三方辟谣机构，将科普信息的推广与谣言信息的传播打通，从信源入手，直接对微信公众平台中传播的谣言进行辟谣和打击。目前，已有 600 余家权威机构加入微信辟谣中心，包括人民日报、新华社、丁香医生、果壳网、中科院之声、中国食品科学技术学会、各地网警等，涵括健康养生、食品安全、政治政策、社会事件等多个领域。2017 年初至今，第三方机构共拦截 60 余万谣言文章，辟谣中间页科普次数约 4.9 亿次，触达 1.4 亿人次。

此外，微信辟谣中心借助技术识别系统、投诉人工处理系统和辟谣工具等，搭建了一整套辟谣处理体系，可以对网络谣言进行多重打击。通过用户举报、人工审核、进样本库、技术拦截几个步骤，可覆盖的谣言已达 60%。

（2）智能查询和谣言提醒

2016 年 6 月，微信上线“辟谣小助手”，当用户遇到疑似谣言信息时，只要发给“谣言过滤器”“腾讯安全观”“微信安全中心”等公众号，就可获知该信息是否为谣言。时隔一年，微信团队发布了“微信辟谣助手”小程序，用户不仅可以主动搜索谣言，当用户阅读或分享过的文章，一旦被鉴定为谣言，将收到提醒，一方面阻断了谣言的传播，另一方面也对传播谣言的用户进行正面的科普教育。

（3）辟谣公示及安全教育

微信安全中心、谣言过滤器、腾讯安全观等官方公众号，平均每月定期展示朋友圈十大热度谣言，并对各类谣言进行分析。该项榜单被人民日报等媒体公众号多次转载。平台希望通过持续的用户教育，借助媒体力量扩散辟谣信息，提高用户对谣言的辨识能力。截至 2017 年底已持续发布谣言榜单 40 余篇，累计详细解读 500 余条谣言，全平台累计传播量超过 4500 万。

（4）新媒体平台的辟谣创新及应用

媒体的权威性和公信力是无可取代的，除了利用社交网络进行谣言打击外，新媒体平台也应充分发挥平台优势及资源优势，搭建权威的辟谣信息数据库，挖掘谣言传播规律，解读谣言背后的利益链条，揭开谣言传播的真相。腾讯新闻打造的较真平台成为中国首家进驻 Duke Reporters' Lab 全球事实查证网站数据库的站点。2017 年共生产 900 篇辟谣文，超过 3 亿人次受到辟谣科普。腾讯内容开放平台推出的企鹅号辟谣机制，利用机器算法和人工共同合作，筛选谣言，组织生产辟谣文章，并利用算法主动触达分发给看过谣言的网友，厘清事实真相。这些新媒体的创新应用，为互联网的谣言治理打下了坚实的基础，也为网民打造了清朗的网络空间。

3. 治理假冒侵权信息，助力品牌维权

随着移动互联网的发展和社交网络的兴盛，电商领域也出现新的分支——社交电商。伴随社交电商不可避免地出现了假冒商品售卖行为，不仅危害消费者利益，也严重地侵犯了品牌方的权益。2016 年 3 月微信建立起了“微信品牌维权平台”“公众平台整体运营保护”及“全电子化侵权投诉系统”三位一体的品牌保护方案。将用户举报的假冒商品线索与具有鉴假能力的品牌方（即商标权人）进行对接，将线索推送给接入的品牌方，平台再根据品牌方鉴定反馈对违规账号执行处罚。微信品牌维权平台已有 400 个国内外知名品牌成功接入，覆盖众多国民消费生活常见的商品品类，如：服装、钟表、箱包、运动产品、鞋靴等。

（四）重视承担社会责任，倡导青少年保护

1. 未成年上网保护体系的建设

互联网向低龄用户的渗透趋势日益明显。建立对未成年网民的保护体系，成为一项迫在眉睫的社会工程。腾讯公司董事会主席兼首席执行官马化腾2017年向十二届全国人大五次会议提交的《关于加强未成年人健康上网保护体系建设的建议》中，介绍了腾讯在未成年人保护方面的实践经验，并呼吁社会各界一同参与未成年人健康上网保护体系的建设。

2017年2月，腾讯公司在文化部的指导下，正式推出"腾讯游戏成长守护平台"，协助家长对未成年人子女的游戏账号进行健康行为的监护，这成为当前国内互联网游戏行业首个面向未成年人健康上网的系统解决方案。该平台是在"未成年人家长监护工程"的基础上，邀请了多位未成年用户家长全程参与设计、体验及优化，为家长指导未成年人健康上网、健康消费提供了有效的监护辅助措施。在平台推出后，得到了来自家长、孩子、专家、学者等多方的一致肯定，被认为是对未成年人健康上网保护的一次有益尝试。

"成长守护平台"提供给家长一个针对未成年子女的有效的游戏管控工具，可以分层次实现游戏查询（包括游戏名称、时长）、游戏时间管理（包括时长设定、时段设定）、禁止充值、一键禁玩等功能。

2. 加强青少年网络保护研究

移动互联网及智能设备在中国的高速发展与普及，使得中国青少年接触网络游戏更加便利，触游年龄呈现出低龄化趋势。设备运行速度及显示技术的提升使得网络游戏体验越来越好，网络游戏类型也日渐丰富，对游戏玩家的吸引力日趋加强。适度的网络游戏可以缓解压力、娱乐日常生活，但青少年群体社会经历不足，网络素养、习惯处于形成阶段，如何正确对待网络游戏、合理安排网络游戏行为，尚需要各方积极引导。这里不仅需要企业或平台运营方承担起社会责任，也需要政府、高校及研究机构等共同关注青少年网络保护问题，并针对我国青少年成长环境和中国互联

网发展情况，研究制定适合我们国情及社会发展情况的青少年保护方案，借研究引起各方对青少年群体网络保护的重视。腾讯联合 DCCI 互联网数据中心，调研 6～24 岁的中国青少年网民，发布了《中国青少年网络游戏行为与保护研究报告（2017）》，此报告引起了各方关注，探讨保障青少年健康使用网络游戏的方法，对促进共建安全、健康、文明的网络游戏环境起到了示范作用。

（五）普及网络安全知识，提高公众网络安全素养

在新型违法犯罪行为不断涌现的新环境下，企业应充分运用当前以大数据为核心的前端科技，积极向维护社会安定的尖兵公安系统提供技术、数据等支持，助力公安系统等执法部门进一步细化工作措施，提高工作效率，打造“智慧警务”，增强服务群众的能力和水平。同时，政府也应加强新型互联网犯罪的研究，向有能力及有责任感的企业提供可供研究和分析的数据模型，共同建立高效的网络犯罪打击体系，并向公众做好新型网络犯罪案例的宣传和教育，提高公众的防范意识和自我保护意识。

2017 年 8 月 12 日，由国务院打击治理电信网络新型违法犯罪部际联席会议办公室指导，深圳市公安局和腾讯公司联合承办的全国打击治理电信网络新型违法犯罪集中宣传月暨守护者计划公益行动正式启动。

四　大数据时代互联网生态协同治理的建议

习近平总书记强调，“维护网络安全是全社会共同责任，需要政府、企业、社会组织、广大网民共同参与，共筑网络安全防线”。2016 年 10 月 9 日在主持中共中央政治局第 36 次集体学习时，习近平总书记再次指出，“社会治理模式正在从单纯的政府监管向更加注重社会协同治理转变”。

大数据时代，企事业单位、社会组织、网民间的联系更加密切，信息更加透明，对社会治理的参与性愈来愈强，要求愈来愈高，碎片化的治理体制已不符合大数据时代治理需求。同时，网络生态更加丰富、多样化，技术运

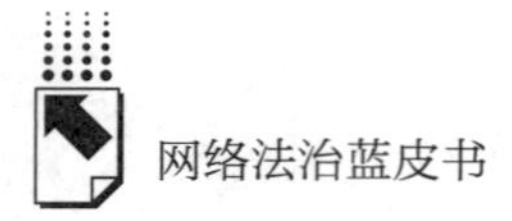

用更加多元，利用技术优势进行网络违法犯罪活动、传播有害信息、破坏网络空间和谐秩序的行为屡见不鲜，网络生态治理形势更加复杂、严峻。在这种时代发展背景下，互联网生态治理更加需要政、企、研、媒等社会各界密切协作协调，走齐抓共管、良性互动的治理新路，这也是贯彻落实党的十九大报告提出的“建立网络综合治理体系”要求的实践之路。

（一）完善顶层设计，构建覆盖更多、效率更高的协调体系

中国互联网治理存在“信息孤岛”“信息打架”并存的现象，主管部门间的职责亦存在重叠和交叉，但随着互联网治理体系的完善，特别是中央网络安全和信息化领导小组的成立，这一现象得到一定程度的缓解，尤其是在互联网信息服务领域。但随着“互联网+”业务的蓬勃发展，互联网平台不仅具有互联网信息服务属性，还连接了各个细分行业的属性，这种“双重”“多重”的身份属性，使得互联网生态更加复杂多元，网络业务、信息服务、细分行业业态、数据交织在一起，打破了现有的网络治理格局。

为更好地维护网络秩序，保障民众良好的用网体验、用网安全，互联网治理需在行业生态的大视角下，完善生态治理顶层设计，强化网络主管部门与行业主管部门间的整体统筹和横向协作，着力培养主管部门大数据意识，促进相关数据的完全共享，依靠数据决策，实现从个案解决向“用数据说话”转变，同时实现从“重政府、重管理、重局部”向“重社会、重服务、重全局”的治理方式转变，共同解决好“互联网+”业务的治理需求。以网络借贷业务为例，涉及借贷业务主体、网络借贷信息中介、网络信息服务平台（网络借贷信息传播的平台）、网络借贷广告营销等不同的主体，现有政策对各主体的服务资质要求不同，在实际管理中，服务主体、平台的边界又较为模糊，单纯地依靠金融业务主管部门抑或单纯地依靠网络主管部门，均不能很好地解决网络借贷业务存在的安全、暴力催收、违规放贷、违规营销等问题，这就需要网络主管部门、金融业务主管部门联合起来，从生态治理的角度，打通网络信息服务平台、网络借贷业务的数据连接，利用大数据意识、大数据技术，加强跨部门协同监管。

（二）优化政企合作，构建优势互补、协同促进的治理机制

大数据时代，互联网生态结构复杂，维护网络生态环境健康和谐，必须充分发挥政府和互联网企业双方各自的优势，以开放共享的意识、大数据的管理方式，协同开展合作。当前，网络主管部门和互联网企业在网络治理方面取得了一定成绩，如在公安部指导下，腾讯公司凭借丰富的黑产对抗大数据和运营经验，输出反电信诈骗大数据能力，先后推出“麒麟”“鹰眼”等反诈骗产品在全国落地，仅 2017 年上半年就拦截 2. 3 亿条诈骗短信、保护网民人数达 1. 5 亿。

但在当前高科技犯罪手段与时俱进，数据泛滥、安全隐患层出不穷的情况下，完善互联网生态治理体系，仍需进一步优化政企合作，共同构建优势互补、相互促进的治理机制。一方面，政府应发挥监管、监督的优势，完善法律法规，鼓励制定互联网行业标准规范，树立规则透明、业务合规、权益保障的发展环境，同时积极开放政府数据，吸纳社会各界力量加入治理生态圈，形成公共治理合力；另一方面，互联网企业也应积极共享自身安全、技术能力，在维护网络环境、保障网民权益上履行企业主体责任，发挥主观能动性，积极参与网络生态治理。

（三）加强行业自律，发挥标杆企业、示范案例的引领作用

针对互联网生态环境出现的复杂问题，一些发展快、实力强、技术优的企业为维护用户体验、健全平台秩序，自行开展了大量的自律、自治活动，并积极输出解决方案，致力于与生态伙伴一起打造更好的用网环境。如腾讯公司于 2016 年推出反电信诈骗公益平台“守护者计划”，依托腾讯在安全大数据、底层技术和海量用户方面的优势，仅 2017 年一年就协助公安机关破获网络黑产案件 160 件，抓获人员 3800 人。其开发的智能反电话诈骗鹰眼系统累计挽回用户损失 10 亿元。

但互联网企业众多，不同企业处于不同的发展阶段，大数据应用能力、技术实力、大数据安全保护能力参差不齐，中小互联网企业的行为得不到完

善监督，对生态环境治理的态度和参与度不同。为更好地维护和谐、健康、文明的网络生态环境，保障网民用户体验，维护网民权益，加强互联网行业自律应多举并进，以形成行业合力。一方面，要发挥标杆企业的引领作用，借鉴示范案例的实践经验，在互联网生态体系内进行推广、应用；另一方面，有实力、技术优的企业可开放安全能力，向中小互联网企业、开发者提供安全服务，解决行业短板。在这个过程中，政府应充分发挥监管者、监督者的作用，引导市场良好的合作氛围，保障市场秩序规范。

（四）完善法律法规，加强法律适用、生态模式研究

当前网络黑色产业形成了制作/销售黑产工具、入侵计算机信息系统、窃取个人信息、交易平台变现、洗钱等各环节分工合作、衔接密切的产业化链条，过往单点打击、单点防御的治理模式面临挑战。大数据时代，欲取得好的互联网治理效果必须从生态协同的视角出发，立足黑色产业上下游各环节联动开展打击。在网络黑色产业打击治理过程中，我们发现，尽管我国制定了较为完善的网络法律法规，但网络黑产产业复杂性超出想象，黑色产业模式、手段多变，黑色产业尤其是黑色产业源头环节在法律适用方面存在困难，如“秒拨”类客户端软件，可以实现自动变换 IP 地址功能，常被网络炒信、刷单、“薅羊毛”等用于躲避互联网企业的打击策略，此类工具软件的开发、销售行为在法律上难以有效界定，这导致网络炒信、刷单的治理常常由企业自主开展，打击治理效果差强人意。大数据时代，完善互联网生态治理体系应加强对网络生态新模式、新手段的研究，同时辅以现有法律法规适用研究，满足法律对新业务、新形态的监管覆盖，并应用于治理实践，指导行业规范的建立。

（五）动员全民参与，发挥行业协会、智库、社会监督的力量

加强互联网生态治理，维护网络空间环境秩序，应广泛动员社会各方面力量参与。互联网行业协会、智库是重要的中坚力量，应发挥沟通渠道优势，从政府、企业外的第三方视角，促进治理和行业发展的平衡，同时积极

参与行业生态研究，沉淀行业经典案例，推动行业标准、国家标准制定，推动行业信用体系建设，为互联网行业自律提供指导和参考。网民是互联网的直接使用者，也是利益相关者，是互联网监督体系的重要一环，只有全民意识到网络规范的重要性并积极参与维护网络秩序、参与网络生态治理，才能真正实现网络社会长治久安。

B.13

我国网络安全产业发展现状与激励机制

赵 军　张素伦*

摘　要： 网络安全产业是指提供网络安全产品和服务的相关行业的总称。当前，国外网络安全产业正呈现快速发展态势，安全产业市值一路攀升，网络安全需求不断扩展，政企合作机制激励安全企业成长。从国内情况来看，一方面，网络安全产业规模快速增长、产业集群效应逐渐显现、安全企业融资十分活跃、产业生态不断优化、安全人才培养取得进展；另一方面，依然面临网络安全产业促进型立法缺失、网络安全产业政策激励措施滞后、市场竞争秩序和创新活力有待培育等问题。在网络安全产业激励方面，国外网络安全产业发达的国家和地区都建立了产业激励机制，从法律保障、安全战略、政府引导、专才培养等方面促进网络安全产业发展。基于我国网络安全产业面临的问题和困境，建议尽快制定网络安全产业促进型立法，并从产业投入、企业发展、政府投入、人才培养等方面细化网络安全产业政策激励措施。

关键词： 网络安全产业　政策激励　法治保障

---

* 赵军，360 集团法律研究院总监；张素伦，360 集团法律研究院高级研究员。

一　网络安全产业的内涵和范畴

根据《国民经济行业分类（GB/T 4754—2017）》[①]（以下简称 GB/T 4754—2017），行业（Industry）是指从事相同性质的经济活动的所有单位的总称。在 GB/T 4754—2017 行业分类中，“信息传输、软件和信息技术服务业”项下专门规定了“互联网安全服务”，包括“网络安全监控，以及网络服务质量、可信度和安全等评估测评活动”。参考业界对网络安全产业的定义并结合 GB/T 4754—2017 行业分类标准，可将网络安全产业界定为，为了保障网络空间安全，向个人、机构及社会提供网络安全产品和服务的相关行业的总称。网络安全产业重点覆盖了主营业务为网络信息安全的企业、大型企业的安全事业部以及对外输出安全能力的互联网企业等，其范畴也将伴随网络安全保障需求的变化而不断延伸扩展。但需要注意的是，网络安全产业未包含产品芯片、元器件等制造产业、舆情分析产业，不涉及军队、保密、国安等特殊领域，也不包括网络安全能力仅仅为了服务自身业务的互联网企业。以中国互联网企业为例，一些大型互联网企业建有较大规模的网络安全部门并具有很强的安全保障能力，但由于这些企业的安全能力主要是为了服务自身业务，为其主营业务和相关业务拓展提供安全保障，并不对外提供网络安全产品和服务，因而未纳入网络安全产业范畴。

借鉴国际网络安全市场分类方式，结合我国网络安全产品和服务主要功能和产品形态，可将网络安全产品和服务细分如下：（1）安全产品。我国网络安全产品领域可细分为安全防护、安全管理、安全合规、其他安全产品四个类别。其中，安全防护类产品主要包括防火墙、入侵检测和防御、安全网关（UTM）、Web 应用防火墙（WAF）、防病毒、数据防泄露等；安全管理类产品主要包括身份管理与访问控制、内容安全管理、终端安全管理、安

① 《2017 年国民经济行业分类（GB/T 4754—2017）》，http：//www. stats. gov. cn/tjsj/tjbz/hyflbz/201710/t20171012_ 1541679. html，2017 年 12 月 25 日访问。

全事件管理（SIEM）、安全管理平台（SOC）等；安全合规主要包括安全基线管理、安全审计、安全测评工具等。值得一提的是，在大数据、云计算、物联网、工业控制、威胁情报分析、态势感知、移动应用等新兴领域，安全需求旺盛，产品不断成熟，扩充了传统的安全产品分类。（2）安全服务。网络安全服务主要包括安全集成类、安全运维类、安全评估类、安全咨询类四大类别。其中安全集成类包括安全系统集成、安全合规整改服务等；安全运维类包括专业驻场值守、维保服务、安全巡检、安全加固服务等；安全评估类包括风险评估、渗透测试、等保评测等服务；安全咨询类包括 IT 治理咨询、安全技术体系架构咨询、安全管理体系咨询、安全教育培训、方案设计服务等。[①]

因此，网络安全产业具有特定内涵，其范畴不仅涵盖向机构用户提供收费网络安全产品和服务的企业，还包括向个人用户提供免费网络安全产品和服务的企业。关于网络安全市场细分，除了可以分为网络安全产品和网络安全服务外，也可以分为向机构用户提供的网络安全产品和服务以及向个人用户提供的网络安全产品和服务。我国网络安全产业促进方面立法的设计和政策激励措施的构建正是基于上述网络安全产业内涵和范畴而展开的。

二　国内外网络安全产业现状与问题

（一）国外网络安全产业现状

1. 安全行业呈快速发展态势，产业规模快速增长

从国际网络安全产业总体发展状况来看，2016 年，全球网络安全市场延续了近年来高速发展的强劲势头，总体规模约为 816 亿美元，相比 2015 年增长 7.9%。[②] 根据中国产业信息网发布的产业报告显示，全球网络安全

① 参见中国信息通信研究院《网络安全产业白皮书（2017）》，第 2 ~ 4 页。

② 《世界网络安全发展报告（2016 ~ 2017）》，http：//ex. cssn. cn/zk/zk_ zkbg/201707/t20170726_ 3591866_ 7. shtml，2018 年 1 月 15 日访问。

产业规模从2016年至2020年有望保持超过8%的增长速率。[①] 以美国为主的北美地区的市场规模最大，其复合年均增长率（CAGR）最高，牢牢占据着全球市场最大份额，其次是西欧、亚太地区。亚太新兴地区以及拉丁美洲地区安全产业快速增长，成为全球安全产业新动能。

从全球网络安全产业支出来看，市场调研公司Gartner发布的预测数据显示，2017年，全球信息安全产品及服务支出达到864亿美元，比2016年增长7%；2018年，该支出将增长到930亿美元。据此，可以预见2018年数据安全行业将迎来爆发式发展。按照Gartner的预测，网络安全产业增长最快的部分将是安全服务领域，尤其是IT外包、咨询和安装服务等模块。预计到2021年，对应用安全测试工具领域，尤其是交互式应用程序安全测试将成为一个新兴的增长点。在未来几年，安全服务与IT外包项目捆绑销售模式将会越来越多，到2020年的比例将从20%提升到40%。[②]

2. 安全产业市值一路攀升，市场格局保持相对稳定

随着世界网络安全产业市场规模高速增长，网络安全产业的市值也一路攀升，主要表现在，安全服务市场份额进一步提升，安全产品市场保持稳定。网络安全整体设计规划、安全威胁情报、安全事件应急处置等需求不断攀升，带动安全服务市场强势增长，预计2019年安全服务在产业中的比重将进一步提升，达到63.56%。网络安全产品市场格局则相对稳定，防火墙、终端防护、Web安全、身份管理与访问控制、入侵防御等传统领域合计占比超过75%，数据防泄露、反欺诈、物联网、车联网安全等新兴领域创新活跃。

就产业格局来看，网络安全产业梯队层次渐显，西方发达国家优势地位稳固。第一梯队当属美国，其安全产业在产值规模、技术创新力、企业影响力、资本活跃度等多个维度远超他国，并已形成综合实力超强的网络安全产业集群。在2017年国际电信联盟（ITU）全球网络安全指数（GCI）排名

① http://www.chyxx.com/research/201801/605581.html，2018年2月1日访问。

② 《930亿！2018年数据安全行业规模将迎来大爆发》，http://www.sohu.com/a/166693877_360660，2018年2月5日访问。

中，美国位列全球第二，技术和能力建设等指标名列前茅。此外，美国企业占据网络安全 500 强中 367 个席位，形成了 Symantec、McAfee 等综合安全巨头，Bit9、RSA 等专注于细分领域的专业安全厂商，以及 Palantir、Booz Allen Hamilton 等面向美国政府及其相关机构服务的专业技术公司的鲜明层次，也铸就了国际网络安全产业中最为强大的国别阵容。

以色列、英国、俄罗斯等世界网络安全技术和产品大国当属第二梯队，在前沿技术、海外市场、企业实力、国际声誉等都处于世界领先地位。以色列凭借创新文化基因、人力资源优势、明确的战略定位，成为全球网络安全技术创新孵化的瞩目之星。在 2017 年网络安全 500 强中有 36 家企业上榜，以色列是仅次于美国的世界第二大网络安全技术出口商。英国网络安全产业在产业规模、企业数量、产品出口等方面都处于世界领先地位，据数据显示，英国网络安全产业规模超过 211 亿美元，约占全球网络安全产值的 1/4，领跑西欧地区；2016 年共有 26 家英国企业入围网络安全 500 强，数量仅次于美国，典型企业包括英国电信（BT）、Sophos 等。[①]

3. 网络安全需求不断扩展，网络安全市场供不应求

网络攻击具有低成本、高回报的特点，并且在最近几年里，随着互联网科学技术的飞速发展，网络攻击技术、攻击工具的数量也呈指数型增长，使得借助互联网运行业务的机构面临着前所未有的风险。任何国家、地区、公司甚至是个人都有可能在某一方面获得网络攻击能力，同时在另一方面也都有可能成为被攻击的对象。因此，网络安全正在成为各国国家安全建设的重点，各国网络安全的维护也正面临着巨大威胁。日益凸显的网络安全问题，使得全球网络安全市场需求呈现出十分旺盛的发展态势，网络安全产品需求的可持续性也伴随着网络安全在政治、经济和战略等方面重要性的提高而提高。

各国政府已经深刻认识到建立和谐有序的网络安全市场，以及合理扶植国内网络安全公司的重要意义。面对逐年扩大的网络安全产品和服务需求，

① 赵爽：《网络安全产业发展态势与展望》，《现代电信科技》2017 年第 1 期。

越来越多的国家和军火生产商、军事服务公司、互联网科技公司投身于网络攻击武器和网络防护能力的研发中，但是由于网络空间斗争的日趋激烈，互联网技术的更新换代，网络安全产业市场仍然处于供不应求的市场失衡状态。

4. 通过政企合作安排，推动网络安全企业快速发展

在网络安全领域，国外通过政企合作安排，激励网络安全企业快速成长。政企合作模式分为三类：第一类为政府建立机构，即在政府战略规划引导下创立的政企合作组织，是政府部门占主导地位、社会组织作为参与方加入其中的独立机构。第二类为政府参与行业协会，即非官方的社会组织自发创立协会，随后政府部门参与、引导或注资，将之确立并推广。第三类为企业独立承接政府项目，即企业以独立机构的身份与政府开展合作，如政府部门将信息安全领域的项目外包给高科技网络企业。[①]

首先，巨大市场潜在价值的有效刺激催生出一大批具有国际影响力的网络安全公司。不同种类的网络安全公司核心业务不尽相同，总体来说，网络安全公司依靠自身独特的技术优势，结合网络空间的多层次性，衍生出多种多样的网络安全服务内容。

其次，网络漏洞、网络虚拟空间攻防作为一种军民两用物项，还吸引了许多传统军工企业投身于互联网安全产品、网络攻击技术、网络攻击工具的研究开发。根据斯德哥尔摩国际和平研究所统计，“SIPRI100 强”（全球军工百强）中许多关键武器项目的主要承包商都进入了网络安全市场，例如 BAE 系统公司、欧洲宇航防务集团、洛克希德 · 马丁公司等，通过不同的网络安全业务战略，逐步在网络安全市场占据重要的一席之地。洛克希德 · 马丁公司与主要的信息技术和网络安全公司（迈克菲、微软、惠普等）结成了战略联盟。对它们而言，网络安全产品带来的收益相对常规武器的收入来说小得多，但是网络安全市场的高收益率，以及网络安全建设

① 陈小洪等：《中国互联网安全产业发展研究：战略和基本问题讨论》，电子工业出版社，2015，第 115 ~ 116 页。

的政治影响力却是吸引众多的公司或军火供应商进入网络安全市场的核心要素。①

（二）国内网络安全产业现状

当前，我国网络安全产业呈现如下发展态势。

1. 国内网络安全产业规模快速增长，产业格局以产品为主导

从细分市场看，网络安全产品产业规模达 201.33 亿元，占比 71.21%。防火墙、统一威胁管理、安全内容管理、身份管理与访问控制等产品占据市场主要份额。安全服务产业规模达 81.41 亿元，占比 28.79%。安全集成占据服务市场六成份额，其次是安全评估，安全咨询和安全运维的比例不高。②

2. 重点城市加快产业布局，产业集群效应逐渐显现

北京、成都、深圳、武汉等重点城市加快网络安全产业布局，引导企业、科研、人才等资源集聚，打造中国网络安全产业的区域高地。

3. 安全企业整体发展态势良好，企业融资高度活跃

2015 年至 2016 年 7 月，超过 37 家网络安全相关企业成功在新三板挂牌，目前总量已经超过 43 家。2017 年，中国互联网投资基金正式成立，基金规划总规模 1000 亿元，首期 300 亿元已募集到位。③ 互联网投资基金为我国网络安全产业发展注入了新活力。

4. 安全企业并购和战略合作增多，产业生态不断优化

大中型安全企业积极开展投资并购活动，增强产品布局及产业链控制能力；安全企业间、互联网企业与安全企业间的战略合作日益增多、合作程度不断加深；传统通信企业、大型国企积极开展安全布局，整合优势资源，推动构建完整的网络安全生态体系；网络安全产业联盟等行业平台积极作为，

---

① 孙伟等：《国际网络安全产品市场发展现状与》，《国防科技》2016 年第 2 期。

② 赵爽：《网络安全产业发展态势与展望》，《现代电信科技》2017 年第 1 期。

③ 《产业规模不断扩大我国网络安全产业发展进入新阶段》，http：//www. ce. cn/xwzx/gnsz/gdxw/201712/15/t20171215_ 27274446. shtml，2017 年 12 月 5 日访问。

优化产业环境。

5. 网络安全人才培养上升到战略高度，高校企业共同发力

目前，我国网络安全人才培养在学科建设、认证培训方面已经取得一定进展。此外，网络安全企业也成为网络安全人才培养的重要实践基地，在360、启明星辰、绿盟等企业涌现出一批网络安全领军人才。

（三）我国网络安全产业面临的问题

我国网络安全产业的发展亟待网络安全产业促进型立法的制定和政策激励措施的出台。

1. 网络安全产业促进型立法的缺失

《中华人民共和国网络安全法》（以下简称“《网络安全法》”）实施以来，为有效应对国内外网络安全新挑战，多部门联合推进《网络安全法》实施落地，积极构建协同联动的网络安全保障体系，组织开展数据安全和用户个人信息保护专项检查，修订网络安全防护和新技术新业务安全评估管理办法，扎实做好维护网上意识形态安全和反恐维稳各项工作，立项发布网络与信息安全相关标准90余项，网络安全保障能力稳步提升；组织开展跨区域网络安全突发事件应急演练，建立健全跨省联动和跨部门协同应急处置机制，网络安全突发事件监测预警和联动处置能力显著提升。①

但是，《网络安全法》作为框架性立法，对网络安全产业促进方面的规定较为原则，难以满足促进我国网络安全产业快速成长的要求。在网络安全法律相对健全的国家已经出台网络安全产品和服务政府补贴等方面法案的新形势下，网络安全产业促进型立法的缺失已经严重制约了我国网络安全产业的发展和网络安全保障能力的提升。

2. 网络安全产业政策激励措施的滞后

网络安全产业政策激励措施是指国家在遵循 WTO 规则的前提下，借助

① 中国互联网协会：《2017 年中国互联网产业发展综述与 2018 年产业发展趋势报告》，第 19 页。

政府采购、土地供应、投资鼓励、税收减免、融资支持等手段实现对网络安全产业的优先保护。尤其是在政府采购政策方面，我国尚未形成向民族网络安全产业倾斜的政策取向。在这一领域，美国的经验可资借鉴。以美国政府采购对于国货的优先待遇为例，美国采购总体遵照《联邦采购条例》（Federal Acquisition Regulation）以及《购买美国产品法案》（Buy American Act）的规定执行。其中，《购买美国产品法案》是一部鼓励采购部门优先购买本国商品的保护性法规，它明确界定了“美国国货”的标准，规定拟采购的项目即“最终产品”，必须是在美国制造的，最终产品采用的“实质上全部的”组件也必须是在美国制造的。其次，《购买美国产品法案》规定，在政府采购项目的国外报价中，如果本国供应商的报价比外国供应商的报价高出不超过6%的幅度，那么，必须优先交由本国供应商采购；而对中小型企业则更优待，他们可以享受高达12%的报价优惠。尽管《购买美国产品法案》对WTO《政府采购协议》签字国的限制已大大减少，但对未加入《政府采购协议》的国家（包括中国）仍然适用。①

在网络安全领域，欧美等西方发达国家往往注重对政府采购市场的引导和调控，作为网络攻击的重灾区和国家网络安全防护的重点，政府、军方和关键基础设施一直是网络安全市场的主要需求方，西方发达国家通过引导网络安全研发和部署方面的资金向这些主需求方转移，间接达到向网络安全产业倾斜的效果。欧美等西方发达国家这种做法对我国具有一定借鉴意义。

3. 市场竞争秩序和创新活力有待培育

欧美发达国家网络安全产业政策表明，网络安全产业的发展需要充分市场机制的作用，尤其是中小企业发展更需要良好的市场环境。首先是公平竞争环境，应充分利用法律手段保护公平竞争的市场环境。其次是创新倡导环境，要形成鼓励创新、保护创新的市场环境，坚持扶持中小型企业与大企业战略并举，积极鼓励和扶持中小企业技术创新。

① 陈小洪等：《中国互联网安全产业发展研究：战略和基本问题讨论》，电子工业出版社，2015，第118页。

为了支持我国网络安全企业的发展创新，我国网络领域竞争政策的制定，一方面，要考虑继续促进中国企业做大做强，以与国际巨头比肩；另一方面，要开始防范主导者滥用市场支配地位阻碍创新，以保持行业创新活力，获得持续发展的动力。因此，竞争政策的尺度需要微调，从“宽松”走向“宽严并济”。我国应建立行业监管部门与竞争执法机构协调配合的执法机制，明确互联网竞争规范，明确互联网竞争行为和结果的判定依据，建立互联网市场竞争的监测、预警和取证平台，为竞争格局评估和竞争执行提供判定依据。

三　国外网络安全产业激励措施

（一）不同国家网络安全产业激励措施例举

1. 美国网络安全产业促进措施

（1）不断加强政企合作，巩固安全企业在维护网络空间安全中的重要地位。美国《2014 年增强网络安全法》要求“相关机构在战略纲要的制定和更新过程中与产业界、学者以及涉及的利益相关方进行充分的合作”，《提升关键基础设施网络安全行政命令》与《2014 年网络安全框架》中也强调在提升关键基础设施网络安全保障领域加强企业和政府部门的合作，发挥安全企业的重要作用。①

（2）持续加大安全产业投入，帮助企业营造良好的市场环境。美国政府近期预算报告显示，美国联邦政府是目前全球网络安全投入最多的政府。2017 年 3 月，特朗普政府上台后，美国预算管理局（OMB）发布的《美国优先：让美国再次伟大的预算蓝图》（America First：A Budget Blueprint to Make America Great Again）中提到，美国 2017 年的联邦政府财政年经费为 11810 亿美元，其中用于防御性经费为 5760 亿美元，网络安全投入较大的

① 中国信息通信研究院：《网络与信息产业白皮书（2015 年）》，第 2 页。

国土安全部（DHS）的经费为413亿美元。美国2018年预算显示，联邦政府财政预算为11510亿美元，较2017年减少了300亿美元，但对国土安全部的预算上升到441亿美元，涨幅6.8%。[①]

（3）实施网络安全人才战略。美国开展了大量开创性的工作，不仅在国际上最为领先，同时也最成体系。美国历年主要的网络安全战略文件，无一例外均囊括“提升网络安全意识、加强网络安全教育”的内容。美国也非常注重网络安全人才培养投入，《2014年增强网络安全法》明确提出通过设立奖学金、开展竞赛等方式优化安全人才培养机制。2015年《网络空间行动计划》也要求政府定期对各企业的安全技术团队进行能力培训和测试。2017年5月11日，特朗普总统签署《增强联邦政府网络与关键性基础设施网络安全》行政令，更是要求商务部和国土安全部联合提交加强网络人才培养的计划。[②]

2. 以色列网络安全产业促进措施

（1）制定国家网络空间安全战略。在认识到网络攻击在物理世界可造成巨大危害后，以色列政府于2011年便通过了题为《提高国家网络空间能力》的政府决议，旨在加强国家基础设施网络安全防御工作，提高针对当前和未来网络空间安全挑战的管控能力。

（2）引导企业聚集发展以形成规模效应。以色列政府注重发挥“先进技术园区”在沟通学界、安全企业和国防军队三方面的重要作用，为网络安全领导协同、项目合作、数据共享、资源互补和人才流动提供便利。今年来，以色列着力打造了贝尔谢巴和特拉维夫两个高新技术中心，将安全企业进一步聚集，以便提高各项产业促进政策的实施效率。同时，还推出了面向高新区网络安全企业的税收减免措施。

（3）培养和挖掘最顶尖的网络技术专家。以色列为安全人才的进一步培养提供完善的资金支持，并通过出台优惠政策帮助投资者寻找优质投资项

---

① 张松：《特朗普预算改变美国花钱方向》，《文汇报》2017年5月26日。

② 中国信息通信研究院：《网络与信息产业白皮书（2015年）》，第3页；《网络产业白皮书（2017年）》，第9页。

目，设法提高投资回报，以此来吸引欧美的重量级投资机构。由于以色列和西方良好的关系，以及源源不断产出“物美价廉”的人才资源，目前思科、EMC、谷歌、微软、IBM、甲骨文、德国电信、洛克希德·马丁等知名公司都在“网络星火产业园”建立了网络安全研发中心。①

3. 英国网络安全产业促进措施

（1）更新国家网络安全战略，确保在全球网络空间的优势地位。英国2013年版战略要求加强网络安全技能与教育，确保政府和行业提高网络安全领域所需的技能和专业知识；2016年11月发布新版《国家网络安全战略（2016～2021）》，提出要大力发展网络安全专业机构，建立世界级的信息保障和网络专业人才力量，打造可信与安全的网络生态系统。

（2）成立专门机构保障政策落实效果。英国制订了详细计划以鼓励网络安全创新，并制定了专门政策以帮助企业向海外销售产品或服务。英国政府为了落实相关政策，加强政府和安全供应商之间的协调，由贸易投资署牵头设立了包括学界、政府和工业界等各界代表的“网络成长伙伴关系”。该伙伴关系致力于获得更多的出口市场，提升英国安全企业在国外市场的竞争力。②

（3）强化网络安全投资。2017年8月，英国政府表示，新创新中心将为网络安全技术大型企业和初创企业之间提供合作机会。创新中心还将为英国网络安全行业的企业提供技术指导、业务支持和建议。英国数字国务部长马特·汉考克表示，从初期概念到设立公司、开发模型和产品以及成为全球网络领域佼佼者，英国政府希望在每个过程中支持企业家和创新者。

（4）培育和扶持网络安全企业。英国在2015年启动的网络安全加速器计划（Pre-Accelerator）基础上，进一步组织遴选有潜力的安全企业予以培育，制定了涉及市场、用地、资质、融资等方面的一整套扶持方案，目前参

① 洪延青：《从“初创国家”到“网络安全国家”以色列做对了什么》，《中国经济周刊》2016年第28期。

② 中国信息通信研究院：《网络与信息产业白皮书（2015年）》，第5页。

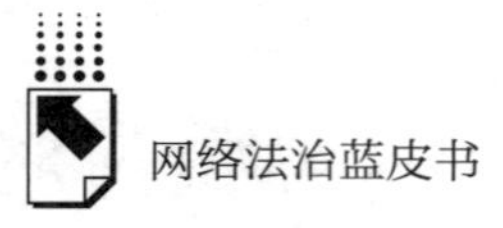

与该计划第一期的 7 家企业已融资 270 万英镑，并获得了思科等企业的订单。①

4. 俄罗斯网络安全产业促进措施

（1）制定信息安全战略。俄罗斯非常注重网络安全战略的顶层设计，规定了国家在建立信息资源库、信息网络化以及维护网络安全等方面的责任。俄罗斯通过总统令的形式，责成俄联邦安全局建立监测、防范和消除计算机信息隐患的国家计算机信息安全机制。内容包括评估国家信息安全形势、保障重要信息基础设施的安全、对计算机安全事故进行鉴定等。而且，总统普京还签署了《2020 年前国际信息安全国家基本政策》，这份由多个部门联合审议的文件成为俄应对信息安全威胁的纲领性文件。②

（2）创新网络安全维护技术。俄罗斯加强了对网络战的防范，并加快推进网络技术创新。积极开发高性能计算机、智能化技术、网络攻击防护技术等在内的信息安全"关键技术"，大力支持网络安全公司的创新。同时，有针对性地从国外购买先进技术，以弥补自己的不足。俄罗斯也很注重军事领域的网络安全防护工作，致力于通过吸引优秀技术人员的加盟来发展关键领域和技术，包括战略防御体系中的网络系统、电子对抗系统、武器平台控制系统和网络武器系统等。③

（3）加快网络安全人才培养。俄罗斯 2000 年《国家信息安全学说》要求，在信息安全和信息技术领域建立统一的干部培训系统；2016 年新版《国家信息安全学说》也强调了信息安全保障人员欠缺的问题，要求发挥信息安全保障和应用信息技术领域人员的潜力。

5. 欧盟及日本、澳大利亚的网络安全产业激励措施

（1）欧盟网络安全产业激励政策。首先，出台聚焦打破区域市场碎片化的政策。欧盟委员会希望欧洲的网络安全企业加强跨境合作，同时提出建立信息通信技术安全产品欧洲认证框架，以解决欧盟网络安全市场的碎片化

---

① 中国信息通信研究院：《网络安全产业白皮书（2017 年）》，第 10 ~ 11 页。

② 李媛：《俄罗斯网络安全治理及其启示》，《中国社会科学报》2017 年 3 月 27 日第 007 版。

③ 李媛：《俄罗斯网络安全治理及其启示》，《中国社会科学报》2017 年 3 月 27 日第 007 版。

问题。其次，加大网络安全领域投资。2016 年 7 月，欧盟委员会推出了一项公私合作性质的全新网络安全研究和创新投资项目——“地平线 2020”（Horizon 2020），投资金额为 4.5 亿欧元（约合 5 亿美元）。最后，要求各成员国应在国家层面开展网络与信息安全方面的教育与培训。欧盟安全产业政策立足于安全意识普及和安全人才培育，力图在强化民众网络安全意识的同时，培育更有利于安全企业生存的市场环境，提升安全企业及从业人员的技术水平。

（2）日本网络安全产业激励措施。日本安全产业政策偏重于明确产业发展目标，在《2013 年安全战略》中，将“积极参与国际标准制定，建立工业控制系统评估和认证机制，要求政府部门采购采用尖端技术的产品，实现国内信息安全市场规模翻倍、信息安全人才缺口减半”确立为促进产业发展的主要方向。同时，将“开展公司合作培训计划及技能竞赛以挖掘人才，支持参加国际会议或出国学习以培养具有国际竞争能力的人才”作为人才队伍建设的目标。日本 2016 年网络安全战略总部会议正式敲定网络安全人才培养计划，设立“网络安全与信息化审议官”一职，以统管人才培养工作，以 2020 年东京奥运会为契机，在 4 年内培养近千名专家。

（3）澳大利亚网络安全产业激励措施。澳大利亚安全产业政策注重强化政企合作，在其 2016 年公布的《澳大利亚网络安全战略》中，将“企业－政府伙伴关系”列为重点战略措施，鼓励政府与企业共同促进关键基础设施、网络、产品和服务领域的安全和恢复力。利用澳大利亚计算机应急响应中心（AusCERT）加强与私营部门间的可信伙伴关系。通过关键基础设施保护的可靠信息共享网络，与企业进行更广泛的接触，促进一体化网络安全最佳实践途径，促进基于恢复力概念的关键基础设施保护。《澳大利亚网络安全战略》要求政府在各级教育系统中改进网络安全教育，确保澳大利亚网络安全人才队伍拥有专业技能和能力。①

① 中国信息通信研究院：《网络与信息产业白皮书（2015 年）》，第 5 ~ 6 页。

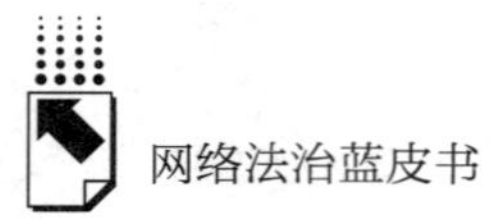

（二）国外网络安全产业激励措施的特点

1. 以法律为保障，促进网络安全产业稳定增长

欧美国家形成了涵盖网络安全保障、知识产权保护、公平竞争维护等在内的法律体系，在涉及关键基础设施保护、个人数据和隐私保护、互联网内容管理、计算机安全及犯罪等领域，对网络安全企业有明确的权利义务要求，能够提供一个持续的、公平的市场环境，维护企业自身的优势和利益，并确保相关企业按照一定规范运行。通过完善的法律体系建立规范统一、科学合理的网络安全产品市场，有助于网络安全产业激励政策的实施，也有利于网络空间安全防护能力的提升。

2. 国家安全战略为导向，宏观指引网络安全产业发展

随着国际网络安全形势的日益严峻，世界各国对网络空间的重视程度不断提升。大多数国家纷纷设立专门的网络安全权威机构，推动网络空间的战略部署，抢占网络空间的战略高地，为互联网安全产业的发展提供宏观导引。美国是世界上最早制定网络安全战略的国家，如《网络空间国际战略》《美国国防部网络战略》，并于2015年公布了“网络威慑”战略，随后又发布了《网络空间安全国家行动计划》等，着力加强对安全产业中长期发展规划，提升企业在制定国家网络安全中长期规划时的话语权。其他发达国家也相继制定了网络空间安全中的“威慑”战略，例如，英国于2017年3月发布《英国数字化战略》，其中指出网络安全三大目标：防御、威慑和发展。

3. 通过政府引导和调控，激励网络安全产业壮大

在政府引导和调控方面，美国坚持扶持中小型企业与大企业战略并举，积极鼓励和扶持中小企业技术创新。例如，美国小企业管理局（SBA）推出的小企业创新研究计划和小企业技术转移计划等。欧盟《强化欧洲网络恢复系统及培育竞争与创新活跃的网络安全产业》的产业政策聚焦打破国别性碎片化市场，增强安全企业的竞争力。此外，欧盟“地平线2020”研究计划也强调支持安全产业政策和行动计划实施，并进一步加强政企合作，以提高关键

基础设施安全保障水平。以色列政府则鼓励企业与美国大型安全企业进行交流合作，不断推动安全产品的出口，除保持防病毒、防火墙、等传统强势产品的出口外，还特别有针对性地加大大数据分析、APT 攻击、DDoS、网络取证、手机安全、身份和隐私保护等方面的创新型安全产品的出口。这些引导和调控措施有效促进了相关国家网络安全产业稳步增长。

4. 积极培养网络安全专业人才和精英人才

网络安全人才和精英人才的培养，主要包括：人才战略、学校教育、培训认证、人才标准等方面。第一，在人才战略方面。世界主要国家都把网络安全人才战略上升到国家战略高度。第二，在学校教育方面。美国为我们提供了很多创新的思路：一方面，美国肯定正规学校和通过系统教育培养相关人才和能力的重要性；另一方面，美国重视网络空间安全教育体系建设。此外，以色列、英国、日本、新西兰等国家都建立高校网络空间安全人才培养机制，通过高等教育培训和加强网络安全意识，建立和维护网络安全队伍。第三，在培训认证方面。国际信息系统安全认证协会是全球网络信息安全认证机构。此外，世界主要国家也建立了各自的社会培训认证系统。第四，在人才标准方面。网络安全工作覆盖多种不同的技能和角色。以英国为例，其通信总部（GCHQ）下属国家信息安全保障技术管理局（CESG）发布《信息安全保障专业人员认证》框架，作为对网络安全人才进行认证和管理的重要依据。CESG 指定的认证机构对安全保障人员进行能力评估，以认定其是否具备相应资质。①

四　我国网络安全产业的困境与立法、政策激励措施

（一）我国网络安全产业的困境

由于我国网络安全产业促进型立法的缺失和网络安全产业政策激励措施

① 张晓菲等：《国外信息安全从业人员管理的几点研究体会——以美国、英国为例》，《信息安全与通信保密》2014 年第 5 期。

的滞后，致使网络安全产业依然面临一定困境。具体表现在以下方面。

1. 网络安全整体投入不足

相对于 GDP 规模而言，我国在信息安全领域的投入是非常低的，而且存在严重的结构失衡。[①] 目前，我国网络安全投资占整体信息化建设经费的比例仍不足 1%，与美国的 15%、欧洲的 10% 相比存在巨大差距。[②]

2. 网络安全产业链整体水平不高

网络安全遵循木桶原理，在整个互联网环境中，安全的水平是由该网络中防护水平最弱的环节所决定的。在与网络安全间接相关的软硬件方面，如操作系统，我国并不掌握核心技术，受制于微软、思科等国外大公司，这种状况造成了即使安全产品的防护能力很强，也难以保障网络和信息安全。思科、IBM、英特尔、微软、甲骨文、罗克韦尔、惠普等在相关领域分别占据市场垄断地位，我国对网络基础软硬件系统尚未实现自主控制。国内 80% 以上的信息流量，都经过国外企业产品的计算、传输和存储，相关设备多设“后门”，国内数据安全命脉几乎全部掌握在了国外企业手中。“棱镜门”事件警示了上述情况对我国数据安全乃至国家安全构成的极大威胁。

3. 网络安全企业规模相对较小

与国外大型跨国公司相比，国内安全企业的经营规模相对较小，收入主要来自国内市场，国际化基本上还没有起步，而美国赛门铁克（Symantec）的海外业务收入占总收入的 53%。我国互联网安全的行业集中度较低。据统计，我国网络安全上市公司营业收入排在前三位的为：天融信、启明星辰、卫士通，其营业收入分别为：1814.22、689.66、565.08（百万元）。[③] 在营收规模方面，我国网络安全龙头企业与 Symantec、Palo Alto Networks、Fortinet 相比，还存在较大差距。

---

① 袁沈钢：《中美网络安全产业对比及启示》，《中国科学报》2013 年 9 月 30 日第 7 版。

② http://tech.sina.com.cn/i/2017-07-11/doc-ifyhwehx5667426.shtml，2018 年 1 月 10 日访问。

③ 《中国网络安全企业 50 强》（2017 年下半年），https://www.sohu.com/a/214261037_490113，2018 年 1 月 8 日访问。

4. 网络安全产品市场需求有待拓展

从网络安全产品需求侧来看，企业和国民的安全意识薄弱、相应的网络安全责任机制缺失，致使行业对网络安全产品和服务的需求不足；对进口网络安全产品和设备的安全审查制度尚未严格实施，国产网络安全产品和服务的市场空间受到挤压；关键信息基础设施安全产品和服务的供应尚存技术壁垒，构成了民营网络安全企业进入相关市场的障碍；关键信息基础设施安全管理和安全防护的要求、标准、责任的模糊性，抑制了安全市场需求规模；我国政府采购制度的不足，无法为本国网络安全企业或产品提供庞大的市场空间。在这些因素的影响下，我国网络安全产品和服务的市场空间有限、市场需求规模有待拓展。

（二）制定网络安全产业促进型的立法

鉴于产业政策的特殊性，虽然不能要求所有的产业政策都要采取法律的形式，但对政府制定和执行产业政策的行为进行法律上的规制是一个法治国家的必然要求。而且，一些网络安全法律相对健全的国家，已经出台了关于网络安全市场政府采购、网络安全产品和服务政府补贴、网络安全保险等方面的法案。在全面依法治国的时代背景下，建议把一些重要的网络安全产业政策法律化，形成网络安全产业促进型立法。

1. 我国制定网络安全产业促进型立法的必要性

上述对我国网络安全产业困境的分析表明，现阶段我国网络安全供给严重不足，网络安全形势日趋严峻与网络安全产业发展相对滞后之间的矛盾十分突出。与此同时，网络安全服务提供者与国家安全密切相关。全球化融合态势下，网络威胁信息成为网络防御的关键要素，网络安全产品和服务作为网络威胁情报信息的采集点与响应点，促使网络安全服务提供商在提供网络安全服务的过程中通常能够及时有效地获取有关系统漏洞、网络攻击、威胁来源、恶意地址等网络安全信息汇聚形成的网络安全大数据，通过数据收集和数据挖掘，把握事件的走向、趋势和关联性，获取预警性情报信息。因此，针对网络安全大数据的获取和掌控能够为加强国家网络安全监测、预警、控制和应急处置能力建设提供基础性支撑，是深化国家网络安全防护体系和实现“全天候全方位感知网络安全态势”的关键所在和必然要求。可见，制定网络安全产业促进型立法已经迫在眉睫，国家应尽快将相关工作提上议事日程。

2. 我国制定网络安全产业促进型立法的可行性

（1）制定网络安全产业促进型立法的政治基础。党和政府关于网络安全与网络发展关系的描述是制定网络安全产业促进型立法的政治基础。2016年4月19日，习近平总书记在网络安全和信息化工作座谈会上强调，网络安全和信息化相辅相成。安全是发展的前提，发展是安全的保障，安全和发展要同步推进。党的十九大报告提出“推动大数据、人工智能和实体经济深度融合”。当前，我国网络发展较快但网络安全没有及时跟上，网络产业发展迅猛但是网络安全产业刚刚起步，对此，党和政府在相关政策文件中直接或间接表达了推动网络安全产业发展的积极态度，构成了我国制定网络安全产业促进型立法的政治基础。

（2）制定网络安全产业促进型立法的法治实践。《网络安全法》的制度设计和产业促进立法实践是制定网络安全产业促进型立法的法治前提。一方面，《网络安全法》从扶持重点网络安全技术产业和项目、推进网络安全社会化服务体系建设、鼓励开发网络数据安全保护和利用技术、组织开展经常性的网络安全宣传教育等方面，设计了“网络安全支持与促进”制度的基本框架。另一方面，我国已经形成了产业促进立法的丰富实践，如为了发挥中小企业在国民经济和社会发展中的重要作用，制定了《中华人民共和国中小企业促进法》；为了促进循环经济发展、实现可持续发展，制定了《中华人民共和国循环经济促进法》。在《网络安全法》对“网络安全支持与促进”规定相对原则的情况下，出台网络安全产业促进型立法的必要性凸显。

（3）制定网络安全产业促进型立法的思想条件。我国对网络安全产业需要优先发展、重点扶持的一致认识是制定网络安全促进型立法的思想条件。对于网络安全产业，理论界基本已经达成以下共识：一是网络安全产业是否壮大已经成为衡量国家网络安全综合实力的重要标准；二是西方发达国家高度重视网络安全产业，资金投入和引导政策持续加码；三是网络安全产业投入低、规模小，网络安全龙头企业有待培育。进而，提出优先发展网络安全产业的举措：扩大网络安全产业投入，打造网络安全产业龙头企业，对我国安全产业实施倾斜采购政策，加快培养网络安全人才，等等。上述基本共识是制定网络安全产业促进型立法的思想条件。

3. 我国网络安全产业促进型立法的主要内容

（1）政府采购。在网络安全产业促进型立法中，应当明确为普通网民和中小企业提供基础性网络安全保障是各级政府的职责，应当采取政府采购等方式，向符合条件的网络安全企业购买服务，弥补个人和中小企业对网络安全产品和服务投入不足的短板。

（2）分级管理。在网络安全产业促进型立法中，应当根据关键信息基础设施的等级保护措施，对应地为提供网络安全服务的企业分级管理，设置不同的准入门槛，例如资金来源、股权结构、技术水平等。并对不同等级的网络安全企业提供不同的信息共享、责任豁免和执行安全服务所必需的权利，例如漏洞扫描的主动权以及漏洞信息共享的责任豁免权等。

（3）土地、投资、税收、金融支持。在网络安全产业促进型立法中，设计土地供应、投资鼓励、税收优惠、融资环境、人才落户等方面的具体规则，通过政策倾斜的方式实现网络安全产业的优先发展和重点发展。同时，为购买网络安全产品或服务的企业，提供补贴或者税收减免，以鼓励企业增强网络安全建设。

（4）网络安全技术创新和标准制定。网络安全产业促进型立法可以通过设置国家专项基金、鼓励风投向网络安全技术领域转移等方式，鼓励网络安全企业不断加大研发投入，促进网络安全技术攻关、成果转化、应用推广。支持网络安全企业参与行业标准、国家标准甚至国际标准的制定。

（5）网络安全龙头企业培育。当前我国专注于信息安全的主流厂商营业收入基本不足百亿，大部分企业在亿元级别以下，利润率微薄。通过网络安全产业促进型立法改善企业生存环境、提升产业活力，目标是打造引领安

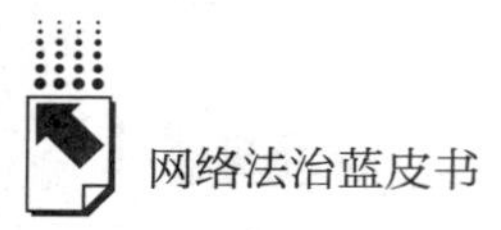

全产业发展的龙头企业。

（6）中小网络安全企业扶持。在网络安全产业促进型立法中，一方面，可以扶持中小型网络安全企业创新成长，推动网络安全产业发展；另一方面，可以通过网络安全龙头企业带动产业发展和中小企业成长，增强国内企业在与国外安全厂商对抗中的竞争力。

（7）网络安全人才培养。当前我国网络安全技术人才规模小、专才少，与社会需求之间存在较大的人才缺口。尽管国务院学位委员会、教育部已增设“网络空间安全”一级学科，《网络安全法》引入“支持培养网络安全人才”专条，但是尚需要网络安全产业促进型立法进行细化，使之具有可操作性。

（8）军民融合和协同发展。《中华人民共和国国民经济和社会发展第十三个五年规划纲要》列“推进军民深度融合发展”专章，中共中央、国务院、中央军委于2016年印发的《关于经济建设和国防建设融合发展的意见》则把军民融合发展上升为国家战略。在这一背景下，将相关政策转化为网络安全产业促进型立法，通过特定安排来加强政府部门、军方、企业之间的协作。

（三）我国网络安全产业的政策激励措施

国家互联网信息办公室《国家网络空间安全战略》。2016年12月27日，国家互联网信息办公室发布《国家网络空间安全战略》，阐明了中国关于网络空间发展和安全的重大立场和主张，明确了战略方针和主要任务，是指导国家网络安全工作的纲领性文件。《国家网络空间安全战略》要求，“坚持创新驱动发展，积极创造有利于技术创新的政策环境”“建立完善国家网络安全技术支撑体系”“实施网络安全人才工程，加强网络安全学科专业建设”等。

中共中央办公厅、国务院办公厅《国家信息化发展战略纲要》。《国家信息化发展战略纲要》就发展核心技术、做强信息产业列出明确目标：构建先进技术体系、加强前沿和基础研究、打造协同发展的产业生态、培育壮大龙头企业、支持中小微企业创新。

国务院《“十三五”国家信息化规划》。《“十三五”国家信息化规划》要求，到2020年，“数字中国”建设取得显著成效，信息化能力跻身国际前列，具有国际竞争力、安全可控的信息产业生态体系基本建立。

工业和信息化部、国家发展改革委《信息产业发展指南》。《信息产业发展指南》确立了2020年基本建立具有国际竞争力、安全可控信息产业生态体系的发展目标；提出了增强体系化创新能力、构建协同优化的产业结构、促进信息技术深度融合应用、建设新一代信息基础设施、提升信息通信和无线电行业管理水平、强化信息产业安全保障能力、增强国际化发展能力七大任务。

工业和信息化部《信息通信行业发展规划（2016～2020年）》。《信息通信行业发展规划（2016～2020年）》将“安全可控”作为信息通信行业发展的一项基本原则，将“网络与信息安全综合保障能力全面提升”作为信息通信行业发展的一个基本目标，将“强化安全保障”作为信息通信行业的发展重点。同时，在加大政策支持力度、加强专业人才培养等方面进行了明确规定：加强财税、金融方面的行业支持力度，完善和落实支持创新的政府采购政策，加强安全相关建设投资政策牵引，推动环评审批流程优化，鼓励引导政府部门、重点企业完善信息通信业人才培养机制，等等。

地方政府的网络安全产业促进政策。成都、武汉、深圳等重点城市，争相出台网络安全产业激励措施，如成都于2016年投资130亿元建设“成都国家信息安全产业基地”；武汉于2017年发布《关于支持国家网络安全人才与创新基地发展若干政策的通知》；深圳积极实施5亿创客基金、两个“互联网+”小镇，“孔雀计划”、政府创新券等优惠政策。

（四）细化网络安全产业政策激励措施

之所以对网络安全产业实施政策激励措施，是因为中国网络安全产业相较于美国等发达国家整体实力偏弱，存在后进企业难以靠自身单独解决的经济性“设立成本”障碍。而且，由于我国现行政策激励措施零星、分散，部分政策激励措施较为原则，可操作性不强，整体而言对网络安全产业的促进力度不足，因此需要在国家层面确定中国网络安全产业优先发展的战略，并从产业投入、企业发展、政府采购、人才培养等方面细化网络安全产业政策激励措施。

1. 扩大我国网络安全产业投入

互联网安全产出的外部性和公共品特征，以及中国互联网安全保障水平相对落后的现状，要求必须统筹规划，增加政府和社会的互联网安全投入。相较于欧美等国的网络安全投入逐步增加，我国网络安全产业总体投资不足。例如，2015 年，中国整个网络安全产业的规模还不如美国一家网络安全公司——Symantec. 美国在网络安全产业上全球领先，中国正处于追赶者地位。2017 年，Cybersecurity Ventures 发布的“网络安全创序 500 强”企业名单中，美国占 380 多席，中国仅占 9 席①。

一方面，在供给侧，国家应加大对网络安全产品和服务供应者的投入。重点支持关键基础设施信息安全及互联网安全保障能力的提升、重要的研发攻关、企业的创新创业。国家应当考虑制定互联网安全科技攻关规划或者专项，组织和支持企业开发未来 5 ~ 10 年可能成为互联网安全领域的主流技术。在关键信息基础设施安全方面，需要国家直接增加投入，更要重视用法规、政策推动关键基础设施所有者和使用者共同增加投入，要用国家投入及产学研合作、产业联盟等多种方式开发基础共性技术、共用产业技术开发平台和试验基地。资金保障上，鼓励将安全产业纳入国家相应的基金和专项资金支持范围，保障安全产业发展的资金需求。与此同时，应鼓励资本市场进入网络安全产业。② 因此，我国应加快制定促进网络安全产业发展的产业政策，鼓励地方出台扶持网络安全产业发展的政策措施。

---

① 蒋琳、尤一炜：《专访：中国网络安全企业的核心竞争力指标相比美国差距悬殊》，《南方都市报》2018 年 2 月 28 日第 7 版。

② 刘权等：《国内外网络安全产业比较研究》，《产业经济》2015 年第 7 期。

另一方面，在需求侧，国家应扩大对网络安全产品和服务购买者的扶持。如前所述，向个人用户提供免费网络安全产品和服务也属于网络安全产业范畴，并且类似提供良好社会治安一样属于政府应当提供的基础性公共服务。因此，对普通网民和中小企业提供基础性网络安全保障应当是各级政府的职责，应当采取政府采购等方式，向符合条件的网络安全企业购买服务。对于自行购买网络安全产品和服务的购买者，政府可以通过财政补贴、税收减免等方式给予补偿，以鼓励网民和企业主动购买网络安全产品和服务，积极提高自身网络安全保障能力。这种构想背后的原因在于：每个企业面临的信息安全风险，不仅依赖于自身的安全措施，也常常依赖于其他公司的安全投资，即存在“网络外部性”。

2. 支持骨干企业发展和中小企业创新

（1）打造网络安全产业的龙头企业。[①] 首先可以对各国网络安全龙头企业的规模进行比较。根据上市公司对外披露的信息，对美国、俄罗斯、中国、英国、以色列、韩国、日本等七国的网络安全企业中已公开上市且年收入排名 1 ~ 3 的企业进行对比。网络安全企业规模分析主要包括员工人数、企业年收入两项指标。

根据表 1 分析，从网络安全企业的规模比较，美国、以色列、日本位列前三。中国上市网络安全企业中前几名已达到员工人数过千、年收入上亿美元的规模。但中国龙头安全企业与美国龙头企业在营收规模方面仍存在巨大差距。

表 1　龙头安全企业规模（根据公开资料整理，2017 年 6 月）

国　家	企业名称	员工人数（大约人数）	企业年收入（百万美元）
美　国	Symantec	11000	3600
	Palo Alto Networks	4100	1570
	Fortinet	4600	1280
俄罗斯	卡巴斯基实验室	3500	619

① 参考中国网络安全产业联盟《推动网络安全产业发展壮大课题》研究报告。

续表

国　家	企业名称	员工人数（大约人数）	企业年收入（百万美元）
中　国	启明星辰	3000	280
	绿盟科技	2000	158
	蓝盾股份	1000	223
英　国	Sophos	2600	478
以色列	Check Point Software	4200	1741
	CyberArk	800	217
	Radware	900	217
韩　国	AhnLab	900	119
	Wins	300	64
	Fasoo	260	6
日　本	趋势科技	5600	1230

注：俄罗斯卡巴斯基实验室属私营企业，虽未上市，但可查到相关数据。资料来源：https：//en. wikipedia. org/wiki/Kaspersky_ Lab。

我国迫切需要打造引领网络安全产业发展的龙头企业，保障市场供给。为此，应将改善企业生存环境、提升产业活力作为未来工作重点之一。争取到2020年前，造就一批业务收入亿元或十亿元以上的规模企业，打造3～5家业务收入100亿元的龙头企业，通过龙头企业带动产业发展和中小企业成长，增强国内企业在与国外安全厂商对抗中的竞争力。

（2）扶持网络安全产业中的中小企业。在我国网络安全产业促进政策中，一方面，可以扶持中小型网络安全企业创新成长，推动网络安全产业发展；另一方面，可以通过网络安全龙头企业带动产业发展和中小企业成长，增强国内企业在与国外安全厂商对抗中的竞争力。

欧美等发达国家网络安全产业政策表明，网络安全产业的发展需要充分市场机制的作用，尤其是中小企业的发展更需要良好的市场环境。我国可以借鉴国外经验，支持中小型互联网安全企业的创业创新，建立政府支持的技术开发平台支持中小企业技术创新，鼓励中小企业用联盟、协会等方式合作发展。国家可以通过投资基金方式支持中小企业发展，设置推动创新技术向中小企业转移的专项资金支持企业及企业与高校、技术机构联合开发。

3. 对民族网络安全企业实施倾斜采购政策

选取政府采购市场作为突破口，可以迅速促进国内安全企业进入市场，在发展中迅速提升我国安全产业实力。政府采购，对互联网安全的保障和中国互联网产业的发展意义重大。对互联网安全产品和服务的政府采购，要重点支持中国自主可控的中国企业，因为信息安全产业领域采购是特殊领域采购，与一般领域和一般领域供应商不同，有必要按有利于安全原则，尽可能主要向可自主可控的中国企业采购；按“对等待遇”原则，在政府采购和国家重要基础设施领域的采购领域，对那些限制中国企业进入的国家的企业，给予必要的限制。因此，我国在政府采购安全软硬件产品或服务时，应优先考虑民族安全企业的产品及服务，具体做法是建立起统一的网络安全产品及厂商的采购清单，在完善的安全审查制度的基础上，确立政府采购的黑白名单，将民族安全产品优先列入白名单，实施优先采购；将境外存在或疑似存在安全隐患的产品列入黑名单，责令政府部门以及各关键单位禁止采购黑名单产品。

与此同时，应对网络安全产品和服务提供者设置相应的市场准入门槛。由斯诺登披露的美国“棱镜计划”显示，美国国家安全局在2007年开始就与Apple、Microsoft、Facebook、Twitter等公司开展合作对全球互联网上的数据流实施动态监听以采集有用信息供情报部门分析。美国包括“八大金刚”在内的私营企业承担着情报共享、攻防技术研发、网络监测、威胁预警、攻击防范和消除等重要职能。显然，网络安全不能依赖外国公司，扶植国内网络安全企业发展是确保国家网络安全的必由之路。在这种背景下，如果不对网络安全服务提供者设置相应的市场准入门槛，将导致我国丧失对网络安全大数据的占有和控制，无法获得威胁态势感知方面的优势，造成我国在网络威胁情报获取上的盲区。如果说网络安全大数据可以用于增强网络威胁态势感知能力，提升国家网络安全水平，反过来，安全大数据也可以很轻易地被犯罪分子甚至敌对国家用于分析系统和空间的漏洞和脆弱性，找到攻击的切入点，尤其是针对国家关键信息基础设施等发动破坏性网络攻击。

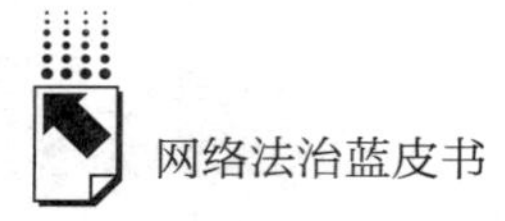

4. 加快培养网络安全专业人才

保障网络空间安全已然成为世界各国的战略重点和核心利益，网络安全的关键是人才的较量，是掌握尖端技术专业人才的比拼。只有培养新一代的网络空间安全专业人才和精英人才，打造人才高地，形成一支世界级的网络安全队伍，才能有效应对和化解不断升级的网络安全威胁，并不断提升国家的政治和经济实力。

习近平总书记高度重视互联网人才工作，习近平总书记在网络安全和信息化工作座谈会上的重要讲话中专门论述了“人才兴网”问题。2016 年 6 月，中央网络安全和信息化领导小组办公室、国家发改委、教育部等六部门联合印发《关于加强网络安全学科建设和人才培养的意见》，要求加快网络安全学科专业和院系建设，创新网络安全人才培养机制并完善配套措施。《网络安全法》第 20 条也规定，“国家支持企业和高等学校、职业学校等教育培训机构开展网络安全相关教育与培训，采取多种方式培养网络安全人才，促进网络安全人才交流”。可以说，我国网络安全人才培养已经取得一定进展。但我国网络安全人才培养依然面临一系列问题：一是网络安全人才培养体系不健全；二是网络安全人才规模小；三是网络安全人才专才少。[①]

对我国而言，解决人才缺口问题，首先，要加快制定我国网络安全人才培养整体规划，应从高校课程设置着手，在各重点高校增设信息安全相关专业和课程。其次，强化职业教育和人才认证，提升队伍专业水平。再次，在薪酬待遇、科研基金方面向网络安全人才倾斜，鼓励有实力的企业在国外建立安全实验室或引入安全人才。最后，推进网络安全专才培养，“千人计划”“万人计划”等国家人才计划向网络安全产业倾斜。

---

① 唐远清：《习近平互联网治理思想解读与研析》，《新闻与写作》2017 年第 8 期。

B.14

跨国企业遵守“一个中国”原则状况观察（2018）

——从世界500强企业官网对我国港澳台地区标注切入

外企遵守“一个中国原则”状况观察课题组*

摘　要： 相互尊重主权是现代国际秩序构建的基本支柱，遵守所在国法律是跨国企业开展业务的根本前提。但现实中，无论是基于实力的傲慢或是基于意识形态的偏见，跨国企业违反所在国法律、伤害所在国民族尊严的情况并不鲜见。国家统一和主权完整是任何一个国家的核心利益，并为世界上所有主权国家法律所保障。港澳台及新疆、西藏是我国的固有领土与不可分割的部分，但由于种种偏见与算计，某些西方国家及其跨国企业对此置若罔闻，甚至公然违反我国维护国家统一与主权完整的相关法律。有鉴于此，中国社会科学院法学研究所与北京大学新媒体研究院课题组围绕“跨国企业遵守‘一个中国’原则状况”进行调研，并就相关情况发布观察报告。

关键词： 国家统一　领土主权　跨国企业　官网地区标识

* 课题负责人：田丽，北京大学互联网发展研究中心主任、副教授、博士生导师；支振锋，中国社会科学院法学研究所研究员、中国社会科学院大学教授，《环球法律评论》杂志副主编、博士生导师。执笔人：田丽；支振锋；常安，西北政法大学教授、博士生导师；李东方，中国社会科学院法学研究所硕士研究生。

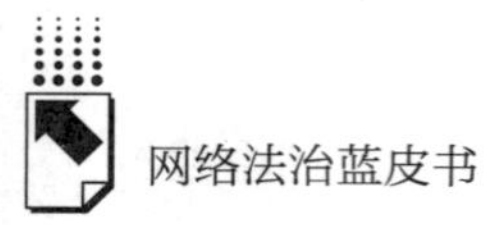

一 背景与法律依据

2018年上半年，中国民航总局向44家境外航空公司发出通告，要求它们遵守“一个中国”原则，修改其网站中不正确的地区标识，将台湾改为中国台湾，同时就涉及中国香港、中国澳门等地的类似问题也一并进行更正。截至2018年7月25日，44家航空公司已经全部整改完毕。①相关外航相继更正官方网站上对台湾的错误标注，这一做法符合国际公认的“一个中国”原则的要求。外航通过官网或移动应用程序（以下简称APP）提供订票服务，因此，它们在官网和APP上对我国港澳台地区的标注，绝不仅仅是商业问题或技术问题，而是涉及中国领土主权完整大是大非的原则问题。中国追求与全球各国便捷的空中交流，欢迎外航在中国依法经营业务，也追求共享安全、合作和可持续的网络空间发展，但中国也要坚定地维护国家自身安全，我们绝不能允许外国势力通过网络蓄意分裂中国领土。

航空服务已经有近百年的历史，但航空公司通过官网和APP提供机票预订及其他相关服务，则是在互联网时代之后才发生的新现象。在前互联网时代，从法理上讲，除非外航在一国境内经营业务，否则该国很难通过“长臂管辖”或者其他方式对外国航空公司遵守本国领土主权完整相关法律的状况进行监督与监管。但在互联网时代，由于互联网跨国界快速传播的特性，外航在官网或APP对其他国家部分领土的不当标注，显然是一种

① 但据报道，7月25日之后，仍然有少数境外航空公司在玩文字游戏，充满“心机”：中文页面与英文页面、电脑登录与手机登录，甚至同样端口登录同样的网站，都可能会在不同的层级页面中标注完全不同的信息。有的将台湾标注为中国地区，但将港澳单独标注为国家；有的将港澳标注为中国地区，但将台湾单独标注为国家。典型的如马来西亚的亚洲航空、越南航空公司、印尼的狮子航空等。更有甚者，日本全日航空、日航，美国美联航、达美及美航等几家曾试图“顽抗”但最终在7月25日当天作出整改的外航官网中，几乎都没有直接在地址栏中给“台湾”加注“中国”，而是选择了对所有中国城市和地区都不标注中国。参见，http：//m. ckxx. net/pinglun/p/114764. html，最后浏览日期为2018年11月7日。

政治态度的宣示，对该国领土主权完整会产生相应的影响。无论从法理还是道理上，部分领土区域被不当标注的国家，都应采取法律或政治手段进行应对。

尽管当前国际法对这种情况并无十分具体的规定，网络空间国际治理仍然面临规则供给匮乏和法治化程度低下的困境，但网络空间不是法外之地。2003 年联合国信息社会世界峰会通过的《日内瓦原则宣言》第 49 款第 1 条：“与互联网有关的公共政策问题的决策权是各国主权。”① 2012 年《国际电信规则》进一步指出：互联网需置于由主权国家主导的国际电信联盟的管辖下，允许国家管理互联网的运行，对互联网实施监管，并建议国际电信联盟能够拥有至少部分互联网地址的分配权。② 2013 年 6 月 24 日，第六次联合国大会发布了 A/68/98 文件，通过了联合国“从国际安全的角度来看信息和电信领域发展政府专家组”所形成的决议。决议第 20 条为：“国家主权和源自主权的国际规范和原则适用于国家进行的信息通讯技术活动，以及国家在其领土内对信息通讯技术基础设施的管辖权。”③ 当前这一领域的国际法具体表现为具有共识性的宣言，或采取具有较低约束力的国际规范式条约形式确认国家之间相互协助的义务，总体看来国际社会对国家对于网络空间的治理持肯定态度。

中国法律坚定维护国家领土主权完整和利益。《网络安全法》第 50 条规定：“国家网信部门和有关部门依法履行网络信息安全监督管理职责，发现法律、行政法规禁止发布或者传输的信息的，应当要求网络运营者停止传输，采取消除等处置措施，保存有关记录；对来源于中华人民共和国境外的上述信息，应当通知有关机构采取技术措施和其他必要措施阻断传播。”《全国人民代表大会常务委员会关于维护互联网安全的决定》第二条规定：

---

① 国际电信联盟网站，https：//www. itu. int/net/wsis/outcome/booklet/declaration_ B. html，最后访问日期为 2018 年 11 月 7 日。

② 国际电信联盟网站，https：//www. itu. int/zh/wcit - 12/Pages/itrs. aspx，最后访问日期为 2018 年 11 月 7 日。

③ 支振锋：《网络主权根植于现代法理》，《光明日报》2015 年 12 月 17 日，第 4 版。

“为了维护国家安全和社会稳定，对有下列行为之一，构成犯罪的，依照刑法有关规定追究刑事责任”，其中第一项就包括“……破坏国家统一。”对于境外跨国公司在中国国内申请设立的企业可以依据《中华人民共和国外资企业法实施细则》第五条第一项“有损中国主权或者社会公共利益的”不予批准和撤销此类企业经营资格。

行政法规和主管部门规章还有着更具操作性的详细规定。2000 年《互联网信息服务管理办法》第 15 条规定了九种“互联网信息服务提供者不得制作、复制、发布、传播”的信息，明确涵盖“破坏国家统一”。《地图管理条例》对互联网地图服务行为进行了规范。2014 年国务院发布《国务院关于授权国家互联网信息办公室负责互联网信息内容管理工作的通知（国发〔2014〕33 号)》授权国家互联网信息办公室（以下简称国家网信办）负责全国互联网信息内容管理工作，并负责监督管理执法。2017 年 5 月国家网信办出台《互联网信息内容管理行政执法程序规定》（以下简称《规定》)，《规定》第一条就指明立法目的和意义，重点强调“维护国家安全和公共利益”。《规定》第六条规定“行政处罚由违法行为发生地的互联网信息内容管理部门管辖”。“违法行为发生地包括实施违法行为的网站备案地，工商登记地（工商登记地与主营业地不一致的，应按主营业地），网站建立者、管理者、使用者所在地，网络接入地，计算机等终端设备所在地等。”相关企业如果通过其网站在我国境内公开传播有损中国主权的内容信息（如，将台湾或港澳地区与其他国家并列显示）我国政府相关部门有权对此类信息进行规制和管理。

事实上，不仅局限于航空公司领域，不少国外企业在其官方网站上由于种种原因也存在着将我国港澳台甚至新疆、西藏等地区错误标识的问题。此类内容明显违背了国际公认的“一个中国”原则，是对我国主权的侵犯。尽管我们在此次针对航空公司的专项行动中取得了阶段性胜利，但将视野放开，航空公司只是为数众多跨国公司中的一小部分，有着更大国际影响力的跨国企业中，犯此错误的也不在少数。跨国企业，尤其是 500 强企业，作为现代国际社会重要的经济主体，在国际经济、国际贸易甚至国际关系和国际秩序中都扮演了重要角色。梳理出世界500强企业中的外企哪些企业依旧有此类行为的外企，同时分析其成因，提出法律和政策应对建议，是本课题重点研究和关注的问题。

二　跨国企业网站对中国领土不当标注情况与分析

世界500强企业中，外企为385家，分布在美国、日本、德国等32个国家，其中有83家企业母语官方网站涉及区域分布问题，这类问题通常出现在官方网站选择、地理位置选择或企业分布等板块。①

（一）整体状况描述

通过观察83家外企性质的世界500强公司官网，可以发现，66家公司网站把台湾独列于大陆之外，53家公司网站把香港单独列出，把澳门单独列出的公司有2家。35家公司同时把香港和台湾单独列出。联合信贷集团是唯一一家把台湾隶属于中国，而把香港独立于中国的公司。圣戈班集团、Alimentation Couche-Tard公司、瑞士ABB集团、耐克公司、斯巴鲁公司、3M公司、Facebook公司、曼福集团、Inditex公司等9公司把香港标注为隶属于中国，但是把台湾独立在外。苹果、亚马逊、西门子、宏利金融四家公司把港、澳、台都独立于中国之外。

83家公司中，10家公司把台湾标注为隶属于中国，这些公司是戴姆勒股份公司、福特汽车公司、安盛、本田汽车、摩根大通公司、雷普索尔公司、联合信贷集团、费森尤斯集团、三星人寿保险和途易。17家公司的网站把香港标注为隶属于中国（见图1）。

福特汽车公司是唯一一家在网站中涉及了港澳台三地，并明确标识出隶属于中国的500强外企，戴姆勒股份公司、安盛、本田汽车、摩根大通公

① 必须强调的是，由于中国政府坚定维护主权领土完整的立场，以及有些国外500强企业对“一个中国”原则的认可能发生变化，这个数据可能会不断变化。本报告对500强企业相关统计数据的截止日期是2018年5月12日。

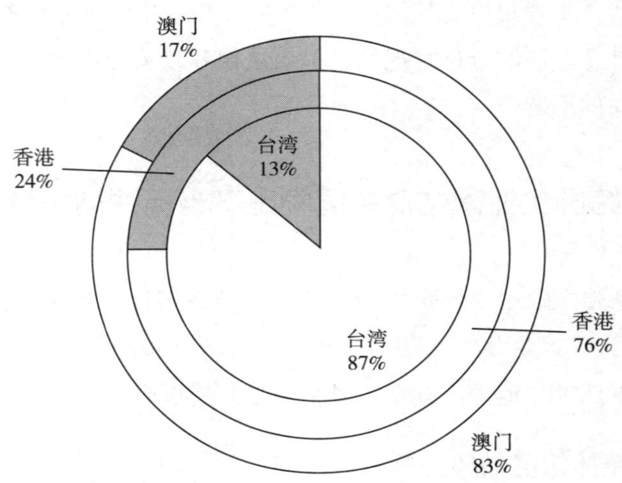

图 1　83 家涉及港、澳、台全球 500 强企业网站标注归类

司、雷普索尔公司、费森尤斯集团、三星人寿保险这几家公司都把香港和台湾地区明确标识了与中国的隶属关系。

从国家分布来看，全球 500 强的企业中有 4 家瑞士企业、6 家英国企业、1 家瑞典企业、1 家沙特阿拉伯企业和 1 家丹麦企业都把台湾列入独立国家和地区的行列，美国和日本分别有 23 家和 13 家公司的网站把台湾单独列出，分别占该国 500 强企业总数的 85.2% 和 92.9%。4 家德国企业、2 家荷兰企业、2 家韩国企业、1 家瑞典企业、1 家爱尔兰企业把香港列入独立国家和地区的行列。美国和日本分别有 16 家和 10 家公司的网站把香港单独列出，均占该国 500 强企业总数的 7 成左右。

27 家美籍全球 500 强公司中，23 家把台湾单独列出，18 家把香港单独列出。13 家日本籍的公司中，12 家把台湾单独列出，11 家把香港单独列出，只有本田公司一家把香港和台湾都标注为隶属于中国。荷兰皇家壳牌石油公司、大都会人寿、可口可乐公司、德国中央合作银行、达能、荷兰合作银行和任仕达控股公司等 7 家公司没有涉及台湾，但是把香港以隶属中国的方式标注出来（见表 1）。

表1　83家涉及港、台的全球500强企业国别、标识及行业分类

公司名称	国别	台湾	香港	澳门	行业
苹果公司	美国	独列	独列	独列	互联网
亚马逊	美国	独列	独列	独列	互联网
西门子	德国	独列	独列	独列	其他
宏利金融	加拿大	独列	独列	独列	金融业
荷兰皇家壳牌石油公司	荷兰	未列出	独列	独列	其他
福特汽车公司	美国	隶属	隶属	隶属	汽车
丰田汽车公司	日本	独列	独列	未列出	汽车
埃克森美孚	美国	独列	独列	未列出	其他
法国巴黎银行	法国	独列	独列	未列出	金融业
英国保诚集团	英国	独列	独列	未列出	金融业
雀巢公司	瑞士	独列	独列	未列出	快消
日立	日本	独列	独列	未列出	其他
宝洁公司	美国	独列	独列	未列出	快消
索尼	日本	独列	独列	未列出	其他
松下	日本	独列	独列	未列出	其他
巴斯夫公司	德国	独列	独列	未列出	其他
联合包裹速递服务公司	美国	独列	独列	未列出	其他
联邦快递	美国	独列	独列	未列出	其他
惠普公司	美国	独列	独列	未列出	互联网
LG 电子	韩国	独列	独列	未列出	互联网
起亚汽车	韩国	独列	独列	未列出	汽车
迪奥	法国	独列	独列	未列出	快消
富士通	日本	独列	独列	未列出	其他
三井物产株式会社	日本	独列	独列	未列出	其他
默沙东	美国	独列	独列	未列出	其他
三菱电机股份有限公司	日本	独列	独列	未列出	其他
摩根士丹利	美国	独列	独列	未列出	金融业
英国葛兰素史克公司	英国	独列	独列	未列出	其他
甲骨文公司	美国	独列	独列	未列出	互联网
住友商事	日本	独列	独列	未列出	金融业
巴克莱	英国	独列	独列	未列出	金融业
瑞银集团	瑞士	独列	独列	未列出	金融业
Talanx 公司	德国	独列	独列	未列出	金融业
埃森哲	爱尔兰	独列	独列	未列出	其他

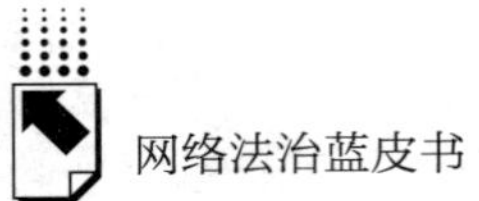

续表

公司名称	国别	台湾	香港	澳门	行业
铃木汽车	日本	独列	独列	未列出	汽车
麦当劳	美国	独列	独列	未列出	快消
日本电气公司	日本	独列	独列	未列出	其他
杜邦公司	美国	独列	独列	未列出	其他
SAP 公司	德国	独列	独列	未列出	互联网
雷神公司	美国	独列	独列	未列出	其他
Tesoro 公司	美国	独列	独列	未列出	其他
前进保险公司	美国	独列	独列	未列出	金融业
喜力控股公司	荷兰	独列	独列	未列出	快消
阿斯利康	英国	独列	独列	未列出	其他
安进	美国	独列	独列	未列出	其他
Altice 公司	荷兰	独列	独列	未列出	互联网
HM 公司	瑞典	独列	独列	未列出	快消
联合信贷集团	意大利	隶属	独列	未列出	金融业
大都会人寿	美国	未列出	独列	未列出	金融业
可口可乐公司	美国	未列出	独列	未列出	快消
德国中央合作银行	德国	未列出	独列	未列出	金融业
达能	法国	未列出	独列	未列出	快消
荷兰合作银行	荷兰	未列出	独列	未列出	金融业
任仕达控股公司	荷兰	未列出	独列	未列出	其他
圣戈班集团	法国	独列	隶属	未列出	其他
Alimentation Couche-Tard 公司	加拿大	独列	隶属	未列出	其他
瑞士 ABB 集团	瑞士	独列	隶属	未列出	其他
耐克公司	美国	独列	隶属	未列出	快消
斯巴鲁公司	日本	独列	隶属	未列出	汽车
3M 公司	美国	独列	隶属	未列出	快消
Facebook 公司	美国	独列	隶属	未列出	互联网
曼福集团	西班牙	独列	隶属	未列出	其他
Inditex 公司	西班牙	独列	隶属	未列出	快消
戴姆勒股份公司	德国	隶属	隶属	未列出	汽车
安盛	法国	隶属	隶属	未列出	金融业
本田汽车	日本	隶属	隶属	未列出	汽车
摩根大通公司	美国	隶属	隶属	未列出	金融业
雷普索尔公司	西班牙	隶属	隶属	未列出	其他
费森尤斯集团	德国	隶属	隶属	未列出	其他

续表

公司名称	国别	台湾	香港	澳门	行业
三星人寿保险	韩国	隶属	隶属	未列出	金融业
沃尔玛	美国	独列	未列出	未列出	其他
嘉能可	瑞士	独列	未列出	未列出	金融业
道达尔公司	法国	独列	未列出	未列出	其他
ADM 公司	美国	独列	未列出	未列出	其他
英特尔公司	美国	独列	未列出	未列出	互联网
联合利华	英国	独列	未列出	未列出	快消
电装公司	日本	独列	未列出	未列出	其他
高盛	美国	独列	未列出	未列出	金融业
日本三菱重工业股份有限公司	日本	独列	未列出	未列出	其他
马士基集团	丹麦	独列	未列出	未列出	其他
沙特基础工业公司	沙特	独列	未列出	未列出	其他
力拓集团	英国	独列	未列出	未列出	其他
途易	德国	隶属	未列出	未列出	其他

注："独列"指的是把港澳台相关地区列在中国领土之外；
"隶属"指的是把港澳台相关地区列为隶属于中国领土；
"未列出"指的是在该公司官网中未涉及中国港澳台相关地区。

（二）不当标注情况分析

从行业分布来看，所有互联网行业企业都把台湾单独列出，78%的互联网企业把香港单独列出，汽车行业和金融行业把台湾和香港隶属中国项下的比例相对较高，但也基本未达到一半（见表2）。

表2　不同行业跨国企业对我国港台地区单独标注的比例

单位：%

行业分布	台湾	香港
互联网	100	78
金融	61	72
汽车	57	43
快消	83	67
其他	86	59

有63家公司网站同时涉及台湾和香港地区，占500强企业总数的比为12.6%。这63家公司的国别分布见图2。

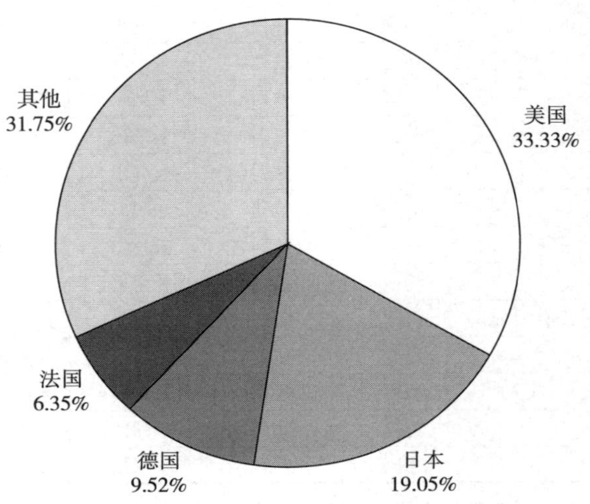

图2　63家在官网中同时涉及中国台湾和香港地区的全球500强企业

其中，把台湾和香港单独列出的公司分别有54家和46家。其中意大利的联合信贷集团把台湾标注为隶属于中国，而把香港列在中国之外。圣戈班集团、Alimentation Couche-Tard公司、瑞士ABB集团、耐克公司、斯巴鲁公司、3M公司、Facebook公司、曼福集团、Inditex公司等把香港标注为隶属于中国，但是把台湾独立在外（见表3、表4）。

表3　香港 * 台湾交叉列表

计数

		台湾		总计
		独列	隶属	
香港	独列	45	1	46
	隶属	9	8	17
总计		54	9	63

表4　官网同时涉及台湾和香港标注的全球500强企业

企业排名	公司	国家	台湾	香港
225	圣戈班集团	法国	独列	隶属
311	Alimentation Couche-Tard 公司	加拿大	独列	隶属
314	瑞士 ABB 集团	瑞士	独列	隶属
330	耐克公司	美国	独列	隶属
352	斯巴鲁公司	日本	独列	隶属
361	3M 公司	美国	独列	隶属
394	Facebook 公司	美国	独列	隶属
426	曼福集团	西班牙	独列	隶属
428	Inditex 公司	西班牙	独列	隶属
328	联合信贷集团	意大利	隶属	独立

就对我国台湾地区的标注情况而言，有76家全球500强公司的网站涉及台湾，其中独列的66家（见图3）。另有10家将台湾标注为隶属于中国，这些公司是戴姆勒股份公司、福特汽车公司、安盛、本田汽车、摩根大通公司、雷普索尔公司、联合信贷集团、费森尤斯集团、三星人寿保险和途易，显然汽车类和金融类全球500强企业更认同“一个中国原则”。ADM公司、道达尔公司、电装公司、高盛、嘉能可、力拓集团、联合利华、马士基集团、日本三菱重工业股份有限公司、沙特基础工业公司、途易、沃尔玛、英特尔公司等共13家全球500强公司官方网站，不涉及香港和澳门，但是把台湾单独列出。

就中国香港的标注情况而言，有70家全球500强企业官方网站涉及香港（见图4）。其中，将其独列的有53家，将香港列为隶属于中国的有17家。这17家分别是：戴姆勒股份公司、福特汽车公司、安盛、本田汽车、摩根大通公司、雷普索尔公司、费森尤斯集团、三星人寿保险、圣戈班集团、Alimentation Couche-Tard 公司、瑞士 ABB 集团、耐克公司、斯巴鲁公司、3M 公司、Facebook 公司、曼福集团、Inditex 公司。相比之下，有7家公司不涉及台湾，但是把香港单独列出，分别是达能、大都会人寿、德国中央合作银行、荷兰合作银行、荷兰皇家壳牌石油公司、可口可乐公司、任仕达控股公司。

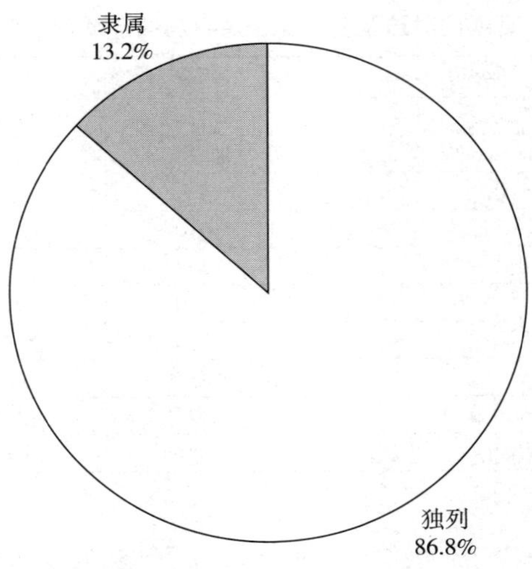

图3　76家在官网中涉及中国台湾的全球500强企业标注情况

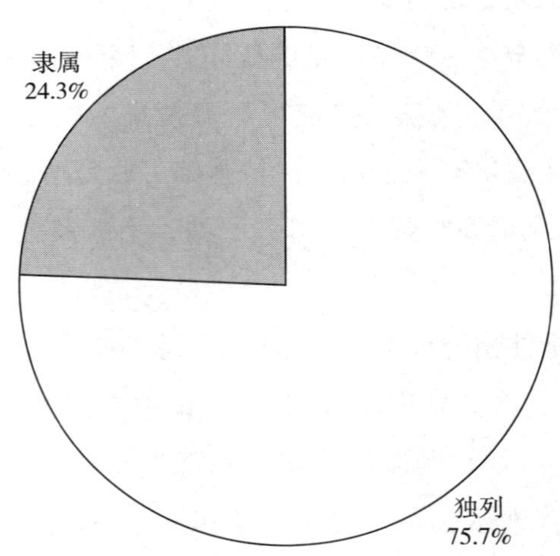

图4　70家官方网站中涉及中国香港地区标注的全球500强企业统计分类

就对中国澳门地区的标注情况而言，没有一家在官方网站中不涉及中国台湾和香港，而只将澳门单独列出的全球500强企业。实际上，涉及澳门分类的只有5家公司，而且它们在官方网站中都同时涉及港澳台地区。其中只有福特汽车公司把港澳台地区都视为中国的一部分，苹果、亚马逊、西门子、宏利金融则把港澳台都标注为独立于中国之外。

（三）涉及中国港澳台地区标注的全球500强企业国别情况

我们尝试对是否将台湾单独列出的全球500强企业的国别情况进行相关性检验。

卡方检验

	值	自由度	双侧近似P值
卡方值	550.941[a]	28	.000
似然比	373.891	28	.000
样本数	500		

a. 37单元格（82.2%）的期望计数少于5. 最小期望计数为02。

变量测度

			值	标准差	t检验	显著性
定类变量和定类变量	Lambda系数	对称	.420	.051	5.774	.000
		国家因变量	.250	.055	3.984	.000
		香港因变量	.614	.072	5.492	.000
	Goodman and Kruskal tau系数	国家因变量	.427	.031		.000[c]
		香港因变量	.677	.043		.000[c]
	Uncertainty Coefficient	对称	.518	.037	9.857	.000[d]
		国家因变量	.419	.034	9.857	.000[d]
		香港因变量	.677	.045	9.857	.000[d]

a. 没有假定零假设

b. 使用渐进标准差假定零假设

c. 基于卡方近似值

d. 似然比卡方

由检验结果可知，sig值小于0.05，说明国家类别与企业是否将台湾单独列出存在强相关关系，美国的企业官网上多把台湾单独列出，并且与中国并列。

通过对在官方网站中将香港单独列出的全球500强企业进行的国别检验也表明，两者之间存在强相关关系。由检验结果可知，sig值小于0.05，说明国家类别与企业是否将台湾单独列出存在强相关关系，美国的企业官网上多把香港单独列出，且与中国并列。

卡方检验

	值	自由度	双侧近似P值
卡方值	501.575[a]	28	.000
似然比	326.532	28	.000
样本数	500		

a. 37单元格（82.2%）的期望计数少于5。最小期望计数为03。

变量测度

			值	标准差	t检验量	显著性
定类变量和定类变量	Lambda系数	对称	.513	.044	7.093	.000
		国家因变量	.288	.057	4.351	.000
		台湾因变量	.750	.053	7.452	.000
	Goodman and Kruskal tau系数	国家因变量	.475	.028		.000[c]
		台湾因变量	.786	.037		.000[c]
	Uncertainty Coefficient	对称	.592	.032	11.549	.000[d]
		国家因变量	.480	.029	11.549	.000[d]
		台湾因变量	.770	.041	11.549	.000[d]

a. 没有假定零假设

b. 使用渐进标准差假定零假设

c. 基于卡方近似值

d. 似然比卡方

国别

		次数	百分比	有效的百分比	累积百分比
有效	美国	27	32.5	32.5	32.5
	日本	14	16.9	16.9	49.4
	德国	8	9.6	9.6	59.0
	法国	6	7.2	7.2	66.3
	荷兰	5	6.0	6.0	72.3

续表

		次数	百分比	有效的百分比	累积百分比
有效	瑞士	4	4.8	4.8	77.1
	英国	6	7.2	7.2	84.3
	韩国	3	3.6	3.6	88.0
	加拿大	2	2.4	2.4	90.4
	西班牙	3	3.6	3.6	94.0
	瑞典	1	1.2	1.2	95.2
	沙特阿拉伯	1	1.2	1.2	96.4
	丹麦	1	1.2	1.2	97.6
	意大利	1	1.2	1.2	98.8
	爱尔兰	1	1.2	1.2	100.0
	总计	83	100.0	100.0	

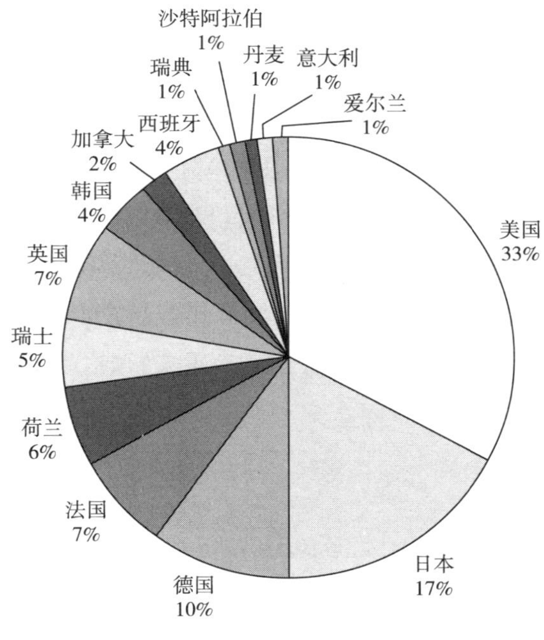

图5

整体而言，美国和日本企业更倾向于把台湾单独列出。比如，全球500强公司中美国公司132家，在公司官网涉及中国港澳台地区标注的美国500

强公司中，23 家公司把台湾单独列出，23 家中又有 17 家同时把香港单独列出，还有 2 家企业把澳门单独列出。

三　对策建议

随着中外交流的日益频繁，2017 年中国入境旅游人数已达 1.39 亿次，[①] 出境旅游也达 1.35 亿人次，[②] 出入境旅游人数累计超过 2.7 亿人次。数量如此巨大的出入境游客，主要是通过世界各国航空公司的营运服务来实现的，因此，外航对涉及我国港澳台地区的标注是否妥当，体现了这些企业对中国领土主权完整的尊重与否，十分重要。

据总部位于日内瓦的联合国贸易和发展会议（贸发会议）2018 年初发布的报告，2017 年中国吸引外国直接投资 1440 亿美元，创历史新高，我国继续成为吸引外资最多的发展中国家，也是继美国之后全球第二大外资流入国。[③] 商务部数据显示，2018 年 1 月，全国新设立外商投资企业 5197 家，同比增长 158.6%，创下 2015 年 9 月以来单月新高。[④] 就世界 500 强企业而言，根据商务部的数据，早在 2012 年，世界 500 强公司中就有约 490 家在中国投资，跨国公司在华设立的研发中心、地区总部等功能性机构已经达到 1600 余家。[⑤] 因此，外商企业尤其是在华有经营业务的世界 500 强企业对中国主权领土完整的尊重，对我国国家利益有重大影响。我国应采取措施，着力解决其中存在的问题。

---

① 参见 http：//www. cnr. cn/sxpd/ws/20180628/t20180628_ 524285135. shtml，最后浏览日期为 2018 年 11 月 7 日。

② 参见 http：//world. people. com. cn/n1/2018/1106/c1002 - 30383500. html，最后浏览日期为 2018 年 11 月 7 日。

③ 参见 http：//finance. ifeng. com/a/20180124/15944447_ 0. shtml，最后浏览日期为 2018 年 11 月 7 日。

④ 参见 http：//www. ocn. com. cn/hongguan/201803/qdvyw02112159. shtml，最后浏览日期为 2018 年 11 月 7 日。

⑤ 国勇：《世界 500 强公司中已有 490 家在中国投资》，《企业改革与管理》2012 年第 7 期。

（一）从观念上重视跨国企业对中国领土主权的尊重情况

从以上调研中不难发现，错误标识中国领土的问题在世界500强的境外企业中也并非少数。出现此类状况的原因可能多种多样，大体可以分为两类：明知故犯，或者由于技术或内容管理工作人员相关知识不足等原因造成，也就是不知而犯。但不论对于客观上侵犯了我国领土完整的行为是否知情、是否故意，都表明这些企业的相关负责人在此问题上没有足够的重视。最起码，必须让在华开展业务的跨国企业在观念上明白尊重中国的领土主权完整、承认“一个中国”原则的极端重要性。

一方面，我国政府尤其是外事部门工作人员，以及海关、机场等重要交通枢纽的经营者或工作人员，必须在头脑里对国家主权和领土完整有清晰的认识。比如，首都机场和国内的一些机场，虽然出于惯例将航站楼区分为国内和国外及港澳台，但在中文或外语的标识上，应该尽可能清晰地标注港澳台地区的国籍属性，准确的标注方法应该是国际及（中国）港澳台航班，在港澳台前以括号的形式加注“中国”。而实际上，我国有些机场在这个问题上做得并不好。

另一方面，我国政府、企事业单位的组织与个人，也都有义务通过种种形式，在国内外各种场合，以妥当的方式宣示中国政府的立场，以及对港澳台及疆藏地区系中国合法领土的客观事实。只有自己心里明白了，才能让别人明白。

特别重要的是，要通过有理有利有节的方式，让国外政府、社会组织、公司及公民个体也认识到港澳台与疆藏同属中国合法领土的事实与国际法依据；对于故意宣扬或者以其他方式损害中国领土主权完整的行为，在必要时要让其付出包括法律代价在内的足够代价。“一个中国”原则有着充足的国际法和国内法依据，中国主权领土完整是国家的核心利益，必须让与中国领土主权完整有关的法律显示出其锋利的牙齿。

（二）完善相关法律法规，敦促外国企业遵守中国主权领土

通过前述法律研究可以看出，目前在中国，对于此类侵犯我国领土

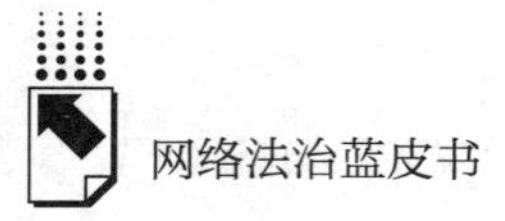

完整的行为，《网络安全法》《全国人民代表大会常务委员会关于维护互联网安全的决定》《互联网信息服务管理办法》《中华人民共和国外资企业法实施细则》《互联网信息内容管理行政执法程序规定》等法律法规规章中均有禁止性规定。但随着我国对外经济活动和人员往来的不断加强，对于此类行为应当在《网络安全法》或者相关部门规章中进一步细化完善，着重针对在官网或者移动应用程序中错误标识我国领土范围、侵犯我国领土完整的行为，并明确处罚措施，敦促外国企业遵守中国主权领土完整。

但整体来说，我国法律在此问题仍然有不足。比如，对于未在中国经营的跨国企业或者外国企业，其官网对中国领土有不当标注的情况且影响恶劣的，该如何处理？对于在华经营或者虽然未在华经营，但对中国人提供服务的境外企业，有类似情况发生时，应如何处置？具体该如何设置罚则，惩罚到何种程度？法律都应该有更详细的规定。

（三）利用现行法律法规，坚决处置相关违法违规行为

对于跨国公司或境外企业违反“一个中国”原则，不尊重中国领土主权的行为，中国现行法律也并不是无可奈何。《网络安全法》第50条规定：“国家网信部门和有关部门依法履行网络信息安全监督管理职责，发现法律、行政法规禁止发布或者传输的信息的，应当要求网络运营者停止传输，采取消除等处置措施，保存有关记录；对来源于中华人民共和国境外的上述信息，应当通知有关机构采取技术措施和其他必要措施阻断传播。”因此，保存有关记录或者阻断其传播，是必须采取的第一步。对于设立在国内的跨国企业，应当严格依据《全国人民代表大会常务委员会关于维护互联网安全的决定》第二条规定追究相关责任人的刑事责任或者依据《中华人民共和国外资企业法实施细则》第五条第一项撤销涉事企业的注册；也可以根据国家网信办出台的《互联网信息内容管理行政执法程序规定》对相关企业予以处罚。

（四）鼓励监督举报，号召我国民众对违规企业进行市场惩罚

政府在监督跨国企业尊重中国国家领土主权完整的工作中起着主导作用，但也要积极回应我国民众在遇到此类事件中的爱国热忱。有关部门应该设立相关机构，公布监督举报方式，收集群众举报的跨国企业网站或APP错误标注我国领土的行为，取证过后移交相关主管部门依法处置。

根据国家网信办颁布的《互联网信息内容管理行政执法程序规定》第六条的规定：“行政处罚由违法行为发生地的互联网信息内容管理部门管辖。违法行为发生地包括实施违法行为的网站备案地，工商登记地（工商登记地与主营业地不一致的，应按主营业地），网站建立者、管理者、使用者所在地，网络接入地，计算机等终端设备所在地等。”对于以上公司在互联网上公布内容不当行为的处罚遵行违法行为发生地（属地）管辖的原则,① 我国互联网信息内容管理部门针对这种不当行为享有管辖权。

如果上述公司网站上涉及地图，还可以根据《地图管理条例》的规定，对于违反互联网地图服务的行为做出警告、罚款、没收违法所得、责令停业整顿等处罚。②

回到文初，对于在航线设置以及领土标识上违反我国国家主权情况的航空公司，我国同样有权要求其改正。依据《中华人民共和国民用航空法》第二条的规定“中华人民共和国的领陆和领水之上的空域为中华人民共和国领空。中华人民共和国对领空享有完全的、排他的主权。”《国际民用航空公约》也有国家主权的表述，认为“缔约各国承认每一国家对其领空具有完全的、排他的主权”。

---

① 具体的管辖权的配置可见《互联网信息内容管理行政执法程序规定》第6条至第13条。

② 《地图管理条例》第54条至第55条。

国际法治

The International Rule of Law

B.15

网络战争的国际法规制和中国对策

——从北约《塔林手册》切入

陈　颀*

摘　要： 网络战争是网络安全治理的一个前沿问题，其核心法律争议在于网络战争是完全适用于现行国际法，还是需要创造新的国际立法。北约卓越合作网络防御中心邀请专家组编纂的《塔林手册》号称是完全适用现行国际法的“第一部网络战争规范法典”，而事实上，《塔林手册》在关键法律问题上的规则创制多于对现行国际法的适用。中国网络安全和网络战争的法律对策是：在国际法上争夺网络战争法律解释话语权，并在“总体国家安全观”指导下，实施《网络安全法》，推动网络安全的国际立法，避免网络空间的“军事化”。

* 陈颀，重庆大学人文社会科学高等研究院副教授。

关键词： 网络安全　网络战争　国际法　塔林手册

一　导论：网络安全与网络战争的国际法问题

近年来，全球范围内的网络安全和治理问题越来越受到各国政府重视。世界主要国家对网络空间战略的价值认识不断深化，把网络空间安全提升到国家安全战略高度，注重加强战略筹划与指导。2012 年 7 月，《华尔街日报》发表的一篇题为《认真对待网络攻击》专栏文章中，美国总统奥巴马提出警告："来自网络空间的威胁是美国面临的最严峻的经济和国家安全挑战之一。"[①] 目前美、英、法、德、俄等主要国家都制定了网络空间安全战略。澳、加、荷、捷等国家相继跟进，旨在增强综合国力，保障国家安全。

美国学者阿尔温·托夫勒（Alvin Toffler）曾预言："谁掌握了信息，控制了网络，谁就拥有整个世界。"[②] 在互联网时代，国际法已经从地域空间、外太空扩展到网络空间，国家主权也从领土、领空扩展到"信息边疆"。与现实世界的三个世界划分类似，互联网上也可以划分为三个世界。[③] 按照网络上的主导权来划分，分为网络（被）殖民国家、网络霸权国家和网络主权国家。大多数国家属于网络空间的（被）殖民国家。网络霸权国家有且只有一个，那就是美国，奉行网络进攻型战略。网络主权国家指中、俄、德、法、英、日、印等基本掌握本国网络主导权，奉行网络防御型战略的少数国家。国家之间网络斗争可以分为三个层面：媒体话语层面的舆论战，网络基础设施的资源－市场战，以及国家之间的网络战争。

① Barack Obama, Taking the Cyberattack Threat Seriously, *Wall Street Journal*, Jul. 19, 2012, http://online.wsj.com/article/SB10000872396390444330904577535492693044650.html. 本文所有网络材料的最后浏览时间均为 2018 年 3 月 10 日，特此说明。

② 〔美〕阿尔温·托夫勒：《创造一个新的文明——第三次浪潮的政治》，陈峰译，上海三联书店，1996，第 31 页。另参见阿尔温·托夫勒《预测与前提——托夫勒未来对话录》，粟旺译，国际文化出版公司，1984，第 113～126 页。

③ 方兴东：《互联网的三个世界和三大战役》，《环球时报》2013 年 7 月 16 日第 15 版。

首先是舆论战。2011 年以来，中美两国关于网络安全之间的互相指责时有发生。《纽约时报》2013 年 2 月 18 日援引美国网络安全公司 Mandiant 的一份报告摘要称，该公司历时 6 年追踪 141 家遭受攻击企业的数字线索，证实实施攻击的黑客组织隶属于“总部设于上海浦东一栋 12 层建筑内的中国人民解放军……部队”。[①] 中国外交部发言人洪磊则回应，中国政府一贯坚决反对并依法打击网络攻击行为。[②] 事实上，中国是网络攻击的主要受害国之一。根据中国国家互联网应急中心发表的报告，2012 年，在中国遭受的网络攻击中，源自美国的网络攻击数量名列第一。[③] 晚近“棱镜门”事件爆发扭转中美网络舆论战的焦灼局面，使得美国的全球网络监控政策遭遇到包括中俄和盟国在内的全世界国家的质疑和批评。

其次是资源 - 市场战。主权国家之间掌握网络基础设施、域名系统、硬件和终端以及软件的网络资源极不平衡。全球互联网核心基础设施，比如根服务器、域名服务器等主要放在美国，尽管直接控制者已不是美国政府，但是实际控制者依然如故。[④] 全球互联网基础设施的主要供应商基本是美国公司，这使得其他国家很难在这一层面与美国展开正面交锋。作为对策，中国近年来加强了信息基础权力，奠定互联网主权的基础。具体而言，在物理传输层，经过三次电信改革，国有企业在电信市场已经牢牢树立了垄断地位；在逻辑层，国家通过域名系统（特别是中文国家顶级域名）和网站注册备案制度确保大部分互联网站可管可控；在代码层，国家力图驯化操作系统，并鼓励扶持自主开发移动终端、芯片和操作系统。[⑤]

① China's Army Is Seen as Tied to Hacking Against U. S，Feb. 18，2013 *NY Times*，http：//www. nytimes. com/2013/02/19/technology/chinas - army - is - seen - as - tied - to - hacking - against - us. html.

② 《2013 年 2 月 20 日外交部发言人洪磊主持例行记者会》文字实录，中国外交部网站，网络链接：http：//www. fmprc. gov. cn/mfa_ chn/fyrbt_ 602243/t1015146. shtml。

③ 国家互联网应急中心：《2012 年中国互联网网络安全报告》，http：//www. cert. org. cn/publish/main/upload/File/2012Report. pdf。

④ 王东宾：《根、天皇与互联网》，《经略》网刊 2013 年 11 月号（第 33 期）。

⑤ 更为详细论述见胡凌：《塑造信息基础权力：中国对互联网主权的追寻》，《文化纵横》2015 年第 6 期。

最后是国家之间的网络战争。一方面，作为网络霸权国家的美国有意愿和能力成为网络空间的规则制定者，因其资源和市场庞大，容易遭受其他国家、组织甚至是个人的网络攻击。另一方面，主要作为网络防御方的网络主权国家，在面临网络霸权国家压力下的主要任务是确立并完善自己有效的网络空间安全防御型战略。广义的国家网络安全问题涉及问题非常多，网络犯罪、网络间谍、网络恐怖主义和网络战争行为等相互交织的复杂网络攻击行为。[①]

“网络战争”是网络安全和治理的一个前沿问题，无论是在学术界，还是各国政府和联合国等国际组织的法律或政策文件中，尚未存在一个得到广泛认同的定义。[②]而且，“网络战争”也常常被修辞性的使用，常常与网络犯罪、网络间谍和网络攻击等网络行为混淆。[③]尽管如此，本文所指的“网络战争”不是修辞性或日常语言意义上的概念，而是指适用于《联合国宪章》（以下简称“《宪章》”）、武装冲突法等国际法管辖的网络攻击行为。[④]

从网络空间的冲突实例中，被广泛认为接近国际法意义上的“网络战争”的标志事件是 2007 年爱沙尼亚、2008 年格鲁吉亚、2010 年伊朗和 2014 年乌克兰发生的网络攻击。2007 年，北约盟国爱沙尼亚遭到网络攻击后，第二年北约在爱沙尼亚首都塔林设立网络安全中心。[⑤] 这一年，在俄罗

① 王孔祥：《网络安全的全球治理》，《“网络治理与公民权利”学术研讨会论文集》，上海大学，2013。

② 追溯和总结“网络战争”的学术和实践讨论的一个学理尝试，见 O. A. Hathaway et al.. “The Law of Cyber-Attack”, *California Law Review*, Vol. 100. No. 4, 2012, p. 823。

③ 在某种程度上，国内相当一部分的“网络战争”论述是在修辞意义上使用“网络战争”的概念，如东鸟《2020，世界网络大战——网络空间的国家阴谋与较量》，湖南人民出版社，2012。

④ 相关中文论著中，较有参考价值的研究见朱雁新《计算机网络攻击之国际法问题研究》，中国政法大学博士学位论文，2011，特别是第 4 ~ 7 页的文献综述部分；一个较为全面的综述另见朱峰：《网络安全的国际法研究》，载张平编：《网络法律评论》第 18 卷，北京大学出版社，2016。

⑤ 《北约将设立互联网安全中心》，新华网，http：//news. xinhuanet. com/newmedia/2008 - 02/08/content_ 7583204. htm。

斯与格鲁吉亚爆发冲突期间，网络攻击伴随着武装冲突进行，导致格鲁吉亚的政府和媒体网站无法登陆，电话占线等“网络隔绝”的状况，被评论家认为是第一场与传统军事行动同步的网络攻击。①而2010年7月，伊朗布舍尔核电站遭受“震网”（Stuxnet）病毒攻击被不少专家认为是第一次真正意义上的“网络战争”。布舍尔核电站是伊朗首座核电站，“震网”病毒攻击该核电站使用的德国西门子工业控制系统，至少有三万台电脑“中招”，五分之一的离心机瘫痪，致使伊朗核发展计划被迫延缓两年。外界普遍认为，美国和以色列军方机构是“震网”病毒的直接“开发商”。②2014年乌克兰政治危机以来，乌克兰数十个电脑网络近来遭到一种攻击性强的网络武器袭击。全球第三大军品公司英国BAE系统公司发布报告指出，一种名为“蛇”（Snake）的新型网络病毒，近来袭击乌克兰的电脑网络，至今已接获通报32起；同一时期，全球总共发生了56起同类袭击事件。③

上述网络攻击事件是否符合国际法上的战争概念呢？当代国际法对战争的规制主要表现为两个方面，一是诉诸战争权（*jus ad bellum*）的问题，二是战争行为（*jus in bello*）的问题。这两个方面深植于以《宪章》和《日内瓦四公约》体系为核心的国际法规范体系中，它们对“武力”“使用武力”“武器”“自卫”“武装攻击”“武装力量”等战争相关术语的理解有着深刻的战争史的烙印。就媒体披露的信息而言，以上事件都没达到《宪章》第51条的“武力攻击”（armed attack）的标准，因而不属于国际法意义上的“网络战争”。使用武力（use of force）和武力攻击是两个不同的法律概念，分别出现在《宪章》第2条第4款和第51条之中。《宪章》并未具体界定武力攻击的概念，然而国际法学界通常认为使用武力必须达到“相当严重性”的程度才

---

① 张哲、韩晓君：《第一次网络世界大战会否打响？网络战：并不虚拟》，《南方周末》2009年2月19日第17版。

② 《因遭“震网”病毒袭击伊朗核电站可能发生泄露事故》，人民网，http://world.people.com.cn/GB/13858728.html。

③ 《乌克兰电脑网络遭“蛇”袭黑手疑为俄罗斯》，新加坡《联合早报》，http://www.zaobao.com/special/report/politic/ukraine/story20140310-319023。

能构成武力攻击，如造成人员伤亡或重大财产损失。[1] 首先，就上述网络攻击的程度而言，其损失并不明确，其严重性也并未达到国际法对武力使用的“扩大解释”。其次，上述网络攻击事件的攻击方并不明确，尽管存在种种猜测，但是既没有足够证据指向特定国家，也没有任何国家承认自己是攻击方。

尽管国际法意义上的网络战争尚未发生，然而网络战争的时代已经到来。[2] 世界各国和相关国际组织也在积极探索网络战争的国际法规则。近年来，中俄与美国及其北约盟国在网络安全的国际行为守则问题上交锋不断。在国际社会难以达成共识确立网络战争的一般国际法规范的前提下，非国家组织制定和编纂网络战争的规则指南，成为国际法学术和实践领域的一个新动向。在这个背景下，由北约卓越合作网络防御中心（Cooperative Cyber Defence Centre of Excellence，NATO CCD COE，以下简称北约 CCD COE）邀请国际专家组（International Group of Experts）编纂，2013 年 3 月由英国剑桥大学出版社出版，被称为“第一部网络战争规范法典”的《塔林手册》（Tallinn Manual）便成为网络战争的国际法研究的新热点。[3] 此外，经过包括武汉大学黄志雄教授在内的国际专家组的参与，《塔林手册 2.0》也于 2017 年在剑桥出版社出版，[4] 并做了小范围的修订。[5]

---

① Military and Paramilitary Activities in and against Nicaragua（Nicaragua v. United States of America），I. C. J Judgment of 27 June 1986，paras. 191，195，211. 另参见余民才《“武力攻击”的法律定性》，《法学评论》2004 年第 1 期。

② 这方面的论述很多，例如两位美国智库学者用以色列对叙利亚（2007）、美国对伊拉克（2003）的实例，以及美国网络空间战略司令部举行美国与中国在南海军演的网络战争演习（具体时间不详），论证网络战争的真实性，参见〔美〕理查德·A. 克拉克、罗伯特·K. 科奈克《网电空间战》（Cyber War），刘晓雪等译，国防工业出版社，2012，第 8 ~ 16、163 ~ 169 页。本书作者之一理查德·克拉克前美国国防部助理，服务过七届美国总统，担任过乔治·布什、比尔·克林顿两位总统的网络安全特别顾问。

③ Michael N. Schmitt（gen. ed.），*TallinnManualon the International Law Applicable to Cyber Warfare*，Cambridge：Cambridge University Press，2013. 以下引用简称为“Tallinn Manual”。

④ Michael N. Schmitt（gen. ed.），*Tallinn Manual2. 0 on the International Law Applicable to Cyber Warfare*，Cambridge：Cambridge University Press，2017.

⑤ 相关评介参见朱莉欣、武兰：《网络空间安全视野下的〈塔林手册 2. 0〉评价》，《信息安全与通信保密》2017 年第 7 期。下文主要讨论《塔林手册》第一版（1. 0），并在第四节讨论第二版（2. 0）的修改。

二 《塔林手册》与网络战争的国际法规则

《塔林手册》的全称是《适用于网络战争的塔林国际法手册》，其国际专家组和编写成员由几十位法律学者、法律实务专家和技术专家组成，分别来自美国、加拿大、德国、英国。其中，总编辑1人，编委会成员2人，法律组主持专家2人，法律专家2人，技术专家2人，观察员2人，同行评议专家13人，项目协调1人，项目经理1人，书记员2人，法律研究人员6人。[①] 总编辑迈克尔·施米特（Michael N. Schmitt）系美国海军学院国际法系的斯托克顿（Charles H. Stockton）讲座教授兼主席，英国埃克赛特（Exeter）大学国际公法教授，以及北约CCD COE中心高级研究员。施米特教授在《塔林手册》的导言中强调，编纂手册的国际专家组是一个独立的学术组织。值得注意的是，专家组中像施米特这样具有学界和军方的双重背景的专家为数不少，而且不少编委会、法律专家、同行评议专家以及全部的技术专家、书记员和项目协调、项目经理都来自北约或各国军方。比如，编委会成员布思比（William H. Boothby）前空军准将曾任英国皇家空军法律事务部副主任。此外，专家组的5位观察员分别来自美国网络指挥部、红十字国际委员会和北约最高盟军统帅部总部。[②] 因此，从发起机构和国际专家组的人员构成以及编纂过程可以推断，《塔林手册》兼有学术、政治和军事的多重背景。[③]

在施米特撰写的导言中，《塔林手册》与关于海战的《圣雷莫手册》(San Remo Manual)[④] 和《空战和导弹战手册》[⑤] 等国际法手册的目的类似，

---

① Tallinn Manual, pp. x-xiii.

② Tallinn Manual, pp. xiii.

③ 以施米特教授为代表的专家组的学术能力的一个考察，见 O. Kessler& W. Werner, ‘Expertise, Uncertainty and International Law: A study of the Tallinn Manual on Cyber warfare, *Leiden Journal of International Law*, Vol. 26, 2013。

④ Louise Doswald-Beck 编：《圣雷莫海上武装冲突国际法手册》，任筱锋等译，海潮出版社，2003。

⑤ Program on Humanitarian Policy and Conflict Research at Harvard University (ed.), *HPCR Manual on International Law Applicable to Air and Missile Warfare*, Cambridge: Cambridge University Press, 2013.

都是为了考察和检验现存国际法规则能否适用于“新”的战争形式。《塔林手册》的基本立场是现有国际法规范完全可以适用于“网络战争”，国际社会无须创制新的国际法规范以管辖网络行为。由此出发，《塔林手册》限定其讨论网络（攻击）行为的范围。首先，在诉诸战争权层面，本手册只讨论达到“使用武力”程度的网络行为，而不讨论主要由国内法管辖的一般网络犯罪。其次，在战时法层面，本手册只讨论涉及“武装冲突”（armed conflict）的网络行为，而通常不涉及诸如国际人权法或国际电信法的管辖领域。在这个意义上，《塔林手册》讨论的是狭义（*strictu sensu*）的网络攻击行为，如针对某国核设施的网络操作或者针对敌方指挥官或指挥系统的网络攻击，而不包括已经纳入传统国际战争法讨论的机动（kinetic）武器攻击，如轰炸敌方网络指挥中心等，也不包括无线电干扰（jamming）等电子攻击形式。①

在国际法适用问题上，《塔林手册》的基本立场是现行法（*lex lata*）完全可以适用于网络战争，无须就此问题诉诸应然法（*lex ferenda*），或创造新的法律。为了达到约束所有国家的法律目标，国际专家组承诺《塔林手册》的特定规则已经尽可能接近现行国际法的基本原则和规范，而非基于特定组织或国家的立场。国际专家组宣称《塔林手册》的95条规则是专家组从现行法出发并最终达成一致意见的国际法适用。为了达致现行国际法适用的基本目的，专家组宣称《塔林手册》详尽地参照了现行国际条约、国际惯例、被文明国家公认的一般法律原则、司法判决和各国最优秀的国际公法学家的学说教义等广义的国际法渊源。②

在法律结构上，《塔林手册》分为《国际网络安全法》和《（网络）武装冲突法》两大部分，分9个章节，前一部分2章，后一部分7章，总共95条规则。在每个部分、章节和规则下，国际专家组附加长短不一的评注（commentary）以阐释相关概念和规则的法律依据以及专家组在阐释问题上

① Tallinn Manual, p. 5.

② 需要指出，国际司法判例和公法家学说是辅助渊源，不具有普遍拘束力。国际法渊源权威来源参见 Statute of the International Court of Justice, 26 June 1945, 59 Stat. 1055, Art 38（1）。

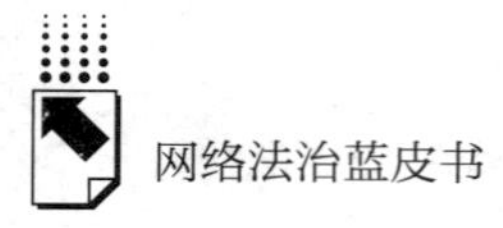

的分歧。

在对《国际网络安全法》的标题评注中，国际专家组强调，“国际网络安全法”并非一个独立的国际法领域，而是现有“诉诸战争权”和“战时法”的适用。[①] 该部分诸如“主权”“管辖权”“国家责任”等核心概念完全基于现行国际法的基本原则和规范。因此，“国际网络安全法”不是一个规范性术语，而是一个描述性术语。

在这一部分，第一章为“国家与网络空间”，主要内容是确定国家、网络基础设施（cyber infrastructure）与网络行为之间的基本国际法关系。第一章第一节为“主权、管辖权和管制”，由 5 条规则构成。规则 1 是“国家主权”原则，规定“一国可对本国领土范围内的网络基础设施和网络活动施加管制”。在这个基础上，规则 2 规定一国对“其领土内参与网络活动的个人、位于其领土内的网络基础设施以及国际法规定的治外法权地”享有“管辖权”。规则 3 是船旗国与登记国的管辖权；规则 4 规定主权豁免权；规则 5 规定国家对本国网络基础设施的管理义务。第一章第二节为“国家责任”，由 4 条规则构成。规则 6 规定“一国对归属于其的网络行动负有国际法责任”。规则 7 规定了经由一国政府网络基础设施发动的网络攻击可以导致该国成为攻击嫌疑国，而规则 8 则规定，经由一国网络设施路由发生的网络行为不足以确定行为的归属国。规则 9 认可受网络攻击国对责任国采取适当比例的反措施（countermeasures）。

第二章是关于“使用武力”的规定。国际专家组强调，本章对“禁止使用武力”和“自卫”的概念使用，完全来源于《宪章》第 2 条第 4 项的法律分析。[②] 第二章第一节关于“禁止使用武力”，由 3 条规则构成。规则 10 规定，“禁止威胁或使用武力”。专家组指出，使用武力的具体主体可以是情报机构甚至是私人承包商。规则 11 是关于“使用武力的定义”，即“网络行动的规模和影响达到构成使用武力的非网络行动的程度，即构成使

① Tallinn Manual, p. 13.

② 对本条款的学理分析，参见黄瑶：《论禁止使用武力原则：联合国宪章第二条第四项法理分析》，北京大学出版社，2003。

用武力”。规则 11 毫无疑问是《塔林手册》最为关键的规则之一。从判断使用武力的法律标准而言，这条规则的 8 个具体标准主要采纳了“后果标准”，并反映在后文的具体规则上。规则 12 规定了“武力威胁”的定义。第二章第二节关于“自卫权”，由 5 条规则构成。规则 13 规定一国成为达到武力攻击程度的网络行动的目标时可行使自卫权。对于网络攻击造成何种程度的伤亡、破坏和毁灭才算“武力攻击”，专家们存在争议。他们普遍认为，2007 年爱沙尼亚遭受的网络攻击不构成“使用武力”，而有部分专家认为 2010 年伊朗遭受的网络攻击已经构成“使用武力”。大多数专家认为，网络攻击的意图本身并不重要，而且国家有权对个人或组织发起的网络攻击（战争）进行自卫反击。尽管在规则 14 和 15 中，手册规定了自卫使用武力的“必要性和比例性”，以及在遭遇武力攻击的“迫近性和即时性”时的自卫权。规则 16 和 17 根据《联合国宪章》规定了网络战争的“集体自卫权”和报告联合国安理会的义务。第三节也是本章最后一节规定了“国际间政府组织行为”，即规则 18 和规则 19。这两条规则规定了联合国安理会以及根据安理会命令或授权的区域组织的使用武力的权力。

在《（网络）武装冲突法》的部分中，第一个章节也就是第三章是关于武装冲突法的一般规定，由 5 条规则构成。规则 20 规定达到武装冲突境地的网络行为应当受到武装冲突法的管辖。规则 21 关于网络战争的地理限制。规则 22 和 23 分别规定了引发和不引发国际武装冲突的网络行为的法律特征。规则 24 规定了网络战争中的指挥官的战争犯罪责任。

第四章定义“敌对行为”，这是本手册最长也是最重要的一章。第一节定义何谓“参加武装冲突”，由 5 条规则构成。规则 25 至规则 29 规定了不同类型和性质的网络攻击参与者的不同法律后果，包括军人、全民动员（*levée en masse*）、雇佣兵和平民。第二节规定“一般的攻击行为”，由 2 条规则构成。规则 30 是一条重要规则，它定义了网络攻击，即“预期会造成人员伤亡或者物品损毁的网络行动（无论进攻或防御）”。规则 31 则区分了战士与平民。从规则 32 到规则 36 是第三节，关涉“对人的攻击”，包括“禁止攻击平民”“军民双重身份”“合法攻击对象”“平民参与敌对行动”

"禁止恐怖主义攻击"等5条规则。从规则37到规则40是第四节，关涉"对物的攻击"，包括"禁止攻击民事目标""民事与军事目标的区分""同时具有民事和军事目的的网络设备属于军事目标""怀疑为双重目标"等4条规则。从规则41到规则48是第五节，关涉网络战争的"手段和方法"。规则41是"手段和方法"（means and methods）的基本定义。规则42规定禁止网络战争引发不必要的伤害和多余的苦痛。规则43禁止不区分平民和军人的无差别的网络战争。规则44禁止网络诱杀装置（boody trap）。规则45禁止饿死平民的网络战争行为。规则46规制"交战报复"行为，禁止网络攻击"囚犯、被关押平民、退出战斗的敌人（hors de combat）以及医务方面的人员、设施、车辆和设备等"。而且，"交战报复"和"交战武器"必须受到《日内瓦四公约第一议定书》的规制（规则47和48）。规则49至规则51是第六节，关涉网络"攻击行为"，包括"禁止无差别攻击""区分主要用于民事目的的军用目标"和"网络攻击的比例性"等3条规则。规则52至规则59是第七节，关涉网络攻击"预防"。在本节的标题评注中，专家组强调预防的"可行性"（feasibility）而非"合理性"（reasonable），这是因为网络攻击在手段和技术上不同于海陆空攻击的特殊性。进攻方负有"对民事目标的细致区分"（规则52）、"核实目标"（规则53）、"精选手段和方法"（规则54）、"根据比例原则预防"（规则55）、"精选攻击目标"（规则56）、"取消和悬置攻击"（规则57）以及"攻击警告"（规则58）等预防义务；受攻击负有尽最大限度的可行性保护平民或民事目标的义务（规则59）。规则60至规则66是第八节，关涉"背信弃义、不当使用和间谍"。规则60规定交战方在网络战争发生时禁止背信弃义，这源于《日内瓦四公约第一议定书》第37条第1款的规定。规则61相当重要，这一条承认网络战争策略（ruses）的合法性，列举了8个可被允许的网络战战术。规则62禁止交战方在网络战争行为中使用诸如红十字等武装冲突法保护和认可的特别标志。类似的，规则63禁止交战方在网络战争行为中使用联合国徽章。规则64禁止交战方在网络战争行为中使用敌方标志。规则65禁止交战方在网络战争行为中使用中立标志。规则66规定战时网络间谍行为不受武装冲突法管辖。规则 67 至规则 69 是第九节也是本章最后一节，关涉网络“封锁和禁区”。专家组首先区分网络封锁与传统的通讯干扰，进而认为，为了达成有效的网络封锁，可以借助网络攻击之外的其他攻击手段。

第五章规定网络战争中的“特定人员、目标和行为”的保护，这种保护义务来源于国际人道法。[①] 规则 70 至规则 73 是第一节，涉及“义务和宗教人员，以及医用设备、交通工具和材料”的保护。规则 74 是第二节，涉及“联合国人员、设施、物资、设备和车辆”的保护。规则 75 至规则 77 是第三节，涉及“被拘留人员”的“不受网络行为影响”（规则 75）、“各类别一视同仁”（规则 76）以及“不应被强迫反对祖国”（规则 77）的权利。第四节即规则 78 是儿童保护条款，规定儿童不应被招募或允许参加网络战争。第五节即规则 79 是记者保护条款。第六节即规则 80 规定为了保护平民，在攻击水库、堤坝和核电站等蕴含危险力量的工程和设施时，网络攻击方必须格外小心。[②] 第七节即规则 81 保护对“平民生存不可或缺的目标”，比如与电力、灌溉、自来水和食物生产相关的网络基础设施。第八节即规则 82 规定尊重和保护网络“文化财产”，并禁止数字文化财产用于军事目的。第九节即规则 83 规定网络战争保护自然环境。第十节即规则 84 规定保护外交档案和通讯。第十一节即规则 85 禁止通过网络手段实行集体惩罚和规则 86 规定网络行为不得过度妨碍人道主义援助。

第六章基于武装冲突法中规制有关“占领”的网络行为，因此不涉及非武装冲突法的占领行为。规则 87 规定尊重被占领土的受保护人员。规则 88 规定占领方应当尽一切努力重建和保证被占领地区的公共秩序和安全，维持包括适用于网络行为的法律秩序。规则 89 规定占领方应该尽力维持自身的普遍安全，包括网络系统的完整和可靠。规则 90 规定征收和征用被占领地区的网络基础设施的合法性。

---

① 保护战时平民、战斗员及受害者的一系列国际法是国际人道法。国际人道法的主要文件是 1949 年的《日内瓦公约》和 1977 年的两个《附加议定书》。国际司法判例认可重审“马尔顿条款”。

② 格外小心，并非禁止。

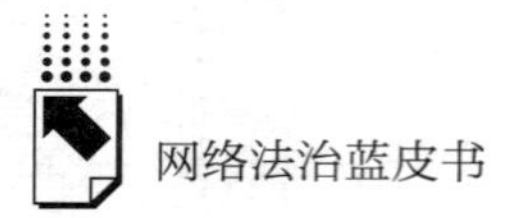

第七章也是《塔林手册》最后一章规定了基于武装冲突法的网络战争的中立法，由 5 条规则构成。规则 91 禁止交战国针对中立国的网络设施实施基于网络手段的交战权利（belligerent right）实践。规则 92 禁止针对中立领土的网络设施实施基于网络手段的交战权利实践。规则 93 规定中立国不应故意让交战方使用位于其领土或实际控制下的网络基础设施以实践其交战权利。规则 94 规定如果中立国未能阻止位于其领土的交战行为，那么武装冲突的受侵犯方可以采取包括网络行为在内的必要措施进行反击。规则 95 规定一国不得依据中立法合理化而做出不符合《联合国宪章》第七章规定经安理会决定的预防性或强制性措施的行动（包括网络行动）。

作为一部由专家编纂的学术性的网络战争的国际习惯法规则的建议性指南，《塔林手册》既不是北约官方文件或者法律政策，也不是一部具有法律效力的网络战争法典，然而它在学术研究和法律实务上都具有不可忽视且不断增长的国际影响力。首先，《塔林手册》是北约 CCD COE 中心的 11 个成员国或宣布有兴趣加入该组织的北约国家的基本网络战争的法律咨询手册。[①] 其次，不少北约及其成员国之外的国际组织或国家也认同《塔林手册》的法律地位。比如，红十字国际委员会的一位官方法律顾问在接受国际红会官网的采访时表示，基于《塔林手册》，法律和军事专家可以得出“战争法对网络攻击同样施加限制”的结论。[②] 又如，以色列国防军任命网络战法律顾问并宣称遵守《塔林手册》。[③] 再次，北约也将《塔林手册》作为扩展北约与相关国家进行网络合作的法律咨询依据。2013 年 4 月在访问韩国期间，北约秘书长拉斯穆森与韩国官方讨论网络安全合作问题时依据的法律渊源就是《塔林手册》。[④] 最后，北约 CCD COE 中心准备在 2014 年开

① NATO CCD COE, History, https://www.ccdcoe.org/423.html.

② 《战争法对网络攻击同样施加限制》，红十字国际委员会官网，网络链接：www.icrc.org/chi/resources/documents/interview/2013/06-27-cyber-warfare-ihl.htm。

③ 《以色列国防军任命网络战法律顾问称遵守塔林手册》，中新网，网络链接：http://www.chinanews.com/mil/2013/06-18/4940986.shtml。

④ 《北约秘书长访韩呼吁朝鲜停止威胁性言行》，中新网，网络链接：http://www.chinanews.com/gj/2013/04-11/4723593.shtml。

设一个以《塔林手册》为基本教材的“网络行为的国际法”课程，并宣称欢迎“军队的军事和民事法律顾问、情报界律师、政府安全机构的其他民事律师、政策专家以及法律学者和研究生”等关心网络安全问题的人士参与培训。[①]

三　法律适用还是规则创制

尽管编纂《塔林手册》的国际专家组兼具学术、政治和军事背景，然而毋庸置疑的是，《塔林手册》的确是第一部从现行国际法出发讨论网络战争问题的比较全面的法律手册。《塔林手册》宣称其目标不是就事论事地讨论网络安全问题，而是从“国家主权”这一现代国际法的理论基点出发，全面阐述网络时代的国家主权与网络安全的关系。由此出发，《塔林手册》提出适用现行国际法网络战争的“使用武力”“自卫权”“网络封锁”的具体规则和标准。《塔林手册》认为，在目前的国际法律下，可以通过适用自卫规则，对网络作战行动进行报复反击，但仅在网络作战行动的规模和影响被提升到与“使用武力”的规模和影响具有相同程度时。当遭遇黑客行为、网络间谍及网络犯罪时，一国可以采取预防措施，因为相关网络攻击导致身体伤害及物质损失时，这些行为就达到了“使用武力”的法律界限。

需要明确的是，从法律结构和具体规则看，《塔林手册》的基本原则和大部分规则的确都有明确的国际法渊源。然而，网络战争的国际法问题的复杂性在于，直接管辖特定的网络攻击问题的通行国际法规则是缺失的。而且，尽管国际专家组一致同意网络空间可以适用于相关的国际法原则，然而他们在具体范围和适用程度等问题上存有不同立场，这体现在每条规则的相应阐释部分。更为棘手的问题是，网络攻击的主体、形式、后果都不同于通常的武力使用状况，因此制定“网络战争规范”的尝试不得不被纳入正式的国际法渊源之外的其他法律、政治或军事等领域的理论和实践资源，从而

---

① NATO CCD COE, International Law of Cyber Operations (course), http: //ccdcoe. org/352. html.

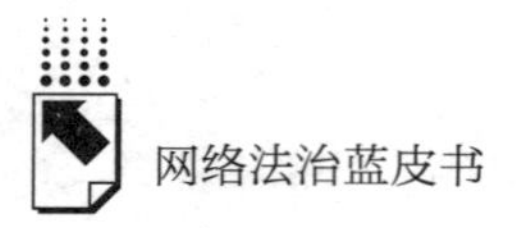

实际上创造了新的网络战争法规则。

在本文看来，《塔林手册》的“规则创制”主要表现为以下三个方面。

第一，运用“使用武力”的“后果”标准代替现行国际法标准。

早在20世纪90年代，关于网络战争已有不少的学术讨论和争议。其中，《塔林手册》的总编辑施米特教授就是最有战斗力的论辩者之一。在出版于1999年的《国际法中的电脑网络攻击和使用武力：一个规范性框架》的论文中，施米特提出判断一个网络攻击是否违反“禁止使用武力”的6个学术标准。[①] 这些标准都反映在《塔林手册》的规则11中。然而，正如有批评者指出的，这6个标准中的任何一个，都不是《联合国宪章》的具体规定。[②]

《塔林手册》规则11认同《联合国宪章》的禁止使用武力原则。就判断是否达到“使用武力”的程度问题，根据网络攻击的“规模”和“影响”的程度，专家组提出严重性（severity）、即时性（immediacy）、直接性（directness）、侵入性（invasiveness）、效果可测量性（measurability）、军事特征（military character）、国家介入（state involvement）、假定合法性（presumptive legality）等8个具体标准。[③] 由此可见，首先，《塔林手册》坚持对“武力”的狭义解释，即不考虑经济和经济的威胁和打击手段。其次，“规模”和“影响”的具体标准是指网络攻击的“后果”。换言之，《塔林手册》在“使用武力”的判断标准上主要并不考虑武力的“目的”和“手段”。从逻辑上看，网络攻击的“后果主义”标准意味着使用网络进行经济或政治的威胁或强迫也有可能达到使用武力的“后果”。因此，《塔林手册》关于“使用武力”的“后果主义”的标准可能会导致逻辑上自相矛盾。最后，这8个具体标准是否是一种得到公认的判断使用武力的法律标准呢？规

① Michael N. Schmitt, Computer Network Attack and the Use of Force in International Law: Thoughts on a Normative Framework, *Research Publication* 1 *Information Series*, June 1999, pp. 1 –41.

② Lianne J. M. Boer, “Restating the Law ‘As It Is’”: On the Tallinn Manual and the Use of Force in Cyberspace’, *Amsterdam Law Forum*, vol. 5 no. 3, 2013, pp. 4 –18.

③ Tallinn Manual, pp. 48 –51.

则 11 的评注 10 承认，相关标准只是影响一国使用武力的评估因素，而非法定标准。[①] 实际上，除了军事特征和假定合法性两个标准之外，其他 6 个标准都不是《宪章》的合法标准。在这个意义上，《塔林手册》中“使用武力”的标准判定并非对现行国际法的严格使用，而是以总编辑施米特提出的学术标准的基础上创制的网络战争的新的国际法习惯法规则。

第二，扩大解释一国遭受网络攻击的自卫权，可能导致自卫权的滥用。

从实践上看，网络战争的“后果主义”标准的确避免了技术上难以确定攻击方的艰巨任务，有助于相关国家更好地维护国家安全利益。然而，现行国际法通常认为，只能对那些造成物理或人身伤害攻击进行武力还击，而网络攻击造成的虚拟伤害则不在此列。单单是引起电脑故障或数据损失并不能成为发动武装袭击的充分理由。然而，《塔林手册》“后果主义”标准却认为，如果网络攻击造成一国的关键基础网络设施的严重损害，受害国有权对攻击方行使自卫权。规则 13 的评注 13 认为，如果 A 国对 B 国的网络攻击对 C 国造成严重损害，C 国也有自卫权。规则 13 的评注 16 认为，国家有权对来自个人或组织的网络攻击（战争）进行自卫反击。针对网络攻击的自卫权，无疑与美国的反恐战争实践是联系在一起。规则 15 甚至规定一国对迫在眉睫的网络进攻可以预先反击，当可以证明网络攻击导致人员死亡或严重的财产损失时，采用常规武器对网络攻击进行报复是可以接受的手段。同时，实施网络战的黑客将成为反击的合法目标。

网络空间和网络战争的特殊性和复杂性在于，网络技术的发展在很大程度上超越了现有法律框架。在判断网络攻击的发动方时，涉及复杂的技术追踪和定位问题。这些问题如果在技术上不能很好地解决，会造成网络战争的法律实践模糊化，并制造不必要的外交纠纷。比如，规则 22 规定国际性武装冲突的特征是：“两国或多国间发生敌对行动（包括网络行动或仅限于网络行动），即存在国际性武装冲突。”然而这就导致一种潜在的危险：一旦某国的网络遭遇网络攻击，由于技术的限制很难判断网络攻击来源于国家还

---

① Tallinn Manual, pp. 48 –51， 51 –52.

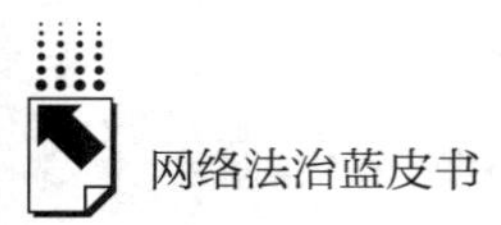

是组织甚至个人，受攻击国第一反应认为网络攻击就是国际冲突。一个实例是：2013 年 3 月 20 日，韩国至少有三家电视台和两家金融机构的计算机网络受到攻击，几乎同时陷入瘫痪。韩国起初认为是朝鲜所为，而后又认为是中国，最后发现发起攻击的主机就在韩国本土，其幕后指使仍未确定。① 如果按照“国际冲突的特征”条款所规定，韩国与朝鲜和中国将进入敌对状态，这势必会引起不必要的国际局势紧张和混乱。

就算被攻击国锁定了攻击者，网络攻击的责任分配问题仍然非常复杂。因为对网络攻击负有责任的不仅仅是初始攻击者，还包括网络基础设施和不同的节点，以及后续故意和非自觉参与攻击的个人和组织。总之，在网络攻击的技术追踪和认定问题上，各国一方面需要提高自身网络技术，另一方面国际社会和相关国际组织应当考虑各方意见，制定具有共识性和前瞻性的技术标准。从国际关系和国际法的战略角度看，《塔林手册》实行的是一种“主动反击”的战略威慑策略。然而，正如更为现实的美国智库兰德公司的网络战争报告分析的，这种“网络威慑”问题重重，并不可信。不同于核子战争，在网络空间中，最好的防御未必是进攻，而通常是更好的防御。因此，在将威慑作为主要反映策略之前，通过外交、经济和法律途径解决网络纠纷是一种更为明智的选择。②

总之，《塔林手册》在自卫权问题上诉诸的是特定国家的标准，而非诉诸国际社会或联合国等国际组织的共识。因此，《塔林手册》就遭受网络攻击的自卫权做出了明显的扩大解释，可能会导致相关国家滥用自卫权。

第三，创制了现行国际法规定之外的网络战争策略和封锁标准，突出表现在规则 61 规定的网络策略的合法性标准和规则 67 至规则 69 规定网络封锁和网络禁区的标准等规则。

---

① 《韩国网络攻击事件详情及影响》，趋势科技网站，http：//www. doit. com. cn/article/2013 - 04 - 03/2683858. shtml；中国政府的反应，见《外交部就韩国遭受网络攻击、南海、伊核等答问》，中国网，http：//www. china. com. cn/international/txt/2013 - 03/20/content _ 28308407. htm。

② 〔美〕马丁·C. 利比基：《兰德报告：美国如何打赢网络战争》，薄建禄译，东方出版社，2013，第 172 页。

首先，规则61的评注规定了8种“允许执行作为战争策略的网络行动”，分别是：制造电脑傀儡系统来虚拟子虚乌有的军事力量；发送虚假信息引起敌方错误地相信网络行为的发生或进行；使用伪造的电脑标识码、电脑网络（如“蜜罐”和“蜜网”技术）或电脑数据传输；在不违反规则36规定的制造恐慌条款前提下发动网络佯攻；颁布以敌军指挥官名义捏造的命令；网络心理战；为了截取和窃听而传输虚假情报；使用敌方代码、信号和密码。[①] 这些战术直接来源于《美国陆军部战场手册》《美国陆战法》《美国指挥官手册》《英军手册》《加拿大军队手册》的相关规定。[②] 如果国际战争法不加区分地将这些美军以及盟军占优的网络策略认定为合法，而将未列入以上策略的其他网络战术列为非法，那么就会在实质上剥夺其他国家的网络策略创新的权利。

其次，在网络封锁的规则上，一国或特定国际组织的网络封锁的实际能力与其网络资源有关。全球互联网尽管发展迅速，但总体上依然呈现出不平衡、不平等的态势，突出表现在基础资源配置的不平衡和治理权的不平等。所谓基础资源配置的不平衡，一方面是基础设施不足导致数字鸿沟，严重影响互联网服务的可及性，这与各国经济、社会发展水平密切相关；另一方面是IP地址分配的严重不均衡，美国等发达国家占据了大量基础资源，是治理权不平等在资源配置问题上的反映。所谓治理权不平等，主要体现在互联网根的治理方面，美国仍然占有相当程度的绝对主导权。[③] 因此，《塔林手册》赋予一国或组织较为广泛和网络封锁的权力，实际上有助于美国和北约巩固和利用其网络资源优势地位。

四　从《塔林手册》思考中国网络安全的法律对策

2017年修订的《塔林手册》第二版（2.0），在内容上拓宽了适用范

---

① Tallinn Manual, p. 184.

② Tallinn Manual, note 220.

③ 王东宾：《呵护全球互联网公共性》，《中国经济》2010年第4期。

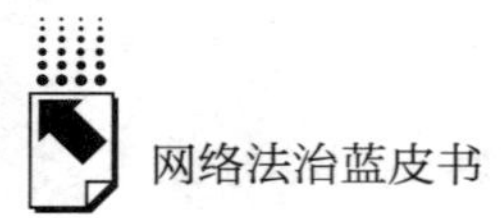

围，在参与度上提高了国际化程度。尽管如此，从《塔林手册》第二版(2.0）的条款来看，多方参与的努力仍无法改变西方主导网络空间规则的现状，主要反映的仍然是北约成员国在网络空间适用国际法的主要观点和立场。无论是《塔林手册》第一版还是第二版，都未精确界定“网络战争”的关键概念，“网络行动”的界定过于宽泛，“网络基础设施”等概念的界定也不明确。①

《塔林手册》一方面是制定方为实施网络战争寻求法理依据，另一方面也是试图成为游戏规则的制定者，充分利用规则发挥自身优势，限制对手。尽管如此，《塔林手册》对于网络战争国际法规范的学术努力，及其代表的美国和北约对于网络战争的国际法基本立场和规则值得中国网络安全和国际法领域的（批判式）学习和反思。

从国际法发展的角度看，中国参与引导创制网络安全和网络战争的国际法的方法有两种，一是参与制定相关国际条约；二是及早通过国内立法形成示范作用，带动他国仿效，进而形成普遍的国际实践，从而创制国际习惯法。

在2012年发表的一篇论文中，《塔林手册》总编辑施米特认为，中美两国对待网络战争的国际立法的态度存在明显差别：美国强调现有国际法足以适用于网络战争，而中国强调网络战争需要新的国际立法。② 乍看起来，施米特的区分有一定道理。因为中国、俄罗斯和上海合作组织近年来与美国和北约在网络安全国际话语权问题上存在分歧和争议。然而，回到中国在网络战争问题的具体主张和诉求，我们可以发现施米特的看法存在误解。其实，网络战争的现行国际法适用与倡导网络战争某些具体领域需要建立新的国际法共识并不矛盾。中美在这一问题上其实并无本质区别，两国都认可《宪章》等规范战争行为的国际法规则，都在参与制定关于网络安全和网络战争的各种形式的国际立法。

---

① 朱莉欣、武兰：《网络空间安全视野下的〈塔林手册2.0〉评价》，《信息安全与通信保密》2017年第7期。

② Michael N. Schmitt, International Law in Cyberspace: The Koh Speech and Tallinn Manual Juxtaposed, *Harvard International Law Journal Online* Vol. 54, 2012, p. 14.

2011 年 5 月，美国发布的《网络空间国际战略》中，奥巴马政府提出要充分参与国际网络犯罪的政策制定工作，通过扩大《网络犯罪公约》的范围，协调国际网络犯罪的法律。① 2010 年 7 月，包括美国、俄罗斯和中国在内的 15 个国家在联合国达成一项协议，各方表态愿意减少针对对方的网络战争，建议联合国设定针对互联网领域“可以接受的”行为规范，建议在国家立法和网络安全战略方面互换信息，同时加强欠发达国家保护网络系统的能力。②

参照国际社会的通行做法，网络战争的立法形式可以有多边公约、双边协议和联大决议等三种形式。③ 不过，与许多国际性立法一样，网络攻击行为立法也充满了理论争议和利益博弈，尤其对一项旨在规范和限制军队的战斗能力、直接关涉到国家核心利益的立法来说，其制定和协商的难度可想而知。此外，网络战争的国际立法的困难还在法律承认和技术问题，因为目前还没有主权国家承认参与网络战争的“国家实践”。因此制定完善的网络战争国际法规范，必然是一个冗长而艰难的过程。

在短期内不可能制定网络战争的国际法规范背景下，通过北约 CCD COE 中心制定网络战争的国际法咨询手册，便是美国和北约抢占网络战争的国际法制定和解释领导权的一个学术尝试。正如本文第三节分析的，尽管在创制适用于网络战争的国际法规范问题上，《塔林手册》做出了许多开创性的学术工作，然而因为国际法特别是国际战争法规则本身的模糊性和争议性，以及国际专家组在一些关键的网络战争规则上采取基于特定国家和组织的利益和立场的实质标准，《塔林手册》并不能够成为一部实现世界各国的平等的网络战争权利和义务的国际法规范的学术指南。因此，主编施米特宣称的“美国强调现有国际法完全适用于网络战争”的断言，不过是以美国和北约对于网络战争的国际法理解替代了真正的国际法共识。

因此，对于中国网络安全和网络战争的法律对策而言，关键问题并不在

① See International Strategy for Cyberspace, http: //www. whitehouse. gov.

② 《中美俄十五国协议减少“网络战”》,《环球时报》2010 年 7 月 9 日。

③ 朱雁新:《网络攻击国际立法是否可能》,《西安政治学院学报》2012 年第 6 期。

于能否与《塔林手册》“接轨”，因为《塔林手册》针对的最大“敌手”之一就是中国和俄罗斯等网络防御型主权国家。[①] 由此出发，研究《塔林手册》至少具有两重意义：首先，通过研究《塔林手册》理解和掌握美国和北约在网络安全和网络战争问题上的基本学术立场；其次，更为重要的是，通过研究《塔林手册》思考中国网络安全和网络战争的法律对策。[②]

第一，在国际法理论上争夺国际法解释的话语权，中国应当坚持国家行使网络战争上的自卫权必须遵循一定范围和限度的立场。

网络攻击行为应用于武装冲突是不可阻挡的趋势。面对日趋严重的网络冲突，在尚不能调和各国的利益需要和安全诉求的时候，国际社会应在努力维护现有国际法规则框架的前提下，从人类社会的整体安全利益出发，对以《宪章》和《日内瓦四公约》及其附加议定书为核心的规制武装冲突行为的国际法作出公正、客观、准确以及符合法理和大多数国家意愿的解释，为运用国际法规制网络攻击行为提供理论依据，也为各主权国家开展网络战争提供法律指导。[③] 具体而言，以下国际（战争）法领域和问题值得中国的网络战争研究者重视。

其一，网络攻击构成《宪章》第2（4）条意义上的“使用武力”的标准问题。如前所述，《塔林手册》强调网络攻击的“后果”标准，而相对忽略“目的”和“手段”标准。本文认为应当综合考虑“后果”“目的”“手段”三个标准判定网络攻击是否构成国际法上的“使用武力”。因为强调“后果”标准的负面影响是为某些国家滥用自卫权制造合法理由，不符合

① 从现有的公开出版或上网的材料看来，这也是中国网络安全和国际法学者的共识，例如崔文波：《〈塔林手册〉对我国网络安全利益的影响》，《江南社会学院学报》2013 年第 3 期；《专家纵论“棱镜门”：国际社会如何构建网络治理权》，新华网，http：//news. xinhuanet. com/local/2013 - 07/08/c_ 124973911. htm；黄志雄《“网络战”与国际法上的使用武力问题——〈塔林手册〉相关内容评析》，武汉大学国际法研究所网站，网络链接：http：//translaw. whu. edu. cn/index. php/index/content_ zh/id/2141/link/gujfsl/sid/3。

② 需要说明，本节的“法律对策”不包含网络战争的网络技术和封锁策略的法律限度问题，因为涉及太多本人的专业和知识范围之外的网络技术乃至军事机密问题。

③ 朱雁新：《计算机网络攻击之国际法问题研究》，中国政法大学 2011 年博士学位论文，第 117 页。

《宪章》“禁止使用武力”的基本精神。

其二，遭受达到“使用武力”标准的网络攻击国家行使“自卫权”的标准和限度也需要加以界定。对于那些造成大量人员伤亡和严重财产损失以及对关系到国计民生的关键性基础设施，且责任国的攻击手段和目的明确的网络攻击行为应当属于“武装攻击”，受害国有权援引《宪章》第51条行使自卫权。然而本文并不认同《塔林手册》奉行的“先发制人”自卫权。根据《宪章》关于禁止使用武力和武力威胁以及用和平的方法解决争端的各项原则，国家进行武装自卫的前提只能是也必须是遭到武装攻击。[①] 而且，先发制人自卫的主张既不符合武力攻击的前提条件，更与相称性原则相去甚远，因此，这种自卫在现有国际法中找不到依据，在国家实践和学者学说中也未获得普遍的支持。[②]

因此，本文认为，国家行使自卫权必须要遵循一定的限度——必要性原则和相称性原则，任何程度和方式的预先自卫都不符合《宪章》的宗旨和原则。尽管网络战争给国家行使自卫权带来了极大的技术困难，但如果因此而扩大国际法上行使自卫权的解释将可能给人类带来更大的战争灾难。此外，预先自卫的标准通常不能以客观的标准来判断，而过度依靠主观认定必然导致自卫权制度的彻底坍塌。[③]

其三，重视武装冲突法的“区分原则”“比例原则”“中立原则”等基本原则在网络战争中的适用。限于篇幅，本文以“区分原则”为例讨论武装冲突法诸原则在网络战争中的适用。“区分原则”是武装冲突法各原则中最受关注和重视的原则，国际法院在《关于以核武器相威胁或使用核武器是否合法的咨询意见》（1996）中把它视为国际人道法的一个“首要原则”。《塔林手册》坚持平民与战斗人员的基本区分，然而同时认为，实施网络战的黑客是武装反击的合法目标。本文认为，需要严格区分作为战斗人员与平

① 王铁崖：《国际法》，法律出版社，1995，第124页。

② 王海平：《美国在伊拉克战争中的法律战教训》，《西安政治学院学报》2005年第3期。

③ 朱雁新：《计算机网络攻击之国际法问题研究》，中国政法大学2011年博士学位论文，第73页。

民的“黑客”。当然，在私人公司和民间组织日益成为网络安全和攻击的重要发起者的时代，如何区分国家与私人公司在网络安全问题上的法律权力（权利）和责任成为新的国际法问题。

第二，重视网络安全国内立法，以期形成国际示范进而成为国际习惯法。

其一，加强网络关键基础设施的安全自主和法律保护。尽管网络空间是一种虚拟媒介，然而构成网络空间的自下而上的“物理层”“语法层”“语义层”却由特定的硬件和软件构成。网络空间的核心部分是国家关键基础设施。作为网络安全战略和立法的先行国家，美国始终将保护国家网络关键基础设施作为其网络安全法律体系的核心，通过一系列的国家立法、授权国家干预等措施来强化基础信息系统建设、维护、防范等方面的监管。[①] 在《塔林手册》中，编纂者们充分利用美国和北约在网络基础设备和网络资源上的强势和主导地位，赋予网络战争交战（自卫）国“主动反击”的自卫权和网络封锁的“主动反击”权利。

无论是网络硬件、网络根服务器、通信基础设施、电脑芯片还是操作系统等软件等诸多民用和军用市场领域，中国网络空间都在很大程度上依赖于西方的“资源－市场”。相对而言，当前中国的网络关键基础设施立法相对落后，“通信网络安全防护”的法规仅仅是工信部制定的部门管理办法，尚未上升到国家立法。[②] 2014 年全国“两会”期间，已有人大代表提议加强信息安全立法，遵循 WTO 非贸易壁垒原则和各国惯例，对于涉及国家安全

① 美国国会 1996 年制订的《国家信息基础设施保护法案》，克林顿总统 1998 年签署《关于保护美国关键基础设施的第 63 号总统令》，要求“采取一切必要措施，迅速消除导致关键基础设施面临物理和网络攻击的明显弱点”，该法案也成为直至现今美国政府建设网络空间安全的指导性文件。2013 年 12 月 11 日，美国两党共同推出一项获得两党支持的 3696 号法案，即“2013 年国家网络安全和关键基础设施保护法案”（NCCIP 法案），以加强美国 16 个关键基础设施领域和联邦政府的网络安全，并确定信息基础设施范围为保障公共机构、社会团体以及政治、经济、军事、科技、文化等部门（单位）工作所必需的各类信息资源的统称。本法案全文和其他信息见美国国会国土安全委员会网站 http://homeland.house.gov/NCCIP－Act。

② 《通信网络安全防护管理办法》（2009）。

的关键信息系统，原则上要使用能满足技术需求的自主知识产权的信息技术产品。[①] 因为一旦发生网络战争，如果关键基础设施受制于人，中国网络空间可能会遭受极为严重的损失。[②] 因此，加强关键基础设施领域安全立法工作、实施产品与服务安全审查制度和国产化替代工程是中国防御和打赢网络战争的基础条件。

《网络安全法》对网络关键基础设施保护做了若干规定。第 23 条规定了网络关键设备的国家标准强制要求："网络关键设备和网络安全专用产品应当按照相关国家标准的强制性要求，由具备资格的机构安全认证合格或者安全检测符合要求后，方可销售或者提供。国家网信部门会同国务院有关部门制定、公布网络关键设备和网络安全专用产品目录，并推动安全认证和安全检测结果互认，避免重复认证、检测。"第 31 条规定了关键信息基础设施的重点保护制度："国家对公共通信和信息服务、能源、交通、水利、金融、公共服务、电子政务等重要行业和领域，以及其他一旦遭到破坏、丧失功能或者数据泄露，可能严重危害国家安全、国计民生、公共利益的关键信息基础设施，在网络安全等级保护制度的基础上，实行重点保护。关键信息基础设施的具体范围和安全保护办法由国务院制定。"第 35 条规定："关键信息基础设施的运营者采购网络产品和服务，可能影响国家安全的，应当通过国家网信部门会同国务院有关部门组织的国家安全审查。"

进言之，鉴于针对国家关键基础设备的网络攻击是达到《宪章》的"武装冲突"的可能标准之一，加强国家网络和信息关键基础设施的国内立法，既是加强网络安全防御的题中之义，也可以由国内立法形成国际示范，进而有助于达成国家关键基础设备的国际法习惯法共识。

其二，在"数据主权"时代，明确和区分国家与私人公司的网络安全的法律权力（权利）和责任。在移动互联网和与云计算时代，网络主权正在经历着从"信息主权"到"数据主权"的深刻转变，这意味着未来的

---

① 《信息安全成 2014 两会"热词"》，新华网，网络链接：http：//news. xinhuanet. com/tech/2014－03/09/c_ 119678747. htm。

② 方兴东：《方兴东：中国互联网不能没有"根"》，《环球时报》2014 年 2 月 19 日第 15 版。

“网络主权”的最重要的掌控者可能是谷歌、亚马逊和脸书等互联网信息巨头们。数据主权者通过各种方式寻求信息世界的入口，就相当于掌控信息世界的“总开关”。而在移动互联网时代，移动终端、操作系统、浏览器和其他平台都可以成为这一入口，以便争夺作为生产资料的信息内容和用户流量。对数据主权者而言，并不存在需要通过军事力量守卫的广袤领土，相反，它要求超越国界边疆，争取数据在主权国家之间畅通无阻。取代领土的将是承载海量数据的服务器。[①] 在移动互联网和云计算时代，传统主权国家对“数据主权者”的规制既要超越传统国界，更要打造新的边疆。[②] 这就意味着网络治理以及网络战争的参与主体必须考虑私人公司的法律地位、权利和责任。[③]

具体而言，网络治理需要明确私营部门和政府共享关键基础设施信息的法律界限。在“数据主权”时代，私营部门掌握着大量的关键信息基础设施，而政府除了掌握部分关键信息基础设施，更拥有独特的信息和分析能力，因此公共部门和私营部门应当进行合作，共同分析和使用这些信息，以应对网络攻击和网络战争。不过，私营部门向政府提供的信息的范围和内容究竟是强制提供还是自愿提供，以及政府监管和利用这些网络信息，目前尚无明确法律规定。而且，普通民众更为关心的问题可能是，如何在保护网络安全的同时避免私营部门和政府部门侵犯个人隐私和公民自由。美国政府与私营公司在网络安全上的合作可以为中国提供正反两面的经验教训。反面经验当然是震惊世界的“棱镜门”事件，正面经验或许是前文提及的美国《2013 年国家网络安全和关键基础设施保护法案》。该法案支持私营部门和联邦政府间真实开展的合作，从而使双方合作能共同提高到网络安全层面。

① 胡凌：《什么是数据主权》，《经略》网刊 2013 年 11 月号（第 33 期）。

② 出于对美国电子监控项目的顾虑，非美国公司正在取消或减少使用美国云计算服务，参见《“棱镜”项目导致美云计算行业损失 350 亿美元》，新浪科技，http：//tech. sina. com. cn/i/2013 - 08 - 06/08258609940. shtml。

③ Hannah Lobel, Note: Cyber War Inc.: The Law of War Implications of the Private Sector's Role in Cyber Conflict, *Texas International Law Journal*, vol. 47, 2012, p. 617.

该法案也明确保护隐私及公民自由，防止国土安全部出现额外的监管权力。[①] 此外，在技术层面，中国可以学习澳大利亚等国经验，建设关键基础设施保护可信信息共享网（TISN）。[②]

《网络安全法》第37条针对网络运营者的数据安全也有一个重要的规定："关键信息基础设施的运营者在中华人民共和国境内运营中收集和产生的个人信息和重要数据应当在境内存储。因业务需要，确需向境外提供的，应当按照国家网信部门会同国务院有关部门制定的办法进行安全评估；法律、行政法规另有规定的，依照其规定。"

从网络战争的国际法对策角度而言，明确和区分国家与私人公司的网络安全的法律权力（权利）和责任，有助于中国在未来的网络战争中更有效安全地防御网络攻击，也有助于更好地解决网络空间"武装冲突"的责任分配等技术难题。因为归根结底，网络战争之所以成为一种新兴的特殊的国际法战争形态，最主要的原因在网络空间的战争形态、战斗规则以及冲突后果不同于热兵器时代的"武装冲突"。

第三，推动网络安全的国际立法，避免网络空间的"军事化"。

2011年6月，中国与上海合作组织成员国共同签署的《上海合作组织十周年阿斯塔纳宣言》指出："信息领域存在的现实安全威胁令人担忧。"[③] 2011年9月，中国和俄罗斯等国共同起草并向联合国大会提交的《信息安全国际行为准则》（International Code of Conduct for Information Security）草案，被认为是就信息和网络安全国际规则提出的首份较全面、系统的文件。[④] 从《信息安全国际行为准则》等网络安全国际宣言看，中国和俄罗斯等上合国家在网络安全与网络战争的国际法问题有如下基本立场和准则。

其一，认同《宪章》等现行国际法对于战争问题的基本规范，尊重各

① See International Strategy for Cyberspace, http://www.whitehouse.gov.

② 〔瑞士〕邓恩、威格特：《关键信息基础设施保护：十四国安全保护政策陈述和分析》，中国科学技术大学出版社，2007，第16页。

③ 上海合作组织官网，http://www.sectsco.org/CN11/show.asp? id=450。

④ 《信息安全国际行为准则》，外交部，http://www.fmprc.gov.cn/mfa_chn/ziliao_611306/tytj_611312/zcwj_611316/t858317.shtml。

国的网络主权特别是互联网公共政策的决策权，反对利用互联网和信息技术干涉他国安全和稳定。网络安全不仅涉及网络物理空间本身的安全问题，而且与个人、社会和国家乃至国际安全密不可分。中国主张各国有责任和权利保护本国信息空间及关键信息基础设施免受威胁、干扰和攻击破坏，强调不利用信息通信技术实施敌对行动、侵略行径和制造对国际和平与安全的威胁，或削弱一国对信息技术的自主控制权，或威胁其政治、经济和社会安全。相对于《塔林手册》提倡网络安全政策的“军事化”，中国认为各国应当共同追求构建和平、和谐的网络空间国际秩序。

其二，基于“总体国家安全观”扩展理解网络安全和网络战争的国际法问题域。2014 年 4 月 15 日，习近平总书记在主持召开中央国家安全委员会第一次会议时提出了“总体国家安全观”，认为既要重视传统安全，又要重视非传统安全，构建集政治安全、国土安全、军事安全、经济安全、文化安全、社会安全、科技安全、信息安全、生态安全、资源安全、核安全等于一体的国家安全体系。[①]

在内容上，网络安全涉及网络犯罪、网络恐怖主义、网络间谍、利用网络影响特定国家经济或政治稳定和网络战争等一系列安全问题。[②] 正如习近平总书记在主持中央网络安全和信息化领导小组第一次会议时指出：“没有网络安全就没有国家安全”。[③] 在当下网络安全的内容已经从传统的军事和政治的安全观扩展到经济、科技、环境、文化等诸多领域的综合和整体的新型安全模式。[④] 因此，像《塔林手册》那样仅仅从传统国际法角度讨论网络战争的人身伤亡以及物理和经济损失是不够的，需要讨论和达成网络空间的文化、经济、政治等领域的全球国际准则。换言之，尽管在现行国际法理论

① 《习近平：坚持总体国家安全观走中国特色国家安全道路》，新华网，http://news.xinhuanet.com/politics/2014-04/15/c_1110253910.htm。

② 参见《上海合作组织成员国元首关于国际信息安全的声明》(2006)，上海合作组织官方网站，http://www.sectsco.org/CN11/show.asp?id=172。

③ 《习近平：把我国从网络大国建设成为网络强国》，新华网，http://news.xinhuanet.com/politics/2014-02/27/c_119538788.htm。

④ 陆钢：《上海合作组织是新世纪区域合作的成功典范》，《求是》2012 年第 13 期。

体系中，网络战争的法律问题被严格限定于《宪章》和《日内瓦四公约》及其附加协定书的国际法框架中，但是更广义的“网络战争”的国际法问题应当扩展到使用互联网和相关技术对政治、经济、科技和信息的主权和独立的侵犯。[①] 在这个意义上，我们才能深刻理解中国以及上海合作组织积极推动制定网络安全国际准则的“非军事化”意图所在。

其三，各国对其网络空间的国际公共政策问题享有权利和负有义务，应加强网络安全的双边、区域和国际合作。这一立场强调各国的网络主权与网络国际秩序的协调，反对过于强调网络战争“自卫权”的单边主义，也不赞成单方面的网络报复或网络封锁。[②] 首先，联合国和其他国际及区域组织理应在国际网络秩序的建构中发挥主导和积极作用。依托联合国现有组织和机制，制定信息安全国际规则、和平解决相关争端。其次，推进欧盟、上海合作组织等区域性组织创制区域网络安全协议，加强国际和区域组织之间的协调。最后，面对网络世界的“数字鸿沟”的严峻现实，强调先进国家有义务协助发展中国家提升信息安全能力建设水平。

在这个意义上，《网络安全法》第 7 条的规定是推动网络安全的国际立法的重要国内法原则：“国家积极开展网络空间治理、网络技术研发和标准制定、打击网络违法犯罪等方面的国际交流与合作，推动构建和平、安全、开放、合作的网络空间，建立多边、民主、透明的网络治理体系。”

五　结语

由少数国家主导和创制的《塔林手册》如果没有得到联合国框架内的大多数国家的承认和遵循，是不可能成为真正的国际习惯法规则。在这个意义上，网络安全的双边、区域和国际合作，任重而道远。当然，研究乃至翻

① 这一论点来自乌克兰国际法学家 Alexander Merezhko，他创建了一个名为“禁止网络战争的国际公约”的互联网研究项目，http：//www. politik. org. ua/vid/publcontent. php3？ y = 7&p =57。

② 当然，网络封锁不仅仅是一个军事、政治和法律问题，其决定性基础是一国的网络资源。

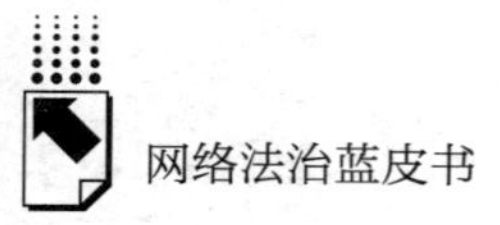

译《塔林手册》，汲取有益部分为我所用，也是加强网络安全和网络战争的国际法研究的题中之义。

在美国“棱镜门”事件导致网络安全和网络战争问题成为全球关注的热点问题的背景下，中国提出的网络安全和网络战争标准得到上海合作组织和其他不少发展中国家的认同。党的十九大报告多处提到互联网，并提出建设“网络强国”的目标。在此背景下，中国可以且应当介入网络战争的国际法规则制定的编纂、制定和创新过程中，分享乃至掌握网络战争国际规则的解释权和制定权，从而切实地维护和实现国家的战略利益，为世界网络安全做出一个负责任的大国应有的贡献。

B.16
ICANN治理架构变革与中国应对

沈 逸*

摘 要： 2016年9月30日进行的IANA监管权限转移进程结果，是ICANN治理架构变革，以及其所象征的全球网络空间治理架构变革中最具象征性的事件。整个变革进程中，始终贯穿国际化还是私有化的方向之争，这是资本和政治权力扩散至网络空间的必然。本文尝试简单梳理相关发展进程，从基础设施和基本政策实践角度提出若干看法和建议。

关键词： 网络空间治理 国际化 私有化

2016年10月1日，美国商务部电信管理局（the National Telecommunications and Information Administration，缩写NTIA）授权互联网名称与地址分配机构（the Internet Corporation for Assigned Namesand Numbers，缩写ICANN）行使互联网数字与名称分配（IANA）功能的合同正式过期，以此为标志美国移交IANA监管权限的进程进入了最后一个阶段。在这个阶段，美国商务部电信管理局需要与管理根服务器的威瑞信公司修改两方之间签署的合同，等美国商务部电信管理局完成修订之后，ICANN与威瑞信公司签署的《根区维护人服务协议》就会立即生效。等这两个合同修订和签署的工作完成之后，会形成一个新的三角架构：ICANN在其总部所在地加利福尼亚州设立名为“公共技术标识符”（简称PTI）的非营利性子公司，并签署合同授权PTI负

* 沈逸，复旦大学网络空间治理研究中心主任、研究员。

责运行 IANA 职能，相关决策和运行将接受全球社群的监督与问责；ICANN 的主要工作将涵盖对 PTI 的监管，以及现有的除了 IANA 职能的域名管理功能；威瑞信公司则作为根区维护人继续保持对超级根服务器的管理。2017 年下半年，PTI 拿出了 2019 财政年度的预算，大致上在 1000 万美元的水平，其中 50% 到 60% 用于人员开支。[①] 在 PTI 的 5 名董事会成员中，也出现了 1 名来自中国的工程师，通过全球互联网社群提名流程入选。[②]

整体来看，这次进程是一项“IANA 监管权限的移交进程”，不存在美国“放弃”监管权限的问题，后移交时代的 ICANN 将在国际化方向上面临更大的挑战。

除了美国国内，IANA 监管权限的转移，以及与此紧密相连的 ICANN 治理架构变革，也是各方，或者说，各利益相关方密切关注的焦点。这个变革的方向，在 ICANN 官方网站的移交权限专栏，以及美国政府的正式文件中，都被称为“私有化”（Privatization）；而在另一些场合，其他利益相关方，尤其是以新兴经济体和发展中国家的政府代表，则通常会使用“国际化”（Internationalization）来描述这一进程。

从 20 世纪 90 年代开始，“私有化”和“国际化”就贯穿在 IANA 监管权限机制构建始终，也一直左右着全球网络空间治理结构变革前行方向。

一 ICANN 与美国政府的监管权限：从“绿皮书”到“白皮书”

有关 ICANN 以及 IANA 监管权限国际化的问题，核心指向支撑互联网乃至全球网络空间正常运行的最为关键，可能也是最具象征意义的资源，

① PTI Draft FY19 Operating Plan and Budget，ICANN 官网，https：//www. icann. org/en/system/files/files/draft – pti – fy19 – op – budget – 09oct17 – en. pdf，最后浏览时间为 2018 年 3 月 1 日。

② 中国专家就任互联网根服务器管理机构首届董事会董事，新浪科技，http：//tech. sina. com. cn/roll/2017 – 12 – 26/doc – ifypxmsr0733834. shtml，最后浏览日期为 2018 年 3 月 1 日。

包括域名注册、解析、根服务器、根区文件和根区文件系统等。[①] 从美国政府角度看，这一问题的起点，是 1997 年 7 月 1 日，时任美国总统克林顿签署行政备忘录，要求美国商务部推进实现域名解析的私有化，这一私有化必须有助于增强域名解析的竞争性，并有助于推动域名管理的国际参与。[②]

为了回应这一要求，美国商务部电信管理局在 1998 年 1 月 30 日出台了名为“绿皮书”（Green Paper）的政策立场文件（Statement of Policy）初稿，尝试落实克林顿政府推进域名解析私有化的要求。在此之前的两天，1998 年 1 月 28 日，在域名解析的技术和早期管理中发挥重要作用，主导创建 IANA 的波斯特尔（John Postel）教授，进行了一项理应被关注，但经常被忘记的实验：通过一份电子邮件，他使 12 台互联网区域根（域名）/辅助根服务器（regional root name server）中的 8 台，指向了一个不同的主根服务器：从原先国际应用科学公司（Science Applications International Corporation，缩写为 SAIC）下属网络解决方案（缩写为 NSI）公司的 A 根服务器（名称为：A. ROOT－SERVERS. NET，IP 地址为：198. 41. 0. 4），指向了 IANA 自有的根服务器（名称为：DNSROOT. IANA. ORG，IP 地址为：198. 32. 1. 98）。从而在一段比较有限的时间里，当时全球的互联网实际上运行在具有两个“根服务器”构成的域名解析系统里，其中一个根区包含一台主根服务器，八台处于非美国政府部门控制下的辅助根服务器；另一个根区包含一台主根服务器，四台处于美国政府部门（航空航天署、国防部、弹道导弹实验室）控制下的辅助根服务器。用户并没有感受到什么影响。从能够接触到的公开材料看，各方倾向于将此描述为一个“实验”，在接到政府官员等各方的系列电话、要求以及命令之后，波斯特尔教授在 1998 年

① 相关参考和说明资料，参见 RFC 2870－Root Name Server Operational Requirements，RFC 2826－IAB Technical Comment on the Unique DNS Root。

② 参见 The White House，“Memorandum for the Heads of Executive Departments and Agencies，” July 1，1997，http：//clinton4. nara. gov/WH/New/Commerce/directive. html，最后浏览日期为 2016 年 9 月 10 日。

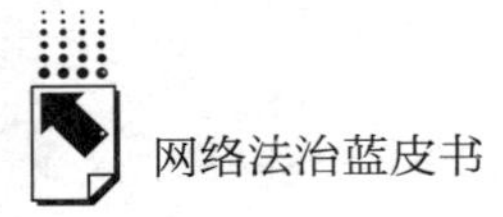

2月5日前结束了这一“实验”，将整个域名解析系统的根区恢复原状。[①]

“实验”结束之后，同年2月11日，波斯特尔教授与时任互联网架构理事会（Internet Architecture Board，缩写IAB）的主席卡朋特（Brian Carpenter）成立了IANA移交建议组（IANA Transition Advisor Group，缩写为ITAG），整个组包含六个小组，成员来自与互联网工程师任务力量（Internet Engineering Task Force，缩写为IETF）长期保持联系的“圈内人士”：除了卡朋特之外，还有Verio国际公司的布什（Randy Bush），宾夕法尼亚大学的法伯（David Farber），澳大利亚域名电信供应公司Telstra的胡斯顿（Geoff Huston），MCI的柯林森（John Klensin）以及思科公司的沃尔夫（Steve Wolff）。[②]

ITAG的成立，一般被认为是一个重要的妥协方案：波斯特尔教授停止并修正他的“实验”之后的一周内，美国商务部电信管理局立刻通过了一个名为“改善互联网名称和地址管理倡议”的文件，其中明确规定了任何对根服务器、根区文件和根区文件系统的修改，必须得到美国商务部电信管理局的书面许可。对于电信管理局和波斯特尔教授之间的这一轮互动，比较中性的解读是：波斯特尔教授，作为DNS的“教父”，对绿皮书的私有化方案存在相当不满，因此通过实验方式直接展示了另一种更符合国际化审美标准的解决方案；但这个实验所暗示的内容，即当时的互联网根服务器、根区文件和根区文件系统并不处于美国政府的有效控制之下，一封电子邮件就可以指导运营商对此进行重新设定，在美国政府内部造成了巨大的恐慌，美国政府通过改变操作流程的方式，强化了控制。但最终，这两者之间的关系还不能彻底的闹僵，于是这个工作组的建立，成为帮助波斯特尔教授缓和与美国政府关系，推进以符合波斯特尔教授等人“国际化审美”的方式，来实现对根服务器、根区和根区文件系统的管理。

---

① 根据相关资料整理，主要来源：Klein，Hans. “ICANN and Internet governance：Leveraging technical coordination to realize global public policy.” *The Information Society*，18.3（2002）：193－207；Mueller，Milton. *Ruling the root*：*Internet governance and the taming of cyberspace.* MIT press，2002.

② Mueller，Milton. *Ruling the root*：*Internet governance and the taming of cyberspace.* MIT press，2002.

这个最终的妥协方案，就是最终被称为“白皮书”的文件。在这个文件中，形成了从 1998 年开始一直延续到现在的管理机制：首先是由私营机构牵头，构建一个“美国的非营利机构”，即现在人们熟悉的 ICANN，在 ICANN 的架构设计中，确保既能够满足波斯特尔教授等人的需求的国际化因素，又能够确保避免其他国家的政府人员在其中获得决策权，因为相关章程明确规定有政府职务者不能在 ICANN 理事会中获得具有投票权的职位，同时来自各国政府的代表只能组建政府建议委员会，该委员会不具有决策权；其次是将 IANA 从一个事实上独立存在的机构，变成一种介于功能和实体机构之间的存在，并确保 ICANN 必须以招标合同的方式，按照一定期限由 ICANN 从美国商务部电信管理局通过招标方式获得；最后是开始在 ICANN 和根服务器、根区文件和根区文件系统的实际配置之间设置比较明确的区隔，由私营公司实现最终的技术性操作。在这方面一个比较重大但同样容易被忽视的变化，发生在 1999～2000 年，在此期间，根服务器从 NSI 公司，通过并购业务的方式，转由威瑞信（Verisign）公司负责；并且在修改了主根服务器和辅助根服务器的配置，将原来的“1＋12”的结构变成了“1＋13”，即取消主根服务器和辅助根服务器的区别，设置一个被称为“隐藏分配主服务器”（hiddend istribution master server）的“数据源”，13 台公开的根服务器之间不再有主根和辅助根的区别，形成了“隐藏分配主服务器”＋公开服务器＋镜像服务器的架构。

整体来看，在从“绿皮书”到“白皮书”的发展过程中，“私有化”和“国际化”的主张进行了第一轮较量。当然，需要说明的是，波斯特尔教授主张的“国际化”是一种更具理想主义乌托邦色彩的主张，比现在所说的“国际化”更加理想化；在整个互动过程中，波斯特尔教授真正坚持了从 20 世纪 60 年代美国反权威主义思潮那里继承下来的精神，以在网络空间追求真正的个体解放、社群主导和公平的国际化为目标，努力避免代表资本力量的大财团，以及代表国家权力的政府部门，实质性地介入网络空间关键资源的管理。这种追求，有着显著的个人色彩，也更加纯粹。

至于美国政府的主张，克林顿签署的私有化备忘录，整体是克林顿政府时期推行政府部门绩效改革大潮的产物，他所要求的国际参与，是用来点缀和修饰私有化的，更准确地说，是要实现如下目标：首先，政府部门要重建对根服务器、根区文件和根区文件系统的有效控制，当然这里说的是美国政府。从波斯特尔教授做的实验，以及实验前后美国商务部的反应可以知道，确实在一段时间里，技术社群的实践某种意义上处于比较严格的政府监管范围之外，不受政府监管的技术操作，比如转换一个根区，已经超出美国政府能够忍受之外；其次，私有化是要实现的最重要目标，也就是互联网必须为资本增值服务，技术社群活动的整体大方向不能与之违背；最后，面对来自波斯特尔教授这样罕见的人物，其威望、影响和行动能力确实可以阻断美国政府的初衷，使之转而采取更加变通和务实的做法，但最终，私有化这个大目标和大方向只要有合适的机会就冒出来。

在文章这部分论述的最后，需要说一下国际化与私有化进程博弈的某个阶段性标志：1998 年 10 月 16 日，文中提及的“实验”结束 9 个月后，波斯特尔教授因为心脏手术的并发症在洛杉矶去世，时年 55 岁。指出这一点，是为了铭记历史，也有助于人们意识到，真正要推进网络空间治理结构的变化，需要怎样的勇气，以及曾经有人为此做出过何等努力。需要指出的一个耐人寻味的细节，就是从 2014 年 3 月 14 日美国商务部宣布考虑转让监管权限以来，波斯特尔教授做的“实验”以及他的逝世，基本没有在美国政府的官方文件中被提到；2016 年 9 月 14 日美国参议院司法委员会下属委员会的听证会上，这个互动过程也被轻易跳过了，似乎这段历史从没有存在过。

二　ICANN 从国际化退向私有化：从“突尼斯进程”到“后棱镜”

20 世纪 90 年代末，互联网在全球范围的高速扩展，全球网络空间的形成，及其与现实生活的紧密嵌入与互动，促成了新一轮要求互联网治理国际化的浪潮。这个浪潮的主要源头，是在冷战后的世界迅速涌入全球网络空间的其他国家，特别是存在巨大需求但实力和能力相对较弱的发展中国家。也因为如此，这一轮国际化，开始尝试借助联合国这个政府间国际组织的大平台，及其下属的国际电信联盟这个机构。

这种尝试的主要表现之一，是全球信息社会峰会的召开。在 2003 年召开的全球信息社会峰会（World Summit on the Information Society，简称 WSIS）突尼斯会议上首次就互联网是否要治理，如何治理等问题展开了激烈的讨论。这一讨论，推动了联合国秘书长设置互联网治理工作组（Working Group on Internet Governance），授权此小组研究并提出网络治理的定义；2004 ~2005 年，此工作组召开了四次会议，最终于 2005 年 6 月，互联网治理工作小组提交了工作报告。此报告界定了互联网治理的工作定义：互联网治理就是政府、私营部门和民间社会根据各自的作用制定和实施旨在规范互联网发展和使用的共同原则、准则、规则、决策程序和方案。与此同时，这份报告首次明确提出了互联网治理的对象：网络治理的对象远远不止网络地址和域名管理，还包括更加重要的内容，包括关键网络资源，互联网安全，确保使用互联网促进发展等。①

这份报告同时对当时全球互联网的治理状况进行了评估，然后从四个方向指出了治理结构中存在的问题。

其一，根区文件和文件系统的管理，事实上处于美国政府单独控制之下。报告认为造成这种现象的主要因素是历史因素，即美国政府在推进互联网发展中所具有的特殊地位，因此美国政府是唯一一个在现有的多利益相关方模式中有权且有能力更改根区文件和系统的主权国家。同时，从技术操作流程看，对根服务器、根区文件和文件系统有操作权限的行为体与美国政府之外的主权行为体缺乏正式的法律管辖关系，换言之，这意味着其他主权国家对这些资源缺乏有效的法律管辖。这个论断，也构成了推进 ICANN 改革的争议焦点；根据比较经验的归纳来看，自由主义意识形态的扩展可以在很大程度上缓解这种焦虑，主要的认知变革 - 行为路径是自由主义意识形态配

① *Report of the Working Group on Internet Governance.*

合美国公共外交，构建美国属于良性霸权的形象，进而认可和接受。比较初步的经验观察显示，在互联网治理结构变革，以及斯诺登披露棱镜系统之后，这种认知变革－行为路径在全球各主要标志性国家和地区，以及关键人群中，均有效发挥了缓释效用。①

其二，互联网接入费用，存在显著的不公平。报告认为，距离骨干网越是遥远的互联网服务供应商，即越是来自落后区域的互联网服务供应商，越是需要支付昂贵的网络接入费用。而在报告撰写时期，对这一接入费用的问题，缺乏有效的解决方案。这是报告从发展角度指出数字鸿沟将如何阻断和影响网络用于发展的最具体的描述。造成这种现象的主要原因，就是私有化机制。互联网在这种私有化的背景下，被当成纯粹的获取利润的工具，加剧而非有助于缩小贫富差距。②

其三，报告认为，在保持互联网的稳定、安全以及预防网络犯罪方面，仍然缺乏有效的机制和工具。报告认为，无论是考虑到保持互联网接入的稳定和安全，还是有效打击网络跨国犯罪的问题，当时的互联网均未能提供有效的治理模式。③

其四，就各类行为体参与全球网络空间政策制定的问题，报告明确指出，现有的多利益相关方模式存在显著缺陷，阻碍了弱势方实质性参与全球治理体系。报告认为，这一缺陷的主要表现，是缺乏透明度、公开性和可参与的进程；政府间组织和国际组织的参与受到限制，对发展中国家、个人、社会组织和中小企业来说进入门槛过高；全球网络空间治理的会议举办集中在发达国家；缺乏有效的全球网络空间治理参与机制。从已经有的实践看，多利益相关方模式，以及所谓技术社群自下而上的决策机制等，某种意义上形成了一种排斥普通人——不是熟练的技术人员，不能熟练识别那些专业缩略用语的行为体——实质性进入并在决策过程中有效输出意见的机制。在具有决策权力的关键岗位的选举机制上，多利益相关方

① *Report of the Working Group on Internet Governance*.

② *Report of the Working Group on Internet Governance*.

③ *Report of the Working Group on Internet Governance*.

模式下实质运行的更像是常见于西方发达国家的“兄弟会”架构，海量的基础参与者与少数依托人际关系和信任组织起来的圈内精英人士共同组成这个架构。基础参与者负责提供形式和程序上的合法性，精英则实质性地垄断决策过程。

不过整体来看，尽管 WSIS 的报告曾经正确地指出了全球网络空间治理国际化的目标与方向和面临的弊病，但美国最终凭借技术、产业方面的硬实力，及其在意识形态领域和制度创建与议程主导能力上的优势，在相当长的一段时间里有效地抵制并迟滞了 WSIS 要求 ICANN 国际化的进程。美国实践的方式，在最为极端的情况下，甚至可以包括否决 ICANN 的招标资格。①

2014 年 3 月，在棱镜系统曝光之后明显感受到巨大压力的美国政府，宣布将放弃对互联网数字分配当局（IANA）的监管权限，尽快将其移交给一个遵循“多边利益相关方”组建的私营机构。直至此时，移交进展才开始取得了新的进展。在这份声明中，IANA 也表示这次转让实则是在履行 1998 年成立 ICANN 时商务部发表的《政策申明》中的承诺：确保私营机构（private sector）在域名管理中处于领导地位。因此，美国政府在确认转让这一方案的同时，通过申明四大原则，实际上提出了一套新的方案，这四条原则对理解 IANA 的转让方案有着重要作用。

第一个原则是支持和促进“多利益相关方”模式。通常来说，“多利益相关方”（Multistake-holder）模式是相对于“多边主义”（Multilateralism）而言，“‘多利益相关方’为欧美发达国家所偏好”，包括各种形式的国家，公司、非政府组织及个人；“‘多边主义’则被新兴经济体为代表的发展中国家所喜爱”，主张以“主权平等”的主权国家为中心对全球网络空间实行共同管理。美国主张将 ICANN 管理权移交给“多利益相关方”，而极力反

① Notice-Cancelled Internet Assigned Numbers Authority（IANA）Functions-Request for Proposal（RFP）SA1301 - 12 - RP - IANA，来源：http://www.ntia.doc.gov/other - publication/2012/notice - internet - assigned - numbers - authority - iana - functions - request - proposal - rf，最后浏览日期为 2016 年 9 月 10 日。

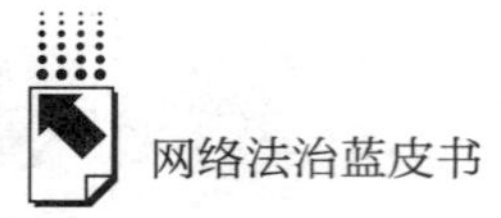

对“让一个由政府主导的（government-led）或政府间（inter-government）组织来接管”，其理由是“比起政府主导的组织或政府间组织，私营机构能够更多地创新和发展出解决问题的技术，从而促进互联网发展”，政府应该仅作为利益相关方中的一方，通过 ICANN 下属的政府建议委员会（Government Advisory Committee，简称 GAC）或以个体的身份参与到管理中来。

第二个原则是维持全球网络域名系统（DNS）的安全性、稳定性和弹性。IANA 通过这一原则试图说明，原有的 DNS 集中分配式的结构应该被保留，新的管理机构也应该本着公开透明的原则，继续实行责任制。而为了维护全球网络系统的稳定，ICANN 和威瑞信公司（Verisign）共同管辖的根服务器也应该保持原有状态。

第三个原则是满足全球 IANA 客户的需要和期望。也就是说，ICANN 管理权的转移及其有关的政策发展应该和它的日常运营活动区分开，以保证客户的需求不会因为其内部政策变化而受影响。

第四个原则是维持全球网络空间的开放性。在 IANA 看来，保持全球市场的开放实际上就是维持 ICANN 管理部门的中立和自由裁决，契合了其倡导的“多利益相关方”模式。

四大原则伴随着 IANA 的移交方案应运而生，从中可以看出，美国对 ICANN 的移交始终围绕着强化“多利益相关方”模式，看似放弃管理权，实际上是“以退为进”，继续维持强化这一模式。这意味着美国仍然可以凭借其强大的公司、个人、社会团体等优势通过“利益相关方”的方式参与到 ICANN 管理之中。对于广大发展中国家来说，既没有在 IANA 的移交方案中看到任何建立在“主权平等”基础上管理全球网络空间的可能，也无法改善自身在关键资源控制上所处的不利地位。

在这个移交进程中，有关治理原则的争议，主要体现在如何认识和理解“多利益相关方”模式中：所谓多边利益相关方，是美国在 20 世纪 90 年代推进互联网商业化进程中采取的一种运作模式，将公司、个人、非政府组织以及主权国家都纳入其中，最高决策权归属于由少数专业人士组成的指导委员会（Board of Directors），相关的公司、个人、非政府组织在下属的比较松散的区域或者专业问题委员会开展工作，政策制定采取所谓“自下而上”的模式，有下级支撑委员会向指导委员会提出建议和草案，然后指导委员会加以通过；其他主权国家的代表则被纳入政府建议委员会（GAC），只具有对和公共政策以及国际法等相关的活动或者事项的建议权，而没有决策权，其建议也不具有强制力。①

综观整体发展，可以说，发端于 2014 年的 IANA 监管权限移交进程，新监管权限本质上是一个“私有化”方案，而非“国际化”方案。最终移交效果从三个方面被纳入美国预期的轨道。

其一，坚决杜绝任何主权国家进入的可能，为此不惜动用美国的否决权，即保留对所有移交方案以及 ICANN 章程最终修订版本的最后审核权；其二，主动用私有化方案作为移交方案的基础，将移交方案讨论的焦点，从如何更加有效实现对根服务器、根区文件系统的国际化管辖，转移成为对 ICANN 工作流程透明度和有限监督的讨论。通过这种讨论，实现对 ICANN 理事会的弱化、虚化，用社区授权机制和授权委员会实质性削弱乃至架空理事会，同时有针对性地继续削弱本来就不强势的政府建议委员会的地位和作用；其三，在人事关系方面，强化 ICANN 决策层的“兄弟会”属性，严厉打击 ICANN 高层改善与美国之外国家，尤其是与中国关系的举动。美国国会，以科鲁兹参议员为首，组建专门的国会连线，对 ICANN 高层任何被视为靠拢中国的举动，通过媒体进行严厉质问，通过 ICANN 社群进行直接施压，确保中国能够被严格地排除在相关变革进程之外。

美国能否如期完成 ICANN 的转让，一个关键点就是它所提出的“多利益相关方”模式能否得到落实。由美国官方对已有的移交方案反应来看，凡是提案中有涉及“由主权国家或政府间组织来接管”的内容，美国政府一律表示了否决态度，并广泛向世界多利益相关方征集议案。发展中国家的

① Kruger，L. G.（2013）. *Internet Governance and the Domain Name System：Issues for Congress*，Congressional Research Service，Library of Congress.

“多边主义”原则虽然注重对主权的尊重，但是受到具体能力的制约，对“多利益相关方”原则的冲击和挑战还很难落到实处。而发展中国家在网络空间管理中面临的不利局面，最主要的是在技术等硬实力上的不足，美国在互联网芯片、操作系统、关键基础设施的绝对垄断优势，决定了其在网络空间的绝对话语权。因此，ICANN 的转让仍然会在美国的话语体系中进行，IANA 只接受来自利益相关方委员会的方案，并且只有当方案满足了其提出的要求时才会接受，这也就进一步模糊了其转让的时间。

三　IANA 移交最新进展的初步评估

用“司法管辖”取代“行政管辖”，是本次“移交监管权限”的本质特征。从管辖权行使方式、管辖主体与管辖实践等三个方式来看，移交之前，美国行使的 IANA 监管权限是通过商务部电信管理局，在 ICANN 修改根区文件的过程中行使监管权限。这是一种比较标准的“行政管辖”。移交之后，ICANN 将被明确定义为一个美国加州的非营利性机构，新成立的 PTI 公司将是 ICANN 的非营利性子公司，ICANN 和 PTI 的全部章程，以及运行，都必须遵循美国加利福尼亚州的法律，主要指的是加州公司法。这是一种非常典型的“司法管辖”。

“移交监管权限”的非彻底性，是本次“移交监管权限”的重要特点。根据 ICANN 官方网站有关移交情况的说明，此次移交“监管权限”之后，美国政府拥有的有关“. mil”、“. gov”、“. us”以及“. edu”域名的运行和责任，不受此次移交的影响。ICANN 明确指出，完成移交之后，在美国政府不公开表态同意的情况下，. mil 和 . gov 域名不能重新进行分配。为了正式确认这一点，2016 年 6 月 ICANN 和美国政府交换了一系列的信件，确认美国政府对 . mil、. gov、. us 和 . edu 域名保持管理权限。这意味着任何对这些顶级域名的修订都只能在得到美国政府书面许可的情况下才能实行。这种书面许可的方式，就是商务部电信管理局在移交前实现监管的主要形式。有持批评态度的西方研究者指出，美国政府的态度使得“司法管辖权成为某种禁忌的话题”。[①]

从监管的有效性和严密程度看，此次“监管权限移交”美国政府是“以退为进”。坦率地说，从2014年3月14日美国商务部宣布移交监管权限开始，美方就在一系列公开文件中，以及公开场合，表达了“以退为进”的清晰意图。具有代表性的包括，在2014年3月14日宣布考虑转移监管权限的文件中明确指出了移交模式，并明确要求移交最终要实现的是“私有化”的目标；包括对巴西、印度等国家提出的替代性选择方案的打压；包括对ICANN章程的修订，以及在修订中为“修订章程”设置一个几乎不可能达到的门槛。这个门槛要求满足三个条件：其一，一个公开的咨询过程；其二，理事会75%的支持；其三，得到ICANN多利益相关方社区许可。这意味着核心要素，或者“基础章程”除非同时满足来自互联网社群、ICANN理事会以及广泛的互联网利益相关方的高门槛的同意之前，不可能被修改。

防范以中国为代表的主要战略竞争对手在ICANN获得影响力是美国的主要战略意图。担心并防范中国、俄罗斯等主要战略竞争对手在ICANN中占据有决策权的岗位，以及在全球网络空间治理中获得影响力，是美方推进主导这次移交的主要战略意图之一。自2015年中国邀请ICANN时任主席法迪参加世界互联网大会开始，美方就对中国和ICANN的关系保持了高度的警觉。ICANN在有关移交进程的问答中，专门列出一个问题，即ICANN与中国政府是否有协作关系，并明确回答没有任何协作关系。从美国政府的决策者到ICANN社群中的技术精英群体，存在显著的、针对中国的不满意、不信任乃至是敌意。

为避免中国等国家渗透ICANN理事会，美国主导下的移交进程对ICANN进行牵制与弱化。在移交之前，ICANN的主要核心决策机构是理事会；主权国家在ICANN架构中可以通过政府建议委员会（GAC）的一致意

① Pranesh Prakash，“Jurisdiction：the taboo topic at ICANN”，OpenDemocracy https：//www. opendemocracy. net/digitaLiberties/pranesh - prakash/jurisdiction - taboo - topic - at - icann，最后浏览日期为2018年3月1日。

见对理事会进行某种意义上的施加压力；在移交之后，新的 ICANN 理事会唯一得到强化的就是 GAC 建议的反制能力，即只要60%（15 名理事会成员中的 9 名）达成一致，就可以无视来自 GAC 的要求。除了这唯一的强化之外，ICANN 理事会遭遇了显著的虚弱：头上多出了一个“婆婆”，即赋权社群，根据加州法律，可以直接罢免 ICANN 主席，乃至罢免整个理事会；可以否决理事会决议；可以否决理事会制定的 ICANN 预算。同时，至关重要的 IANA 职能，是通过 ICANN 的非营利子公司 PTI 来行使。相比移交之前，ICANN 实际的权限被大幅度弱化，中国等国家即使在 ICANN 中取得了具有决策权的职位，其实际能够发挥的作用也将大幅度降低。

“赋权社群”（Empowered Community）将成为 ICANN 架构中新的权力核心。赋权委员会是此次监管权限移交进程中最重要的机制创新之一。如上所述，这个委员会被赋予监督乃至钳制 ICANN 理事会的重要功能，甚至在某种程度上，赋权社群将在事实上取代理事会，成为新的权力核心。相比理事会而言，预期在未来 3 ~5 年内，赋权社群将是一个更难被渗透，更具“兄弟会”色彩的机制。

我们应全面准确认识移交后 ICANN 新特点，努力避免两类错误观点干扰。

“悲观主义”的观点，用此次美国强势主导监管权限移交作为证据，论证美国在网络空间具有的霸权优势，并试图以此为依据提出应该暂时切断和互联网联系，或者研发“中国互联网”的建议。最极端的论断，是将 ICANN 比作美国的联邦储备系统，将对域名解析的监管类比为美国政府通过美联储发行美元。这种观点无视了全球网络空间的基本属性，无视了客观上确实存在的网络空间国际社区，无视了事实上确实存在并有所强化的反对美国网络霸权的各种需求。

“乐观主义”则正好走到了另一个极端，完全依托美国政府以及美国主流媒体的“公关稿件”，将美国政府有限度放弃 IANA 监管权限解读为“美国放弃对互联网的监管权限”，进而借此欢庆“一个真正的由网络社群共同管理的‘国际化’的全球网络空间”的到来。这种观点的最大特点，是以欧美主流媒体的“公关稿件”作为中国决策和行动的依据，并将主要的努力，用在劝阻、抵消乃至阻断中国政府在以网络空间域名管理为代表的关键资源管理，以及全球网络空间新秩序的建设中发挥更大的作用。

实事求是地看，此次 IANA 监管权限是一次有限度且有部分积极意义的尝试。相比转让前，美国政府在全球域名管理中的权限确实受到了某些限制，再也无法依靠简单的行政程序就直接影响根区文件的部分域名的注册与修订；但另外，这种让步即使在域名注册与管理领域来看，也是非常有限的，通过要求 ICANN 以及新成立的 PTI 遵守加州法律，美国政府在更广的意义上合法、合理的拥有了对 ICANN 的司法管辖权。这意味着在 ICANN 框架内继续推进国际化进程，将在美国加州的法律框架内进行，显然对美国之外的利益相关方来说，这不会是一个有利的条件。

四　阶段性的小结：推进 ICANN 国际化以及寻找贡献中国力量的可能路径

从最积极的视角看，无论如何，只要美国国会没有实质性地否定移交方案，整个 ICANN 的国际化，就将取得一个极具象征意义的进展。这一进展的意义在于，尽管 ICANN 还是处于美国加州公司法的管辖之下，但美国政府如果真的要启动或者使用对 ICANN 的管辖，很难再轻易通过美国行政机构内部的流程完成相关工作，管制效率会显著下降。更直白地说，完成这一私有化进程的 ICANN，将在一定意义上进入一个“各显神通”的竞争状态，未来发展的方向将因此产生更多的不确定性。当然，美国政府不会松口说这一私有化的进程会削弱美国的实际利益，或者对全球网络空间的管控。一如在 2016 年 9 月的听证会上，积极推进如期移交监管权限的美方官员是用这样的逻辑来说服组织听证的国会议员的：按期移交，将提升美国的声望，有助于推行和实现美国倡导的基本价值，即互联网自由。如果对美国的内政与外交比较熟悉的话，可以发现，这个说服逻辑，20 世纪 90 年代白宫游说美国国会通过对华贸易议案，包括同意中国加入 WTO 等，都曾使用过。至于

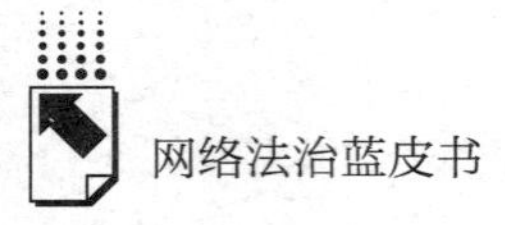

效果，见仁见智。

从全球网络空间的发展和演变来看，美国在其中逐渐失去曾经有过的绝对优势，并使得全球网络治理结构慢慢走向国际化，是一个毕竟东流去的进程，包括中国在内，可以从长期和战略层面，维持谨慎的乐观。当然，在具体细节上，如果真的希望实质性地推进 ICANN 国际化，以及在更广泛意义上推进全球网络空间治理国际化，应该还可以从如下方面着手。

1. 全面改变资源分布和能力分配的不对称性，是推进未来 ICANN 以及更加重要的全球网络空间治理真正实现国际化的关键

尽管存在很多理论分析和政策术语，但本质上全球网络空间的治理结构是由客观的实力以及资源的分配所决定的。意图、构想、规划或者设计，只有在与之相互匹配的实力的支撑下才能得到有效的贯彻和落实。导致此次 IANA 监管权限转移事实上被发达国家，尤其是美国主导的关键，就是资源和能力的不对称分布。这种不对称分布，不仅包括在技术和产业领域的不对称分布，还包括了支撑全球网络空间关键基础设施的不对称分布，以及在全球网络空间治理组织结构的关键节点上的不对称分布。

2. 明确国际化和私有化的实质性区别，进而规划推进国际化应努力争取的方向和目标

ICANN 的国际化进程，IANA 的监管权限，是讨论全球网络空间治理国际化进程中最具象征意义，也最容易得到媒体聚焦和关注的问题。“私有化”和“国际化”的区别是直接而清晰的：其一，“私有化”的主导力量是私营部门，尽管遵循多利益相关方模式，但最终整个主题的定性仍然是私营部门；而字面意义上的“国际化”则要通过正式的程序让其他主权国家能够对决策过程有实质性的影响。其二，“私有化”与“国际化”在司法管辖权上存在本质的差别，“私有化”方案形成之后，坐落于美国领土边界内的“私有化”实体仍然将接受美国的司法管辖，“国际化”方案如果真的通过，将让新的行使 IANA 权限的机构变成类似联合国框架下的各种组织，即使地理位置处于美国领土边界之内，但却不能依托美国国内法对其实施司法管辖。其三，从主导力量看，“私有化”方案最后形成的实际运作流程，必然

是由与资本密切结合，或者说能够得到资本支持的技术精英在“自下而上”“社群决策”的外壳下，实质性地主导的；“国际化”方案最终是要让主权国家，尤其是技术、产业、资本、治理等实体能力相对弱势的发展中国家，依托主权平等提供的法权基础，在全球网络空间关键资源的治理上占据更多的发言权，因为在任何情况下，相对弱势的群体总是更容易占据数量上的优势。

3. 提出具有吸引力，符合各方合理利益需求的解决方案，着手启动相应的进程，并实质性推进

ICANN 的国际化进程，在相当程度上类似国际货币基金组织（IMF）的改革——直到中国推出并成功实践亚洲基础设施投资银行（AIIB）以前，相关的改革进程进展缓慢。在通过展示补充性的，但又相对独立的新解决方案之后，有关强势方才会有更大的动力来做一些实质性的变革。美国主导这一轮 ICANN 国际化改革，是在缺少真正有影响的替代性解决方案的大环境下进行的。

巴西曾经提出过温和改进方案，即所谓的 Netmundial 方案。该方案于 2014 年 4 月圣保罗会议出台，其核心要义是试图对 ICANN 架构做出温和的调整，要求有限度地提升 ICANN 政府建议委员会（GAC）的立场；将 ICANN 制定网络治理政策的职能和直接管理并配置根服务器权限的职能分离；明确局限要管辖的根服务器是由 Verisign 公司和 ICANN 管辖的三台顶级根服务器，不触及对其他处于美国政府部门、高校管辖下的根服务器。这个方案体现了巴西等国家的利益偏好，他们并没有多大雄心塑造一个全新的网络空间新秩序，而是希望通过对多利益相关方模式的有限改革，换取美国政府极其有限的让步，即确认 ICANN 对其所管辖的数量有限的服务器的独立管辖。这种让步的本质，就是希望占据实力优势的国家能够自我约束。但从实践效果来看，美国，包括政府、公司、非政府组织以及在社群中具备压倒性影响力优势的个人，对这类方案仍然保持了高度的警惕；最终 Netmundial 方案因为被认为可能“实质性地危及”现存的治理秩序和模式而迅速被放弃。就此而言，必须深刻认识到，推进 ICANN 国际化的进程，从

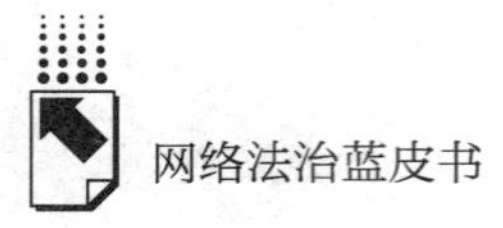

不是单纯的方案与理念竞争，而是必须兼顾理念和实力两方面的复合较量。缺乏足够的实力、能力和坚定的推动力核心，任何理想化的方案都难以取得成功。

印度则出台过比巴西方案更加激进的调整构想，其核心要求是试图将全球网络空间治理的主要职能转交给国际电信联盟（ITU）。为了实现这一策略，他们首先是在2014年国际电信联盟釜山会议上尝试将有关关键技术和权限交给电信联盟，为此不惜令釜山会议面临流产的险境；同时，印度关于重组全球网络空间关键资源的建议也是颠覆性的，它提出应该参考现有的国际长途电话的管理模式和运行机制，各国将数据资源置于本国境内，然后通过类似拨打国际长途电话的方式，在访问相关网络资源时，使用统一分配的国别网络识别码，再进行接入。由于构想过于惊世骇俗，在提交大会讨论时又存在程序瑕疵，印度这个方案在釜山会议当场就引发了美国的强烈不满，美方明确表示将尽一切力量抵制印度的方案。

对中国而言，未来值得努力的方向是构建更多建设性、参与性的方案，而不是简单的否定性参与。同时，在参与和推进全球网络空间治理国际化的进程中，中国需要在观念和能力上进行有效的调适和建设：一方面，要从中国国家利益和战略需求出发，构建中国方案。这个方面工作的重点是要勇于和善于讨论中国的国家利益；另一方面，是要提升中国在全球网络空间治理领域的战略决策能力，这个方面工作的起点可能是国内网络治理领域的战略创新。从实践看，要在全球网络空间技术社群提升中国的声音，就必须提升能够进入这个社群的中方技术精英的国家认同感；实现有效创新的目的，是确保在这些社群，有能够代表中国利益的有效意见输入，而不是相反。

在此过程中，中国需要围绕参与全球网络空间治理新秩序的建设需求，形成相应的中长期行动规划，在技术研发、产业发展、治理实践、理论探索、学科建设、人才培养等方面做出相应的系统调整，最终形成有效的战略协同，进而确保各种资源能够被整合成为一个整体。这种路径是后发大型国家参与全球治理的必然选择。自上而下的顶层设计，与自下而上的需求驱动，最终实现有效的对接与融合式发展，是其主要特征。

结合相关实践，就中国参与推进 ICANN 国际化进程提出如下相关的构想与初步建议。

第一，在构建对全球网络空间治理体系以及网络空间关键资源正确认识的基础上，形成清晰的战略目标，寻找具有可操作性的切入点。对 ICANN 的关注，源于通用顶级域名解析系统，其以根服务器、根区文件和根区文件管理系统为核心，对保障全球网络空间正常运行具有的重要意义。从实践看，国家顶级地理域名的解析，已经分配到各国自行进行解析。通过修订根区文件和根区文件管理系统，在全球网络空间阻断对某个顶级地理域名的访问，虽然在极端情境下还是具备可能的，但如果和具体对象国的属性结合起来进行讨论的话，基本可以认为，在国家之间不爆发武力冲突乃至战争的情况下，已成为极小概率事件。同时，伴随着技术的发展，整体看，域名解析的可替代性正在呈现较为显著的增强态势。从这个意义上来说，中国应该构建与自身地位、实力以及全球网络空间发展趋势相匹配的战略目标，超越纯粹局限于关注根服务器和根区文件重要性的阶段，在更广泛意义上认识和理解全球网络空间关键基础设施与资源的构成，并形成以“以实力派贡献交换影响力”的基本战略取向，通过对全球网络空间的发展与完善做出更大的贡献，来持续获得自身的影响力。

从这个意义上来说，在“一带一路”倡议和“金砖国家”框架内，推进相关国家和地区的网络互联，提供支撑互联互通的网络基础设施建设，包括提供中国版的“天地一体”网络接入能力，弥补数字鸿沟，运筹并推进“网络金砖”等，应该成为中国努力的重要方向。此外，中国应该为保障全球网络空间的稳定与正常运行，做出更大的贡献，此前已经提出的全球域名解析系统的冗余备份等系统和方案的建设，应该推动。

第二，在不同层次和议题领域，构建符合“人类命运共同体”构想的实践体系，多层次、多维度推进全球网络空间治理新秩序的建设。ICANN 国际化始终是全球网络治理新秩序最具象征意义的议题，但同时实质性推进全球网络空间治理新秩序的舞台已经超越了 21 世纪初期，其议题蔓延并覆盖了各个不同维度，这需要一种真正的“多利益相关方”模式，即能够真正发挥主权国家政府、公司、非政府组织、技术社群、个人等不同类型行为体的比较优势，在充分相互信任的基础上，进行有效的、深入的、实质性的相互协调。这种协调，目的在于建立一个真正意义上的网络空间人类命运共同体，即确保全球网络空间及支撑这一空间的各种关键资源，能够服务于人类共同利益，而不是成为少数乃至单一国家行为体独享的资源，或者被垄断成为服务于特定战略、政策或者目标的工具。中国在此过程中，承担着特殊的角色，即践行中国对新型大国关系、人类社会发展模式的理解，在ITU、IETF、ICANN、IGF等不同组织中，发挥中国的影响。这种影响的发挥，不应该也不能是中国政府的包打天下，还要发挥中国的工程师、智库、非政府组织等多种类型的行为体的积极作用，持续有效地贡献中国的资源、智慧和解决方案。

在IANA监管权限移交基本确定的情况下，中国要做的，应该是积极在ICANN架构的程序内，持续推进实质性的国际化进程，确保美国不能滥用对ICANN的司法管辖权来继续维持对IANA职能的实质性单一垄断性的控制；确保在IPV6等关系未来全球网络空间发展和良性运行的重大议题上，贡献体现人类命运共同体的解决方案；确保多利益相关方原则能够得到实质性的尊重和实践，而不是成为维系少数国家网络霸权的挡箭牌。

当前全球网络社群之所以还能认可ICANN继续处于美国实质性的单一管辖，就由于相对温和与柔性的司法管辖方式未引起强力反弹，基本上是受四个因素影响：其一，历史惯性积累的关键基础设施资源；其二，基于社交网络的半封闭人际关系——影响力圈；其三，具有显著先发优势和技术优势的公司——产业结构；其四，全球技术社群观念上对新自由主义和良性霸权的认可。这四个因素，除了第一个，其他三个都是属于温和的时间敏感性因素，在中长时间段，再过20年到30年，才会发生较为显著的变化。而且在此过程中，受具有不确定性的突发事件的影响，变动速度还会呈现显著的变化。从这个角度来看，中国应该对此保持必要的信心和定力，同时要有长期－体系化布局的耐心与毅力。

第三，匹配战略目标，构建打通内外界限的整体性行动方案。中国参与推进 ICANN 的国际化，包括推进全球网络空间治理新秩序的变革，都是在一个开放的、信息高速流动的全球化体系中进行的，因此中国必须构建打通内外界限的整体性行动方案。理解信息技术革命和全球网络空间的发展，客观上已经消解了传统意义上对主权的绝对化理解。中国参与全球网络空间治理新秩序建设最有效也是最重要的“公关”，就是中国在国内推行的网络空间治理政策体系。中国在网络安全和信息化领域的实践与成就，就是中国参与全球网络空间治理新秩序建构最有效的筹码，也是最重要的影响力来源。从这个角度来看，《中华人民共和国网络安全法》《国家网络空间安全战略》《“十三五”国家信息化规划》中描绘的目标、勾勒的蓝图、指出的发展方向与努力目标，其践行的具体结果与取得的实际效果，最终都将影响乃至决定中国在参与和推进全球网络空间治理新秩序建设，推进 ICANN 国际化中所具有的动能、影响力和最终取得的成果。

第四，遵循内生规律，把握时机，以更加积极的贡献实现实质性的赶超。中国在互联网经济以及商业应用创新领域取得的创新，确实提升了中国在全球网络空间治理变革领域的话语权，但是这种话语权和影响力要真实作用于互联网社群，要实质性地影响从 20 世纪 70 至 80 年代甚至更早时期就持续运行至今的结构性的关系，显然不是短期内能够实现的。但是技术发展对于在产业和应用领域占据领先地位的行为体始终是有利的，后来者在技术更新和迭代过程中更低的成本，提供了实质性赶超的可能。域名解析系统在移动互联网时代，在更加复杂和开放的国际体系中，客观上也需要进行必要的变革，包括治理体系的变革。把握这种变革的需求，以作出积极贡献的方式去争取更大的影响力，应该成为中国的首要选择。说到底，域名系统是信息时代国际体系正常运行所需要的具有一定公共性的重要资源之一。能够做大这种资源、而不是专注于存量再分配的强势行为体，自然会成为新治理秩序的实质性的引导者，因为其能够更好造福世界人民。

B.17
互联网国际贸易的法治化与中国方案

孙南翔*

摘　要：　互联网技术创造出一个与实体空间相平行的网络空间，并促进互联网贸易的发展。国际层面，互联网贸易规则正朝向消除电子贸易障碍和增强贸易商电子权利方向发展。国内层面，以《民法总则》《网络安全法》《电子商务法》等为起点，中国互联网贸易法治化进程正迈入攻坚阶段。作为负责任的大国，我国应在国际层面上坚持互联网贸易自由规则，并确保国家对互联网规制的合法权力。与此相对应的，我国应主动发挥国内规则的先发优势，积极打造具有中国特色的网络贸易综合治理体系。

关键词：　互联网贸易　网络空间法治化　中国互联网贸易体系

21世纪以来，随着互联网、云计算、物联网等通讯和网络技术的发展，网络空间成为人类生存的第五空间。本质上，人类创造出一个与实体空间相平行的网络世界，进一步促进跨境贸易更加自由化与便利化。正如习近平总书记所强调的，加快推进网络信息技术自主创新、加快增强网络空间安全防御能力、加快提升我国对网络空间的话语权和规则制定权等构成实施网络强国战略的重要举措，互联网贸易法治化内嵌于我国网络空间法治化治理中。特别是随着《民法总则》《网络安全法》《电子商务法》等通过与施行，如

---

* 孙南翔，作者系中国社会科学院国际法研究所助理研究员。

何解决网络主权与自由贸易等价值冲突成为崭新的时代课题。有鉴于此，本报告将从国外和国内的视角，探索互联网贸易法治的进程，进而为中国打造网络强国提供建议。

一　互联网贸易发展现状与未来趋势

21 世纪以来，随着互联网、云计算、物联网等网络和通讯技术的发展，网络空间成为人类生存的第五空间。作为科学技术，互联网的影响早已超过电力、燃油机、蒸汽机等其他发明创造。人类通过互联网技术创造出一个与实体空间相平行的网络世界，其促使跨境贸易更加自由化和便利化。

互联网具有生产力，互联网贸易甚至成为众多贸易活动的主要形式。例如，跨国贸易通过先进的信息技术系统而运营；现代银行和金融体系几乎完全依赖于电子通讯；公共信息也愈发通过网络渠道进行传输。综合而言，互联网对贸易的重要作用至少体现在以下两个层面：第一，网络空间使生产者、供应者和消费者之间的传输更加便利和便宜；第二，网络空间促使信息的传输更加快捷和方便。毫无疑问，互联网促进了实体产品和信息产品的消费和贸易，通过实质性地削减交易成本，创造更大的贸易量并实现更高水平的社会福利。

2015 年欧盟委员会报告指出，在未来的十年内，大多数经济活动将会依赖电子生态系统、一体化电子基础设施、硬件和软件、应用程序与数据。[①] 网络贸易模式逐渐在全球达到广泛适用。如下图，中国跨境电商交易与进口国规模呈快速发展，2016 年，中国跨境电商交易规模达 6.7 万亿元。图 1 显示，即使在我国货物进出口总值呈现小幅降低趋势的情况下，中国跨境电商交易规模仍逆势上扬。2017 年上半年，中国跨境电商交易规模更高达 3.6 万亿元，同比增长 30.7%。

---

① European Commission, Communication from the Commission to the European Parliament, the Council, the European Economic and Social Committee and the Committee of the Regions, *A digital single market strategy for Europe*, *Brussels*, 6.5.2015, *COM* (2015) 192 *final*.

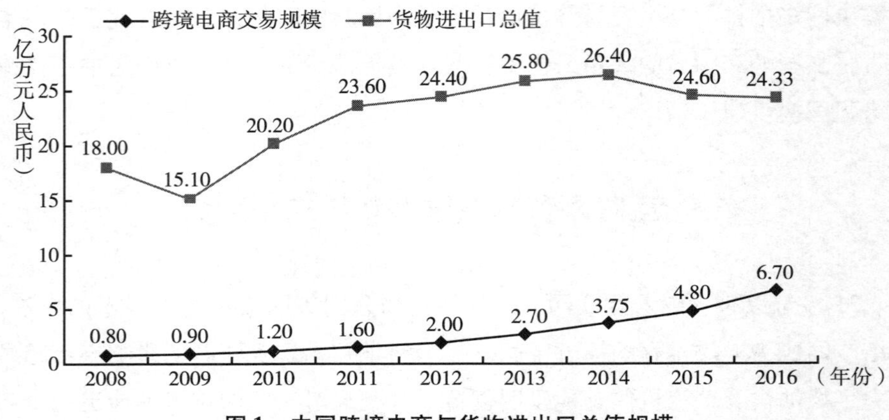

图1　中国跨境电商与货物进出口总值规模

数据来源：国家统计局、商务部、海关总署、阿里研究院等网站。

与互联网贸易兴起相对应的是，传统的国际贸易规则也逐渐渗透入新兴贸易中。正如文森特所言，世界贸易组织（以下简称 WTO）也开始采取步骤定义多边的、规则导向的贸易体制如何在网络世界中得到适用，但是其工作也是刚刚开始。1995 年，WTO 成员方实施了旨在优化附加电信和计算机和相关服务，并保障对电信网络的非歧视准入的乌拉圭协议。1996 年，WTO 成员方完成了基础电信服务参考文件的谈判。1997 年，WTO 成员方完成了《信息技术协定》的谈判，进而在一系列信息技术产品上削减关税。1998 年，WTO 成员方同意延长对电子传输不施加关税的国家实践，并且建立全方位审查电子商务相关的所有贸易有关议题的工作计划。2001 年，WTO 成员方启动了多哈发展议程，其包括可能有助于进一步定义规则导向的贸易体制如何适应于电子商务和信息技术的谈判。在互联网贸易兴起的过程中，与互联网贸易相关的规则构建也逐步加速。然而，由于多哈回合谈判停滞不前，所以通过多边经贸机制的方式升级互联网贸易规则的难度较大。

除世界贸易组织外，下一代自由贸易协定也存在涉及互联网贸易自由及其规制的条款。以《全面且先进的跨太平洋伙伴关系协定》（以下简称 CPTPP）为例，该协定明确要在跨境服务贸易领域使用负面清单，并在电子商务章节要求缔约方保障全球信息和数据的自由流动。同时，专章规定一般例外、安全例外和其他合法的例外条款。其他多边或双边投资协定等也有相似的规定。由此，下文将从缔约实践出发，探索互联网贸易规则的发展趋势。

二　互联网贸易规则的缔约实践

自由贸易安排的加速时期是在20世纪90年代，特别是21世纪初，WTO多边谈判陷入僵局，各成员方对区域或双边贸易安排的热情一路高歌猛进。美国和欧盟更是频繁地将区域主义和双边主义作为巩固和执行各自贸易政策的重要路径。有鉴于此，本部分以多边经贸规则、美国、欧盟等国的主要自由贸易协定为例，探析互联网贸易与规制文本的升级策略。

（一）多边经贸规则的升级

2012年2月，在多边贸易框架下，与《服务贸易总协定》谈判同时开展了以美国、澳大利亚、欧盟为主的WTO成员方组成“服务真正好友”（Really Good Friends of Services）谈判集团，并启动了关于服务贸易的全面协定的谈判，该协定被称为《国际服务贸易协定》（以下简称TiSA）。截至2017年1月，TiSA共进行了21轮谈判。[①]除涉及传统的服务贸易规则外，TiSA还涉及了跨境数据流动、禁止本地化措施等敏感事项。由此，众多专家学者建议TiSA谈判认真对待新的贸易形式，并将乌拉圭回合后的电子贸易革命的成果纳入文本中，进而实现网络空间的跨境交易自由。[②]由于TiSA谈判并不对外公布信息，由此，本报告不做进一步探讨。

---

① European Commission：Trade in Services Agreement，available at European Commission http：//ec. europa. eu/trade/policy/in-focus/tisa/，last visited on 20 Dec.，2017.

② Pierre Sauve，“A Plurilateral Agenda for Services? Accessing the Case for a Trade in Services Agreement（TiSA）”，*NCCR Working Paper*，No. 2013/29，May 2013.

（二）美国自由贸易协定及其策略

迄今美国已与数十个国家缔结了自由贸易协定。虽然协定谈判方议价能力各异，然而美国自由贸易协定（以下简称 FTAs）文本大多基于标准格式，在宗旨、结构、内容等上具有极高的相似性，其高度相似性也反映在电子商务等规则上。经统计分析，美国诸多自由贸易协定涉及以下规则。

（1）对电子产品或货物，电子交付和传输的概念的介绍；

（2）对可适用于电子服务提供的贸易规则的认可；

（3）对可适用于电子服务需求的贸易规则的认可；

（4）对电子产品的非歧视性待遇；

（5）对电子产品的最惠国待遇。

还有一些独特的实体性规则，例如《美国—新加坡优惠贸易安排》第 83～87 条规定将负面清单方式的使用拓展到市场准入，并且减少交付方式相关的不确定性；降低允许代表处或企业的其他形式的本地存在要求；减少对贸易自由化规则的豁免。在电子商务章节中，美国 FTAs 包括以下内容。①

第一，关于定义。多数电子商务章节不包括“数字产品”的定义，其一般规定线上与线下产品和服务的相似性，同时，并使用“技术中性”原则，该原则禁止由于技术的使用方式对货物或服务制定差别的待遇。

第二，关于 WTO 法的适用。电子商务章节一般规定 WTO 法对电子商务的直接适用性。

第三，关于非歧视性义务。非歧视原则要求确保缔约方不能因为产品或服务以电子方式为形式，而否认该产品或服务的法律待遇、条约有效性或可执行性。其进一步将最惠国待遇和国民待遇义务拓展至互联网交易。

---

① Rolf H. Weber, “Digital Trade and E-commerce: Challenges and Opportunities of the Asia-pacific Regionalism”, *Asian Journal of WTO and International Health Law and Policy*, vol. 10, 2015.

在美国自由贸易协定中，规定以电子商务为代表的互联网贸易的方式有多种方式。其一，规定单独的处理电子商务的章节；第二，在跨境服务提供中解决电子商务的问题；第三，在信息与通讯贸易合作章节中进行规定。同时，电子贸易也涉及超越《与贸易有关的知识产权协定》（TRIPs-plus）的知识产权规定。

美国与智利、新加坡、秘鲁、哥伦比亚、中美自由贸易区与多米尼加都规定缔约方应避免产生新的电子贸易障碍，同时表明任何缔约方都不能规定当地成分要求。然而，这些协定都没有明确规定信息自由流动的权利，或者阐明何时能够限制流动，也并没有提及信息自由流动权。换言之，虽然美国政府致力于通过 FTAs 避免电子贸易保护主义，但是却很少以积极的方式推动信息自由流动。①

2007 年，美国与韩国签署的自由贸易协定首次规定了电子商务中的信息自由流动规则，其第 15.8 条规定：认识到信息自由流动对贸易便利化，以及保护个人信息的重要性，成员方应该致力于避免对跨境电子信息流动施加或维持不必要的障碍。② 该条款适用于所有的影响信息流动的措施，并且适用于所有的电子产品，不管其构成货物或服务。如上，美国自由贸易协定侧重于对信息流动的保护，但是其仍以避免构成障碍的方式，消极地确定与贸易相关的信息自由权利。

（三）欧洲单一电子市场策略及其 FTAs 规则

2015 年，欧洲议会委员会、欧洲经济与社会委员会等合作发布的《欧洲数字化单一市场策略》主张，全球经济加速转变为电子经济，信息与通

---

① Susan Aaronson, "Why Trade Agreements are not Setting Information Free: The Lost History and Reinvigorated Debate over Cross-Border Data Flows, Human Rights, and National Security", *World Trade Review*, Vol. 14, 2015.

② 该自贸区协定已于 2012 年生效。U. S. -Korea Free Trade Agreement, Chapter 15 Electronic Commerce. Article 15. 8 (Cross Border Information Flows), signed June 1, 2007, available at Office of the United States Trade Representative https://ustr.gov/trade-agreements/free-trade-agreements/korus-fta, last visited on 20 Nov., 2017.

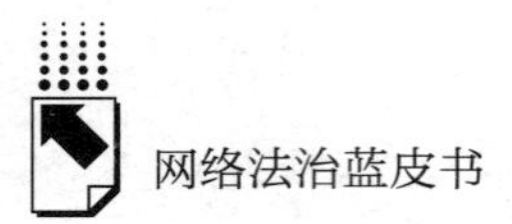

讯技术不再成为一个具体的部门，而是构成所有现代创新型经济体系的基础。[①] 欧洲的单一数字市场确保货物、人员、服务和资金的自由流动。同时，在自由竞争条件下，在高水平消费者和个人数据保护的前提下，不管个人与商事主体的国际或居住地为何处，个人和商事主体都可无缝地接入并从事网络活动。该计划进一步指出其三项支柱。[②]

第一，在全欧洲范围内，消费者和商业体更好地获得网络产品和服务。这要求快速移除线上与线下世界的主要差异，进而消除跨境互联网活动中的障碍；

第二，创造电子互联网和服务繁荣的正确条件。这要求建设高速度的、安全的和可信任的基础设施，并且针对内容服务的规制条件应以支持创新、投资、公平竞争与人人平等为导向；

第三，最大化网络电子经济体的增长潜能。这要求对信息通讯技术基础设施与技术（例如云计算和大数据），以及促进工业竞争力的研究和创新，以更好的公共服务、包容性和技能进行投资。

在 FTAs 谈判中，欧盟与加勒比地区国家和韩国等也主张避免对电子商务的不必要的规制障碍，该主张要求在数据保护领域进行合作，并且要求缔约方实现与欧盟标准相协同的数据保护标准。然而，在最终文本上，欧盟与韩国、加拿大等国的 FTAs 中并没有直接包括自由信息流动的规定。尤为值得注意的是，加拿大和哥伦比亚签署的 FTAs 中包括确保信息自由流动、透明度和隐私权保护的规则。[③]

---

① European Commission, Communication from the Commission to the European Parliament, the Council, the European Economic and Social Committee and the Committee of the Regions, *A digital single market strategy for Europe*, Brussels, 6. 5. 2015, COM (2015) 192 final.

② European Commission, Communication from the Commission to the European Parliament, the Council, the European Economic and Social Committee and the Committee of the Regions, *A digital single market strategy for Europe*, Brussels, 6. 5. 2015, COM (2015) 192 final.

③ Canada - Colombia Free Trade Agreement, Chapter 15, Electronic Commerce, available at Government of Canada http://www.international.gc.ca/trade-agreements-accords-commerciaux/agr-acc/colombiacolombie/ chapter15-chapitre15.aspx? view = d, last visited on 20 Nov., 2017.

（四）下一代 FTAs 的创新：CPTPP

由于信息技术产业在美国经济中具有重要性，美国将电子贸易作为谈判协定中的优先事项。在实践中，美国希望建立关于国家可限制信息流动的明确规则，其主要的关注点反映在审查与过滤机制、数据中心及其服务器本地化要求、隐私权保护等事项。虽然美国最终并未签署《跨太平洋伙伴关系协定》，但 CPTPP 仍体现了以美国利益为主的规则形态。CPTPP 共分为 30 个章节。涉及数据自由与互联网规制的条款散见在服务、电子商务、电信、例外等章节中。具体如下。

其一，在服务章节中，服务提供者是提供跨境服务的个人或公司，服务提供者并不需要与其消费者产生金钱上的来往。换言之，服务提供者包括提供免费电子商务的服务提供商。由此，CPTPP 服务章节适用于互联服务提供者及其相应的服务行为。该章节明确了使用负面清单（negative list）的方式，并且使用了美国 FTAs 范本中的第一附件（Annex Ⅰ）和第二附件（Annex Ⅱ），两个附件分别代表两种类型的例外措施。

具体而言，第一附件规定了对现存的与协议正文不相符合的措施，也包括对该措施的修订措施。在第一附件中，对这类措施的修改不能减轻对自由化原则的承诺。因此，该类修订或更新的措施只能够不严于现有的措施；第二附件规定新的、未来的更具限制性措施。第二附件列明的例外情形更为广泛，因为国家不仅能够维持该措施，还能够不受约束地采用或修订任何新措施，即该类型的例外情形不受现有文本的影响，可以严于既有的措施。第二附件中的例外情形较少。

绝大多数互联网贸易规定在第一附件，这意味着未来实施规制新媒体技术或文化贸易的措施可能会违反自由贸易协议的规定。① 特别在服务贸易使用负面清单表明未来新的服务类型，包括与网络相关的服务贸易，都将被现

① 孙南翔：《文化与 FTAs：文化贸易规则的制度实践》，《国际商务》（对外经济贸易大学学报）2015 年第 4 期。

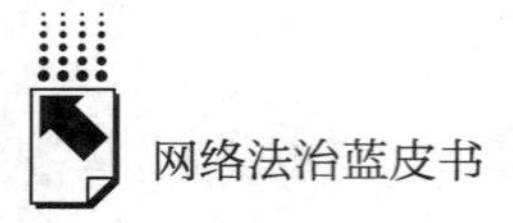

有的自由化规则所调整。同时，其还要求实现服务提供所需的资金转移自由，并制定有关快递交付服务相关的附件。

其二，在电子商务章节中，其要求成员方确保全球信息和数据的自由流动。同时，承诺不施加对当地数据处理中心的限制，并且要求软件源代码不应该被要求转让或进行评估。同时，其直接规定缔约方不应对电子传输征收税收，不通过歧视性措施或彻底屏蔽的方式支持国内生产者或服务者。然而在第14.11条中，其同时规定对电子方式跨境传输的自由化要求不得阻止缔约方为实现合法公共政策目标而采取或维持的限制性措施。①

对个人信息保护的规定体现在第14.8条，规定每一缔约方应采取或维持保护电子商务用户个人信息的法律框架，并鼓励建立机制以增强不同体制间的兼容性。② 如此，CPTPP进一步便利化电子商务的贸易往来，但同时也赋予缔约方基于必要的公共政策要求对电子商务进行限制的合法性。

其三，在电信章节，其第13.5条规定缔约方应确保其领土内的公共电信服务提供商与另一缔约方的公共电信服务提供商直接或间接的以合理费率实现互联互通。该章节将商业移动服务定义为通过无线移动形式提供的公共电信服务，同时，其将电信服务义务拓展至手机移动服务商等新媒介。

其四，CPTPP还规定了专门的例外章节，其融合了《1994年关税与贸易总协定》《服务贸易总协定》的一般例外和安全例外条款，以及《双边投资协定》中的投资审慎、金融安全等例外原则。该例外章节确保缔约方具有管制公共利益的权利。尤为重要的是，第29.2条规定的“安全例外”仍为自裁决条款的属性，其规定任一缔约方具有权利采取其认为对保护其自身根本安全利益必需的措施。

---

① CPTPP第14.11条规定的实现合法公共政策目标的措施应满足两个条件：（a）不得以构成任意或不合理歧视的方式适用，或对贸易构成变相限制；（b）不对信息传输施加超出实现目标所需要的限制。

② 除外，CPTPP第14.4条规定了数字产品的非歧视性待遇，其要求任何缔约方给予另一缔约方领土内创造、生产、出版、订约、代理或首次商业化提供的数字产品的待遇，或给予作者、表演者、生产者、开发者或所有者为另一缔约方的国民的数字产品的待遇，均不得低于其给予其他同类数字产品的待遇。

当然，CPTPP 还规定对通关手续和透明度的要求，在金融服务、技术性贸易壁垒等章节也有对信息和技术标准的规定。CPTPP 正式文本公开后，理论界和实务界人士对其与互联网相关的协定进行诸多评价。一方面，就支持者而言，他们认为 CPTPP 能够较好地平衡互联网信息传输与集体和个人利益保护之间的关系，特别是赋予对基于“公正使用”的例外和限制。另一方面，批评者认为该协定通过使用鼓励性的表述，变相地限制了互联网的表达自由。例如，第 14.11 条规定缔约方认识到每一缔约方对通过电子方式跨境传输信息可能有各自的监管要求。同时，第 14.8.5 条规定，每一缔约方鼓励建立机制增强不同体系间的兼容性。换言之，CPTPP 本质上并没有实现积极自由化与一体化。由于电子商务章节规定任何缔约方不得要求转移或获得其他缔约方的软件源代码作为进口的条件，也有评论者认为其限制了国家保障其网络安全的能力，特别是阻止恶意软件的合法诉求。①

虽然由于美国退出 CPTPP 使得该区域性协定的国际影响力降低，但是剩余 11 个成员最终仍达成重要共识。该 CPTPP 虽然中止了知识产权、投资者与东道国的争端解决机制等内容，但是保留了所有的电子商务条款。这也表明电子商务已经并将继续成为全球各大贸易协定谈判和签署的重要议题和内容。

三　中国互联网贸易法治化发展进程

2014 年 10 月，党的十八届四中全会通过《中共中央关于全面推进依法治国若干重大问题的决定》，提出“加强互联网领域立法，完善网络信息服务、网络安全保护、网络社会管理等方面的法律法规，依法规范网络行为”。其后，中国依法治网的步伐加快，中国互联网贸易法治进程正进入攻坚阶段。

① Stewart Baker: Cyber-security and the TPP, available at The Washington Post https: //www. washingtonpost. com/news/volokh-conspiracy/wp/2015/11/06/cybersecurity-and-the-tpp/, last visited on 20 Jan. , 2017.

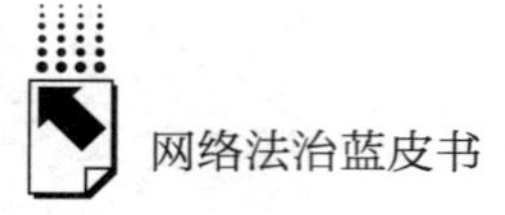

（一）中国互联网规则体系

我国互联网立法的核心在于关键信息基础设施保护立法、互联网服务提供商发展立法，以及互联网信息规范立法。[①] 整体而言，中国互联网立法包括《网络安全法》《全国人民代表大会常务委员会关于维护互联网安全的决定》《电子签名法》《电信条例》《互联网信息服务管理办法》《计算机信息系统安全保护条例》《信息网络传播权保护条例》《外商投资电信企业管理规定》《计算机信息网络国际联网安全保护管理办法》《互联网新闻信息服务管理规定》《中国互联网络域名管理办法》《最高人民法院、最高人民检察院、公安部关于办理网络赌博犯罪案件适用法律若干问题的意见》等。[②]

现有的中国互联网立法也包括贸易层面的规则。以《互联网信息服务管理办法》为例，其将互联网服务信息分为经营性和非经营性两类，并规定国家规范并促进互联网信息服务健康有序的发展。在具体的禁止性经营活动中，其第 15 条对信息安全保障进行了规定，要求任何组织或个人不得利用电信网络或互联网络制作、复制、发布、传播含有违反宪法、危害国家安全、扰乱社会秩序、侵害他人合法权益的信息。[③] 在具体的电信服务中，《电信条例》第 2 条将本条例中的“电信”定义为“利用有线、无线的电磁系统或者光电系统，传送、发射或者接收语音、文字、数据、图像以及其他任何形式信息的活动”。由此可见，第 57 条所适用的对象包括有线电话、无线电话（包括手机），以及互联网等领域的活动。《外商投资电信企业管理规定》，在满足特定该条件下，外商投资企业可以经营基础电信业务、增

---

① 周汉华：《论互联网法》，《中国法学》2015 年第 3 期。

② 张平：《互联网法律规制的若干问题探讨》，《知识产权》2012 年第 8 期。

③ 具体包括：（1）反对宪法所确定的基本原则的；（2）危害国家安全，泄露国家秘密，颠覆国家政权，破坏国家统一的；（3）损害国家荣誉和利益的；（4）煽动民族仇恨、民族歧视，破坏民族团结的；（5）破坏国家宗教改革，宣扬邪教和封建迷信的；（6）散布谣言，扰乱社会秩序，破坏社会稳定的；（7）散布淫秽、色情、赌博、暴力、凶杀、恐怖或者教唆犯罪的；（8）侮辱或者诽谤他人，侵害他人合法权益的；（9）含有法律、行政法规禁止的其他内容的。

值电信业务。

然而，我国目前还缺乏对互联网贸易规则的统一的立法。例如，在我国《民法总则》的制定中，由于数据问题的复杂性和较大分歧，其也仅仅做出开窗式的立法授权规定。[①] 由此，对互联网贸易相关的问题而言，国内理论界和实务界寄希望于《电子商务法》。

（二）《电子商务法》的特征与意义

2018 年 8 月 31 日，第十三届全国人民代表大会常务委员会第五次会议通过《电子商务法》，并将在 2019 年 1 月 1 日起施行。该法律的起草与制定旨在解决电子商务存在的突出问题，规范并促进电子商务发展，并将中国网络空间法治化的进程推向深处。

在内部需求上，近十年来，我国电子商务交易额年平均增速超过 35%，市场规模全球第一。电子商务行业的发展有效降低企业交易成本、增加消费者的多元选择，突破传统交易的时空限制，促使资源更有效配置。然而，与电子商务规模的迅猛发展相比，我国电子商务法治化进程却相对落后。虽然学界和实务界试图将《侵权责任法》《消费者权益保护法》等相应条款适用于电子商务行业，然而由于缺乏顶层设计，并且立法呈现碎片化，地方性法规、部门规章、司法解释等甚至出现冲突与矛盾。在实践中，非注册经营、非税销售、假冒产品、炒信行为等现象充斥于电子商务行业。鉴于此，电子商务领域的规则体系亟待规范。

在外部条件上，2015 年 9 月 4 日，国务院作出接受世界贸易组织《贸易便利化协定》议定书的决定。《贸易便利化协定》要求成员通过互联网公布进出口程序信息，并鼓励适用互联网的方式促进贸易便利化。作为负责任大国，中国在立法层面上，通过《电子商务法》率先履行协定义务。

在结构设计与条款安排上，《电子商务法》共 7 章 89 条，包括总则、电子商务经营者、电子商务合同的订立与履行、电子商务争议解决、电子商

① 龙卫球：《数据新型财产权构建及其体系研究》，《政法论坛》2017 年第 4 期。

务促进、法律责任和附则七大部分。其立法目的与宗旨在于保障电子商务各方主体的合法权益，规范电子商务行为，维护市场秩序，促进电子商务持续健康发展。该法律具有鲜明的先进性与时代性，具体如下。

第一，该法律建立起以电子商务经营者为主体、政府监管、行业自律与社会共治的治网模式。其规定，电子商务经营者包括电子商务平台经营者、平台内经营者以及通过自建网站、其他网络服务销售商品或者提供服务的电子商务经营者等，并对各类型的服务提供者规定明确的义务与责任，其主要责任包括审核平台内经营者的资质资格、保障交易安全以及数据信息安全等。同时，该法律创新性地引入多元利益攸关方的共治模式，推动政府有关部门、电子商务行业组织、电子商务经营者、消费者等共同参与电子商务市场治理，并进一步规定国家采取措施推动建立公共数据共享机制，促进电子商务经营者依法利用公共数据。

第二，该法律明确平台交易规则的制定方式与修改程序。习近平总书记在网络安全和信息化工作座谈会上指出，在网上信息管理上，网站应负主体责任，政府行政管理部门要加强监管。该法律进一步落实《全国人大常委会关于加强网络信息保护的决定》，构建起关于平台交易规则制定、公示及修改方式的法律体系。其要求电子商务平台经营者应当遵循公开、公平、公正的原则，制定平台服务协议和交易规则，明确进入和退出平台、商品和服务质量保障、消费者权益保护、个人信息保护等方面的权利和义务。例如，第33条规定："电子商务平台经营者应当在其首页显著位置持续公示平台服务协议和交易规则信息或者上述信息的链接标识，并保证经营者和消费者能够便利、完整地阅览和下载。"当然，该法律也鼓励发展电子商务新业态，创新商业模式，推进电子商务诚信体系建设，营造有利于电子商务创新发展的市场环境，为云计算、大数据等新兴行业的发展提供制度保障。

第三，该法律批判性地吸纳媒介中立、内外平等待遇的现代治理理念。"媒介中性原则"是指法律对采用纸质媒介或电子媒介的交易均一视同仁，不因交易采用的媒介不同而区别对待。其致力于平等对待线上与线下的商务活动，进而避免歧视性的政策措施对商务活动的发展产生扭曲效果。进一步的，该法律致力于推动跨境电子商务活动的展开，其明确提及将建立健全适应跨境电子商务特点的海关、税收、进出境检验检疫、支付结算等管理制度，并促进跨境贸易便利化。

此外，该法律还对与电子商务息息相关的知识产权保护、不正当竞争行为的禁止、广告规则、消费者权益保护、小型微型企业发展机会等事项作出了规定。

四 打造互联网贸易法治化发展的“中国方案”

法治作为全球治理的根本方式，包括国际和国内两级治理领域的法治进路。[①] 本质上，国际法治与国内法治相互砥砺。国际法律规则通过对国家产生权利和义务的方式，影响国内立法、执法与司法；同时，国内法治也为国际法治的推进提供源源不断的规则文本与司法实践。在互联网领域，国际法治与国内法治也相互补充、相互促进，进而实现全方位的互联网贸易法治化。

（一）中国互联网贸易体系的缺憾

中国互联网贸易立法的取向目前已经基本确定，其核心目标在于平衡政府、电子商务经营者和消费者之间权利义务关系。然而，当前我国的互联网贸易体系仍存在一些缺憾。

第一，国内立法与国际贸易缔约实践并不同步。当前，区域或双边贸易协定关于互联网贸易的规则主要体现在两个方面：其一为消除阻碍跨国电子商务发展的歧视性实践；其二是赋予电子商务主体获得信息的权利。然而，一方面，《电子商务法》仍未能系统回应上述问题。我国的立法仍过多强调电子商务经营者的义务和责任，而缺乏实质性鼓励电子商务发展的规则，特别是与贸易有关的信息流动规则。这也导致了我国立法与国际贸易实践的脱

① 赵骏：《全球治理视角下的国际法治与国内法治》，《中国社会科学》2014 年第 10 期。

轨。另一方面，《电子商务法》规定，“中华人民共和国境内的电子商务活动，适用本法”。从文本解释上，此处的中国境内的电子商务活动本身采取的是数据存储主义，而非数据控制者。然而，该模式无法完全抗衡美国执法部门所主张的跨境远程调查权，甚至某种程度上也主动放弃了我国互联网企业在域外的数据管辖权，这无疑是立法的缺憾。

第二，我国互联网贸易规则仍存在执行难问题。法律的生命在于实践，互联网贸易法治的光荣使命在于指导与规范跨境网络贸易领域的客观实践。不无遗憾的是，以《电子商务法》为代表的中国互联网贸易体系还有一些难以落地之处。例如，同时，在跨境贸易便利化层面上，各级政府和相关部门如何协同保障通关、税收、检验检疫、交通运输、金融服务等贸易政策的一致性与统一性，更应避免“九龙治水、各管一方”的情形出现。规则创新是建立在机构创新的基础上，单纯地通过规则创新将难以实现互联网规则法治化治理的目标。

第三，电子商务立法应具有时代前瞻性。互联网技术发展迅猛，互联网贸易立法的理念应具有前瞻性，并体现适应互联网时代的特点，为未来互联网商业发展与技术创新留出空间。例如，电子商务立法并没有注重数据流动和开发问题。片面的忽视一般网络信息的价值性，其将无法回应市场的需求，更难以切实达到保护用户的利益。① 又如，对电子商务活动的监管不应不适当地限制云计算、大数据、人工智能、区块链等新兴技术行业的发展。从根本上，政府对互联网贸易活动的监管应体现目的合法性和手段合法性。在目的上，政府对电子商务活动的监管应保护国家利益、公共利益与个人合法权益；在规制手段上，政府监管应体现必要性，避免遁入“一管就死、一放就乱”的规制怪圈。

（二）通过网络综合治理推动互联网贸易法治化发展

21 世纪以来，网络空间逐步成为人类生活的第五空间。随着网络空间

① 龙卫球：《数据新型财产权构建及其体系研究》，《政法论坛》2017 年第 4 期。

战略地位的提升，各国高度重视掌握网络空间规则制定的先发优势和主导权。2017 年 10 月，习近平总书记在党的十九大报告中指出，要加强互联网内容建设，建立网络综合治理体系，营造清朗的网络空间。互联网内容建设和网络综合治理体系构建离不开社会治理法治化进程的有效推进。在贸易领域，网络综合治理体系的构建离不开世界各国的互联网贸易法治化发展。

1. 网络经济主权是互联网贸易法治化发展的基本原则

2016 年，习近平主席在第三届世界互联网大会再次呼吁携手构建网络空间命运共同体。网络空间命运共同体体现为网络空间国际合作的“中国方案”，其核心在于利用好、发展好、治理好网络空间。网络经济主权反映为国家治权，体现国家对域内的人、物及内国事务的管辖权和管理权，也体现为对外处理国家利益的权力。本质上，国家主权是网络空间命运共同体构建的基本准则，其是破解当前网络霸权主义的核心原则。在互联网贸易法治化发展的“中国方案”中，国家主权合作应坚持主权平等和公平互利的国际法基本原则。

发展是人类社会的永恒主题。互联网贸易法治化的核心在于保障国内公民能够实现发展权。互联网与发展权密切相关。深化发展是各国互联网贸易法治化进程建设的重要内容。2017 年 12 月 14 日，我国企业家提出的全球电子商务平台（Electronic World Trade Platform）成为在阿根廷布宜诺斯艾利斯举行的世界贸易组织第 11 次部长级会议的最新成果。全球电子贸易平台的构建能够着力提升小微企业的公平、自由与开放的贸易平台，更能够促进各国贸易的增长，实现全人类福利的增进。全球电子商务平台的构建无疑能够助力实现互联网贸易的深度发展。

在国际法层面上，互联网贸易法治化体现各国权利与义务、责任与权力之间的协调统一，并实现秩序与自由、发展与安全价值的平衡。由此，打造互联网贸易法治化发展的“中国方案”应呼吁各国增强国内国际网络空间法律和制度供给，携手反对网络空间的非法贸易活动，依法惩治网络违法犯罪活动，切实实现互联网贸易法治化。

2. 深入推进多边与双边互联网贸易规则的构建

WTO 与双边经贸协定能够平衡互联网贸易自由与网络安全政策需求之间的冲突。当前，中国应主动升级本国对外经贸协定。

其一，我国应明确贸易自由在互联网治理中的基础性作用。在实践中，我国应履行 WTO 关税减让表和服务承诺表对信息技术产品与网络服务的自由贸易承诺。更为重要的是，互联网不仅是特定服务调整的对象本身，还发挥着分销媒介的功能。除非满足国家安全例外的情形，我国不应限制特定产品的互联网分销渠道。在推进“互联网 +”战略中，我国可在 WTO 协定义务的基础上，适当地拓宽信息技术产品与特定服务部门的贸易开放，并且逐步便利化互联网的分销、传输等功能。

其二，我国应建立起一套系统的、完整的、分层次的网络安全政策的法律体系。WTO 与双边贸易协定按照国家利益、公共利益与私人利益对互联网贸易安全政策措施进行限制。在实施《国家安全法》《电子商务法》的过程中，我国应该善意地适用。虽然安全例外条款并未规定严格的必要性要求，并赋予成员方自裁决权。针对《网络安全法》的条款设置下，我国应区分国家网络安全与其他网络安全事项的差异性，与贸易相关的国家网络安全应反映出本国的“重要安全利益”，并在“紧急情况”下才可进行使用；而对于一般的网络安全事项，我国应明确措施的必要性与实施过程中的非歧视性。

3. 适应互联网时代的回应型贸易立法

我国应主动创设具备示范效应及推广价值的法律文件。党的十八大以来，我国率先开展网络空间法治化治理进程，并相继公布《国家安全法》《网络安全法》《电子商务法》等法律文件。由此，保障网络安全的“四梁八柱”总体框架已基本稳定。下一步，我国应在坚持国家总体安全观的前提下，探索建立推进互联网贸易、加强网络信息利用的法律规定，进一步释放数字红利。

以《电子商务法》为例，其应与国内、国际规则进行合理对接。在国内规则中，《网络安全法》与《电子商务法》共同解决互联网贸易中的安全、秩序与自由的问题，并通过立法的方式解决互联网贸易的规制难题。同时，未来可能制定的《个人信息保护法》也可能影响《电子商务法》的规制范围和程度。在国际规则领域，新一代国际经贸规则开始进入规范电子商务的领域。例如，《加拿大—哥伦比亚自由贸易协定》规定，缔约方不应以不适当的电子方式阻碍贸易。美国自 2000 年之后签署的自由贸易协定都专章提及电子商务。基于此，《电子商务法》的实施不仅应对接相关国内规则与国内实践，更应与中国在国际规则上的利益诉求相衔接，通过打造科学的、系统的、成熟的中国电子商务法体系，有效提升中国在全球经济治理中的规则话语权。

总体而言，作为网络大国，我国应不断归纳本国创新性立法及其实践经验，通过国内法治对国际法治的示范与引领作用，使互联网治理的先进成果惠及全球。

B.18

国外社交媒体举报机制研究

——以 Facebook 等国外社交媒体为例

孟禹熙*

摘　要： 社交媒体的出现深刻而广泛地改变了传播格局，也很大程度地改变了人们的日常生活、工作学习和思维模式，但是不可避免的是，社交媒体的广泛应用也带来了一些问题，如个人隐私泄露、假新闻、恐怖主义传播等。除政府对社交媒体进行必要的规制外，社交媒体本身也订立了一套举报规则。以 Facebook、Twitter、Youtube 为代表的国外社交媒体建立时间更早，用户更为广泛，在处理内容举报上有更为丰富的经验。尤其是 Facebook，目前已拥有全球 20 多亿用户，除了利用人工进行举报外，还使用 AI 技术，并能够根据不同地区不同的政策需求，及时调整。

关键词： 社交媒体　举报机制　规制

一　国外社交媒体的举报流程——以 Facebook 为例

根据研究公司 comScore 的统计，（除中国用户以外的）网络用户每上网

* 中国传媒大学博士研究生。

五分钟，就有一分钟花在 Facebook 的产品上。① Facebook 平台上每天被发送出去的消息数量高达 120 亿条。② 每天产生的海量信息中不乏违规内容，在用户投诉量不断增加的情况下，2011 年，Facebook 正式开启举报功能，让用户主动对不合规内容进行举报。举报程序主要分为三个部分，即用户举报、团队审查和团队处理。

（一）用户举报

用户在举报时，需要进行严格的分类，当用户对一个内容进行举报时，Facebook 将跳出一个页面，让用户选择举报的原因，包括“令人反感/不感兴趣”“不应出现在 Facebook”“垃圾信息”等三个选项。③

在“令人反感/不感兴趣”选项中用户可以选择拉黑、隐藏该内容和给原博主发消息、协商解决问题。

“不应出现在 Facebook”的类目又分为：

1. 内容粗俗、无理或用语不雅，用户可选择隐藏或拉黑该内容。

2. 含色情内容，除隐藏和拉黑外，用户可以提交给 Facebook 审核。

3. 含有骚扰内容或仇恨言论，该类目包含某种族或民族、宗教团体、性别或性取向、残障人士或患疾病的人、某个人，用户都可以选择隐藏、拉黑该言论或提交给 Facebook 审核。

4. 含有恐吓、暴力或自杀倾向内容，该类目包含实质性暴力威胁、自残或自杀、血腥暴力画面、盗窃或破坏行为、药物滥用，同样的，用户可以选择拉黑、隐藏或者提交 Facebook 审核。

5. 其他，包括描述毒品、枪支、成人用品的买卖/未经授权使用了我的知识产权两个内容。

---

① *Facebook Faces a New World as Officials Rein In a Wild* Web，https：//mobile. nytimes. com/2017/09/17/technology/facebook - government - regulations. html，最后访问时间为 2017 年 10 月 9 日。

② Facebook 每天数据处理量超 500TB，http：//tech. sina. com. cn/i/2012 - 08 - 23/10597538323. shtml，最后访问时间为 2017 年 10 月 9 日。

③ Facebook 举报违规内容规则，https：//m. facebook. com/communitystandards，最后访问时间为 2017 年 10 月 8 日。

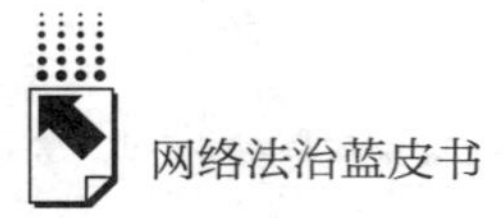

“垃圾信息”包含举报该信息为垃圾信息、拉黑、隐藏和给原博主发消息等内容。

（二）团队审查和处理

用户举报后，Facebook 将采取一系列举报流程。

当一条信息被举报或标记为垃圾信息，如果该信息是关于用户或用户的朋友，而举报的理由是用户不喜欢这条消息/这条消息让用户或用户的朋友蒙羞，那么用户可以采取屏蔽、删除、给原博主发消息的方式来解决问题。

而当一条信息被标记为仇恨或色情等限制内容的，则需要 Facebook 的内容审查团队进一步审查。Facebook 的内容审查团队在 2017 年已有 4500 人，随着需要审核信息量的激增，这个人数还在增加。审查团队分成四个小组：管理仇恨言论小组、审查侮辱性内容小组、安全小组、访问小组。仇恨言论（Hate Speech）将会被发送给审查仇恨言论小组（Hate &Harassment Team）进行二次审查；垃圾信息（Spam）和色情内容（Sexually Explicit）则会被发送给审查侮辱性内容小组（Abusive Content Team）；而关于自残或者有害行为的举报，包括恶意威胁（Threat of Vandalism）、暴力图片（Graphic Violence）、可信的暴力威胁（Credible threat of violence）、非法使用药物（Illegal Drug Use）、自我伤害（Self Harm）、自杀（Suicidal Content），相关内容将被发送给安全小组（Safety Team）。[①] 这些小组将会根据信息严重程度采取内容删除、账号关闭、身份核验、送交司法机关等措施。2017 年 5 月，因直播自杀事件[②]的负面影响，Facebook 又增加了 3000

① What *happens when you report abuse* on Facebook？ https：//nakedsecurity. sophos. com/2012/06/21/what – happens – report – abuse – facebook/https：//nakedsecurity. sophos. com/2012/06/21/what – happens – report – abuse – facebook/，最后访问时间为 2017 年 10 月 21 日。

② 自 Facebook Live 上线之后，据《华尔街日报》统计，人们至少用 Facebook Live 直播了 50 起暴力行为，包括谋杀、自杀、以及 1 月芝加哥一名智障少年遭毒打。其中典型事件是一个泰国父亲直播了杀害自己孩子并自杀的视频。《Facebook 直播仓促上马有人用来直播自杀谋杀》http：//tech. sina. com. cn/i/2017 – 03 – 07/doc – ifycaafm5485652. shtml，最后访问时间为 2017 年 10 月 13 日。

人对内容进行审查。

虽然 Facebook 也在不断进行技术开发，希望能够通过智能的方式来代替人工审查，但是就目前情况来看，让 AI 完全替代人工审查是无法实现的。Facebook 目前能做到的是利用一些人工智能算法，挑选出潜在的不良视频（如儿童色情等）。对这些视频进行标记，被标记后，该视频会发送到 Facebook 的内容审查部门，由人工观看视频后决定视频是否被删除。① 尽管 Facebook 目前在研发通过技术识别恐怖主义内容②和假新闻，但是完全付诸实践仍然需要时间。

（三）审查标准

作为一个坐拥 20 多亿用户的网站，Facebook 拥有着多样的文化背景，在这种错综复杂的环境中，如何划出一条红线来，制定出一整套审查标准，并不容易，这其中也存在大量的灰色地带。但是对于 Facebook 来说，一个审查标准是非常必要的。2017 年 5 月关于 Facebook 的一部分审查标准流出，主要关于性、恐怖主义和暴力内容的审查标准。

1. 暴力性语言：是否存在可确信的威胁（credible threat）。

需要删除的内容，如“来个人射杀特朗普吧！”相关的内容是要被删除的，因为特朗普是美国的总统，国家领导人需要被保护。“捅个人吧，成为犹太复国主义者的恐惧！”也是要被删除的，因为它具有煽动性，具有明确的指向性，不再是简单的发泄。

不需要被删除的内容，如“好想扭断一个贱人的脖子！”“滚开！去死吧！”“我希望你赶紧去死！”这些只是抱怨式的暴力性语言，为了表达愤怒，不会造成可确信的威胁，不需要被删除。

2. 关于死亡的暴力性视频：Facebook 一般会被标记为“让人烦躁的内

① 《如何识别直播杀人我们需要对 AI 多一些思考》，http://www.fromgeek.com/smarthardware/91780.html，最后访问时间为 2017 年 10 月 14 日。

② 《人工智能：Facebook 打击恐怖主义的新武器》，http://news.ifeng.com/a/20170617/51268759_0.shtml，最后访问时间为 2017 年 10 月 22 日。

容”，但并不是每次都会被删除，因为它们能够帮助加强对“心理疾病的认知”。[①]

3. 非身体性接触的儿童虐待、欺辱：并非每一次都要删除，除非里面含有虐待狂和（因虐待引发）欢乐的内容。Facebook 认为这一类的内容并非都具有负面影响，它可以帮助儿童建立自我保护意识，并告诉公众儿童需要被保护，而成年人需要做出选择。

4. 动物被虐待的照片可以分享：只有非常令人沮丧的内容才会被标记为“令人烦躁的”。施虐狂和庆祝（施虐行为）是被禁止的，将会被删除。Facebook 允许这些图片的存在是为了谴责这些行为，并提醒网民提高动物保护意识。

5. 所有手绘的裸体或者性行为图片是允许的，但是利用电子技术记录性行为艺术是不允许的。

6. 堕胎的视频是允许的，只要没有过分裸露镜头。

7. Facebook 允许人们直播自我伤害，因为 Facebook 不想惩罚或者事前审查在巨大压力中的人。[②]

8. 在任何社交媒体平台拥有超过十万粉丝的博主都被认为是公共人物，他们的隐私保护要低于普通人。[③]

可以看出，Facebook 的审查标准并不严苛，甚至有些松散，除了 Facebook 自身提出的想要保证一种自由的互联网态度和理念外，还有庞大的用户群体多元的价值理念的影响。同时也有一些批评的声音认为，Facebook 并没有履行世界上最大且最富有的社交媒体企业应该承担的责任，并没有采取足够的

---

① *Revealed*：*Facebook's internal rulebook on sex*，*terrorism* and violence，https：//www. google. com/amp/s/amp. theguardian. com/news/2017/may/21/revealed – facebook – internal – rulebook – sex – terrorism – violence，最后访问时间为 2017 年 10 月 21 日。

② *Revealed*：*Facebook's internal rulebook on sex*，*terrorism* and violence，https：//www. google. com/amp/s/amp. theguardian. com/news/2017/may/21/revealed – facebook – internal – rulebook – sex – terrorism – violence，最后访问时间为 2017 年 10 月 21 日。

③ *Revealed*：*Facebook's internal rulebook on sex*，*terrorism* and violence，https：//www. google. com/amp/s/amp. theguardian. com/news/2017/may/21/revealed – facebook – internal – rulebook – sex – terrorism – violence，最后访问时间为 2017 年 10 月 21 日。

行动去遏制非法的危险性内容，并没有为它的用户提供一个安全舒适的网络环境。

二　举报内容更加丰富

与新浪微博相比，Facebook、Twitter、Youtube 的举报内容更为丰富，除了可以举报侵犯公民隐私权、著作权、色情淫秽内容之外，Facebook、Twitter、Youtube 的举报内容还包括儿童权益保护、对生命健康权的保护、对用户知情权的保护等内容。

（一）儿童权益保护

近期，随着幼儿园虐童事件的出现，儿童权益保护的问题不断被提起，调查显示，早在 2013 年，我国就已经有 61.1% 的未成年人使用微博，且比例远高于整体网民比例。[①] 未成年人不仅面临着信息泄露、淫秽色情信息的侵害，更为严重的是，一些人在微博上传播涉及儿童色情的图片、视频、文字等，[②] 目前我国社交媒体专门的针对未成年人保护的举报机制并不健全，针对这一点，可以向国外的社交媒体学习。

1. Twitter

Twitter 对于儿童的隐私、儿童性剥削内容都有相应的规定。

（1）儿童隐私保护：Twitter 不向 13 周岁以下的儿童提供服务，以保护儿童的个人隐私。一旦获知 13 岁以下儿童注册 twitter 账号，可以直接向 twitter 举报，不论举报人是否为该名儿童的监护人，都可以填写表格进行举报，一旦核实，twitter 将终结此账号。[③]

---

① 《未成年人互联网运用状况调查：“小原住民”的喜与忧》，http：//www.wenming.cn/wcnr_pd/xxyz/201308/t20130808_1395567.shtml，最后访问时间为 2017 年 12 月 20 日。

② 《首都网评会：铲除“恋童癖”等网上涉儿童色情信息》，http：//www.sohu.com/a/163867151_161623，最后访问时间为 2017 年 12 月 20 日。

③ 《Twitter 儿童隐私保护政策》，https：//support.twitter.com/articles/20174707，最后访问时间为 2017 年 10 月 16 日。

（2）儿童性剥削内容：一旦发现儿童性剥削内容，包括链接和图片，twitter 将直接删除，且不再另行通知，并向美国国家失踪和失足儿童研究中心（NCMEC）举报，同时永久终结该账号。①

2. Youtube

Youtube 对于涉及未成年人的色情内容采取零容忍政策。如果用户上传或评论涉及未成年人的色情内容，或是参与涉及未成年人的色情活动，Youtube 将立即暂停其账户。如果视频包含儿童性虐待画面，会向美国国家失踪和失足儿童研究中心举报，后者会与全球执法机构合作处理相关事宜。②

3. Facebook

Facebook 要求用户如果在 Facebook 看到儿童遭受虐待或性侵犯的图片，立即联系当地的执法部门，并向 Facebook 举报照片或视频。禁止分享、下载或评论这些儿童被性虐待或性骚扰的照片和视频，Facebook 并不要求用户在任何此类举报材料中提供内容副本。③

Facebook 为了协助可能的身份核查工作以及解救遭受虐待的儿童，不会立即删除 Facebook 平台上的此类内容。但是，Facebook 将在用户查看此类内容前显示一条警告消息，且不允许任何未满 18 岁的用户查看。在确认所涉及儿童安全后，Facebook 将以所涉及儿童或代表他们的儿童保护机构的名义删除这些内容。同时，Facebook 与全球各地的安全专家合作，共同开展儿童保护工作。④

---

① 《Twitter 禁止儿童剥削政策》，https：//support. twitter. com/articles/20174707，最后访问时间为 2017 年 10 月 16 日。

② 《Youtube 帮助 – 危害儿童内容》，https：//support. google. com/youtube/answer/2801999？hl = zh – Hans – CN&ref_ topic = 2803176，最后访问时间为 2017 年 10 月 16 日。

③ 《如果我在 Facebook 上看到儿童遭受虐待或性侵犯的图片应该怎么办?》，https：//m. facebook. com/help/189165674568397？helpref = related，最后访问时间为 2017 年 10 月 19 日。

④ 《如果我在 Facebook 上看到儿童遭受虐待或性侵犯的图片应该怎么办?》，https：//m. facebook. com/help/189165674568397？helpref = related，最后访问时间为 2017 年 10 月 19 日。

（二）对生命健康权的保护

随着现代生活节奏的加快，越来越多的人罹患抑郁症，甚至自残、自杀，面对这些问题，Twitter、Facebook、Youtube 都有相关的举报措施，我国的新浪微博也有相关的举报内容。

根据《微博举报投诉操作细则》[①] 的规定，自我伤害的内容也可以进行举报，但是自我伤害被划分至“时政有害信息内容”，[②]“时政有害信息的内容”包括“反对宪法确定的基本原则” “危害国家统一、主权和领土完整”[③] 等，自我伤害与时政有害信息的内容分类有很大差别，且同时进行投诉的话无法明确分辨，无法迅速引起关注并有效采取帮助措施。微博的投诉分类主要有垃圾营销、不实信息、有害信息、违法信息、淫秽色情、人身攻击、抄袭内容、违规有奖信息等内容，如图 1 所示，建议可以设定专门的举报栏目，方便更好地进行帮助。

针对自残者和自杀者，Facebook、Twitter 都采取了相关的举报措施，主要方式是缓解压力，连通心理医生。

1. Facebook

如果是举报别人有自残或自杀行为，Facebook 会让举报用户填写一份问卷，包括内容发布者全名，个人主页链接等，并迅速提供相关心理辅导的帮助信息。[④]

同时，有自杀、自残想法的人也可以举报自己，Facebook 会提供心理医生

---

① 《微博举报投诉操作细则》，http：//blog. sina. com. cn/s/blog_ c03d4bf40102witg. html，最后访问时间为 2017 年 10 月 19 日。

② 时政有害信息还包括：1. 血腥且引起生理不适的内容；2. 自我伤害的内容。

③ 危害国家及社会安全的信息，主要表现为：1. 反对宪法确定的基本原则；2. 危害国家统一、主权和领土完整；3. 泄露国家秘密、危害国家安全或者损害国家荣誉和利益；4. 煽动民族仇恨、民族歧视，破坏民族团结，或者侵害民族风俗、习惯；5. 破坏国家宗教政策，宣扬邪教、迷信；6. 散布谣言，扰乱社会秩序，破坏社会稳定；7. 宣扬赌博、暴力、凶杀、恐怖或者教唆犯罪。

④ 《Facebook 帮助 - 举报自杀内容》，https：//m. facebook. com/help/216817991675637？refsrc = http%3A%2F%2Fwww. google. co. jp%2F&_ rdr。最后访问时间为 2017 年 10 月 21 日。

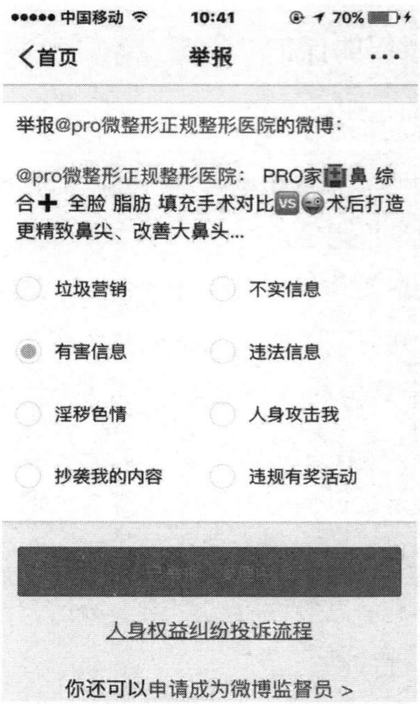

图1　新浪微博举报分类

热线，联系信任的人或者提出其他缓解压力的办法。如果以上建议都没有帮助，将会跳转一个自杀用户自我帮助的网站，帮助用户自我减压。如图2所示。[①]

为了更好地救助有自杀倾向的用户，Facebook将人工智能运用在识别自杀的领域中。[②] Facebook利用软件扫描博文和评论，寻找出存在自杀倾向的短语，一旦发现，将会向用户发送诸如“你还好么?”“需要帮助吗?”的消息，在确认到潜在的自杀倾向之后，软件会向处理自杀问题的员工报告，并向用户或者其朋友推荐心理医生电话等帮助信息。

不仅如此，为了保护用户的情感，Facebook还会将已故人员的账号进行

① 《Facebook帮助－“我有自残或自杀的念头”》，https：//m. facebook. com/help/1552014535048508?helpref=m－search&q=%E8%87%AA%E6%9D%80&sr=4，最后访问时间为2017年10月15日。

② 《Facebook利用人工智能防止用户自杀》，http：//tech. qq. com/a/20171128/016725. htm，最后访问日期。

●●●○○ 中国电信 VPN 16:43 89%
lifelineforattemptsurvivors.org

100 Ways to Get Through the Next 5 Minutes

Sometimes it's hard to see past the next second, much less the next 5 minutes. On our website, You Matter, one of our bloggers keeps a list handy of some things that help her calm down or distract her for just a little bit, so that she can eventually make it to a safe place where she can deal with her emotions.

Read Alex's full post here, or read and

图 2

来源：Facebook 跳转的自我调适网站。

保留，以供亲友分享或纪念。[①] 已故人员账号可以停留在某一天，任何人无法登录该账号，或者可以将该账号永久删除，已故人员的账号将不会出现在广告、生日提醒或“你可能认识的人”的好友建议列表中。同样，需要提交详细的表单，以及证明与死者关系的死亡证明等文件才能进行如上操作。[②]

---

① 《如何报告已故人士的 Facebook 账户或需要纪念的已故人士 Facebook 账号?》，https：//m. facebook. com/help/requestmemorialization，最后访问时间为 2017 年 10 月 21 日。

② 《如何报告已故人士的 Facebook 账户或需要纪念的已故人士 Facebook 账号?》，https：//m. facebook. com/help/requestmemorialization，最后访问时间为 2017 年 10 月 21 日。

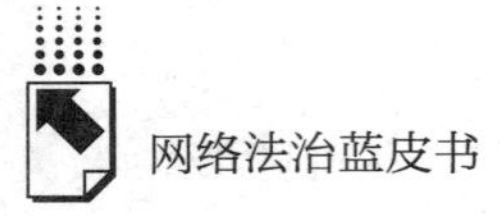

2. Twitter

当 Twitter 收到有人威胁要自杀或自残的报告时，会采取一些措施来帮助他们，如联系他们来表达关心，或向他们提供心理健康合作伙伴的联系方式等。[①]

（三）对知情权的保护

社交媒体不得不面临的一个问题就是假新闻的泛滥，假新闻严重侵犯了公民的知情权，作为世界上最大的社交媒体，Facebook 上充斥着大量的假新闻，这些假新闻力影响巨大，使 Facebook 不断为外界所诟病，为了治理假新闻，Facebook 投入了大量的精力。

2016 年，美国大选期间，Facebook 被指传播假新闻，[②] 为了应对这一问题，Facebook 与美联社、美国广播公司、Snopes、PolitiFac 四家媒体机构合作，由这些机构对被举报文章的真实性展开核查。[③]

一旦 Facebook 推送的文章被认为是虚假信息，Facebook 会将其标识为“有争议的”，并附上相应的原因说明。有争议的文章还会靠后推送。如果用户想要分享有争议的文章，则在分享时自动跳出一个弹窗，提醒用户这是一篇有争议的文章。同时，如果用户在阅读一篇文章后明显不进行分享，Facebook 会认为该文章存在误导用户的嫌疑，进而降低该文章推送的排名。

2017 年 12 月 21 日，Facebook 改变了治理假新闻的策略，不再使用红色标记“有争议的旗帜”的形式提示用户该条新闻是假新闻，而是在 Facebook Newsfeed 的专门栏目中显示与此相关的文章。[④]

之所以做出这样的改变主要有三个原因，一是减少人力投入，“有争议

---

① 《Twitter 规则 - 自残》，https：//support. twitter. com，最后访问时间为 2017 年 10 月 15 日。

② 《民众质疑 Facebook 假新闻影响美国大选，小扎回应：99% 内容是真实》，的 http：//36kr. com/p/5056464. html，最后访问时间为 2017 年 10 月 20 日。

③ 《Facebook's Profit and Revenue Surge，Despite Company Predictions of a Slowdown》，https：//mobile. nytimes. com/2017/07/26/technology/facebook - users - profit. html ，最后访问时间为 2017 年 10 月 20 日。

④ 《Facebook modifies the way it alerts users to fake news》，http：//money. cnn. com/2017/12/21/technology/facebook - fake - news - related - articles/index. html，最后访问时间为 2017 年 12 月 30 日。

的旗帜”掩盖了揭穿骗局有关的重要信息，并要求至少有两名事实核查人员对这篇文章提出异议。而显示相关内容只需要一个核查人员即可；二是显示红色标识并不能起到提醒假新闻的作用，甚至能够巩固某些人的信仰；三是显示相关信息能够降低人民分享假新闻的概率。

三　Facebook 在不同地区政策的变化

虽然 Facebook 有着一套统一的举报标准，但是因为拥有庞大的来自世界各个国家或地区的用户群体，每个国家或地区又有着自身不同的监管政策，使得 Facebook 不得不在举报标准上进行修改，以适应各地的特殊政策。

（一）隐私政策的调整

欧洲国家一向对互联网隐私非常关注，而且监管十分严格。2012 年 Facebook 曾经推出一项人脸识别的服务，Facebook 的系统会识别照片中每个人的面孔，并尝试将这些面孔与其他照片中的人脸相匹配，再尝试为每个面孔与人名建立关联。[①] 然而 Facebook 正在收集和存储这些信息，并将它们提供给广告商，帮助广告商定向发布广告。这一服务在欧洲立刻被叫停，同时爱尔兰数据委员会要求 Facebook 更改隐私政策，否则将面临巨额的罚款。[②] 最终，Facebook 做出让步，更改了全球（包括美国范围内）隐私设置。[③]

---

① 《面部识别系统侵犯隐私，Facebook 再次遭遇法律诉讼》，http：//www. sohu. com/a/123148980_ 465975，最后访问时间为 2017 年 10 月 22 日。

② 《Facebook 加强隐私控制应对爱尔兰监管机构审核》，http：//tech. ifeng. com/internet/detail_ 2012_ 09/22/17819913_ 0. shtml，最后访问时间为 2017 年 10 月 22 日。

③ 针对爱尔兰数据保护协会的要求，Facebook 做出了隐私政策的大调整，包括对 Facebook 一项现行政策的说明，内容是 Facebook 可能使用用户数据来在其他网站上服务于 Facebook 网站以外的广告；一个详细的新图表，内容是 Facebook 如何使用 cookie 来改良 Facebook，但不会在整个网络上追踪用户；一份更加详尽的说明，阐释 Facebook 将如何“在必要情况下长时间保留用户数据来向其提供服务”。参见《Facebook 将修改隐私政策以遵循数据保护建议》，http：//www. newhua. com/2012/0514/159133. shtml，最后访问时间为 2017 年 10 月 22 日。

2017年9月，因为非法搜集西班牙用户个人信息用于广告，Facebook被西班牙监管机构罚款120万欧元。而Facebook在比利时、法国、德国和荷兰等地也面临类似的调查。[①] 除这些欧洲国家不断加紧公民隐私权保护外，非洲国家如南非，亚洲国家如日本、新加坡等国也纷纷效仿欧洲国家的做法，要求Facebook对隐私条款进行调整，来更好地保护本国公民的隐私。2017年12月20日Facebook又因涉通过第三方大量收集用户数据被德国警方调查。[②]

（二）仇恨言论的规制

在前文关于Facebook的审查标准可以看出，Facebook对于不当言论的审查标准并不严格，甚至有些松散，但是在一些国家，如德国，却有着西方国家最严格的反仇恨言论的法案。[③] 2017年5月，德国通过了新的网络管理法案，要求社交媒体公司必须在24小时内删除或屏蔽明显的仇恨性、煽动性言论等违法内容，否则将面临最高5000万欧元的罚款。[④] 如存在争议，也必须在举报后7日内作出处理。对违法内容的复制转发同样包括在内。虚假信息、侮辱、诽谤、威胁、恐怖主义犯罪和儿童色情等内容也在打击范围之内。[⑤] 而由于Facebook和Twitter删除的内容不够彻底，将面临5000万欧元的罚款。而这种严格的监管，也影响到了Facebook在美国的政策，Facebook也开始删除美国境内的极端言论并防止虚假新闻的蔓延。

---

① 《违反数据保护法：Facebook被西班牙罚款120万欧元》，http：//tech. ifeng. com/a/20170912/44680309_ 0. shtml，最后访问时间为2017年10月22日。

② 《Facebook遭德国警告：涉通过第三方大量收集用户数据》，http：//m. thepaper. cn/newsDetail_ forward_ 1913278？from = timeline&isappinstalled = 0，最后访问日期为2017年12月23日。

③ 《Delete Hate Speech or Pay Up，Germany Tells Social Media Companies》，https：//mobile. nytimes. com/2017/06/30/business/germany - facebook - google - twitter. html？referer = https：//mobile. nytimes. com/2017/09/17/technology/facebook - government - regulations. html，最后访问时间为2017年10月22日。

④ 《德国拟重拳打击社交媒体上的违法言论》，http：//news. xinhuanet. com/2017 - 04/06/c_ 129525606. htm，最后访问时间为2017年10月21日。

⑤ 《德国拟重拳打击社交媒体上的违法言论》，http：//news. xinhuanet. com/2017 - 04/06/c_ 129525606. htm，最后访问时间为2017年10月21日。

（三）反政府内容的规制

为了进一步拓展业务，Facebook 积极努力打开亚洲市场。亚洲国家越南是 FaceBook 去年一年业务增长的重要组成部分，而 Facebook 也试图在越南等人口众多的发展中国家发展自己的下一个 10 亿用户。[①] 据路透社报道，越南是 Facebook 使用用户最多的十个国家之一，活跃用户达到 5000 万。[②] 因为 Facebook 上有大量“有毒的”反政府内容，[③] 越南政府呼吁国内企业停止在 Facebook 上打广告，直到 Facebook 删除这些不当言论。最终 Facebook 做出妥协，声明表示将“建立一个独立的渠道，直接与越南通信和信息部协调，优先处理该部门和越南其它监管部门提出的删除有关内容的要求，并删除虚假帐号，和有关越南高官的虚假内容。”[④]

以 Facebook 为代表的国外社交媒体在举报机制上确实有我国社交媒体需要学习的部分，比如人性化的举报方式，更为细化的举报分类，人机互动的举报方式等，从而通过合理有序的举报方法，更好地规范我国社交媒体的秩序，让我国网民在一个更为安全有序的环境下使用社交媒体。

---

① 《Facebook Faces a New World as Officials Rein In a Wild Web》，https：//mobile. nytimes. com/2017/09/17/technology/facebook - government - regulations. html，最后访问时间为 2017 年 10 月 22 日。

② 《Why Vietnam can't hold back Facebook》，https：//e. vnexpress. net/news/news/why - vietnam - can - t - hold - back - facebook - 3639186. html，最后访问日期为 2017 年 10 月 12 日。

③ 《Facebook 服软同意与越南政府合作打击非法内容，Facebook 服软同意与越南政府合作打击非法内容》，http：//tech. sina. com. cn/i/2017 - 04 - 27/doc - ifyetwsm0730413. shtml。

④ 《Facebook 服软同意与越南政府合作打击非法内容，Facebook 服软同意与越南政府合作打击非法内容》，http：//tech. sina. com. cn/i/2017 - 04 - 27/doc - ifyetwsm0730413. shtml。

B.19

全球网络安全态势与法治对策

张建肖　赵　军*

摘　要： 全球网络安全形势日益严峻，影响广泛、危害重大、技术复杂，但国内法和国际法均供给不足，难以有效应对。本文基于独特的网络安全技术与数据优势，对全球网络安全态势进行了翔实的描述，并从立法、监管和司法层面提出了应对之策。

关键词： 网络安全　信息泄露　网络攻击　国际法治

网络安全涉及政治、经济、军事、民生等多个领域，超越单个主权国家，影响遍及全球。但与互联网迅猛发展相比，无论国内法与国际法均供给不足，亟待立法、司法层面的时代性革新。

一　日益严峻的全球网络安全态势

（一）网络威胁影响国家政治军事安全

1. 敏感信息泄露影响政治安全

网络安全对政治稳定的影响，一方面表现为作为政治表达的网络攻击，另一方面表现为与网络攻击相关的政治行为。2007 年 4 月 27 日，爱沙尼亚

* 张建肖，中国应用法学研究所与中国社会科学院法学所联合培养博士后；赵军，360 集团法律研究院总监。

政府准备重新安置苏联为纪念其二战烈士而建立的国家纪念碑的行为遭到了爱沙尼亚俄罗斯少数民族的反对，引发广泛网络抗议，电子基础设施遭受多层面大规模的攻击和破坏。[①] 爱沙尼亚网络攻击事件仅仅是政治因素引发网络战的开端。现阶段，从诸多网络安全事件也可以看出，有国家支持的政治黑客行动越来越多。例如，作为全球最大的黑客组织，匿名者组织在2010～2011年对若干中东国家政府电脑发动的 DDoS（Distributed Denial of Service）攻击，在“阿拉伯之春”中发挥了重要作用。

网络安全对一国内政或政治架构产生越来越大的影响，美国总统大选期间爆发的希拉里“邮件门”事件便让所有人都大跌眼镜。许多人相信，希拉里大量机密邮件被泄露对美国大选的竞选结果起了极大的作用，使本来民调一直相对领先的希拉里在最后关头败下阵来。

2. 网络攻击影响国家军事安全

在军事上，网络攻击的破坏力尤甚于传统武器。2007 年，以色列战斗机装载美国“舒特”网络攻击系统，成功突防叙利亚俄制三坐标“道尔－M1”导弹防御系统；2008 年，俄罗斯装甲部队进入高加索国家格鲁吉亚，俄方黑客在传统战争行动的初期攻击了格鲁吉亚的网络，致使格方新媒体无法与外界获得任何联系；同年，伊拉克民兵组织伊拉克“真主旅”成功入侵美国“捕食者”无人侦察机的视频系统。[②] 尽管以美国为代表的西方国家非常重视信息安全，投入巨资扶持产业发展，并通过“爱因斯坦”计划等建立国家级防护系统，但依然难以避免各种安全事件的发生。

3. APT 攻击威胁各国重要领域

在 360 威胁情报中心 2017 年 APT（Advanced Persistent Threat，高级持续性威胁）监测报告中（见表 1），被提及次数最多的被攻击国家依次是：

---

① 参见〔美〕保罗·沙克瑞恩、亚娜·沙克瑞恩、安德鲁·鲁夫：《网络战：信息空间攻防历史、案例与未来》，吴奕俊、康鹏珍、蒋云君译，金城出版社，2016。

② 〔美〕保罗·沙克瑞恩、亚娜·沙克瑞恩、安德鲁·鲁夫：《网络战：信息空间攻防历史、案例与未来》，吴奕俊、康鹏珍、蒋云君译，金城出版社，2016。

美国、中国、沙特阿拉伯、韩国、以色列、土耳其、日本、法国、俄罗斯、德国、西班牙、巴基斯坦和英国。

表1　全球APT研究关注被攻击国家排行

被攻击目标国家	所属地区	相关报告数量	攻击组织数量	主要被攻击领域
美国	北美	14	7	政府、能源、IT/互联网、媒体、航天、金融、酒店、军队、大型企业、关键基础设施
中国	亚洲	12	7	政府、互联网、军队、电信、媒体、航天、金融、科研、关键基础设施
沙特阿拉伯	亚洲	8	4	政府、能源、IT/互联网、军队、航天、化工、大型企业
韩国	亚洲	6	5	互联网、金融、能源、交通
以色列	亚洲	5	5	政府、IT/互联网、媒体、航天、军队、电信、金融、大型企业
土耳其	亚洲	4	2	政府、能源、工业、大型企业、军队、IT、电信、媒体、航天、金融
日本	亚洲	3	3	政府
法国	欧洲	3	2	政府
俄罗斯	欧洲	3	2	政府、金融
德国	欧洲	3	3	政府、军队、大型企业、IT
西班牙	欧洲	2	2	金融
巴基斯坦	亚洲	2	2	互联网、媒体、关键基础设施
英国	欧洲	2	2	政府、电信、媒体、航天、金融、教育

资料来源：360威胁情报中心2017年APT监测报告。

通过对相关研究报告的监测还发现（见图1），APT组织最为关注的机构类型是政府，50%的APT组织以政府为攻击目标；其次是能源行业，受到25%的APT组织关注。排在APT组织攻击目标前十位的重要领域还有金融、国防、互联网、航空航天、媒体、电信、医疗、化工等。

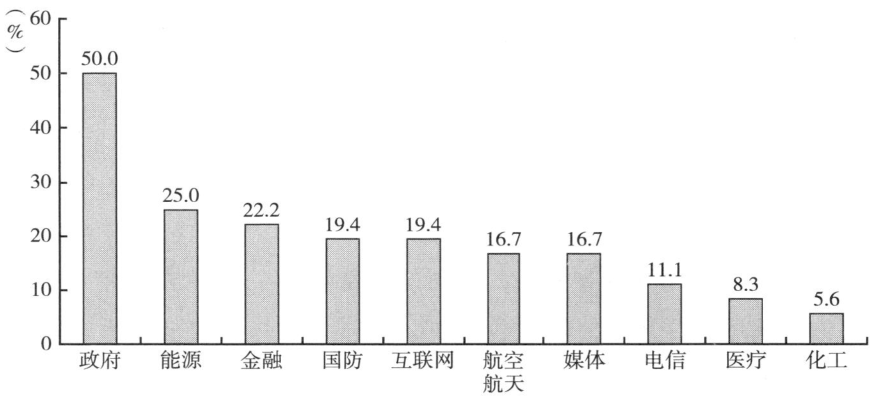

图1　2017年全球APT组织关注领域分布情况

资料来源：360威胁情报中心2017年APT监测报告

（二）网络的强依赖性导致灾难性后果

1. 对工业系统的攻击波及面广

自2015年末以来，世界范围内先后发生了数起引起全球关注的、具有显著破坏性的、针对工业系统的攻击事件。针对工业、能源等关键基础设施行业的攻击，其目的除窃取敏感数据信息以外，以直接破坏工业设备系统，导致目标系统瘫痪、日常作业流程无法正常运转为目的的攻击在逐渐增多。① 例如，2015年12月，乌克兰电力公司的办公电脑和SCADA系统（Supervisory Control And Data Acquisition系统，即数据采集与监视控制系统，一般用来代指工业控制系统）遭受到第三方非法入侵，造成各区域约22.5

① 杨烨：《关键性工业领域成网络威胁重灾区》，《经济参考报》2017年3月2日第3版。

万名用户电力中断。①

值得注意的是，全球几乎所有的电力公司所使用的工业控制系统都十分类似，操作系统也都以 Windows 居多，底层的硬件更是垄断在为数不多的几个大公司手中。因此，类似的攻击很可能会在其他国家和地区重现。

2. 核设施遭网络攻击后果难以预测

据外媒报道，2016 年 4 月，德国 Gundremmingen 核电站负责燃料装卸系统遭到攻击，操作员为防不测，关闭了发电厂。核电站官方发布的新闻稿称，此恶意程序是在核电站负责燃料装卸系统的 Block B IT 网络中发现的。②如果不是处置及时、得力，后果不堪设想。

另一个广为援引的例子是，美国能源部下属的国家实验室和以色列迪莫纳核基地联合开发的震网病毒在 2010 年 11 月成功造成伊朗约 20% 的离心机因感染病毒失灵。该病毒采取了多种先进技术，具有极强的隐身性和破坏力。只要电脑操作员将被病毒感染的 U 盘插入 USB 接口，这种病毒就会在不需要任何操作的情况下取得工业电脑系统控制权，可以突然更改离心机中的发动机转速，从而足以摧毁离心机的运转能力且无法修复。③

3. 网络攻击造成社会运转瘫痪

利用大数据、物联网等互联网技术可以实现更加高效、智能的资源利用和调配。④ 目前，除了信息类产品和服务，交通、能源电力、市政管理、金融、环境保护、安防反恐等领域对互联网的依赖也越来越强。一旦发生网络攻击，社会将陷入瘫痪而无法运作。例如，勒索病毒曾造成全球 150 多个国家和地区的数十万台电脑受到影响，旧金山 Municipal 地铁电脑票价系统亦曾遭黑客攻击。

① 王宏琳：《通向智能勘探与生产之路》，《石油工业计算机应用》2016 年第 4 期。

② 王腾腾：《网络空间安全攻防战》，《南方日报》2017 年 1 月 16 日，第 A13 版。

③ 王磊、范振宇、张前悦：《美国网络战武器发展现状及趋势》，《飞航导弹》2011 年第 8 期。

④ 杨烨：《关键性工业领域成网络威胁重灾区》，《经济参考报》2017 年 3 月 2 日第 3 版。

（三）网络漏洞以及恶意软件体量惊人

1. 含有高危漏洞的网站数量上升

2017 年 1～10 月，360 网站安全检测平台共扫描检测网站 104.7 万个（见图 2），其中扫出存在漏洞的网站 69.1 万个，占比为 66.0%，共扫描出 1674.1 万次漏洞；扫出存在高危漏洞的网站 34.5 万个（相比 2016 年的 14.0 万个网站漏洞，增长了约 2.5 倍），占扫描网站总数的 32.9%，共扫描出 247.0 万次高危漏洞。

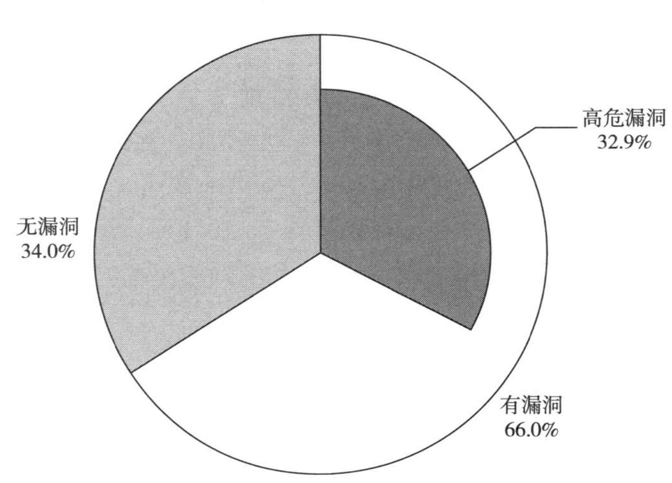

图 2　2017 年网站存在漏洞情况

2014～2017 年，虽然存在漏洞的网站数量呈现下降趋势，但是含有高危漏洞的网站数却在不断上升。高危漏洞更容易被病毒、木马、黑客等侵入，导致软件崩溃或者盗取重要信息、密码等，其危害性更大，影响更深远。图 3 给出了 2014～2017 年网站存在漏洞的情况对比。

2. 恶意软件新增量与感染量庞大

2017 年全年，360 互联网安全中心累计截获 Android 平台新增恶意软件

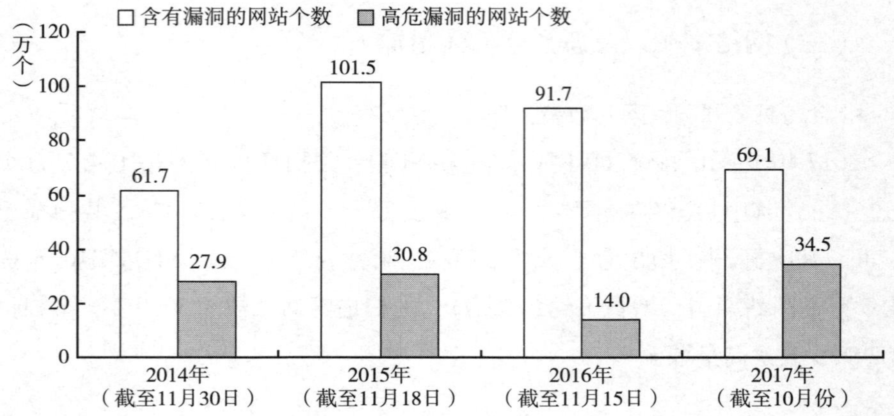

图3　2014～2017 年网站存在漏洞情况对比

样本 757.3 万个（见图 4），平均每天新增 2.1 万。全年相比 2016 年（1403.3 万个）下降46.0%，从2015 年至2017 年，新增恶意软件数量呈现总体下降趋势，且2017 年下降幅度较大，显示了移动恶意软件总体进入平稳高发期。

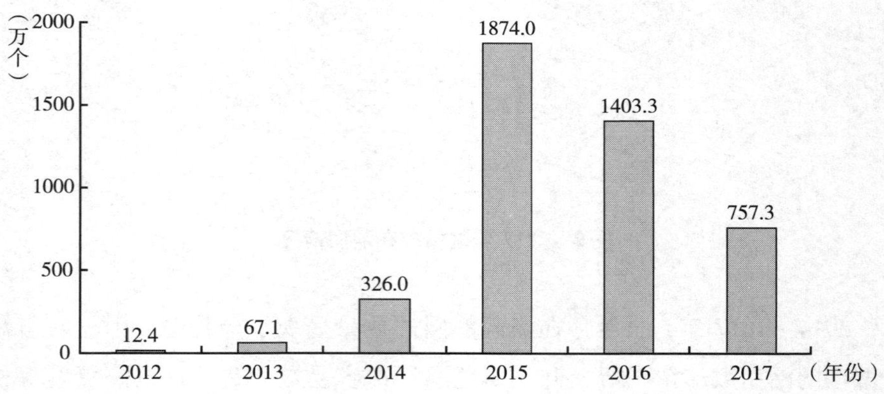

图4　2012～2017 年 Android 平台新增恶意软件数量

图5 是2017 年各月 Android 平台新增恶意软件样本量的分布图。由图可见，新增恶意软件整体呈现上半年高、下半年低的态势，即1～5 月新增恶

意软件量整体呈现曲线上升，在 5 月达到最高峰。下半年除 8 月为 78. 0 万个新增样本外，其余月份均较低。

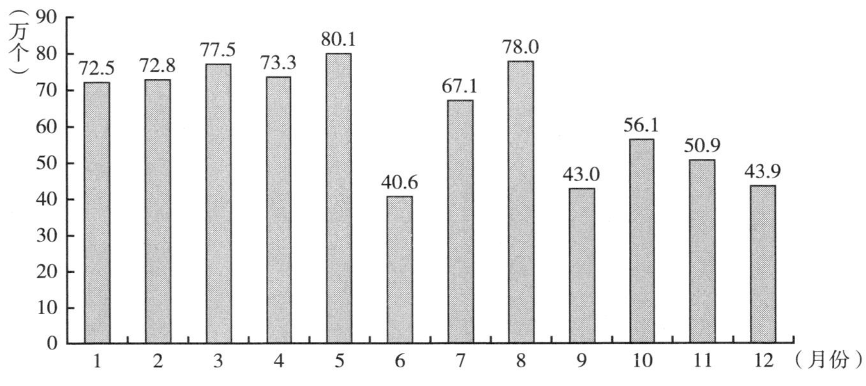

图 5　2017 年各月 Android 平台新增恶意软件数量

2017 全年，从手机用户感染恶意软件情况看（见图 6），360 互联网安全中心累计监测到 2. 14 亿 Android 用户感染恶意软件，相比 2016 年 2. 53 亿人次下降 15. 4%，平均每天恶意软件感染量约为 58. 5 万人次。从近六年的移动恶意软件感染人次看，经过 2012 ~ 2015 年的高速增长期，2016 年和 2017 年呈现下降趋势，说明手机恶意软件感染态势进入平稳期。

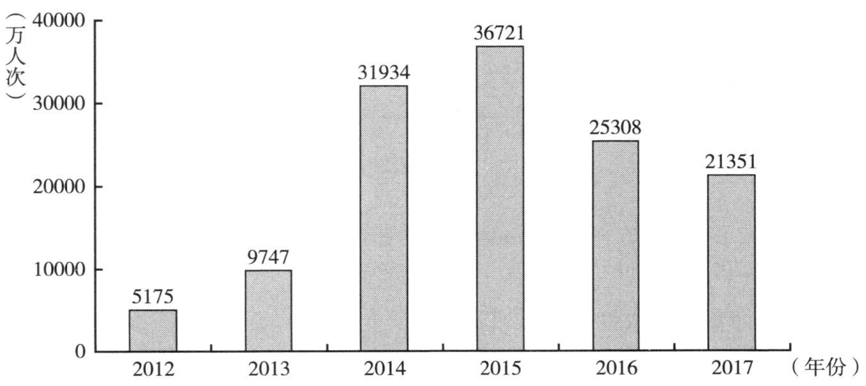

图 6　2012 ~ 2017 年 Android 平台恶意软件感染量

图7是2017年Android平台新增恶意软件感染量的按季度对比情况，每季度的新增恶意样本量均在下降。全年来看，2017年四个季度的感染量呈现下降趋势。其中第二季度最高，约为5934.8万人次，第四季度的感染量则最少，为4493.7万人次。

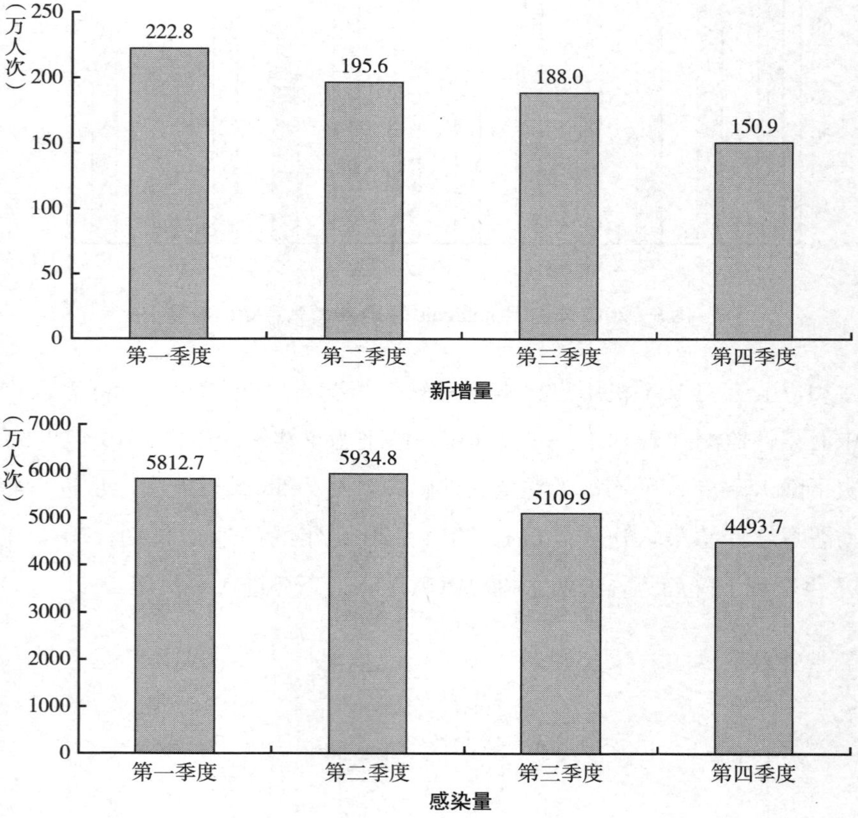

（万人次）
250
200
150
100
50
0
222.8
195.6
188.0
150.9
第一季度 第二季度 第三季度 第四季度
新增量

（万人次）
7000
6000
5000
4000
3000
2000
1000
0
5812.7
5934.8
5109.9
4493.7
第一季度 第二季度 第三季度 第四季度
感染量

图7　2017年各季Android平台恶意软件新增量和感染量

3. 网络诈骗数和人均损失额增长

由图8可知，2017年，猎网平台共收到全国用户提交的有效网络诈骗举报24260例，举报总金额3.50亿余元，人均损失14413.4元。与2016年相比，网络诈骗的举报数量增长了17.6%，人均损失却增长了52.2%。自

2014～2017 年统计以来，每年的人均损失均出现大幅增长，网络诈骗严重威胁着用户的财产安全。

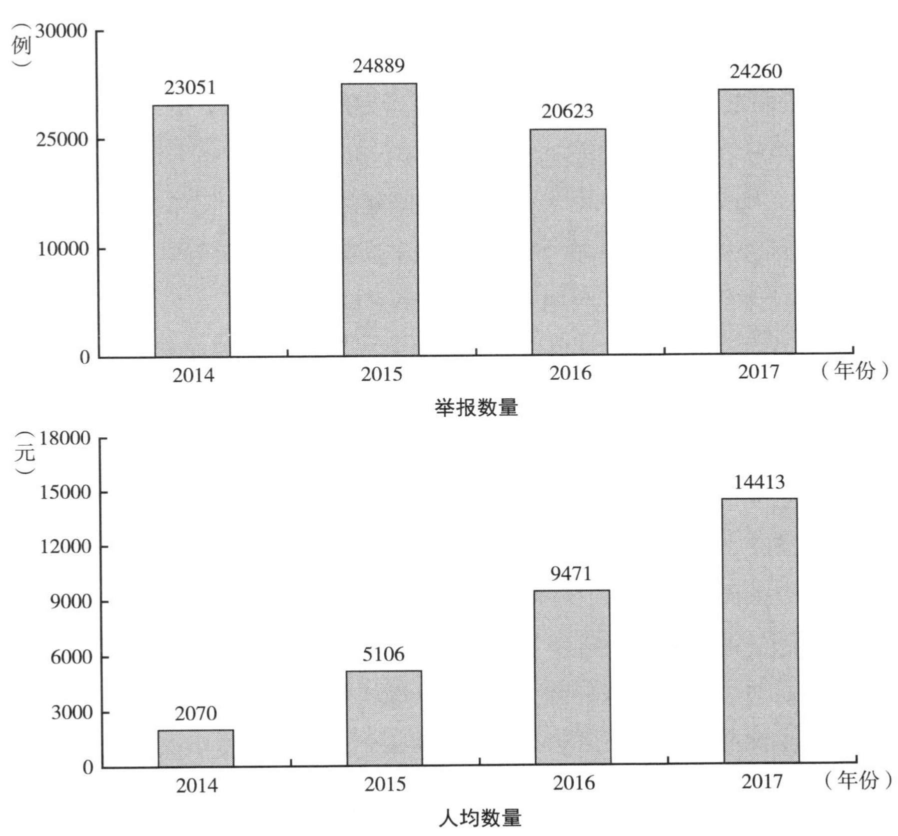

图 8　2014～2017 年网络诈骗举报数量与人均损失

二　全球网络安全危机产生的原因

当前，不论是政企机构还是普通个人，一般都会为电脑安装安全软件，并且政企机构还会部署诸如防火墙、IPS、IDS 等一系列其他的安全软件或安全设备。但是，在 WannaCry 的攻击中，很多政企机构的防护措施形同虚

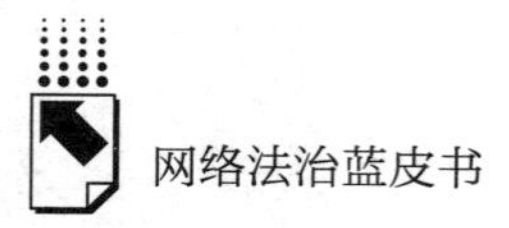

设，大面积主机沦陷的事情不断发生，这就迫使我们反思这一问题发生的原因及网络安全建设存在的问题。

（一）对网络安全重视不足

“勒索病毒”攻击事件在国内大规模爆发时间是2017年5月12日晚8时许，但微软在3月份就已经发布了补丁。360公司于4月17日全球首发了对NSA（National Security Agency，美国国家安全局）网络武器“永恒之蓝”的技术分析，4月19日全球首家推出了NSA武器库免疫工具，5月12日下午2时许首家发布了利用NSA“永恒之蓝”传播勒索病毒的预警。但企业并未及时安装免疫工具也没有及时打补丁，这一定程度上暴露出这些机构缺乏足够的安全意识，① 并没有给予“漏洞”“补丁”以足够的重视。

1. 讳疾忌医式的侥幸心理

很多企业害怕安全人员对其网络系统进行安全检测，更害怕第三方报告其网络系统存在安全漏洞。其似乎认为，被报告有问题就说明自己的工作没做好。这就如同一个人害怕体检一样，但不体检不等于身体没有问题。这种错误的观念使得很多企业错过了最佳的“诊疗时机”，使大量安全隐患长期存在，最后变成“要么不出事，要么出大事”。

从法律视角看，这体现了企业并未把落实网络安全保护责任放在首要位置，侥幸心理的存在反映了法律对于网络安全责任事故的惩罚力度还不到位，使得企业负责人防微杜渐的安全意识没有完全建立起来。建立健全网络安全责任制度是避免这一问题的关键。

2. 忽视对用户利益的维护

针对政府机构及事业单位、教育培训、互联网、IT信息技术、金融、通信运营商、医疗卫生、交通运输、制造业、传媒机构这十个行业网站的修复情况，360补天平台会不定期采取人工抽样验证的方式进行人工复核。在

① 《周鸿祎评“勒索病毒”：网络恐怖主义的“潘多拉盒子”被打开》，传送门，http://chuansong.me/n/1841573639628，最后浏览日期为2018年3月6日。

补天平台收录网站漏洞中（见图9），74.4%的网站漏洞已经进行了修复，25.6%的网站漏洞未进行修复。这些网站漏洞未获得修复的原因之一是漏洞可能不会给网站自身带来直接的经济损失。比如，网站上的用户信息泄露，用户可能因此面临网络诈骗等各种高危风险，但网站自身却可能没有任何直接经济损失，所以对报告的漏洞睁一只眼闭一只眼。①

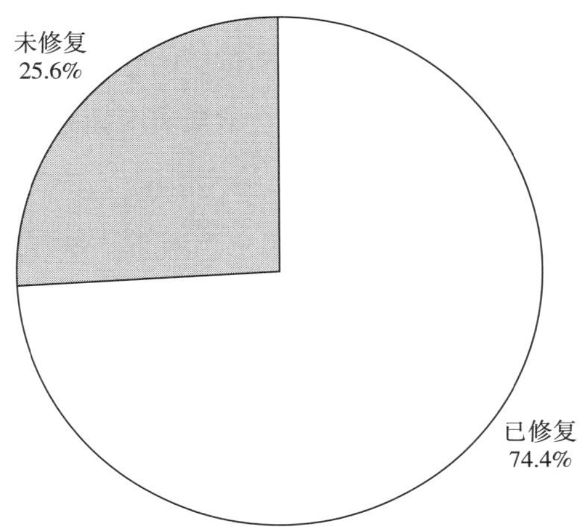

图9　2017年补天平台收录网站漏洞修复情况

从法律视角看，用户信息泄露与网站责任没有挂钩，这就导致修补漏洞成了企业额外的支出，而不是应尽的义务，内在动力不足是造成信息泄露这一问题的根源。因此，需要明确，防止用户信息泄露是网络运营者的法律义务。如果出现个人信息泄露，不但应追究网络运营者的行政责任，也应赋予被泄露信息者主张民事赔偿的权利。

3. 动态防御应急机制缺乏

时至今日，很多企业管理者依然认为：所谓企业安全，就是给企业的每台电脑装上杀毒软件，给企业网络边界安装一套防火墙。但实际上，现代网络安全实践已经证明，任何静态部署的防御系统都不太可能非常有效地防御

① 余瀛波：《应赋予被泄露信息者主张民事赔偿权》，《法制日报》2017年9月14日第6版。

现代网络攻击。此外，传统安全观主要立足于防护，主要的努力方向是尽可能地避免安全事件的发生，不太重视应急响应机制的建设。而新型的安全观则认为“防不住是一定的”，应当立足于一定防不住的假设来设计自己的防御和监控系统。

从法律视角看，一方面，应当加大对网络运营者网络安全责任的处罚，使其重视安全，从而从各个角度采取措施防御和监控安全隐患；另一方面，行业和国家也应当建立日常的监测预警和信息通报机制，既给企业提供行业性的总体防护措施，又给企业提供示范性的最佳实施方案。

（二）网络安全的防护不足

1. 网络安全过于信赖传统手段

多年来，大型组织机构，特别是政府机关，一直强调内外网隔离的建设思路，认为网络隔离是解决安全问题最有效的方式。以至于有些安全人员简单地认为，只要采取了隔离方案就可以高枕无忧。① 在这样的安全错觉下，隔离网内的安全管控措施往往执行不到位，外面看起来铜墙铁壁，攻击一旦进来则一马平川。

在 WannaCry 事件中，有很多企业的内网遭到攻击，证明了上述对内网隔离手段的传统认识已经过时，我们应当捋清思路、重新认识。“内网”大范围遭到攻击，主要是因为以下两方面原因：一是各种无线互联网设备的出现打破了内网的边界；二是“内网”因为“隔离”的原因无法进行系统的及时更新，或者无法及时打补丁，其安全性甚至低于连接互联网的电脑。

因此，基于防御阻断的方法论已经被证明是失败的，基于攻击者在攻击链的某些环节必然会实现突破的假设，对攻击链中的其他环节进行检测与响应至少在目前是比较现实的方案，隔离网依然需要完善的纵深防御体系。

---

① 齐向东：《网络安全行业变局正在开启》，《上海证券报》2017 年 5 月 26 日第 12 版。

2. 重产品轻运维终端防护不足

WannaCry 事件本质上是对政企机构内部网络 IT 运维能力的一次大考，根据 360 威胁情报中心对受害者的调研发现，很多政企机构是在使用了企业级安全软件，并且在各种安全配套措施齐全的情况下，仍然被成功攻破。事后调查显示，这些“中招”的政企机构主要的安全隐患在于缺乏良好的日常安全运维，没有按照安全软件或管控软件的要求及时地给操作系统打补丁。所以，对于一个政企机构而言，即便已经使用了好的设备、产品，还必须有好的安全运维。

此外，免费安全软件在个人用户市场的高度普及使得很多人慢慢忽略了终端安全的重要性。但 WannaCry 事件再次表明，终端是网络攻击的出发点和落脚点。终端安全在网络安全体系中处于核心地位，终端安全软件的国产化应上升为国家战略。① 可以说，长久以来，国内的大部分企业、机构都把安全的重心放在了 DDoS 攻击、网页篡改等较为容易被感知和发现的安全事件上，往往忽视了终端防御的必要性和紧迫性。而在此次 WannaCry 事件中，由于勒索软件以终端为侵害目标，所以仅仅依靠网络拦截和内网隔离是远远不够的，此次中国用户的“中招”也多是因为不具备有效的终端防护措施。

3. 威胁情报态势感知重视不足

在针对 WannaCry 事件的处置中，多数安全厂商都比较重视威胁情报的作用，也确实看到了威胁情报技术在预先防控、事件预警、应急处置、整体态势跟踪等各个方面的重要作用。通过对 WannaCry 蠕虫网络的持续跟踪，将收集到的最新的病毒特征作为威胁情报输出，在对应的安全设备上实施检测匹配，就可以快速定位受感染的主机，并对存在漏洞的系统进行处置。

此外，想要控制疫情，需要掌握疫情的扩散情况。而 360 在抗击 WannaCry 过程中投入使用了“永恒之蓝”勒索蠕虫态势感知系统，就是一套网络战场上的“情报地图”。该系统综合运用了 360 的各种网络安全大数据技

① 齐向东：《勒索病毒事件的八大反思》，《经济参考报》2017 年 5 月 18 日第 1 版。

术，包括DNS大数据、终端安全大数据等。这也是国内首次投入实战并得到实战检验的一套网络安全态势感知系统。该系统为主管机构及各行各业的企业安全隐患排查、感染主机定位、第一时间处置提供了宝贵的数据情报。

4. 网络是犯罪更便捷的途径

勒索软件是近些年开始流行的一种趋利明显的恶意程序。以往的勒索软件大多是通过挂马、邮件及其他一些手段进行点对点传播，但从未出现过众多用户被自动攻击的情况。WannaCry首次将“勒索”与“蠕虫”结合起来，通过蠕虫软件不断感染其他终端，并利用勒索软件实现获利。从司法角度看，该种作案模式，较之现在流行的网络诈骗，成本低、传播快、破获难，以上特点可能导致犯罪方式从电信诈骗转向WannaCry攻击。具体来看，网络电信诈骗需要获取个人信息、建立伪基站、撰写“诈骗剧本”、租借诈骗场所、开设银行账户、找人代为取款等一系列成本。与之相对，病毒源代码已经公开在网络上，任何人都有机会获取，甚至还有专门的“教程”就如何将这些软件捆绑完善进行指导。在使用上，WannaCry攻击较之其他工具更为便利的是，其只需进行简单修改即可不断升级使用。此外，蠕虫软件具有自动攻击功能，一台终端被感染后，会自行攻击与之相连的其他终端，在极短时间内造成大面积感染。因此，可以说，依托该种作案模式，独立个体单枪匹马在电脑前进行操作，即可随时让全球计算机系统陷入混乱。因此，WannaCry攻击预示着新型网络攻击这一犯罪更便捷方式的出现。①

三　全球网络安全危机前瞻性预测

（一）网络漏洞及其攻击威胁持续蔓延

1. 反序列化漏洞攻击可能爆发

2017年12月末，国外安全研究者K. Orange在Twitter上爆出有黑产团

① 张建肖：《新型网络不法行为对法律的挑战及司法应对——以WannaCry攻击为切入点》，《人民法治》2017年第9期。

体利用 Weblogic 反序列化漏洞对全球服务器发起大规模攻击，有大量企业服务器已失陷且被安装上了 watch-smartd 挖矿程序。近期，数起利用 Weblogic 反序列化漏洞攻击的相关事件也被发现。该漏洞的利用方法较为简单，攻击者只需要发送精心构造的 HTTP 请求，就可以拿到目标服务器的权限，潜在危害巨大。这种攻击我们在实践中遇到的较少，但鉴于新的反序列化攻击的出现及近期虚拟货币疯涨的利益驱动力，预计未来攻击规模可能呈上升趋势，需要引起高度重视。

2. 劫持智能硬件致使隐患迭出

在物联网时代，网络安全形势非但没有减弱，反而越来越严峻：一是连接的设备更多，预防更加困难；二是物联网和互联网将虚拟世界和现实世界连在一起，未来发生在网络世界的攻击可能变成物理世界真实的伤害。[①] 信息安全、物理安全、人身安全是可以跨界且融合贯通的，如果存在安全漏洞或缺陷的智能硬件设备被恶意利用，那么发生在网络世界的攻击就可能危及人身安全。这也使得个人信息、数据面临的网络安全挑战变得空前巨大。[②]

根据目前研究状况来看，至少 30 多个智能硬件类型存在漏洞，其中智能机器人、智能停车门禁系统、智能音箱、自动售卖系统等最为典型。例如，黑客可以从代码逻辑底层下手，对布丁机器人实施命令劫持。随着智能硬件的研发及未来的应用，这一领域的安全问题将逐步凸显，数据劫持、设备劫持等事件会逐渐多发，对智能设备的远程控制将日益增多，甚至将出现不花钱购买商品的情况。例如，针对国内某知名的售卖机的安全研究发现，该类型售卖机的促销抽奖环节存在逻辑漏洞，花 1 元钱甚至不用花钱就可以拿走货架上的任意商品。

---

① 高素英、郭梦仪、李静等：《“隔空论剑”人工智能成世界互联网大会焦点》，《中国经营报》2016 年 11 月 21 日第 13 版。

② 高素英、李静：《360 董事长周鸿祎：物联网时代网络安全形势更加严峻》，中国经营网，http：//www. cb. com. cn/zjssb/2016_ 1116/1172133. html，最后浏览日期为 2018 年 3 月 30 日。

此外，随着智慧城市、智慧法院等建设进程的加快，对系统安全的需求会越来越强。与之相对的是，黑客对自己行为效果所产生的巨大“勒索”效应也有了清晰的认识，也会更倾向于对智能硬件大规模应用领域进行频率更高、影响更大的攻击。例如，在智慧交通领域，如果对智能停车场的漏洞进行攻击，则黑客可以不需接触就能复制任意车主的停车卡，手法高明的黑客甚至可对系统进行爆破，危害整个系统安全。

（二）高级持续性威胁将会呈现新特点

1. OFFICE oday 漏洞成焦点

对 Office 漏洞的利用，一直是 APT 组织攻击的重要手段。2017 年，先后又有多个高危的 Office 漏洞被曝出，其中很大一部分已经被 APT 组织所使用。Office oday 漏洞已经成为 APT 组织关注的焦点。表 2 给出了 2017 年新披露的部分 Office 漏洞及其被 APT 组织利用的情况。

表 2　Office oday 漏洞

CVE 编号	漏洞类型	披露厂商	Oday 利用情况	Nday 利用情况
CVE－2017－0261	EPS 中的 UAF 漏洞	FireEye	被 Turla 和某 APT 组织利用	摩诃草
CVE－2017－0262	EPS 中的类型混淆漏洞	FireEye，ESET	APT28	不详
CVE－2017－0199	OLE 对象中的逻辑漏洞	FireEye	被多次利用	被多次利用
CVE－2017－8570	OLE 对象中的逻辑漏洞（CVE－2017－0199 的补丁绕过）	McAfee	无	不详
CVE－2017－8759	. NET Framework 中的逻辑漏洞	FireEye	被多次利用	被多次利用
CVE－2017－11292	Adobe Flash Player 类型混淆漏洞	Kaspersky	BlackOasis	APT28
CVE－2017－11882	公式编辑器中的栈溢出漏洞	embedi	无	Cobalt，APT34
CVE－2017－11826	OOXML 解析器类型混淆漏洞	奇虎 360	被某 APT 组织利用	不详

2. 移动端的安全问题日益凸显

2017 年，iOS9. 3. 5 更新修补了三个安全漏洞，即三叉戟漏洞，随后 Citizen Lab 发布文章指出这三个 0day 被用于针对特殊目标远程植入后门。2017 年 12 月 Trend Micro 发布报告称，在一些应用商店中发现了带有网络间谍功能的恶意应用。基于 AnubisSpy 和 Sphinx 恶意软件之间相似的文件结构、解密 json 文件使用的相似的技术、共同的 C2 服务器和相似的目标群体，趋势科技认为其与 APT-C-15 的人面狮行动有关。

传统的 APT 行动主要是针对 Windows 系统进行攻击，而现今由于 Android 和 iOS 的发展带动了智能终端用户量的上升，从而导致黑客组织的攻击目标也逐渐转向移动端。对于移动平台来说，持久化和隐藏的间谍软件是一个被低估的问题。尽管移动设备上的网络间谍活动与台式机或个人电脑中的网络间谍活动相比可能少得多，攻击方式也不太一样，但其确实发生了，而且可能比我们认为的更活跃。

客观而言，移动终端上存储敏感或机密文件的可能性要比 PC 终端小得多。因此，攻击 PC 端的 APT 专用木马也要比攻击移动端的专用木马多得多。但是，移动端也有其特殊的攻击价值，特别是攻击移动端客观上可以实现对设备持有者日常活动的贴身监测，并且能够获取目标人的关系网信息。从一定意义上讲，针对移动终端设备发动的 APT 攻击，其真正的攻击目标往往既不是移动设备本身，也不是单纯的几条敏感信息，而是移动设备背后的使用者——即被攻击的目标是人而不是物。三叉戟漏洞事件就是一个最典型的实例。预计未来几年内，以特定高价值人群或个体为目标的 APT 攻击还会持续增加，而这些特定人群或个体被攻击的主要渠道可能就是其所使用的智能移动终端设备。

3. “一带一路”与军民融合成目标

“一带一路”等超大型国家系统工程往往是多学科、多领域的合作工程，也是众多高新技术集中应用的工程，因此具有很高的攻击价值。同时，一旦这些国家级系统工程涉及边疆地区建设、沿海工程建设、外交外贸等领域时，又必然会在政治、军事和经济层面引发周边相关国家的关注，从而进一步引发相关国家 APT 组织的攻击活动。

而“军民融合”项目则是攻击组织窥探军事情报的重要突破口。因为一旦军事技术或项目转为民用，其安防级别往往会大幅下降，这也就可能给攻击者的窃密活动留出了可乘之机。而反过来，当民用技术转为军用时，通过攻击民用机构，就有可能实现对军事系统的渗透。这就是为什么军民融合项目会特别受到境外 APT 组织关注。所以，军民融合项目更需要特别注意网络安全建设。

（三）互联网应用环境安全愈加不可控

1. 未知威胁挑战传统检测方法

在战场上，最令人恐怖的不是强大的敌人，而是未知的敌人。网络中的攻防也是如此，企业如果无法发现入侵，就无法有效地进行防护和响应，使用传统技术的入侵检测系统和防病毒软件正遭到越来越多的诟病。主要的问题有两点：一是新型攻击无法被发现，二是大量误报信息淹没了真实报警。

从攻击者一方来看，攻击脚本和恶意程序的增长太过迅速，例如 360 积累的恶意样本库已经达到百亿规模。从检测方法来看，如果没有创新的技术，传统的特征库已经无法保证恶意代码的检出率。在这种情况下，新型攻击难以被发现也是必然的结果。

对于从大量报警中发现真实攻击线索的问题，传统 SIEM 和 SOC 产品通常提供各种关联算法和定制规则来解决，但长期来看，实用性并不好。现在看来，这个问题的本质是“从稻草堆中寻找一根针”。所以，只有两类相关技术成熟起来，才有可能真正解决这个问题：一是大数据分析技术，为海量报警和相关信息的复杂分析提供基础支持；二是威胁情报，能够从外部提供准确的威胁信息，与内部疑点进行对比分析。

2. 安全事件挑战企业响应能力

对一个企业来说，安全事件的响应能力是安全团队最重要的能力之一，但是近年来，其难度越来越大。一方面，企业的 IT 规模在不断扩大，业务种类也在不断增加，而云计算、虚拟化、SDN 等新兴技术的采用也给 IT 架构带来了变革期的阵痛，导致了安全边界的扩大。另一方面，攻击者使用的手法种类越来越多，也越来越复杂，往往需要多个安全产品的配合才能发现和处置，企业部署的安全产品种类和复杂程度也在增加。其结果是，安全团队的工作量越来越大，需要的专业化程度也越来越高。有的安全团队会长期超负荷运转，应付各种重复工作；也有的安全团队在采购了先进设备之后，由于操作太复杂而难以发挥其效果。所以，对用户来说，最有效的网络安全设备应该是能减少运维工作的产品。整个信息化工作正从劳动密集型向技术密集型转变，用自动化工作代替重复、简单、枯燥的工作才是理想的安全解决方案。

3. 应用层漏洞的数量快速增加

从 SandWorm 到 WireLurker、从 HeartBlood 到 ImageMagick，基础组件和平台的漏洞影响不断引发关注。然而，这些威胁影响虽广，却只是冰山一角。因为备受关注，其补救措施也会快速出现。对单个企业而言，造成严重损失的往往是大量已知漏洞没有被及时修复，以及业务应用开发中产生了应用层漏洞。这些漏洞很难被发现，又和直接业务相关，最有可能被攻击者长期利用来获利。

应用层漏洞数量在快速增加，这一现象背后的原因是 IT 环境和开发模式的变化。云计算、虚拟化、SDN、移动设备等技术的兴起导致应用程序需要适应多样化的环境，应用本身也越来越复杂。与此同时，当前业务上线和更新的速度也远远超过以前，大部分开发团队都采用敏捷开发模式，需求和实现在一轮轮迭代中快速改变，安全很容易被归入次要特性。此外，业务快速上线的压力导致测试阶段被压缩，安全测试也往往成为牺牲品。以上这些因素导致了应用上线前的漏洞远比以前更多。

（四）恶意软件威胁不断加重

1. 新型恶意软件生成模式涌现

2017 年，自动化探测安全软件规则工具 AVPASS 引发业内关注。AVPASS 是一个可以探测 Android 杀毒软件的检测模型，并结合探测到的信息和混淆技术构造特定 APK 来绕过杀毒软件检测的工具。AVPASS 不仅可以推测出杀毒软件使用的特征，而且可以推导出其检测规则，因此，理论上它可以自动地变形 APK，使得任何杀毒软件将一个恶意 APP 误认为一个正常 APP，从而免杀。AVPASS 实现了自动化免杀，这种技术已经衍生出多种类型软件的一键生成器，比如广告软件和勒索软件。恶意软件与检测手段的对抗从未停止，恶意软件工厂取代了人工烦琐的代码编写、编译过程，进一步降低了制作门槛。具有自动化和对抗能力的恶意软件不仅生成速度变快，并且能够根据需要进行定制，这种恶意软件生产模式必将成为未来的发展趋势之一。

2. 恶意挖矿木马问题愈演愈烈

2017 年最疯狂的莫过于电子货币，以比特币为代表的电子货币，单价曾突破 2 万美元，随着电子货币价格暴涨，针对电子货币相关的攻击事件也越来越频繁。由图 10 可知，在移动平台上，从 2013 年开始至 2018 年 1 月，360 烽火实验室共捕获 Android 平台挖矿木马 1200 余个，其中仅 2018 年 1 月 Android 平台挖矿木马就接近 400 个，占全部 Android 平台挖矿类木马近三分之一。

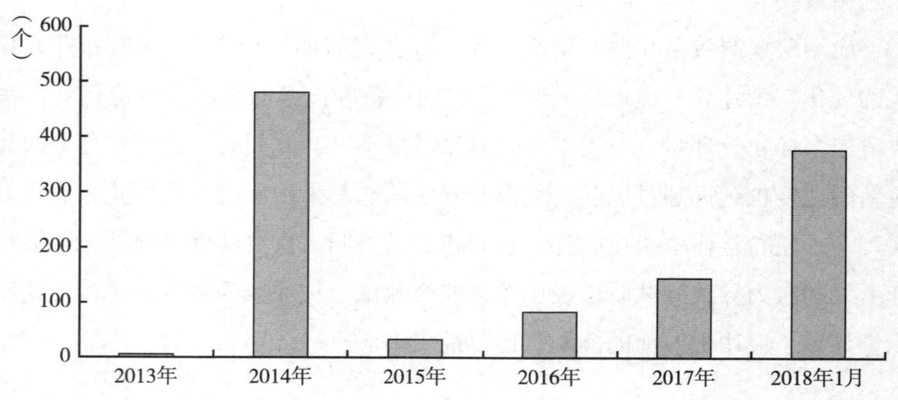

图 10　Android 平台挖矿类木马数量变化

相比 PC 平台，移动终端设备普及率高，携带方便，更替性强，因而安全问题的影响速度更快，传播更广。然而，移动平台在挖矿能力上受限于电池容量和处理器能力，并且在挖矿过程中会导致设备卡顿、发热、电池寿命骤降，甚至出现手机物理损坏问题，就目前来看移动平台还不是一个可持续性生产电子货币的平台。

3. 公共基础服务成利用新平台

2017 年恶意软件使用的新技术中，出现了利用 Telegram 软件协议和 VA 应用多开技术，在早期还出现过恶意软件使用 Google 的 GCM 推送服务以及第三方消息推送服务。这些公共基础服务、开源代码被恶意利用，成为恶意软件的新平台。以使用 Telegram 软件协议服务和 Google 的 GCM（GrindingCycle Monitor）服务为例，需要恶意作者申请自己唯一的 ID，进行指令控制时仅通过 ID 来区分，访问的都是服务提供商的服务器，并不是恶意软件作者自己的服务器，从而避免了通过 C&C 追踪溯源。

而在使用 VA 应用多开技术时，也可以实现对公共基础服务的恶意利用。恶意软件不但在 Manifest 中声明的权限和组件结构、数量上基本相似，又常以子包形式加密存储在 VA 内，主包代码特征也表现一致，在检测引擎扫描时使用 VA 的样本引擎无法识别，从而绕过杀毒软件静态检测。

综合来看，公共基础服务被恶意利用，一方面，是由于这些基础服务提供了简便易用的接入方法，使得恶意软件方便快速地接入；另一方面，恶意软件利用这些基础服务，能够实现绕过检测、躲避跟踪溯源。

（五）网站安全威胁形势严峻

1. 不当信息公开致大量信息泄露

2017 年，国内发生了一系列的政府机构信息泄露事件。让人惊讶的是，这些事件大多是由于政府网站在政务公开环节，不必要地公开了相关人员完整的、详细的身份信息而造成的，被不当公开的信息包括完整的身份证号码、联系电话等。[①]

---

① 万静：《皖赣等地部分政府网站泄露公民隐私信息专家认为应该对责任网站及相关人员问责》，《法制日报》2017 年 11 月 14 日第 6 版。

这些信息泄露事件的发生，主要是由于有关部门的相关负责人缺乏应有的网络安全常识，缺乏公民信息保护意识，而与任何网络攻击技术或网站安全漏洞无关。同时，关于政务公开、重大事件公示等必要的行政措施，与公民个人信息保护之间可能存在的矛盾问题也值得我们进行更深入的思考。表面上看，我们似乎总是可以找到一个平衡点来平衡公开公平与隐私保护之间的关系。但实际上，此类问题涉及法律法规、技术手段、公众认知、公职人员办事能力等多方面的复杂因素，很难在短时间内得到全面有效地解决。

2. 勒索软件大量入侵企业服务器

2017 年，勒索软件的攻击进一步聚焦在高利润目标上，其中包括高净值个人、连接设备和企业服务器。特别是针对中小企业网络服务器的攻击急剧增长，已经成为 2017 年勒索软件攻击的一大鲜明特征。据不完全统计，2017 年，约 15% 的勒索软件攻击是针对中小企业服务器发起的定向攻击，尤以 Crysis、xtbl、wallet、arena、Cobra 等家族为代表。

客观地说，中小企业往往安全架构单一，相对容易被攻破。同时，勒索软件以企业服务器为攻击目标，往往也更容易获得高额赎金。例如，针对 Linux 服务器的勒索软件 Rrebus，虽然名气不大，却轻松从韩国 Web 托管公司 Nayana 收取了 100 万美元赎金，是震惊全球的“永恒之蓝”全部收入的 7 倍之多。Nayana 之所以屈服，是因为公司超 150 台服务器受到攻击，上面托管着 3400 多家中小企业客户的站点。这款勒索病毒的覆盖面有限，韩国几乎是唯一的重灾区。

3. 挖矿木马数量和攻击事件上升

在 2017 年这个安全事件频发的年份，除了受到全世界关注的 WannaCry 勒索病毒出现之外，一大波挖矿木马也悄然崛起。不同于勒索病毒的明目张胆，挖矿木马隐蔽在几乎所有安全性脆弱的角落中，悄悄消耗着计算机的资源。由于其隐蔽性极强，大多数 PC 用户和服务器管理员难以发现挖矿木马的存在，这也导致挖矿木马数量的持续上涨。

挖矿机程序运用计算机强大的运算力进行大量运算，由此获取数字货币。由于硬件性能的限制，数字货币玩家需要大量计算机进行运算以获得一定数量的数字货币，因此，一些不法分子通过各种手段将挖矿机程序植入受害者的计算机中，利用受害者计算机的运算力进行挖矿，从而获取利益。这类在用户不知情的情况下植入用户计算机进行挖矿的挖矿机程序就是挖矿木马。挖矿木马最早出现于2013年，由于数字货币交易价格不断走高，挖矿木马的攻击事件也越来越频繁，不难预测未来挖矿木马数量将继续攀升。对挖矿木马而言，选择一种交易价格较高且运算力要求适中的数字货币是短期内获得较大收益的保障。①

四　网络安全问题的法治对策

（一）网络安全的立法方面

1. 通过制定政策强调网络安全重要性

政策制定在中国具有特殊地位。与法律规范性质不同，政策制定更为主动和活跃，更强调创新和突破；法律则相对稳定、滞后，强调确定性和规范性。因此，尽管政策制定在更有序地处理国家事务、社会公共事务的目的上，与国家法律基本相通，但两者很可能呈现“创新－稳妥”、“前瞻－现实”的差异风格，甚至在具体实现机制上一时衔接不畅。这一点在改革开放过程中并不鲜见，甚至是常见。从法律视角审视我国网络安全形势，需要重视政策制定的作用。

2. 确立科学的网络安全立法思路

具体到网络立法的思路，需要在对网络不法行为进行规制的同时，给网络技术发展以充分的空间和宽容，不能遏制互联网发展的活力。典型例子是“非法获取计算机信息系统数据罪”与白帽子网络漏洞挖掘之间的平衡。

---

① 《闷声发大财年度之星：2017 挖矿木马的疯狂敛财暗流》，http：//www. ciotimes. com/IT/142003. html，最后浏览日期为2018年3月30日。

《刑法》第285条规定了“非法获取计算机信息系统数据罪”，而正面黑客（俗称“白帽子”）的行为符合非法获取计算机信息系统数据罪的构成。但实际情况是，白帽子在发现或者识别计算机或网络系统中的安全漏洞后，并不会进行恶意利用，而是通过合适的渠道将漏洞通知网络运营者。这样，网络运营者可以在网络漏洞被其他人（例如“黑帽子”）利用之前来修补漏洞。网络漏洞本身是客观存在的，不被挖出来不表示没有漏洞。因此，如果对白帽子适用非法获取计算机信息系统数据罪，则将出现这样的局面：黑帽子可以挖漏洞，国外势力可以挖漏洞，我们却不能通过挖漏洞来提醒经营者对漏洞进行修补。

如果以全球视角来审视网络安全，这种“禁止发现危险”的立法模式会给境外黑客攻击留下巨大隐患，进而影响国家安全。因此，需要重新审视白帽子的法律性质与定位，考察白帽子对网络安全是否有特别意义。同时，应对非法获取计算机信息系统数据罪等相关罪名通过法律解释进行适用范围的限制，并以此为切入，重新梳理网络安全立法思路。

3. 通过立法加强网络漏洞的管理

网络漏洞隐患的持续蔓延及不断扩大造成网络漏洞威胁更加复杂化，导致智能硬件更易遭劫持等危险长期存在，因此，有必要从国家层面对网络漏洞加强管理，减少网络威胁。例如，针对勒索病毒带来的危害，美国两党于2017年5月17日提出了一项防止政府拥有的黑客工具大量泄漏的法案，该法案旨在缩减政府所拥有的庞大网络武器库，并审查美国政府拥有的所有软件和硬件漏洞，以避免类似的大规模泄漏NSA黑客工具和网络武器的发生。法案还要求政府将其网络武器库转交给独立的审查委员会，让他们来审查哪些重大漏洞是安全的。网络漏洞真正的利用价值在于其是一种潜在的威慑能力，即使强大的国家也不应该将其轻易付诸行动。国家要颁布约束漏洞利用的法律，对网络威胁加强管理。

4. 立法保障网络安全信息的共享

所谓网络安全信息共享，是指与网络信息系统及其存储传输信息安全有关的一系列信息的交换，这些信息包括但不限于系统风险、程序漏洞、网络威胁、安全管理漏洞以及网络安全应对措施和良好实践等。网络安全信息共享制度实际上是一种风险社会多利益主体协同共治的模式，共同面临网络安全威胁的多个主体通过相互分享安全信息，提升安全信息共享组织体中每个参与者的网络安全行为能力，减少同一风险所可能造成的威胁或危害，进而实现降低整个群体所面临的网络安全风险的目标。

但是安全信息共享可能让信息共享主体承担更多责任或陷入不利地位。例如，不论是对政府部门还是私营机构，共享网络安全信息往往就要承认自身已遭受网络攻击或发生数据泄露，这可能引发消费者提起侵权之诉，或者可能被追究因违反信息保护义务而构成的法律责任。此外，企业共享网络安全信息可能泄露类似商业秘密等信息，进而丧失竞争优势或在市场竞争中陷入被动。再如，企业为了应对网络安全威胁而共享给政府的信息可能会被政府作为追究企业法律责任的依据。正因如此，企业一般不愿与政府共享涉及商业利益的信息。为了更好地促进和有效开展信息共享，我国应通过立法建立责任豁免机制，同时，不强制私营主体信息共享，明确网络安全信息共享应当包括私营部门之间的共享、政府部门（含国有企事业单位）之间的共享以及私营部门和政府部门（含国有企事业单位）之间的共享三个方面。①

（二）网络安全的监管方面

1. 坚持网络安全预防先行思路

习近平总书记提出“没有网络安全就没有国家安全”“要严密防范网络犯罪特别是新型网络犯罪，维护人民群众利益和社会和谐稳定”。网络攻击呈几何倍速增长，网络攻击层出不穷，波及面广，而破案率仅为千分之一。因此，对网络攻击的防范比事后打击更为重要。具体来说，以网络攻击的实证调研以及司法判例为基础，辅以理论研究，把握互联网犯罪的第四次浪潮的时代背景，以网络攻击的表现形式及基本特征的分析为切入点，在准确概

① 刘金瑞：《我国网络安全信息共享立法的基本思路和制度建构》，《暨南学报》（哲学社会科学版）2017 年第 5 期。

括网络攻击的社会成因与发展规律的基础上，紧扣“互联网 +”社会对网络攻击防范的要求，借鉴国外成果，从法学理论、立法、司法、刑事政策、国际司法协作、社会政策诸方面提炼防范机制，完善相关刑事立法与司法解释，建立大数据时代网络攻击的防范机制，并向网络攻击的国际防范贡献“中国方案”。

2. 对网络运营者行为加强管理

网络技术黑灰产的存在，是网络攻击存在以及蔓延的重要影响因素。例如，在 Wannacry 攻击事件中，勒索病毒是蠕虫软件绑定勒索软件从而进行传播感染和勒索获利。网络黑灰产的存在导致病毒源代码肆意在网上流传，任何人都有机会获取，甚至有专门的“教程”就如何将这些软件捆绑完善进行指导。[①] 因此，在一定意义上讲，只有根治信息技术黑灰产，才能有效切断网络攻击的链条。而根治网络黑灰产需要加强对网络主体行为的管理，要通过技术措施对网络中各主体的注册、登记、访问、发布等行为予以治理。

从网络安全实践来看，应当从以下四方面着手加强对网络运营者行为的管理：第一，要求设立首席隐私官。首席隐私官是在 20 世纪末职场中一度出现的新头衔。在美国，除《健康保险携带和责任法案》（HIPAA 法案）要求与医疗有关的任何公司必须设立隐私官员外，很多经营者都主动设立了首席隐私官职位，其中不乏重量级企业，如花旗集团公司、美国运通、美国银行、全美互助保险公司、惠普和微软等知名公司。第二，要求制定翔实的隐私政策。虽然大多数网络安全企业都制定了自己的隐私政策，但也存在着隐私政策不完善的问题。第三，要求落实信息安全三原则。为解决未来的物联网时代的信息安全，应平衡大数据利用与用户信息安全保护之间的关系，落实用户信息安全三原则，即用户的数据应该归用户所有、用户应拥有知情权和选择权、用户数据的安全存储和传输。第四，坚持三同步原则。为了减少

① 参见张建肖：《新类型网络犯罪的法律解释——以 WannaCry 攻击为切入点》，载蒋惠岭主编：《网络刑事司法热点问题研究》，人民法院出版社，2016。

不必要的数据泄露，新的网络服务或产品在开发运行和维护的过程中，应当保证安全技术措施同步规划、同步建设、同步使用。杜绝没有安全防护措施的网络产品上线运行，特别是对于那些用户数量巨大的应用软件，例如手机APP，在上线前一定要核实是否具备相应的数据防泄露技术措施，以免扩大泄露信息的来源，切实保护用户利益。

3. 加强对白帽子的监管和规范

在安全漏洞已经成为各国争先抢夺的战略资源和博弈资本的情况下，美欧纷纷建立国家级漏洞库，组织网络攻防演练，限制漏洞信息流向境外，公开采购和利用漏洞进行执法。在实践层面，网络安全企业往往通过建立众测平台的方式参与网络安全漏洞挖掘活动，并在弥补漏洞、减少安全事件和经济损失方面发挥了不容忽视的作用。为规范网络安全人员的漏洞挖掘行为，应确定网络安全企业合理的协调监督义务，一是基于身份核验的资质审查义务来避免“白帽子”等网络安全人员损害企业利益；二是基于保密协议、服务协议等合同设计，以合理审慎的义务避免企业损害“白帽子”等网络安全人员的合法权益。

（三）网络安全的司法方面

1. 更新网络案件的审判理念

对于网络攻击的法律规制，从立法角度进行法律规则的变革固然是治本之策，但在现行条件下，探索合适的法律解释思路，促使法律条文的含义适应社会生活的变化，从而解决现实中严重社会危害性与现行立法缺失之间的尴尬危机，也不失为防范网络攻击的新途径。因此，需要通过法律解释对相关网络攻击进行适用范围的限制。

中国属成文法国家，法律文本对司法裁判的制约明显；而且司法裁判解释技术不发达，人民法院及法官对司法解释“技术”的共识远不及对案件和业务“内容”的共识。这就造成法官为了个案裁判稳妥而遵循先例，抽取既定规则并形成路径依赖。此外，深入贯彻的司法责任终身追究制对法官突破性地适用文义解释以外的“造法”性解释方法动机有间接抑制作用。

因此，在目前法律不可能做出根本性变化的情况下，面对多变的网络攻击，需要鼓励法官在法律的框架内适用法律，运用法律解释来解决问题。①

2. 鼓励漏洞扫描和发现行为

现阶段，很多单位没有主动查找漏洞等安全日常工作的意识，如果第三方不主动查找，往往出现的结果是漏洞被利用并受到攻击。因此，在司法政策上，有必要对漏洞扫描和发现行为持宽容态度。至于实践中如何贯彻实施这一宽容倾向的司法政策，可以考虑在司法审判中对非法侵入计算机信息系统罪进行限制性适用。

根据《刑法》第285条规定，非法侵入计算机信息系统罪，是指违反国家规定，侵入国家事务、国防建设、尖端科学技术领域的计算机信息系统的行为。但就扫描的具体操作来看，网络漏洞扫描技术越来越智能化、全行业化，漏洞扫描工具往往是对全行业进行扫描，难免会发生误扫国家事务、国防建设、尖端科学技术领域的计算机信息系统的事件。如果一概禁止，则会导致投鼠忌器，影响全行业的安全防护水平。特别是，禁止扫描关键信息基础设施漏洞的话，对于那些专注利用漏洞窃取和破坏系统的敌对势力或坏人来说没有约束力，反而束缚了一心从事善意行为的个体的“手脚”，形成了坏人随心所欲、好人畏首畏尾的不对等态势，不利于做好安全防护工作。

3. 落实网络安全的责任追究

通过对网络安全造成重大影响的网络黑色产业链分析，不难发现，数据泄露，特别是公民个人信息数据的泄露是网络犯罪的上游环节，而泄露的重要原因是网络运营者没有采取必要有效的技术防范措施。因此，对网络安全制度的完善，一方面，需要事先防范和事后应急制度的构建，另一方面，则要明确网络主体的网络安全责任。② 例如，《网络安全法》第22条规定，网

① 张建肖：《新类型网络犯罪的法律解释——以WannaCry攻击为切入点》，载蒋惠岭主编：《网络刑事司法热点问题研究》，人民法院出版社，2016。

② 常健、叶丹枫：《论网络空间安全保障的战略导向与制度完善》，《科技与法律》2016年第3期。

络产品、服务的提供者发现其网络产品、服务存在安全缺陷、漏洞等风险时，应当立即采取补救措施，并应当为其产品、服务持续提供安全维护。但在“勒索病毒”攻击事件中，微软很早就发布了系统漏洞修复补丁，360 公司在第一时间向用户推送了该补丁并及时发布了预警，但勒索病毒大规模爆发之前，网络产品、服务的提供者为何未能及时修补漏洞、更新安全系统？因此，只有切实建立网络安全责任追究机制，方能倒逼相关主体真正重视网络安全，才能把网络安全工作纳入日常维护的工作中，才能把网络安全资金和人员投入纳入日常的运营成本，真正切实把网络安全法的各项要求落到实处。

B.20

全球数据跨境流动监管机制及中国路径

顾　伟*

摘　要： 数据跨境流动的加速对国际贸易秩序、用户信息保护、国家司法管辖产生显著影响。综观国际数据跨境流动的管理，各主要国家与地区多以数据有序自由流动为原则，以特殊数据分类监管为例外的方式，构建数据跨境流动监管机制。针对中国数据跨境流动监管机制而言，我国应适时制定针对数据跨境流动监管的高位阶法律，并积极打造并参与跨境流动监管的国际合作机制。

关键词： 数据跨境　个人数据　监管机制

人类社会正在被快速数据化。随着数据内容与利用方式的不断拓展，这些数据的交互活动对相关组织机构、公民乃至社会的影响程度与日俱增。同时全球互联网的发展使得数据的跨境流动成为常态。作为生产要素、无形资产和社会财富，信息资源已成为经济全球化背景下国际竞争的一个重点内容。[①] 对此，越来越多的国家、地区乃至国际组织着手加强对数据跨境的监管，规范数据跨境转移活动。

虽然由于法律渊源等国情差异，各国数据跨境流动监管机制不尽相同，但总体而言这些机制背后有着相互影响的政策法律，它们处于不断博弈变化

---

* 顾伟，阿里巴巴集团法律研究中心副主任。

① 参见《关于加强信息资源开发利用工作的若干意见》（中办发〔2004〕34 号）

过程中。当前，中国正在逐步构建数据跨境流动监管机制。因此，主要国家、地区及国际组织的数据跨境流动监管机制、相应的基本概念、监管模式以及对监管策略的选择，无疑对中国数据跨境流动监管机制的构建具有借鉴作用。

一　数据跨境流动的调整对象

“数据跨境流动”不是严格意义上的法律词汇，缺乏权威且有共识的定义可引用借鉴，厘清这一调整对象，需要对“数据”、“跨境”和“流动”作基本词义的法律分析。

（一）法律调整不同类型的数据

“数据”的概念历来有争议，但从各国立法看，数据跨境流动中的“数据”更多的指向计算机信息系统收集、存储、传输和处理的电子数据。综观各国数据保护立法，作为被规制对象的跨境流动的数据主要有以下几种类型。

1. 个人数据①

个人数据的内涵一般均采用识别性标准，即能够直接或间接识别个人身份的信息或信息组合。例如欧盟《通用数据保护条例》定义的“个人数据”是指“与一个自然人或可识别自然人（数据主体）有关的任何信息”；新加坡法律定义的“个人信息”是指“所有可识别个人的信息，无论信息真实与否”；中国香港法律保护的个人资料是“关乎一名在世人士，并可识别该人士身份的资料”且“资料存在的形式令资料可让人切实可行地查阅或处理”。

① 在个人信息保护领域，各国法律使用“个人数据”“个人信息”“个人资料”等不同术语，在具体定义范围方面，也略有差异，但各术语的核心在于辨析数据字段能否识别个人身份，或者与其他信息结合能否识别个人身份。因此，为便于比较研究，本文在尊重原出处使用的前提下，不再区分这些概念的差别，混同使用类似概念。

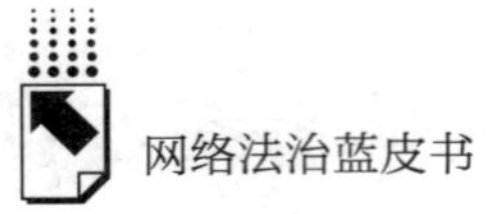

2. 技术数据

限制受管制的技术数据（Technical Data）跨境流动，是西方国家管控军用和军民两用技术扩散的主要手段之一，典型例子为特定密码技术数据。1996年，西方33国缔结的《瓦森纳协定》明确规定与管制商品和技术清单内容直接相关的各类技术数据均属于受管控对象。美国《出口管理条例》（EAR）提出，对受管制的军民两用技术数据在一个位于美国境外的服务器保存或处理，应当取得出口许可。

3. 敏感政府数据

随着云计算的普及，许多非公开的政府数据从传统数据中心转移到商业化的云计算服务器中，由此产生了敏感政府数据跨境流动的监管问题。“敏感”术语的内涵因各国保密政策法律规定而异，“政府”的范围在西方国家则不仅指向狭义的“政府部门”，一般采用广义的理解，包括国有企业与基金会、军事部门等。《德国联邦数据保护法》第2条也明确指出：“联邦公共机构指联邦行政机关、司法机关和其他联邦公法机构以及联邦国有公司、各种基金会和协会等。”

对此，美国、加拿大、澳大利亚等西方国家主要通过行政文件、政府采购合同、安全认证等方式禁止敏感数据存储在其境外。例如，美国虽然没有发布限制政府数据跨境的法律，但在政府采购、外包、并购审查中，往往采用认证和协议方式明确限制数据存储地和访问主体，亚马逊的美国政务云服务即通过了联邦风险和授权管理计划（FedRAMP）的认证，并在其官网公开承诺其物理服务器分布在美国境内，只有美国公民可以访问。[①] 澳大利亚《政府信息外包、离岸存储和处理信息通讯技术安排政策与风险管理指南》规定，为政府部门开发的云服务构成安全分类项下的数据，不能储存在任何离岸公共云数据库中。

4. 敏感商业数据

敏感商业数据从来都不是专门的数据跨境流动管制对象，但一些国家会

---

① 亚马逊AWS网站公告信息，https://aws.amazon.com/cn/federal/，最后浏览日期为2018年10月17日。

对少数涉及国家安全和重要公共利益的特定商业数据，设定本地化存储和访问控制的要求。除前述可能为商业主体掌握的技术数据外，美国、印度、俄罗斯等国家选择在外商投资、电信准入等环节引入安全协议，约定相关商业数据跨境问题。

以美国为例，根据2015年美国外资投资委员会（下称“CFIUS”）发布的报告，[①] 安全协议[②]中常见的与跨境数据管理相关的内容包括以下方面。

一是安全管理要求。确保只有受过审查的员工（一般情况下只能是美国公民）负责特定技术和信息，担任关键职位；建立公司安全委员会、经美国政府（CFIUS）批准的安全官或其他机制，履行安全政策、年度报告和独立审计等职能；发布专门指南和条款约定，处理现有或将来可能涉及的美国政府采购合同、美国政府客户信息或其他敏感信息等。

二是明确相关产品或服务限制在美国境内。即确保只有美国公民负责特定产品或服务，确保相关活动或产品位于美国境内。

三是明确美国政府的权力。外国公民访问该美国公司时，预先通知安全官或美国政府相关方；发现漏洞或发生安全事故时，应当通知美国政府相关方；美国政府可以随时审查相关商业决策，一旦发现存在国家安全相关问题，有权提出反对意见等。

涉及电信领域的外资并购由司法部、国防部、国土安全部、美国联邦调查局组成的电信小组（Team Telecom）负责。该小组有权要求具有显著外国所有权或者国际基础设施的申请者（直接或间接有10%或以上的股权被美国之外的机构持有）与之签订安全协议，对通信设施和相关数据提出更为明确的位置和访问要求。

5. 非法内容数据

各国多通过立法直接禁止特定非法内容数据的互联网传播，包括禁止入

① Committee on Foreign Investment in U. S. , *Annual Report to Congress for CY* 2013.

② 安全协议的官方称谓是“风险减轻措施”（Mitigation Measures）。根据2015年发布的报告，2011~2013年，CFIUS在27起并购申请中采用安全协议，约占总审查案件的8%，2013年则在11起并购申请中采用，比例也上升到11%。

境传播。由于不同国情，各国对“非法”内容数据的范围界定不尽相同。受到多数国家法律认同的非法内容数据主要是儿童色情、恐怖主义信息等。例如美国、日本、加拿大和大多数欧洲国家等缔结的《布达佩斯网络犯罪公约》，其明确提出禁止通过计算机信息系统提供、分发、传递、获取和持有儿童色情内容数据。①

（二）法律调整不同类型的跨境流动

“边境”一般是指“一国或行政区域与另一国家或行政区域的边界”，②主要指“国境”。在我国法律语境下的“跨境”是指跨越关境。数据出入我国港澳台地区，仍属于数据跨境流动。③

跨境流动一般包括数据从本地转移到境外，以及数据从境外转移到本地两层含义。绝大多数规范数据跨境流动的法律约束的是数据从本地转移到境外的行为，除非法律禁止的数据内容外，对从境外向本地转移数据的行为一般持开放态度。

除技术数据采用事前行政许可，非法内容法律直接禁止传播见诸法律外，敏感政府数据、敏感商业数据的流动很少为法律所明确规定，它们主要是在法律或政策文件的具体实施过程中，通过认证、合同、协议等相对柔性手段予以灵活调整。

根据比较分析，当前各国法律对个人数据跨境转移的规范主要有以下形式：一是要求数据先进行本地化存储。如俄罗斯 2014 年修订的《个人数据保护法》，要求所有数据处理者应当“确保个人相关数据的记录、系统化、积累、存储、修改和读取应当使用俄罗斯境内的数据中心，包括通过互联网的方式”。新法并不意味着俄罗斯公民数据不能跨境转移，而是要求在可能

---

① Article 9 of *Convention on Cybercrime*, Budapest, 23. XI. 2001.

② *Black' s Law Dictionary* (8th ed. 2004), Page 550.

③ 《中华人民共和国公民出入境管理法》第八十九条明确规定，出境，是指由中国内地前往其他国家或者地区，由中国内地前往香港特别行政区、澳门特别行政区，由中国内地前往台湾地区。入境，是指由其他国家或者地区进入中国内地，由香港特别行政区、澳门特别行政区进入中国内地，由台湾地区进入中国内地。

的跨境转移之前，数据先存储在本地的服务器中。

二是设定向境外转移数据的法定条件，或者原则上禁止转移，只有符合法定豁免条件的才能转移。采用如此表述的国家和地区居多，包括所有欧盟成员国，以及俄罗斯、新加坡、日本、韩国、中国香港和中国澳门等国家和地区个人信息保护法律中均有这样的要求。常见的豁免条件包括取得数据主体同意，确保数据在境外国家得到与本国数据保护水平相当的保护，以及基于合同履行、保护公共利益、维护数据主体重大利益等合理正当原因。

三是原则上允许数据转移到境外，法定情形除外。少数国家（地区）采用这样方式规范个人数据跨境转移。例如我国台湾地区 2010 年《个人资料保护法》明确提出，如果存在涉及“国家”重大利益；国际条约或协定有特别规定；接受国没有完善的个人资料保护法律，可能损害当事人权益；为规避本法，以迂回方法向第三国（地区）传输个人资料等四种情形的，相应的政府主管部门可以据此对跨境传输数据的行为进行限制。

（三）法律的域外适用

基于数据的流动，许多国家主张将国家管辖权延伸至数据流出地，并在法律中明确强调数据跨境流动相关法律的域外效力。例如，巴西 2014 年通过的《网络民法》第 11 条提出，“收集、存储、保留和处理个人数据或通讯数据，只要有一个环节发生在巴西领土范围内，巴西法律就有管辖权，包括隐私权、个人数据保护、隐私通信和日志的保密等问题”。[①] 日本 2015 年修订的《个人信息保护法》也将适用于所有处理日本公民个人信息的、位于日本国境外的商业主体，无论是为数据主体提供产品还是服务。

欧盟的《通用数据保护条例》（GDPR）更是明确强调，设于欧盟境外的控制方或处理方处理欧盟境内数据主体的个人数据时，凡数据处理活动与向此等数据主体提供商品或者服务有关的，不论付费与否，均须遵守 GDPR；处理欧盟境内数据主体的个人数据时，凡数据处理活动与监测此等

① Brazilian Internet Act (Marco Civil da Internet).

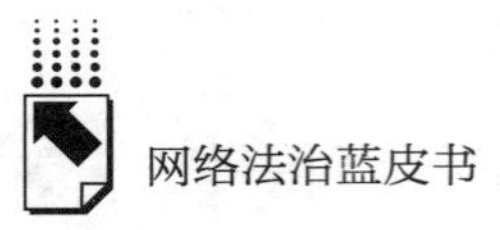

数据主体的行为有关，且行为发生在欧盟境内，也须遵守 GDPR。

美国联邦机构也倾向于根据法律授权，管辖所有在美国公司控制下的数据，无论数据是否在美国境内。例如，2013 年，美国司法部依据《1986 年电子通信隐私法》（下称 ECPA）申请法院的传票，要求总部在美国的微软提供其在爱尔兰都柏林数据中心存储的用户电子邮件数据。[①] 但 2016 年 7 月美国第二巡回上诉法院判决美国司法部不能强迫微软和其他科技公司提供存储在海外服务器上的用户数据。对此，2018 年 3 月，美国国会通过了《澄清合法使用数据法》（下称 CLOUD 法），确认根据 ECPA 而向受管辖的科技公司发出的法律程序（legal process）可以取得该公司所拥有、保管或控制的数据，无论数据存储于何处（即使存储于美国境外）。另外，CLOUD 法为美国及可能与美国签署双边司法互惠协议的外国政府创设了新的数据跨境请求的双边协议框架。

二　数据跨境流动监管的基本模式

自 20 世纪 90 年代以来，各国逐步就互联网架构与技术本身的特点，形成了一些针对性强的互联网法律。[②] 通过对主要国家数据跨境流动监管机制的比较研究，可以发现，一方面，主要国家追求数据自由流动的理念基本一致；另一方面，法律对涉及特定主体重要权益的数据跨境流动进行了一定的规制。此类数据主要有两类，一是关于社会公共利益与国家安全的数据，如一些特定技术数据和敏感数据；二是关于个人权益的个人数据。总体上，技术数据和敏感数据等涉及国家安全或重要公共利益的跨境流动规则已呈现出一定的全球性趋势特征，而个人数据跨境流动规则则明显因法律渊源等不同，区域性特色突出。

---

① See, Microsoft ' s Brief to the Court of Appeals for the Second Circuit, available at http: //digitalconstitution. com/wp-content/uploads/2014/12/Microsoft-Opening-Brief-120820141. pdf , 最后浏览日期为 2018 年 10 月 17 日。

② 周汉华：《论互联网法》，《中国法学》2015 年第 3 期。

（一）追求数据自由流动的基本理念

欧美国家在数据跨境转移方面的总体目标基本一致，就是推动实现数据自由流动，保障市场自由竞争。欧盟“单一数字市场”战略中就明确强调通过“欧洲数据自由流动倡议”推动欧盟范围的数据资源自由流动。① 2018年10月4日，欧洲议会表决通过的《非个人数据自由流动条例》更在法律层面全面阐明了欧盟对非个人数据跨境流动的立场，即在欧洲单一市场之内，要“消除非个人数据在储存和处理方面的地域限制”。针对一些政府采购、金融监管、医疗健康领域实质存在的数据本地化限制，该条例明确提出除法律明确声明的国家安全外，其他限制均必须废止。

美国则众所周知是推动数据自由流动的“急先锋”。近期，美国、日本和新加坡等共71个国家向世界贸易组织提交了一系列意见书，呼吁电子商务全球规则，强调电子方式自由流通跨境数据，禁止服务器本地化，并为政府干预调用数据隐私形成明确流程。②

（二）技术数据跨境的前置审批与管控机制

西方国家对涉及军用及军民两用的技术数据跨境流动，通过立法设置了明确的前置审批。技术数据进出口环节的许可非常严苛，例如《美国国际军火交易条例》（ITAR）提出，除具有有技术数据知识的个人出境旅行外，任何发送或携带防卫文档出美国国境的行为都属于出口，在美国境内向外国人或其代表披露也视为出口，所有的出口行为都需要获取许可。③

---

① See, Digital single market: Bringing down barriers to unlock online opportunities, https://ec.europa.eu/commission/priorities/digital-single-market_en，最后浏览日期为2018年10月30日。

② Rich Countries Propose Free Flow of Data, Oppose Server Localization, available at http://www.cfo-india.in/article/2018/05/04/rich-countries-propose-free-flow-data-oppose-server-localisation, 2018/10/30 last visited.

③ Section 120.17 of *International Traffic In Arms Regulations.*

虽然随着互联网特别是云计算的发展，这种管控的难度越来越大，但美国及欧洲国家的管控力度有增无减。2014 年，《瓦森纳协定》新增条款禁止缔约国出口“特殊设计”的或是修改以逃避“监视工具”检测的软件，以及令“保护措施”无效的软件。实际上，这是禁止了黑客工具和漏洞利用程序数据的出口。①

（三）敏感数据跨境的安全审查与市场机制

综观主要国家对敏感政府数据和外商投资领域涉及国家安全的敏感商业数据的监管机制，核心是采购安全、安全计划、安全检查、安全认证、安全协议等为抓手，在不违反 WTO 规则的前提下，实现不同程度的安全审查目的。这一过程中，起主要作用的不是前置审批的监管机制，而是市场化执行机制，通过安全能力测评、安全风险的合同控制以及主动参与承诺等，相对灵活地实现实质的安全审查目的。

尤为值得关注的是，这类审查中对敏感数据跨境流动的限制或者本地化的要求，较少表现在成文规则中，更多的是作为衡量安全性的重要因素、合同约定的必要条件等体现。例如，通过联邦风险和授权管理计划（Fed RAMP）认证的亚马逊美国政务云服务（GovCloud US Region）在官网公开承诺，该政务云只有由在美国境内且具有美国公民身份的员工才能操作，美国实体和根账户持有人必须经过审核确认其为美国公民才可以访问。②

（四）个人数据跨境流动的区域性特征

1. 以个人权利为中心的欧洲个人数据跨境转移规则

欧洲地区非常注重形成区域统一的、高标准的数据保护环境。早在

① Jennifer Granick, *Changes To Export Control Arrangement Apply To Computer Exploits And More*, 2018/10/30 last visited, available at http：//cyberlaw. stanford. edu/publications/changes-export-control-arrangement-apply-computer-exploits-and-more .

② Introduction to the AWS GovCloud（US）Region, 2018/6/15last visited, available at https：//aws. amazon. com/cn/govcloud-us/.

1981 年欧洲委员会[①]的各成员国签署《欧洲系列条约第 108 号：有关个人数据自动化处理之个人保护公约》[②]（下称《斯特拉斯堡公约》）就提出避免将缔约国个人数据转移到没有个人数据保护法或不能提供充分保护的国家。1995 年，欧盟通过《关于个人数据处理及自由流通个人保护指令》实现了区域内个人数据的自由流动。

虽然这种严格的数据保护环境也正在面临改革，2015 年底，欧盟就个人数据保护法律改革达成一致，其中提出简化国际数据转移程序。[③]《欧盟通用数据保护条例》实际上打破了各国法律中不统一的个人数据跨境转移规则的藩篱。但是整体上，欧洲地区数据跨境转移的要求仍然是最严格的，简化后的程序也更容易为使得各国数据保护机构的执法权进一步扩张。

欧盟的个人信息跨境转移的规则是立足于这样的一个前提，即个人信息是欧盟成员国公民的一项基本权利，应当受到法律的有效保护，其跨境转移对公民基本权利有重大影响，需要确保其在欧盟境外也得到充分地保护。因此，欧盟对个人数据转移到欧盟区域外的活动采取了严格的监管措施，甚至不惜采取高额罚款的惩罚措施。在这种机制下，企业确实承受较重监管负担，包括遵守各种合规形式要求。

（1）白名单制度

如前所述，欧洲国家对数据跨境流动的监管，本意是确保个人数据在流动过程中能够得到充分的保护，因而欧洲地区数据保护水平较高的国家，普遍存在“白名单”制度，允许本国数据自由转移到得到名单认可的国家或地区。

欧洲委员会《斯特拉斯堡公约》的缔约国相互认可对方属于本国的白

---

① 欧洲委员会（Council of Europe）总部设在法国斯特拉斯堡，与欧盟关系密切，但与欧盟是完全不同的两个政治组织，国内许多学者在介绍欧洲地区法律时将二者混淆。

② *European Convention for the Protection of Individuals with regard to Automatic Processing of Personal Data*（Strasburg, 1981）.

③ European Commission - Fact Sheet, *Stronger data protection rules for Europe: the EU adopts the data protection reform package*, available at http://europa.eu/rapid/press-release_ MEMO-15 - 6385 _ en.htm, 2018/10/30 last visited.

名单国家。采纳这种认定方法的国家，主要是非欧洲经济区（下称 EEA）[①]国家，典型的是俄罗斯。俄罗斯于 2013 年正式加入该公约，根据俄罗斯 2014 年《个人数据保护法》，《斯特拉斯堡公约》签署国的所有国家都被认为是“充分保护”的数据主体权利和利益的国家。

欧盟委员会还对欧盟成员国以外的国家地区进行白名单认定。截至 2015 年 10 月底，欧盟委员会将安道尔、阿根廷、澳大利亚、加拿大、瑞士、以色列、新西兰、乌拉圭等 12 个国家和地区纳入目录，欧盟成员国均采纳该认定。2017 年 1 月，欧盟委员会明确提出希望与日本和韩国签订数据传输协议，以在日韩与欧盟之间消除阻碍数据自由流动的障碍。[②] 2018 年 7 月，欧盟和日本关于数据对等充分性的谈话顺利结束，双方同意将对方的数据保护水平视为“同等”水平，这将使个人数据得以欧盟和日本之间安全流动。各方现在将启动其相关的内部程序，以通过其充分性调查结果。[③]一旦实现，日本实质上也将成为新的白名单国家之一。

（2）严格的用户授权机制

为充分保护个人用户的知情权和选择权，欧洲地区立法明确要求个人数据跨境转移需要告知用户并取得用户同意。这种授权机制应当是明示的要式行为，不得以默认方式或建立非充分告知基础上。例如，德国《联邦数据保护法》要求向 EEA 外国家传输个人数据需要取得用户同意，这种同意的意思表示应采用书面形式。只有在特殊情况下，才能授权使用其他形式。[④]

《欧盟通用数据保护条例》中明确提出，用户可以无损害地拒绝和撤回

---

① 1994 年，欧洲共同体 12 国和欧洲自由贸易联盟 7 国中的冰岛、挪威和瑞典等 5 国组成欧洲经济区（EEA）。随后因为相关国际组织的扩张变动，截至 2015 年底，EEA 的成员国包括 28 个欧盟成员国和冰岛、列支敦士登、挪威 3 个欧洲自由贸易联盟成员国。

② Julia Fioretti, *EU aiming to finalize data transfer deal with Japan*, *South Korea*, 2018/10/30 last visited, https://iapp.org/news/a/eu-aiming-to-finalize-data-transfer-deal-with-japan-south-korea/.

③ European Commission- Press release, The European Union and Japan agreed to create the world's largest area of safe data flows, 2018/10/30 last visited, available at http://europa.eu/rapid/press-release_ IP-18-4501_ en. htm

④ 《德国联邦数据保护法》第 4 条。

同意。“在‘同意’定义中，‘明确性’标准应当是‘清晰地’同意，避免含糊。为确保有单一和一致的同意，应当确保数据主体对他或她所同意的事项和对象有清晰的认识”。[①]

（3）明确的豁免同意的条件

禁止向各国白名单以外的国家或地区传输个人数据并不现实，因而欧洲法律设定了必要条件下，个人数据可以跨境转移到保护水平达不到法律要求的国家或地区，但法律仍然为此设定了具体的法定条件，并且规避法律进行数据跨境转移还将面临严厉的惩罚。

分析欧盟及其成员国的立法，除国际条约等特殊情形外，存在五类主要的豁免条件：一是数据主体已经表示同意；二是跨境传输是必要的，或是为了数据主体履行合同，或是数据控制人和第三方之间为数据主体利益缔结或履行合同，或是保护数据主体的切身利益；三是转移是为了保护重大公共利益而必要或合法的；四是为司法诉讼中宣告、行使或维护一权利所必需的；五是转移是自公开登记后进行，旨在为公众提供信息的。[②]

（4）相对固化的标准合同条款和约束性企业规则

标准合同条款是欧盟范围内跨境转移个人数据的必要参考，特别是向不能提供充分保护的国家或地区转移。欧盟委员会 2001 年和 2002 年通过了第 2001/497/EC 号和第 2002/16/EC 号决定，分别针对欧盟境内数据控制人向境外的控制人转移数据，以及境内的数据控制人向境外数据处理者转移数据，公布了相应的标准合同条款。随后 2004 年欧盟委员会又通过了第 2004/915/EC 号决定，为欧盟境内的数据控制人向第三国控制人转移数据提供了另一套标准合同条款。目前，三套条款均有效。

---

① EU Commission, Where as (33) and Article 4 of *Proposal for aREGULATION OF THE EUROPEAN PARLIAMENT AND OF THE COUNCIL on the protection of individuals with regard to the processing of personal data and on the free movement of such data* (*General Data Protection Regulation*), 2018/10/30 last visited, available at http://ec.europa.eu/justice/data-protection/document/review2012/com_ 2012_ 11_ en.pdf.

② 欧盟 1995 年《关于个人数据处理及自由流通个人保护指令》以及英国、德国、法国等成员国立法基本都采用类似豁免条件，甚至我国香港、澳门及许多东南亚国家等均参考援引。

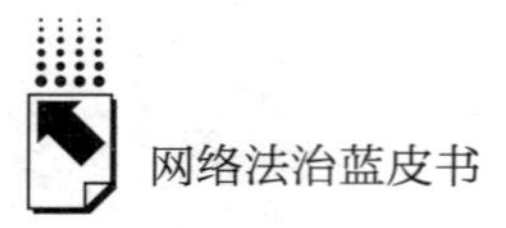

约束性企业规则（下称 BCR）相对标准合同条款更为严格、合规成本也更高。BCR 是跨国公司自己制定的、用于约束企业内部跨境转移数据的、具有法律效力的企业内部规则。某企业的 BCR 需要经过数据保护机构的审查认定，才能作为向不具备适当数据保护水平的第三国转移个人数据的依据。欧盟数据保护机构第 29 条工作组先后公布了一系列意见和建议，全面阐释了 BCR 的性质、地位、目的和主要内容。

（5）专门且落地的监管机构

专门且落地的监管机构是欧洲国家个人信息保护制度最为突出的特点。在跨境数据监管方面，各国均设置了专门的数据保护机构，赋予其相对充分的执法权。2015 年 10 月“Maximillian Schrems 诉数据保护专员”案的判决中，欧盟法院指出，“现行的欧盟委员会对第三国个人数据传输充分性保护水平的认定权，不能排除或减损《欧盟基本权利宪章》和《个人数据保护指令》授予成员国监管机构的权力”。

除专门的监管机构外，落地到企业的数据保护官也是监管体制的重要组成部分，甚至是个人数据保护法律落实到位的关键所在。对此，《欧盟通用数据保护条例》实行抓大放小，提出雇员在 250 人以上的大型企业必须设立数据保护官。数据保护官必须依法履行职责，在企业违反数据保护法律的情况下，数据保护官将被追究法律责任。

（6）放松数据跨境流动规制的改革

为改变之前数据跨境流动监管等均依托专门监管机构完成，而实际上由于行政资源限制，各成员国专门监管机构日常监管与执法水平参差不齐，实际效果也有限。因此，《欧盟通用数据保护条例》明确提出更加灵活且容易执行的替代监管机制，即受监管机构认可的协会和其他代表控制方或处理方的组织制定的行为规范，以及获得监管机构认可的认证，企业若符合行为规范或通过认证，也视为符合法律要求。

2. 利益诉求多元的亚太地区个人数据跨境转移规则

亚太国家数据保护立法的进程晚于欧洲，许多国家一开始发布的数据保护法律也未提及数据跨境流动问题，例如日本和韩国，甚至多数亚太国家没有数据保护法律，但近年来，韩国、日本、新加坡、马来西亚及中国港澳台地区等纷纷制定或修改数据法律保护，规范跨境转移个人数据的行为。

与欧盟国家法律相比，亚太地区极少将个人数据跨境转移与公民基本权利挂钩，对跨境数据转移法律要求也更为简单、清晰，虽然也重视保护用户知情权与选择权，但总体特征是轻监管和重自律，机制相对更加灵活，企业合规成本相对较低。

（1）基本情况

亚太地区多元利益诉求协调与轻监管和重自律的倾向，集中体现在亚太经合组织2004年部长级会议发布的“隐私框架”和2012年正式启动的“跨境隐私规则体系”（下称CBPRs）。CBPRs被APEC定义为“规范APEC成员经济体企业个人信息跨境传输活动的且自愿的多边数据隐私保护计划”，[①]即该体系只规范自愿加入的成员经济体及其企业，对体系外的企业没有约束力。除了成员国和企业的自愿参加，CBPRs机制中还包括市场化的问责代理机构（第三方认证）和隐私执法机构[②]的参与，给自愿认证体系[③]增加了法律保障。

多元利益诉求的协调体现在各类豁免用户同意的机制上。例如马来西亚2010年《个人数据保护法》明确规定，主管部门部长也可以允许特定数据转移到境外，但需要在公报上公开；新加坡2012年《个人信息保护法》第26条原则上要求“确保被传输的数据得到与新加坡法律相等的保护水平”，但“新加坡个人信息保护委员会可以根据机构的申请，书面通知豁免机构

---

① APEC，*CROSS-BORDER PRIVACY RULES SYSTEM*，*POLICIES*，*RULES AND GUIDELINES*，available at http：//www. apec. org/Groups/Committee-on-Trade-and-Investment/ ~ /media/Files/Groups/ECSG/CBPR/CBPR-PoliciesRulesGuidelines. ashx.

② APEC于2010年制定了跨境隐私执法安排制度（CPEA，Cross-border Privacy Enforcement Arrangement），旨在为各经济体的执法机构提供一个信息共享、相互帮助、跨境联合执法的平台。截至2015年12月，共计8个成员经济体22个隐私执法机构加入CPEA。

③ APEC认可的问责代理机构（例如TRUSTe）为该体系提供自愿认证服务，CBPRs成员经济体的企业可以自愿向问责代理机构申请，依照CBPRs要求对其进行隐私保护认证，具体形式是企业先完成9大原则50项具体要求的问卷自评，完成后交由问责代理机构审核，审核通过了获取APEC隐私保护信赖标章。

前述跨境合规义务”；日本2015年9月新修订的《个人信息保护法》增加的豁免条件包括与日本政府合作，披露对象为数据主体的受托人（trustee）；个人信息因公司并购、拆分或业务转让等原因被获取，披露对象为个人数据共同使用者等。

多元利益诉求的协调还体现在对营商环境的保护上。例如，为确保区域性数据中心的地位，新加坡《2014年个人数据保护条例》（Personal Data Protection Regulations 2014）提出“过境数据”（data in transit）不受数据跨境转移法律的限制。正在传输中的个人数据途经新加坡向新加坡以外的国家或地区转移，当该数据位于新加坡时，除负责转移的机构或其雇员，该个人数据不会被任何机构因传输以外的目的访问、使用，或者向任何机构披露，该数据即属于“过境数据”。中国香港作为东亚地区的重要数据中心所在地，其2012年发布的《个人资料（私隐）条例》中限制数据跨境转移的条款（第33条）至今未生效，顾虑之一就是对营商成本的可能影响。

（2）明确具体的告知同意要求

有关亚太国家法律对跨境转移个人数据的硬性规定主要体现为事前告知和取得同意。新近发布的法律对数据跨境转移方面的告知与同意要求较为明确和具体。

例如，针对告知方面，韩国《促进信息技术网络使用和信息保护法》明确要求“如果用户的个人信息被转移到境外实体，在线服务提供商必须获得用户的明示同意，并告知以下信息：①具体被转移到境外的信息内容；②转移目的地国家；③转移的日期、时间和方式；④第三方名称以及第三方管理个人信息的负责人联系方式；⑤第三方使用个人信息的目的和使用期限。”

又如，在取得同意方面，新加坡《2014年个人数据保护条例》指出，以下情形不视为个人对其跨境转移其个人数据发出同意：①个人在同意前，没有被书面合理告知其个人数据被转移到其他国家或地区后，能够得到与新加坡法律相当水平的保护；②负责转移的机构要求个人在接收其产品或服务前，必须表示同意跨境转移个人数据，除非这样的转移是为该个人提供产品或服务所必需的；③负责转移的机构以错误或者误导的信息，或者以其他欺骗或引人误解的方式，获得或尝试获取个人同意转移。此外，个人可以随时撤回其同意。

（3）弹性的合同条款要求

相对弹性而非固化、冗长的合同要求也是亚太地区数据跨境流动监管的重要特点。欧盟虽然未强制使用标准合同条款，但无疑使用该合同法律风险最低，且这些示范合同本身已树立标杆，这虽然有助于提高企业数据跨境转移行为的规范性，但此类合同缺乏对适用的采集主体、数据内容、处理场景的回应，灵活度低，合规成本较高，这也一定程度限制了企业的自主性。对此，亚太地区国家一般在数据保护法律中，强调合同的存在是必要的。例如，新加坡要求“代表其他机构或依照其他机构意愿处理个人信息”必须有“可被证实的或书面的合同”，或者仅要求取得同意，但不会有类似标准合同条款的存在。

少数国家和地区通过指南等非强制性方式，对合同内容要点提出指导。例如，澳大利亚隐私原则指南中提出跨境合同条款应当包括披露的个人信息类型和目的；要求海外数据接收者根据澳大利亚隐私原则的要求进行数据的收集、披露、存储、销毁、清除等。新加坡则在《个人数据保护法指南》中提出，对数据中介而言，合同应涵盖保护措施、留存期限等内容；数据中介以外的机构应涵盖规范接收者有关收集目的、利用、披露的条款，保证数据的准确性、保护措施、留存期限、数据保护政策、数据获取、修改等内容。①

三　中国数据跨境流动监管的基本情况

中国对数据跨境转移的规定主要见于2010年之后的法律，其以行业管

① Singapore Personal Data Protection Commission, *Advisory Guidelines on Key Concepts in the Personal Data Protection Act.*

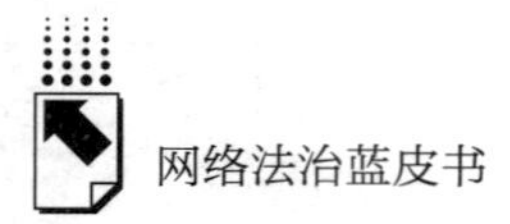

理为主，对保密、测绘、金融、医疗、交通等重点行业的数据提出了本地化要求。这些规定多以实体性的禁止性规定为主，基本没有相应程序性法律规定，没有专门的数据保护负责机构，也缺乏整体与具体领域的数据跨境流动监管机制。

（一）以数据本地化为主的跨境流动监管

在国家安全领域，我国提出数据本地化要求无可厚非。我国《保守国家秘密法》明确提出，“禁止在互联网及其他公共信息网络或者未采取保密措施的有线和无线通信中传递国家秘密”。中央网信办 2014 年发布的《关于加强党政部门云计算服务网络安全管理的意见》也要求，为党政部门提供服务的云计算服务平台、数据中心等要设在境内。敏感信息未经批准不得在境外传输、处理、存储。

在重点行业领域，我国数据本地化的监管倾向也非常明显，但数据本地化要求有明显分层。现行中国的行业政策法律中，关于数据本地化的表述主要分为三个层次。

第一类是最低层次的本地化。例如保监会只对保险机构重要数据提出在境内存储的要求；交通运输部等对网约车平台提出在内地设置服务器；互联网地图服务单位应当将存放地图数据的服务器设在中国境内，按照“法无禁止皆可为”，理论上本地留存后的数据仍然可以跨境转移。

第二类是中等层次的本地化。例如关键信息基础设施运营者、征信机构、银行业金融机构等的数据原则上要在中国境内存储，但法律同时留有接口，向境外转移（提供）数据需要另行遵守有关规定。

第三类是高度本地化，或者说是最严格数据本地化。例如中央网信办要求的未经批准敏感数据不出境，卫计委要求不得将人口健康信息在境外的服务器中存储，不得托管、租赁在境外的服务器。这样的要求，特别是不得在境外服务器存储相关数据的表述，事实上禁止了数据跨境转移到境外的可能。

（二）具体领域的数据本地化难以适应产业发展需要

与境外相比，中国数据跨境流动监管机制的最突出特点在于以数据本地化为主的管控机制，没能形成体系化的、分级分类的数据跨境流动监管机制。中国对于敏感技术数据的跨境转移问题，除密码技术和产品的进出口许可管理外，其他类型数据并没有明确法律要求；个人数据跨境转移更是呈现出碎片化状态，法律只是对关键信息基础设施运营者收集的境内个人信息以及银行业金融机构、医疗卫生计生服务机构、征信机构等掌握的个人金融、健康相关数据提出本地化或者相对本地化要求。

通过行政手段予以直接禁止或者前置评估审查的方法容易影响数据跨境流动背后的经济效率与商业安全。进一步的，一刀切式的本地化要求也不符合经济全球化发展实际。例如，中国人民银行在《关于银行业金融机构做好个人金融信息保护工作的通知》要求在境内进行个人金融信息的储存、处理和分析，以及原则上不得向境外提供个人金融信息，在实践中就出现了困难，因为无论中资银行或外资银行均面临跨境的存储、结算、汇兑等服务，都会产生跨境的监管合规问题。随后，经中国人民银行上海分行请示后下发的“上海银发〔2011〕110 号文”中提出，境内法人银行存储、处理和分析客户个人金融信息的业务系统不应置于境外；境内不具有法人资格的分行，依靠境外总行、境外其他分行或境外关联公司的相关系统，在中国境外存储、处理和分析客户个人金融数据应满足取得客户书面授权同意以及境外有相应保障措施两个基本条件。

法律的缺位与错位也会影响到相关产业的发展。由于个人信息保护法和专门数据保护机构的缺失，我国很难被欧盟国家等纳入个人数据跨境转移的白名单国家，也较难与其他国家、地区缔结个人数据跨境转移的条约。欧盟成员国及日韩等国向中国转移其公民个人数据，需受所在地法律的严格限制。这对中国电信和互联网企业将境外数据回传国内加工、处理构成较大阻碍，不利于中国电信和互联网产业的国际化，不利于相关企业在中国进行区域性乃至全球性数据中心的布局，也限制了我国“大数据”和云计算产业发展的空间。

在“互联网+”日益深入发展的当下，跨国家、跨地区、跨行业数据的融合利用已成趋势，数据跨境流动显然也很难适应碎片化的行业管理和简单本地化的监管。对数据进行分业监管，也与“大数据”和全球化网络时代数据保护与开发利用的需求不相匹配。

四　中国数据跨境流动监管的可能路径

中国的数据跨境流动监管面临两个重要困难：一是缺乏数据跨境流动监管的高位阶法律依据，二是缺乏数据跨境流动监管的国际合作机制。更具挑战的问题是，我们正处于一个数字经济时代，数据已成为这个时代的基本生产要素，围绕数据的国际竞争越来越激烈，我们的立法不仅要考虑能否把中国的数据“吸引”在中国境内，更重要的是如何在国际营商环境竞争中，把境外的数据“吸引”到中国境内。

国际数据跨境流动的管理，各国多以有序自由流动为原则，辅之以涉及特殊主体权益数据的分类监管为例外的特征非常突出。数据资源的全球配置过程中，市场规律依然发挥着基础作用。只有在市场容易失灵的领域（如涉及公民权利的个人数据跨境和国家安全与重要社会公共利益的数据跨境），才有让用户参与决定和政府参与决策的必要性。

对此，一方面，在起草我国个人信息保护法和数据安全法时，应明确该立法不仅是要保护个人信息与涉及国家安全、重要公共利益数据，规范跨境转移行为；同时还要实现数字经济产业的持续做大做强，保障包括个人数据和涉及国家安全、重要公共利益数据在内所有数据能更好、更多地被依法依规进行利用。另一方面，鉴于数据已成为数字经济时代的基本生产要素，我们只有积极融入国际数据流动规则体系，参与双边、多边的国际数据流动方面的规则搭建与监管协作，才能争取最大的安全与利益。

1. 大力促进商业数据合法的跨境转移

数字经济时代的全球化贸易离不开数据的全球畅通。所以，无论是在欧盟还是亚太地区，主流国家和地区政府对数据跨境流动监管的核心都是为数据流动提供良好的法律环境或市场环境。任何涉及商业数据管理都应当格外审慎，如无特殊利益保障之必要，应避免采取行政许可等事前的行政干预。只要中国数据产业持续繁荣，占据全球数字经济竞争的优势地位，中国必然能实现在数据跨境流动中实现数据“顺差”。

2. 合理规范个人数据的跨境转移

借鉴亚太地区国家新近立法和欧盟国家的数据保护制度改革经验，我国的个人信息保护立法有必要确立个人信息保护的主管机构，明确个人数据跨境转移的形式要件和豁免情形。在此基础上，个人信息保护主管机构有必要通过指南、技术标准、示范合同等方式，为个人数据跨境转移提供必要的指引。通过这些法律与制度的完善，努力实现与欧盟成员国、日本、韩国等个人数据保护机制的互认，避免成为国际数据跨境流动版图中的“孤岛”。

3. 推动重要数据的出境安全评估

对涉及国家安全和重要公共利益的数据出境问题，欧美国家采取了诸多积极干预措施。面对严峻的网络安全态势，中国有理由也有必要加强对这类重要数据的保护。目前《网络安全法》将重要数据的出境安全评估责任落在关键信息基础设施运营者，其他控制重要数据的网络运营者是否也应当承担类似责任？从保护国家安全和重要公共利益的角度讲，答案是肯定的，这也符合《国家安全法》的精神。所以，这需要在立法时予以充分考虑此类问题。

五　结语

市场有两种发现价值的功能：一种是交换，一种是竞争。全球范围的数据交换与产业竞争有助于更充分地挖掘数据的价值，因此，数字有序自由跨境流动的理念必须大力提倡。当前，数字经济的全球博弈已越来越激烈，西方国家力倡数据自由流动的背后是其已经形成成熟的数据保护法律环境和自

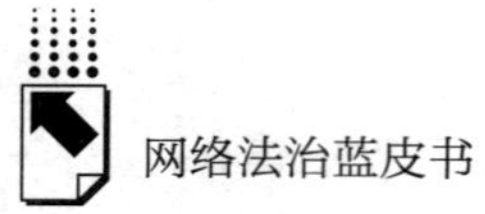

律机制，并且对个人信息和涉及国家安全和重要公共利益的数据必要的保护机制总是处于不断调整中。中国需要主动完善顶层设计，避免简单采取本地化或相对本地化的方式一刀切地解决的问题，同时应更积极地参与数据的全球产业链竞争，促使中国真正成为能够吸引和聚合国际网络数据的网络强国。

指数评估

Assessment of Indices

B.21
人民法院庭审公开第三方评估报告（2017）

支振锋　叶子豪　任　蕾　霍文韬　韩莹莹*

摘　要： 受最高人民法院委托，中国社会科学院法学研究所支振锋教授的团队对2017年全国法院庭审公开工作进行了第三方评估。本报告作为2017年人民法院庭审公开第三方评估的研究成果，对此次庭审公开评估的原则、对象、方法进行了详细论证，对2017年全国法院庭审公开工作的基本状况、重大进步进行了客观呈现和分析，总结了我国庭审公开的成绩和经验，指出了其缺陷与不足，并提出了改进意见与建议。

关键词： 庭审公开　第三方评估　中国方案

* 支振锋，中国社会科学院法学研究所研究员；叶子豪，中国社会科学院法学研究所硕士研究生；任蕾，中国社会科学院法学研究所博士研究生；霍文韬，中国社会科学院法学研究所硕士研究生；韩莹莹，北京物资学院校办副主任，助理研究员。

阳光是最好的防腐剂，公开是最好的信任源。庭审视频直播是司法公开最典型和最生动的方式，是阳光司法中塔尖上最耀眼的明珠。随着2016年9月27日中国庭审公开网正式上线，审判流程、庭审公开、裁判文书、执行信息四大司法公开平台全面开通，庭审公开在制度供给、平台构筑与具体实效上厚积薄发，均有重大进展。为了能直观、准确地了解庭审公开的实际情况，总结一年多以来庭审公开的经验和不足，为下一步庭审公开的工作做充分准备，最高人民法院委托中国社会科学院法学研究所对庭审活动公开情况进行第三方评估，中国社会科学院法学所支振锋教授负责成立课题组跟进承担各具体环节任务。

一 评估对象与指标体系

（一）评估对象

由最高人民法院（以下简称“最高法院”）根据如下规则筛选出225家不同层级、不同地区的法院，作为评估对象。第一，最高法院以身作则，纳入本次评估；第二，高级人民法院（以下简称“高级法院或高院”）层面，选取全部省、自治区、直辖市的高院，含兵团分院在内共32家；第三，中级人民法院（以下简称中级法院或中院）层面，选取省会市、直辖市高院所在辖区的中院，省（自治区、直辖市）高院推荐的中院，以及最高法院指定的一家中院［指定法院为新收案件量位于该省（自治区、直辖市）案件量中位数的中院］，每省（自治区、直辖市、兵团）共3家，每类32家，全国共96家中院；第四，基层人民法院（以下简称“基层法院或基层院”）方面，选取省（自治区、直辖市）高院推荐的1家基层法院和最高法院指定的2家基层法院［指定法院以新收案件量为基准，选取位于全省（自治区、直辖市）新收案件量第一名和新收案件量为中位数的基层法院］，每省（自治区、直辖市、兵团）3家，每类32家，共96基层法院。就全国情况来看，包括最高法院自身，每个省（自治区、直辖市）法院系统均有1家高院、3家中院和3家基层院共7家人民法院参与评估，连同新疆高院兵团分院系统的7家法院在内，全国共有225家法院作为本次庭审公开第三方评估的评估对象参与评估。

（二）指标体系的构建

1. 指标体系设定原则

庭审公开第三方评估指标体系的设计秉承四项原则。

第一，依法依规。在设置指标体系时，课题组主要根据与庭审公开相关的法律与相关司法文件进行。宪法以及诉讼法所确立的审判公开原则、《人民法院法庭规则》、最高人民法院围绕司法公开所发布的相关司法文件，都是指标体系设置的合法性依据。

第二，实事求是。在指标设计上，课题组充分咨询了相关专家、部分法官与司法实务界人士，经过认真研究并充分进行讨论后，形成了较为科学的指标体系，并根据指标体系制定出详细的指标设计、评分依据与评分说明，并以此为指南进行评估。无论是指标设计还是评估过程，课题组在突出考核目标、问题导向的同时，也力图以指标体系设置与评估过程上的客观性，来实现评估结果的可溯源性。

第三，问题导向。庭审公开毕竟是一个新生事物，这个工作仍然处于初始阶段，不仅面临很多观念上或机制上的障碍，在实践中也肯定存在这样或那样的缺陷。因此，课题组形成一级指标 4 个，二级指标 12 个，三级指标 30 个的评估指标体系，并根据不同权重对不同指标进行量化赋值，试图以此客观反映当前人民法院庭审公开工作的客观面貌。

第四，引领工作。庭审公开评估的一个考虑是，通过评估推动工作。指标赋值的高低，不仅体现这个指标所代表的庭审公开中某个方面或某个因素的重要性，也希望以赋值的高低来对各级法院以后的庭审工作进行某种程度上的引导。

2. 评估庭审公开评估指标体系

本次评估中，庭审公开评估指标体系共分为三级，其中一级指标 4 个，分别是直播情况、平台建设、制度建设和便民措施；二级指标 12 个；三级指标 30 个。直播情况权重设置为 70%，其他三个一级指标权重均设为 10%，二级指标和三级指标根据具体情况赋值。详见表 1。

表 1　庭审公开评估指标体系

一级指标	二级指标	三级指标
1. 直播情况	1.1 案件呈现	1.1.1 案件名称
		1.1.2 案号
		1.1.3 案由
		1.1.4 基本案情
		1.1.5 审判组织成员
		1.1.6 员额法官庭审直播覆盖率
		1.1.7 院长办案直播情况
		1.1.8 诉讼参与人画面展示情况
	1.2 案件数量与类型	1.2.1 案件总数
		1.2.2 直播比例
		1.2.3 案件类型比例
		1.2.4 员额法官人均直播案件数
	1.3 直播效果	1.3.1 画面质量
		1.3.2 播出音效
		1.3.3 直播完整程度
		1.3.4 直播庭审秩序
		1.3.5 直播庭审礼仪
		1.3.6 出席情况
	1.4 证人、被害人及需要保护的出庭人员保护与个人信息保护	
2. 平台建设	2.1 直播网站	2.1.1 板块建设
		2.1.2 接入及直播情况
	2.2 主管领导与主管部门	
	2.3 运维人员、部门及网络安全维护	
3. 制度建设	3.1 庭审直播相关制度规范	3.1.1 直播质量规范
		3.1.2 案件选取规范
		3.1.3 不公开审批规范
		3.1.4 礼仪秩序规范
		3.1.5 证人作证规范
		3.1.6 质量考核规范
		3.1.7 紧急预案规范
		3.1.8 视频删除规范
	3.2 督促通报考核制度	

续表

一级指标	二级指标	三级指标
4. 便民措施	4.1 庭审直播公告	4.1.1 公告内容
		4.1.2 公告准确性
	4.2 新闻宣传	
	4.3 邀请人大代表、专家学者等旁听	

3. 评估的数据来源与方法

评估工作的数据有三个来源：通过课题组抽查各法院的具体庭审视频获取的相关数据，由中国庭审公开网提供的相关年度统计数据，各法院根据课题组和最高院要求所报送的数据。经过处理不同数据后对各指标进行计算、评分，最后得出结果。大体来讲，数据获取与分析的情况如下。

评估主要来源于课题组抽查数据。根据指标体系，课题组确定了案件抽查规则，抽查2017年7月~12月庭审直播案件，共抽查案件1350个。抽查重点关注诉讼各方参与人画面呈现情况、画面质量（结合中国庭审公开网提供的数据）、播出音效、直播完整程度、庭审秩序、庭审礼仪、出席情况、证人被害人及需要保护的出庭人员保护与信息保护（结合法院自报数据）。

鉴于庭审公告往往会在庭审直播后被撤下、不便于回溯这一特殊性，课题组集中抽查了2017年12月的被评估法院的共计675个案件的庭审公告情况。抽查时，课题组重点关注庭审直播公告内容、庭审直播公告准确性。综上，课题抽查的案件数量总计为1350+675=2025件。

对于指标体系中的有些指标，如“板块建设”，抽查并不能满足评估需要，因此课题组成员需要点击225家法院的官网进行收集。为了数据的准确性，课题组需要用三种不同的浏览器，在不同时段分别登陆和收集。对于课题组收集的数据，必要时都做到了拍照存证。

对于中国庭审公开网的一些统计性数据，如2017年全年人民法院总共进行的庭审直播案件量、被评估法院2017年全年庭审直播案件量、从基层法院到高级法院三级法院庭审直播案件量前20名法院及案件量、从基层法院到高级法院庭审直播案件关注量前若干名案件等，均由中国庭审公开网统一提供。而至于制度建设、便民措施等相关指标，则主要由各法院根据课题组的要求进行提供。

二　总体评估结果

（一）全国概况

1. 接入中国庭审公开网情况

在2016年9月27日中国庭审公开网开通之时，全国仅有383家法院接入庭审公开，占比10.89%；2017年1月1日，全国共1145家法院接入庭审公开网，占比32.56%；而2017年6月30日，全国接入庭审公开网的法院已经达到2616，占比跃至74.38%，截止至课题组在评估期间最后一次统计，即2017年12月31日，全国已有3315家法院接入了中国庭审公开网，占全国法院总数的94.26%。仅2017年一年的时间，全国庭审公开网的法院接通率就增长了61.7%，其增速不可谓不快，发展态势也不可谓不迅猛。而根据最新的统计数据，到2018年2月11日，全国共3517家法院已全部接入中国庭审公开网，接通率为100%。

2. 接入法院开展庭审视频直播情况

到2017年底，全国各级各地法院绝大多数都接入了中国庭审公开网并开展直播工作。高院有30家法院接通并直播庭审，占比83.90%；全国中院有306家法院接入并直播庭审，占比72.10%；而基层院有2010家直播庭审，占比62.80%。综合全国情况，共有2347家法院接入并有案件直播，占比70.80%。不少法院有直播表现突出，如江苏泰州海陵区法院（11873件）和兴化市法院（12218件），江苏无锡江阴市法院（10235件）以及武汉市江汉区法院（12230件）等四家法院累计庭审直播均超过万件。

3. 庭审案件数量情况

就案件直播数量这一评估指标来看，全国各层级法院及同一层级法院之间案件数量仍存在较大差距，且法院层级越高，同一层级不同法院的直播案件数量差距越大，如在高院案件量排名前10的法院中，排名第1的河北省高院案件量为661件（含后期上传），排名第10的江西省高院案件量只有98件，河北省高院的案件量为江西高院的6.74倍多；在中院案件量排名前10的法院中，广州中院直播案件量为2263，淮州中院直播案件量为821，广州中院案量为淮州中院的近3倍；而在基层院前10排名中，排名第1法院的直播案件量是第10名的1.48倍。可见随着法院层级提升，法院间地区差异也相应增大。

4. 案件观看量

全国高院直播案件观看量前10的案件，其观看次数都达到了9万人次以上，其中前4名案件观看量均达到了20万以上，最受关注的案件观看量则突破了百万；中院直播案件观看量前10名的案件观看量最低也突破了160万次，最高过千万；基层院直播案件观看量前10名的案件，观看量最低也突破了110万，最高突破了千万。这些数据反映出庭审直播在公众中所形成的广泛影响。就案件类型来说，刑事案件在观看量排名中占比较大，反映出民众对于刑事案件审理的关注度大大高于其他类案件。

（二）表现较好的高级法院得分情况

表2　表现较好的高级法院得分情况

排名	法院	直播情况（70分）	平台建设（10分）	制度建设（10分）	便民措施（10分）	总分（100）
1	江苏高院	51.17	10.00	8.00	7.33	76.50
2	浙江高院	50.17	10.00	8.00	7.33	75.50
3	云南高院	48.33	8.00	9.00	6.67	72.50
4	吉林高院	49.17	10.00	8.00	5.00	72.17
5	山西高院	49.33	10.00	6.00	5.67	71.00
6	安徽高院	45.00	8.00	8.00	9.00	70.00
7	福建高院	43.16	10.00	8.00	8.00	69.16
8	青海高院	56.83	4.00	4.00	3.00	67.83

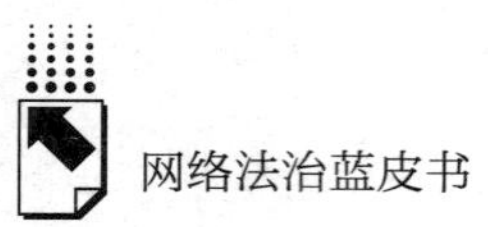

续表

排名	法院	直播情况（70分）	平台建设（10分）	制度建设（10分）	便民措施（10分）	总分（100）
9	山东高院	45.10	9.00	10.00	2.67	66.77
10	广西高院	45.50	10.00	8.00	3.00	66.50
11	辽宁高院	44.33	10.00	8.00	3.00	65.33
12	广东高院	40.00	10.00	5.00	10.00	65.00
13	河北高院	40.50	10.00	8.00	5.00	63.50
14	黑龙江高院	48.00	6.00	8.00	1.00	63.00
15	河南高院	44.00	5.00	9.00	4.33	62.33
16	江西高院	42.26	7.00	3.00	9.00	61.26

（三）表现较好的中级法院得分情况

表3　表现较好的中院得分情况

排名	法院	直播情况（70分）	平台建设（10分）	制度建设（10分）	便民措施（10分）	总分（100）
1	广州中院	60.67	10.00	10.00	8.00	88.67
2	徐州中院	59.33	10.00	8.00	10.00	87.33
3	驻马店中院	61.00	7.00	10.00	8.33	86.33
4	台州中院	59.17	10.00	10.00	6.33	85.50
5	昆明中院	60.83	8.00	9.00	7.33	85.16
6	吉林中院	61.00	10.00	7.00	6.67	84.67
7	乐山中院	59.00	10.00	6.00	7.33	82.33
8	楚雄中院	58.83	10.00	6.00	7.00	81.83
9	长治中院	60.33	10.00	3.00	8.00	81.33
10	淮南中院	60.67	8.00	5.00	7.33	81.00
11	太原中院	62.00	8.00	7.00	3.33	80.34
12	张掖中院	63.00	0.00	5.00	1.67	79.67
13	长春中院	55.67	10.00	8.00	5.00	78.67
14	郑州中院	55.34	8.00	8.00	7.00	78.34
15	玉林中院	57.00	10.00	6.00	5.00	78.00
16	白城中院	54.17	10.00	7.00	6.67	77.84
17	武汉中院	52.17	10.00	8.00	7.00	77.17
18	西宁中院	61.33	8.00	4.00	3.33	76.66
19	成都中院	50.50	8.00	8.00	10.00	76.50
20	杭州中院	51.33	10.00	8.00	7.00	76.33
21	南京中院	49.09	10.00	10.00	7.00	76.09
22	南宁中院	55.83	10.00	8.00	1.67	75.50
23	南昌中院	50.17	10.00	6.00	9.00	75.17

续表

排名	法院	直播情况（70分）	平台建设（10分）	制度建设（10分）	便民措施（10分）	总分（100）
24	天水中院	57.17	10.00	5.00	3.00	75.17
25	汕头中院	53.50	10.00	6.00	5.33	74.84
26	绍兴中院	52.33	10.00	8.00	4.33	74.66
27	宁德中院	54.33	8.00	6.00	5.33	73.67
28	连云港中院	49.67	10.00	7.00	6.67	73.34
29	桂林中院	50.16	10.00	6.00	6.33	72.49
30	上海第三中院	51.50	8.00	6.00	6.67	72.17
31	海东中院	58.00	10.00	3.00	1.00	72.00
32	兰州中院	57.83	8.00	3.00	2.67	71.50
33	攀枝花中院	48.17	10.00	8.00	5.00	71.17
34	蚌埠中院	52.67	8.00	5.00	5.33	71.00
35	龙岩中院	52.83	8.00	8.00	1.67	70.50
36	天津第一中院	46.83	10.00	5.00	8.33	70.17
37	玉溪市院	47.33	10.00	9.00	3.00	69.33
38	吴忠中院	51.83	10.00	6.00	1.00	68.83
39	海北中院	53.50	10.00	2.00	2.67	68.17
40	许昌中院	47.66	10.00	9.00	1.00	67.66
41	吕梁中院	50.99	6.00	7.00	3.33	67.33
42	鸡西中院	49.33	6.00	8.00	3.33	66.66
43	上海海事法院	42.84	10.00	5.00	8.33	66.17
44	福州中院	43.00	10.00	6.00	6.50	65.50
45	哈尔滨市中院	50.42	6.00	8.00	1.00	65.42
46	郴州中院	45.50	8.00	7.00	2.67	63.17
47	上海第一中院	40.83	10.00	7.00	5.33	63.16
48	天津第二中院	41.00	10.00	5.00	6.67	62.67
49	重庆第一中院	46.50	10.00	3.00	3.00	62.50
50	中卫中院	48.16	10.00	3.00	1.00	62.16
51	九江中院	39.83	10.00	7.00	5.00	61.83
52	西安中院	39.83	10.00	7.00	5.00	61.83
53	大庆中院	44.50	6.00	9.00	1.67	61.17
54	邵阳中院	42.17	8.00	10.00	1.00	61.17
55	天津海事法院	44.00	10.00	6.00	1.00	61.00
56	渭南中院	45.00	8.00	5.00	3.00	61.00
57	兴安盟中院	44.50	8.00	3.00	5.00	60.50

（四）表现较好的基层法院得分情况

表4　表现较好的基层法院得分情况

排名	法院	直播情况（70分）	平台建设（10分）	制度建设（10分）	便民措施（10分）	总分（100）
1	武汉市江汉区法院	60.75	10.00	10.00	6.33	87.08
2	泰州市海陵区法院	62.50	10.00	10.00	4.00	86.50
3	南宁市江南区法院	60.50	10.00	6.00	8.33	84.83
4	福建将乐法院	59.33	7.00	9.00	9.00	84.33
5	合肥市蜀山区法院	56.50	8.00	10.00	8.33	82.83
6	广东阳西法院	59.83	10.00	4.00	9.00	82.83
7	台州市椒江区法院	58.00	10.00	10.00	4.67	82.67
8	淮南市潘集区法院	61.83	8.00	4.00	8.33	82.17
9	贵州织金法院	58.66	10.00	8.00	5.00	81.66
10	湖南安吉法院	58.33	10.00	7.00	6.17	81.50
11	西宁市城东区法院	61.84	8.00	9.00	2.67	81.50
12	四川邛崃法院	58.17	8.00	7.00	8.33	81.50
13	淮安市淮安区法院	61.33	10.00	9.00	1.00	81.33
14	长治市沁源区法院	59.33	8.00	5.00	8.33	80.67
15	云南安宁法院	60.00	8.00	5.00	6.67	79.67
16	河南温县法院	59.50	8.00	8.00	4.00	79.50
17	甘肃庆城法院	62.67	8.00	6.00	2.67	79.33
18	江苏昆山法院	56.00	10.00	8.00	5.00	79.00
19	西宁市城中区法院	64.00	8.00	6.00	1.00	79.00
20	吉林延吉法院	53.33	10.00	9.00	6.00	78.33
21	福建晋江法院	54.17	8.00	7.00	9.00	78.17
22	吉林东丰法院	57.00	10.00	8.00	3.00	78.00
23	汕头市龙湖区法院	59.67	8.00	5.00	5.33	78.00
24	成都高开法院	53.33	8.00	8.00	8.33	77.67
25	云南盈江法院	57.17	8.00	6.00	6.33	77.50
26	重庆大渡口法院	56.17	8.00	7.00	4.67	75.83
27	驻马店西平县法院	56.00	8.00	10.00	1.67	75.67
28	江西彭泽法院	53.33	8.00	10.00	4.33	75.67
29	山西寿阳法院	53.00	8.00	7.00	6.33	74.33
30	郑州市金水区法院	47.83	10.00	10.00	6.00	73.83
31	广西融安法院	55.07	8.00	9.00	1.00	73.07

续表

排名	法院	直播情况（70 分）	平台建设（10 分）	制度建设（10 分）	便民措施（10 分）	总分（100）
32	泉州市泉港区法院	52.00	8.00	8.00	5.00	73.00
33	吉林镇赉法院	53.00	10.00	9.00	1.00	73.00
34	甘肃庄浪法院	54.00	10.00	6.00	2.67	72.67
35	青海乌兰法院	58.00	8.00	4.00	2.67	72.67
36	浙江义乌法院	45.50	10.00	9.00	6.67	71.17
37	四川万源法院	49.17	8.00	9.00	5.00	71.17
38	天津滨海新区法院	46.00	10.00	8.00	5.00	69.00
39	张掖市甘州区法院	52.00	8.00	6.00	2.67	68.67
40	南宁市青秀区法院	45.08	10.00	9.00	4.33	68.42
41	湖南衡东法院	45.08	10.00	8.00	3.33	66.42
42	宜春市袁州区法院	45.33	8.00	6.00	6.00	65.33
43	鸡西市鸡冠区法院	50.17	6.00	8.00	1.00	65.17
44	合肥市瑶海区法院	43.17	8.00	9.00	5.00	65.17
45	陕西吴起法院	48.50	8.00	7.00	1.00	64.50
46	哈尔滨市南岗区法院	46.50	6.00	9.00	2.67	64.17
47	拉萨市城关区法院	46.50	8.00	8.00	1.00	63.50
48	牡丹江市爱民区法院	48.00	6.00	8.00	1.00	63.00
49	铜仁松桃苗族自治县法院	39.50	10.00	8.00	5.00	62.50
50	银川市兴庆区法院	41.50	10.00	8.00	2.67	62.17
51	重庆市开州区法院	41.17	8.00	6.00	6.67	61.83
52	临沂市兰山区法院	39.50	8.00	10.00	3.00	60.50
53	上海市虹口区法院	40.17	10.00	6.00	4.33	60.50
54	天津市河西区法院	42.33	10.00	5.00	2.67	60.00

三　人民法院庭审公开工作的成就

（一）庭审直播工作走向常态化

中国庭审公开网是最高人民法院建设的全国统一的第四大司法公开平台，是人民法院增强司法透明，主动接受监督的重要途径，对于提升审判质效、促进司法公正具有重要意义。自庭审直播工作开展以来，全国各地各级人民法院按照最高人民法院的统一部署，积极对接中国庭审公开网，稳妥增加庭审直播数量，努力扩大庭审公开工作影响，庭审公开工作取得巨大进展。2017 年全国各级法院共直播庭审 405142 场，其中，10 月、11 月、12 月三个月直播庭审就达 223843 场，占 2017 年全年庭审直播案件总数的 1/2 以上。截至 2018 年 6 月 30 日，中国庭审公开网累计庭审直播案件达 100 万件，观看量超过 70 亿次；而到 7 月 27 日，这个数据已达 1220580 件，浏览量超过 8297728518 次，不到一个月时间，新增庭审直播案件超过 22 万件次。稳步上升的直播数据，说明庭审直播工作实现了常态化的有序发展阶段。

（二）庭审公开制度匮乏问题有所改进

庭审公开作为一项新事物，需要权威、统一且完善的制度来予以规范和指引。但具有普遍指引性的法律和司法解释也需要基于实践的依据和总结，而且要经过实践检验并不断改进完善。庭审公开实践的推进，以及在实践中所取得的长足进步，既促进了当前各级各地法院因地制宜地出台本院制度，也有助于国家将来出台统一全国性的法律或者最高法院司法文件。在国家相关法律规定了审判公开的原则下，最高法院与不少高级法院或中级法院，都以司法文件的形式对庭审公开工作进行了规范，极大地改善了庭审公开工作规则匮乏的状况。江苏高院以直播为原则、以不直播为例外的相关司法文件，对其他兄弟省份法院也颇具借鉴意义。

（三）庭审审判质效和人民群众司法获得感显著提升

庭审质效的提升和庭审效果的有效发挥有赖于案件审判法官整体办案水平的提升，庭审直播作为司法机关的创新实践，使得整个司法过程都处在社会公众的视线范围内，对于促进法官素质提高，提升庭审效果具有重要作用。特别是，庭审直播的司法公开是面向全社会的公开，这种看得见、摸得着的形式，很容易满足公众参与司法和监督司法的诉求。庭审直播克服了旁听席位有限的缺陷，使得整个社会都可以参与旁听，不仅保障了公众的参与权，也使得公众能够亲身感受司法的严肃性和公正性。

（四）庭审直播与科技法庭建设相得益彰

庭审直播作为一种依托于互联网技术的现代司法公开形式，需要一定的设备、技术作为支撑。近年来，全国各级法院持续加大对司法公开的资金投入力度，不断完善硬件建设和技术条件，为司法公开提供了强有力的物质保障。课题组在调研过程中发现，在庭审直播工作开始之初，有的法院，特别是经济欠发达地区的基层法院仅配备有一台像素较低的标清摄像设备，而由于网络基础设施跟不上，网络带宽也不够用。因为设备配置不足造成资源使用和资源分配的紧张，使得很多基层法院的案件主审法官在开庭审直播时，需要提前向院机关预约场地，严重制约了法官进行庭审直播的积极性，限制了法官庭审开展直播的数量和质量，直播效果也不尽如人意。同时各法院由于缺乏相关的技术人员和管理部门，在庭审直播运维上也困难重重。

在庭审公开理念不断深入和庭审直播工作的持续推进下，各级法院积极筹措资金，部署高清庭审直播设备。高清直播系统的广泛运用，为庭审视频直播工作的顺利开展奠定了重要的物质条件基础。在本次评估过程中，课题组发现不少法院设置了专门的技术部门或网络保障部门，并配备多名专职专业人员负责，确保庭审直播更加便利、快捷，信息安全也得到了更好保障。

调研评估过程中，课题组发现各级各地法院的庭审直播技术不断改进，如海南高院部分法庭庭审过程实现了语音激励，即画面镜头会根据法庭发言人的变化自行切换；安徽合肥市蜀山区法院在庭审音质效果提升上的方式创新也同样值得推广和借鉴。蜀山区法院在庭审直播中率先运用语音识别技术，在庭审过程将法官及诉讼参与人的发言自动生成庭审笔录，展示于庭审公开网直播画面当中。这一技术的运用改进极大地提升了庭审直播的观看效果，同时也是建设智慧法庭、科技法庭的有益组成部分。

（五）形成了以审判管理部门为基础的指导和监督体系

作为一项新生事物，庭审公开工作考验相关审判人员的职业素养、庭审驾驭能力，考验当事人的守法精神与个人修养，考验人民法院信息化，尤其是科技法庭建设水平，尤其考验最高人民法院的统筹协调推动能力，以及各级人民法院的审判管理能力。正是在中国特色的政法体制和人民法院管理体制下，最高人民法院通过审判管理部门具体负责推行庭审公开工作，从而克服了形形色色的困难，取得了重大成就。

2010 年 11 月，最高人民法院成立审判管理办公室，地方各级人民法院纷纷紧随其后进行了机构设置改革。自此，审判管理办公室作为法院内部从事审判管理的专门机构，在全国法院中有了较大程度的发展，审判管理办公室的设置是全国各级人民法院通过数十年司法改革进行甄选、比较、权衡确立的一种管理机构。根据最高人民法院机构职能设置，审判管理部门主要负责最高人民法院受理案件的流程管理、质量评查，监督检查法定审限执行情况，督办重要案件，承担审判委员会事务管理、司法公开、审判经验总结等工作。

根据最高人民法院的安排，人民法院审判管理部门负责包括庭审公开工作在内的司法公开工作。党的十八大以来，审管部门与信息中心、技术部门、研究室等部门相互配合，按照最高人民法院的安排，参与和推动了包括中国庭审公开网在内的司法公开平台建设、庭审公开工作巡查通报、督促各级各地法院贯彻落实最高人民法院庭审公开相关要求、司法公开相关司法文件出台等各项工作，这是我国庭审公开工作取得重大成就的一个重要推动因素，也体现了中国特色社会主义司法制度的独特优势。

当前，在全国法院中，虽然仍然存在个别由办公室、研究室或技术处等负责庭审公开的情况，但整体上而言，已经形成了自上而下、贯穿全国的以审判管理部门为基础的庭审公开工作指导和监督体系，这一庭审公开工作“一盘棋”格局的形成为庭审公开工作取得更大进步准备了更好的组织条件。

四　进一步推进庭审公开工作的建议

（一）切实树立“以庭审直播为原则，以不直播为例外”的观念

党的十八大以来，我国司法公开蹄疾步稳，成绩巨大，司法公开的内涵和范围逐步扩展，极大地提升了司法公信和司法权威。网络作为推进司法公开的重要手段和方式，对于司法公信力的构建与维护也发挥着重要作用。总体上说，当前中国的司法公开，无论在深度、广度以及现代化程度上，都在向国际高标准迈进，而网络或微博庭审视频直播通过“可视正义”的路径，可能很快会实现对西方发达国家司法公开的“弯道超车”。因此，我们应该以更加开放的态度、更加灵活的观念、更加坚实的步伐，充分发挥我们的体制优势，真正实现对西方法治发达国家在司法公开上的“弯道超车”。

庭审网络或微博视频直播，不要怕法官“出洋相”，不要“玻璃心”，要通过公开来倒逼他们提升水平、更新观念，通过透明来压缩信息不对称所导致的腐败空间。因此，要完善庭审直播，就要进一步明确树立庭审案件“以公开为原则、不公开为例外”的理念，由庭审公开审批制转变为不公开审批制，进一步规范庭审直播的内容和方式，使其能够更好发挥司法公开功能，在司法公信力的构建中发挥更大作用。

（二）进一步完善庭审公开制度规则

庭审公开体现人民司法的制度优势，庭审直播则树立了庭审公开的中国标准和中国范式。庭审公开和庭审直播当然有现行法律的依据，但在具体实施上，仍然存在着“有法可依，却无规可据”的困境。而在庭审公开已经全方位推行，中国庭审公开网已经建成并运行将两年多，积累了200多万庭审直播视频数据的情况下，各级各地法院应该积极总结经验、查找不足，结合本地区本法院的实际情况，完善庭审公开或庭审直播的相关规则。围绕庭审直播案件的范围、选择，直播案件审核程序及技术规范，经费投入及运

维，法庭秩序与礼仪，不合格庭审视频删除或召回程序等庭审公开所涉及的所有问题，建章立制，确保庭审直播工作在公开、有度、有序的状态下进行，努力使每次庭审都成为精品庭审，充分发挥庭审在查明事实、认定证据、保护诉权、公正裁判中的决定性作用。对于庭审直播所可能涉及的舆情风险评估、评论回复以及定期报告制度等都应当详细规定，并将该项工作纳入各院年终绩效考核的范围之内，促进庭审直播更加规范化、制度化、常态化。同时不断完善并建立与制度对应的相关配套制度，为庭审直播工作的顺利推进提供良好的保障。

（三）进一步提升庭审直播平台建设

中国庭审公开网建成开通已逾两年，虽然各级各地法院已经全部接入中国庭审公开网，但仍有一些地方法院自建直播平台，不仅在事实上导致我国的庭审公开仍然有多平台运行，造成重复建设和资源浪费，也导致不同法院庭审公开推行进度不一、庭审视频质量参差不齐，影响到了庭审公开的质量和效果。全国统一的庭审公开平台建设和运行，仍须努力。

一是要在现有中国庭审公开网的基础上，提高各级各地法院在接入庭审公开平台之后的庭审直播积极性，尽快使全部法院都有直播。

二是要整合分散的案件直播平台资源，实现公众通过一个微博、一个网站即可满足自己观看庭审的需求。

三是进一步完善中国庭审公开网功能板块建设，方便法院、当事人及社会公众使用。

四是实现庭审直播和庭审公开工作与智慧法院建设的无缝衔接。智慧法院建设，尤其是利用新思维、新工具及新算法建设智能裁判辅助系统，对于司法大数据的积累有很高需求。

五是加强庭审公开平台与其他司法公开平台的衔接。

（四）进一步提高法官参与直播能力水平

法官作为法庭的掌控者，引导着整个庭审过程的推进，他们的法律素养和职业水平自然是决定庭审直播质量的关键性因素。庭审是法院在当事人、其他诉讼参加人、证人、鉴定人等参与的情况下对争讼案件进行实体审查和判断的司法活动，是法院全部司法活动的核心和主体环节。因此，法官按照何种规则和以何种行为方式进行庭审，必然直接体现着司法活动的公正和形象。法官的审理思路、调解能力水平、有效维持法庭秩序能力、庭审语言传递信息的有效性、庭审节奏、争议焦点具体与精当程度，以及庭审中突发事件处理是否得当，都至关重要。

针对这种情况，各级各地法院应进一步加强对法官的培训，不仅应进行政治和业务水平的培训，也应进行法庭礼仪以及庭审直播工作培训，提升法官庭审驾驭能力。尤其是应鼓励院庭长带头参加庭审直播，充分发挥院领导和执业年限较久、经验较为丰富的法官的引领示范作用，为全院法官树立榜样。在法院日常的业务交流中，也可以通过观摩庭审、示范庭审等方式，使庭审直播水平不断提升。同时应建立完善庭审直播考核机制，针对庭审直播过程中出现的一些不规范的问题，定期进行通报并考察整改情况，对直播工作的准备、实施、效果分析等任务逐项进行细化、分解，责任到人，对庭审直播的考核进一步全面化、科学化、规范化，从而确保直播流程运转规范。

（五）进一步发挥庭审公开法治公开课的作用

在现有技术条件下，通过互联网尤其是新媒体进行庭审网络直播，是可以利用的最高效、便捷的技术手段。对于人民群众而言，通过网络甚至手机客户端即可关注庭审直播，这种基本摆脱时间和空间限制的微观体验，带来了对司法最直观和最具冲击力的认知。他们对于司法运作的知情权、表达权、监督权也更可能落到实处。

当前我国司法实践中在庭审直播的案件选取方面，各级各地法院对于社会影响性较大的案件基本都做到了公开审理，有的通过图文或视频进行直播，取得了很好的效果。但是整体上讲，由于对舆情的担忧，各级各地法院对于社会关注度较高的热点案件还是较为小心谨慎，越是社会关注度高的案件越不敢进行视频直播，图文直播也是经过严格审查后的内容。这说明，法院虽然已经认识到庭审公开的价值和意义，并且有进一步加强庭审直播工作落实的意愿，但客观上也反映出了法院在案件选择和法官配合上所遇到的现实压力与困难。但需要认识到，越是不进行视频直播，在自媒体时代，反而会更加助长猜疑、促进舆情的产生。

我们应该更加清醒地认识庭审公开中存在的困难和障碍，但也必须要看到，在我国已经公开视频直播的120多万件次庭审中，从未形成过一起需要应对的“舆情事件”，反而有助于维持法庭秩序，促进调解或和解，赢得群众支持。在今后的庭审公开工作中，人民法院应该更多选择群众关心的热点案件进行庭审直播，通过直播热点案件将人民群众的注意力转变为理解力，将庭审中“说理”的部分展示在大众面前，通过平和、理性的庭审过程教育大众，引导社会理解司法的过程，进而促进社会大众了解法律、理解法律、运用法律，构建人人知法、懂法、守法的法治社会。各级各地人民法院都应当以更为开放的心态对待庭审公开工作，进一步发挥其作为法治公开课，树立司法权威，提升司法公信力的积极效用。

（六）进一步加强审判管理部门的组织监督职能

庭审公开是一项新生事物，涉及法院、法官、当事人、社会公众以及其他诉讼参加人或参与人等各类主体，涉及法院的秩序维持、人民群众的知情权和监督权、当事人的个人隐私与信息保护以及法官人身安全和相关信息保护等各种利益，还存在着观念上与机制上的困难和障碍，因此难度极大，推进不易。但庭审公开，尤其是互联网下的庭审直播，不仅提升了法官素养和审判质效，抑制了司法腐败，促进了司法公正，提升了司法公信，树立了司法权威，也方便了社会公众知情权和监督权的行使，体现了人民司法的制度优势，树立了司法公开的中国高度。

重要的工作必定需要有力的推动。事实已经证明，各级法院的审判管理部门在最高院的指导和监督下，在推进包括庭审公开在内的司法公开工作上，表现出来了可信的政治水平、高超的管理能力以及极强的推动力和执行力。今后，人民法院应该更加充分信任和发挥审判管理部门，尽快促进全国庭审公开的归口管理，完善庭审公开全国一盘棋格局，从而理顺职能、理顺机制，将庭审公开这个司法公开的阳光事业推向新的历史高度。

五 结语

随着包括移动互联网直播在内的庭审视频网络直播的拓展和走向常态化，我国司法公开正实现从传统以纸质为主到电子化和数字化的转变，以及从静态到动态的飞跃，逐渐从传统庭审旁听的“现场正义”，报纸广播的“转述正义”，到电视直播和网络直播的“可视正义”及移动互联网时代“即视正义”的转变，从而形成司法公开的中国模式，塑造司法公开的中国高度。

人民司法内在要求庭审公开，人民群众支持庭审直播。我们应该珍惜多年来司法公开来之不易的宝贵成果，继续深入推进以庭审视频直播为重要承载形式的庭审公开工作。尤其是在庭审公开作为一项新生事物遇到的困难多、障碍大的情况下，各级各地法院必须将思想统一到最高法院坚决推进庭审公开的精神上来，解放思想、更新观念，围绕最高人民法院的指导和部署，在制度供给、平台建设、奖惩考核、经费投入等各方面为庭审公开提供更好的保障。

近年来，随着大数据、云计算、区块链和人工智能等互联网信息科技逐渐广泛运用，“互联网＋法院”为人民司法注入新动能，国家智慧法院建设阔步迈入新时代。作为智慧法院建设的一部分，庭审公开通过常态化的视频网络直播，不仅可以开展更加精准高效的庭审自动巡查，还可以积累宝贵的司法数据，从而在充分运用信息科技的基础上，融合四大司法公开平台，整合线上线下司法审判资源，优化全链条人民司法各个环节，助力于破解以前难以解决的诉讼难题，重塑司法流程、诉讼制度和规则体系，实现我国诉讼制度体系在信息时代的跨越式发展，建设更高水平社会主义司法文明。

我们期待着，庭审公开能够成为中国司法的靓丽名片，成为公民权利保护的重要机制，并在全球树立起司法公开的中国标准、中国范式和中国方案，为全人类司法公开水平的提升贡献宝贵的中国经验。

B.22

中国警务公开第三方评估研究报告（2018）

——以公安机关门户网站信息公开为视角

李东方　支振锋*

摘　要：　警务公开作为政府信息公开的重要组成部分，近年来发展十分迅速，并得到了越来越多的社会关注。随着网络与信息技术的进步与普及，公众对于通过互联网获取警务信息的需求越来越大，公安部门也一直在通过信息化建设的不懈努力回应公众关切。为了客观反映和评估我国警务公开实际状况，中国社会科学院法学研究所“中国警务公开研究”课题组于2017年底对我国81个公安机关警务公开状况进行了评估，根据评估情况，总结了警务公开工作中的亮点、问题和不足，并尝试提出改进建议。

关键词：　警务公开　公安网站　第三方评估

公开透明是法治的基石。党的十八届四中全会决定指出要“推进警务公开”。公民作为国家的主人有权知悉并合法使用各类政府信息，已作为一项基本人权被写入《世界人权宣言》《公民权利和政治权利公约》等国际公约中。[①] 公安机关作为政府的重要组成部门，在国家积极推进政府信息公开

* 李东方，中国社会科学院法学研究所硕士研究生；支振锋，中国社会科学院法学研究所研究员。

① 《世界人权宣言》第19条：“人人有权享有主张和发表意见的自由；此项权利包括持有主张而不受干涉的自由，和通过任何媒介和不论国界寻求、接受和传递消息和思想的自由。”《公民权利和政治权利公约》第19条第2款：“人人有自由发表意见的权利；此项权利包括寻求、接受和传递各种消息和思想的自由。”

的大背景之下，落实并深化警务公开制度，有助于维护社会公正、规范警察权力运行、促进社会的稳定。

一　警务公开的背景与依据

长期以来，我国公安工作始终坚持专门工作与群众路线相结合的基本方针，警务公开正是贯彻执行群众路线的有效方式。在市场经济的大背景之下，单独强调警察权威的警民关系已经成为过去式，向“公共关系型”转变已经成为时代发展的新要求。

警察权是一种具有法定性、强制性的特殊国家权力，若将警察权的运行置于暗箱之中操作，就会不可避免地出现因得不到有效监督而滋生腐败的情况。警务公开就是把“阳光”引进来，让“阳光”照射到公安机关行政管理、执法办案的运行过程中，使人民群众对警察权行使的原因、过程、结果清晰可见，主动预防，最大限度降低腐败产生的可能；同时，通过保障公民知情权、表达权、参与权和监督权的行使，促进公安机关更加规范履行职责、更加便民利民。

当前，我国已经形成了包括宪法、国家法律、行政法规、部门规章以及地方公安部门规范性文件在内，相对完善的警务公开法律制度体系，从顶层设计、制度设计和操作细则等不同层次，对警务公开做出了较为全面的规定。

2008 年 5 月 1 日，《中华人民共和国政府信息公开条例》（以下简称“《条例》”）正式实施，树立了我国政府信息公开的里程碑。《条例》第二条规定，政府信息是指行政机关在履行职责过程中制作或者获取的，以一定形式记录、保存的信息。此后，国务院先后发布《政府信息公开目录系统实施指引（试行）》《国务院办公厅关于进一步做好政府信息公开保密审查工作的通知》《关于全面推进政务公开工作的意见》等重要规范性文件，对各级政府及相关部门的政务公开提出具体要求。

近年来，警务公开在工作理念、工作方法等方面都作出相应调整，积极推动警务公开建设。1999 年 6 月，公安部依照《中华人民共和国人民警察法》第 44 条的规定，在实行多年的“两公开一监督”制度基础之上，下发

《公安部关于在全国公安机关普遍实行警务公开制度的通知》（公通字〔1999〕43号）（以下简称"《通知》"）。《通知》第一条指出，警务公开是指公安机关的执法办案和行政管理工作，除法律法规规定不能公开的事项外，都要予以公开。公安部于2012年颁布了《公安机关执法公开规定》，（以下简称"《执法公开规定》①"），这是第一部全面规范公安机关执法公开工作的部门规章，详细回应了向社会主动公开还是向特定对象公开、公开的范围是什么、监督和保障的措施有哪些等群众关切的问题。这些规定与《公安机关办理刑事案件程序规定》《公安机关人民警察内务条令》等部门规章或规范性文件一起，促进了警务公开工作不断深入和细化，也不断为警务公开提出更加明确和具体的要求。

二　警务公开评估对象、原则、指标及方法

（一）评估对象

按照行政区域划分，我国现有省级行政单位34个（包括港澳台），地级行政单位334个，县级行政单位2876个，② 每一级行政机关都有对应的公安机关，加上国务院公安行政管理部门，我国县一级以上公安机关就超过3200个。课题组从中选取了81个公安机关作为互联网警务公开的评估对象，包括：公安部、大陆31个省级公安厅（局）、27个省会城市公安局、18个较大的市公安局以及4个经济特区（深圳、珠海、汕头、厦门）的市公安局。

（二）评估原则

1. 依法评估。课题组以《条例》《执法公开规定》等法律法规、政府文件为依据，指标设计坚持依法依规原则，力争每项指标都于法有据，通过

---

① 《执法公开规定》于2018年8月印发修订版本，而本次评估开始与结束于2017年，故以2012公安部印发的《执法公开规定》为准。

② 中华人民共和国民政部编著《中华人民共和国行政区划简册2017》，中国地图出版社，2017。

各公安机关官方网站考察被调研公安机关的警务公开现状。

2. 客观评估。课题组对调研指标项仅根据法律法规及规范性文件的规定，确定“有”或者“无”，不做水平高低的判断。对于调研需要查找的内容，如果通过该公安机关的门户网站可以查询到就填“是”，若在公安门户网站查询不到则为“否”，通过这样的评估设计降低主观判断的自由裁量空间，以提升调研结果的可靠性、科学性。

3. 重点突出。公安机关依法应当公开的警务信息不仅种类繁多，而且数量非常大。国务院办公厅历年下发的年度《政府信息工作要点》（政务公开工作要点）多对信息公开的重点领域提出要求，同时公安机关由于自身的职责业务特性也有自身信息公开的特点。所以在调研指标项的设置上，课题组选取了21个比较重要的指标进行重点调研。

4. 分级分类。与政府层级相适应，公安机关也区分不同层级，功能和职责也有相应差异。评估过程中，课题组充分考虑到不同公安机关的层级和职责，按照公安部和省级公安机关与其他被评估公安机关相区分，并按照公安机关不同的职责对指标进行分类设置。

（三）评估指标及设定依据

1. 指标内容及其权重

评估指标主要包括4个一级指标：信息公开专栏、执法公开、财政信息、依申请公开。公安部及省级公安机关涉及二级指标共有16个，省会城市、较大的市及经济特区公安机关在公安部及省级公安机关评估指标的基础上增加5个执法公开指标，共21个。具体评估指标及权重请参见表1、表2。

表1　警务公开评估指标体系及权重列表（公安部、省级公安机关）

一级指标	二级指标
信息公开专栏(20%)	公开栏目(30%)
	公开指南(20%)
	公开目录(30%)
	2016年信息公开年度报告(20%)

续表

一级指标	二级指标
执法公开(40%)	公安机关机构职责(20%)
	公安机关规范性文件(20%)
	公安机关行政事业性收费目录(10%)
	公安行政许可信息(20%)
	权力清单是否官网公开(10%)
	举报投诉方式(20%)
财政信息(20%)	财政预算(30%)
	财政决算(30%)
	“三公”经费决算(40%)
依申请公开(20%)	依申请公开栏目(40%)
	是否提供信息公开申请表格(30%)
	是否可以通过网络申请信息公开(30%)

表 2　警务公开评估指标体系及权重列表（省会市、较大的市、经济特区市公安局）

一级指标	二级指标
信息公开专栏(20%)	公开栏目(30%)
	公开指南(20%)
	公开目录(30%)
	2016 年信息公开年度报告(20%)
执法公开(40%)	公安机关机构职责(20%)
	公安机关规范性文件(10%)
	公安机关行政事业性收费目录(10%)
	公安行政许可信息(10%)
	权力清单是否官网公开(10%)
	交通技术监控设备设置信息(5%)
	治安状况信息(5%)
	刑事案件信息(5%)
	火灾信息(5%)
	道路交通信息(10%)
	举报投诉方式(10%)
财政信息(20%)	财政预算(30%)
	财政决算(30%)
	“三公”经费决算(40%)

续表

一级指标	二级指标
依申请公开(20%)	依申请公开栏目(40%)
	是否提供信息公开申请表格(30%)
	是否可以通过网络申请信息公开(30%)

2. 指标设定依据

（1）信息公开专栏

《条例》第 19 条明确规定："行政机关应当编制、公布政府信息公开指南和政府信息公开目录，并及时更新。"第 31 条明确规定："各级行政机关应当在每年 3 月 31 日前公布本行政机关的政府信息公开工作年度报告。"信息公开专栏在各公安机关官网下的栏目名称有所不同，有的网站称为"警务公开"，有的称为"信息公开"，有的称为"政务公开"，等等，点击进入栏目之后所呈现的信息主要是《条例》和《执法公开规定》要求公开的内容或分类子栏目链接。信息公开专栏功能模块的设置有助于信息汇总和便于公众查找，故而将此设为指标一项，信息公开指南和信息公开目录是否在公安网站可查以及"上一年度年信息公开年度报告是否可查"也被设置为相关指标。

（2）执法公开

《条例》第九条第三款规定政府应当主动公开"反映本行政机关机构设置、职能、办事程序等情况的信息"，《执法公开规定》第八条第一项规定公安机关应当向社会公开"公安机关的任务和职责权限，人民警察的职责、权利和义务"，根据这两条的规定，将公安门户网站中机构设置信息和机构责任信息是否可查设为评估指标。

《执法公开规定》第八条第二项规定公安机关应当向社会公开"涉及公民权利义务的公安机关规范性文件"，依据此项设置"公安机关规范性文件"指标项，调研相关规范性文件在公安门户网站中是否可查。《执法公开规定》第八条第四项规定公安机关应当向社会公开"行政事业性收费的项目、依据和标准"，根据此项设置"公安机关行政事业性收费目录"指标项，调研公安机关行政事业性收费目录在公安门户网站中是否可查。《执法公开规定》第八条第五项规定公安机关应当向社会公开“公安行政许可、非行政许可审批、备案类事项的法律依据、申请条件、办理程序、办结期限、申请途径、方式，以及申请应当提交的材料目录、示范文本、制式文书和格式要求，行政管理相对人依法享有的权利、义务和监督救济渠道”，根据此项设置“公安行政许可信息”指标项，调研在公安门户网站中本机关的行政许可法律依据、申请条件、申请途径、方式等信息是否可查。《执法公开规定》第八条第七项规定公安机关应当向社会公开“举报投诉的方式、途径”，根据此款设置“举报投诉方式”指标项，调研针对公安机关的工作人员的举报和投诉的监督渠道和方式是否在公安门户网站上可查。

由于省会市、较大的市和经济特区城市公安机关更贴近于群众服务，基层的统计数据来源更直接，辖区内群众也更愿意从市一级公安机关去了解一线警务执法信息。所以，接下来五个指标项目仅针对省会市（27 个）、较大的市（18 个）和经济特区城市（4 个）共 49 个公安机关展开调研。

《执法公开规定》第八条第十项规定公安机关应当向社会公开“交通技术监控设备设置信息”，根据此款规定设置“交通技术监控设备设置信息”指标项，调研在公安门户网站上关于本机关在本辖区内安装交通监控设备的具体位置、设备种类、设备型号等公告类信息是否可查。

《执法公开规定》第八条第 11 项规定公安机关应当向社会公开“公安机关采取的限制交通措施、交通管制信息和现场管制信息”，根据此款规定设置“道路交通信息”指标项，调研公安门户网站上本辖区内所采取的限制交通措施、交通管制信息和现场管制信息是否可查。

《执法公开规定》第九条规定“公安机关应当向社会公开涉及公共利益、社会高度关注的重大案事件调查进展和处理结果，以及公安机关开展打击整治违法犯罪活动的重大决策”。第十条第一项规定公安机关应当向社会公开“辖区社会治安状况、火灾和道路交通安全形势、安全防范预警信息”，据此设置“治安状况信息”指标项，调研在公安门户网站上关于治安信息阶段性总结，涉及公共利益、社会高度关注的治安事件或治安案件相关统计数据信息是否可查。设置“刑事案件信息”指标项，调研在公安门户网站上关于刑事信息阶段性总结，涉及公共利益、社会高度关注的刑事案件或刑事案件相关统计数据信息是否可查。设置“火灾信息”指标项，调研在公安机关在其门户网站上关于火灾的安全防范、案例分析或本辖区火灾的阶段性统计数据等相关信息是否可查。

党的十八届四中全会决定明确提出“推行政府权力清单制度”“各级政府及其工作部门依据权力清单，向社会全面公开政府职能、法律依据、实施主体、职责权限、管理流程、监督方式等事项。”习近平主席多次讲话强调：“有权必有责、有责要担当、失责必追究。”据此，课题组设置“权力清单是否通过官网可查”指标项。

（3）财政信息

《条例》第十条规定财政信息，包括预算、决算报告，是重点主动公开的内容。“财政预算”“财政决算”“‘三公’经费决算”也被设置为三个指标项，考察上一年度的预算、决算和“三公”经费决算信息在被调研公安机关的官网上是否可查。

（4）依申请公开

依申请公开是保障和落实公众知情权，限制公安机关公开警务信息自由裁量空间，提升公安机关管理透明度的重要举措。依申请公开的方式主要分为三种：第一，现场申请，申请人可以到受理机构，书面填写《申请表》现场申请；第二，书面申请，申请人填写《申请表》后，通过传真、信函的方式提出书面申请；第三，网上申请，申请人可在公安机关网站上下载电子版《申请表》，填写完成后通过电子邮件发送至受理机构电子邮箱或者通过公安机关提供的信息公开申请平台直接提交申请表。设置“依申请公开”栏目，通过公安门户网站直接提供申请表格，通过网站申请平台或者电子邮件方式申请信息公开这些举措都是实现“数据多跑路，群众少跑腿”具体有效的便民利民措施，所以，将公安官网中“依申请公开栏目是否可查”“是否提供信息申请表格”“是否可以通过网络申请信息公开”，设置为三项指标。

（四）评估方法

课题组在2017年11月至12月对被调研的81家公安机关的门户网站进行了查询分析。通过检索登陆各公安网站，浏览相关栏目和信息。

为了确保调研结果客观、真实、准确，课题组对21个调研项目多次进行验证，尤其是对于首次查询不到的调研指标信息会重点再查。对于链接无效、内容无法正常加载的网站或内容，均采用更换网络、更换计算机、更换浏览器等方式在多个时段进行反复确认。

三　评估结果分析

（一）信息公开专栏

信息公开专栏已经成为公安门户网站的重要组成栏目。81家公安机关门户网站只有2家未设置信息公开专栏，开通率高达97.53%；79家公安机关的信息公开平台中，有的是公安机关自己维护更新，有的完全依托于同级政府信息公开网站（或平台），剩余少部分采取两种模式并用的方式搭建警务信息公开平台。调研中发现，在设有信息公开专栏的公安网站中，有一些公安机关的信息公开专栏制作的信息项目设置合理、清晰，内容详细，模块或者链接放置在了主页的显著位置，方便公众直接查找。有些公安网站设置的检索栏，通过关键字能够快速检索到需要的信息，给来访者带来很大便利。但也有少数网站却将信息公开专栏放在了主页中靠下位置或混在其他信息中列表中，点击进入之后信息分类不够合理，甚至个别网站直接将各类信息一股脑儿堆放在一个栏目框内，内容较少，质量也存在诸多问题；有的设置检索框，但不是输入任何关键字都显示检索无结果就是出现报错页面，检索功能形同虚设，浪费访问者的时间精力。

公开指南在绝大部分公安网站可查，大部分公开指南内容详细、说明清晰，留有联系和监督方式，很好地起到了信息公开和信息查询指点说明的作用。个别信息公开指南内容少，说明不够全面，让读者看后依旧会有要去哪里查的疑问，还有个别网站的公开指南虽然全文可查，但却时光停滞，甚至七八年都未更新。

公开目录在被调研的大部分公安官网中也都可查，有的严格按要求制定，非常完善（如北京市公安局、湖南省公安厅、成都市公安局等，见图1）、层级分明、设计合理、附有超链接，点击便可进入相应页面，查询相关信息，而且空链没有或者极少。也有个别被调研网站设置的侧栏目录中下拉列表内容很少，个别网站不设置带有链接的侧栏层级目录，只附有网页或者文档（Word 或 PDF）的目录列表，需要来访者在本站或者其他信息公开平台自行进行二次查找。

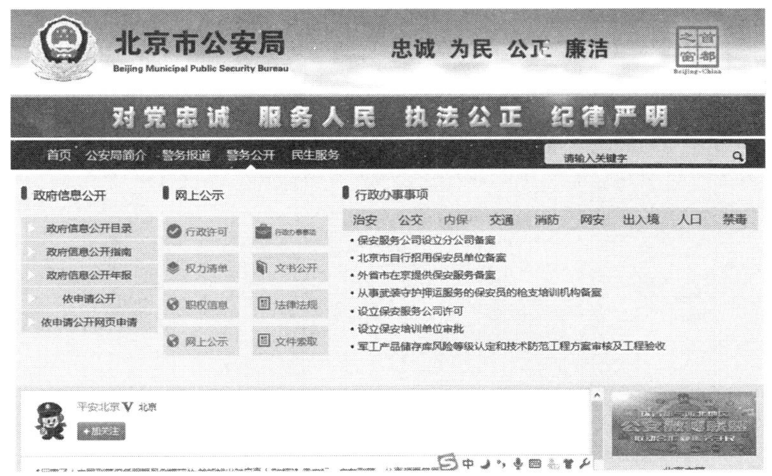

图 1　栏目和目录设计较为清晰的公安网站截图

在 81 家公安机关中，2016 年信息公开年度报告在 66 家公安机关的官网可查，占总数的 81.48%。大部分年报编写认真，内容布局合理，有效信息较多，多数机关还附有详细统计数据列表，可以很好地回顾过去一年本单位的信息公开工作情况。武汉市公安局在这项工作中非常突出，早在 2004 年武汉市公安局就已经开始按照武汉市政府的相关规定在网站上公布年度报告（见图2）。少部分公安机关公安信息公开年度报告完成的并不理想，存在内容简单，与之前年报信息雷同度极高，未按照《条例》规定在每年3月31日之前及时公布，只有最近几年或者个别几年间接性发布等问题（见图3）。

图2　武汉市公安局信息公开年度报告列表

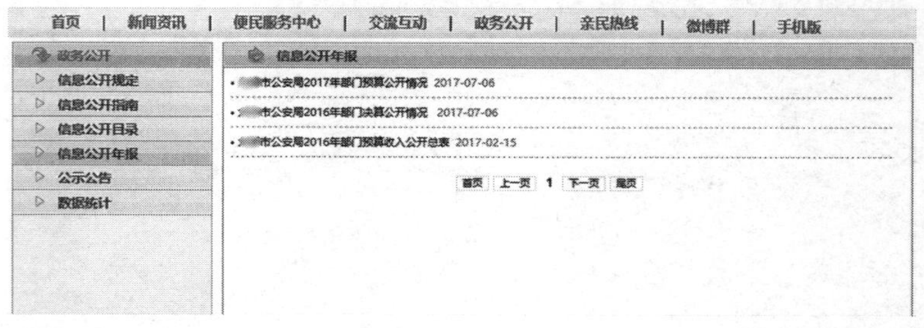

图3　信息公开年报栏目里面是其他信息的网站截图

（二）执法信息

关于公安机关机构职责，只在个别公安官网中信息不可查，有的是在网站主页设置专栏，有的在信息公安开专栏下设有专门项目，有的单独存放于一个Word或PDF文件中。有的公安机关会把机构职责介绍得非常细致，并留下电话等联系方式。有的则只有一行简介，对于读者价值有限。

关于公安机关规范性文件，有77家公安机关在信息公开目录下或设置专栏公开规范性文件，占总数的95.06%。省部级公安机关此项信息公开工作整体较好，如山东省公安厅依托山东省政府新公开平台，将规范性文件分类设置，汇总在信息公开目录之下，并提供检索栏筛选功能，可以让来访公众快速找到相关规范性文件（见图4）。

图4　山东省公安厅规范性文件列表

在35家公安机关的网站中未查询到公安机关行政事业性收费目录这项指标，占到总数的43.21%，显然这个事关普通群众切身利益的公开事项并未得到足够关注。其余46家公安机关的行政事业性收费目录也不局限在信息公开专栏，多数是散见于网站中的多个栏目，并不方便访问者浏览和获取。

公安行政许可信息在64家公安机关网站可查，占总数的79.01%。65家公安机关可以通过官网查询到权力清单，占总数的80.25%。

交通技术监控设备设置信息、治安状况信息、刑事案件信息、火灾信息、道路交通信息这个五个指标项只有在省会市、较大的市和经济特区城市中予以考查，所以这五个指标项的考查对象有49个公安机关。

交通技术监控设备设置信息只有11个公安机关网站可以查询，仅占总数的22.45%，可见公众想要通过公安门户网站查询到交通技术监控设备的

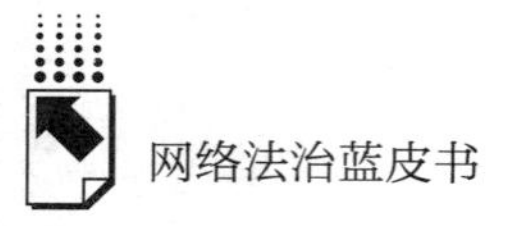

相关信息并不容易。即便在11家公安机关，其中也有个别网站信息多年未更新，个别网站存在不方便来访者查找的问题。

治安状况信息和刑事案件信息是否可以查询主要关注以下三点：第一，治安（刑事）信息阶段性总结；第二，涉及公共利益、社会高度关注的治安（刑事）案件信息公开；第三，治安（刑事）案件相关统计数据。只要有其中的一项即为“是”。所以调查结果中，治安状况信息48家公安机关网站可查，占总数的97.96%；刑事案件信息46家公安机关网站可查，占总数的93.88%。绝大部分公安机关都将公安官方网站作为有重大社会影响案事件信息公开的重要阵地，在很多公安机关得到很好的利用，相关页面点击量远超网站其他信息。

火灾信息包括公安机关关于火灾的安全防范、案例分析或本辖区火灾的阶段性统计数据，只要有其中的一项内容指标项即为“是”。调研中有37家公安机关的火灾信息可查，占总数的77.51%。有将近四分之一的公安机关未能实现火灾信息官网公开。在公开信息的网站中，相关信息也是散见于各个栏目，并没有规律性，也不利于公众查找，火灾信息的教育警示作用不能很好体现。信息归档情况也不好，随着信息的不断更新和增加，旧有信息在较靠后页面，造成重要信息“石沉大海”，不便于公众获取。

道路交通信息包括公安机关采取的限制交通措施、交通管制信息和现场管制信息，有38家可以在公安官网可以查询，占总数的77.55%。由于道路交通信息有很强的时效性，有很多网站将道路交通信息作为便民资讯放在通知通告栏目中，部分网站需要点击四到五级目录才能打开正文，放在层级较多的目录中并不利于公众查找。

举报投诉方式分为公开举报投诉电话、设置举报投诉专门栏目、公开举报投诉邮箱地址，以及到指定机关举报投诉等。有一种举报投诉渠道能在官网查询，即视为举报投诉方式指标项的值为“是”。省部级公安机关网站上举报投诉信息全部可查，省会城市、较大的市和经济特区城市的公安机关有40家网站此项信息可查，可查网站占总数的88.89%。但也有个别网站将举报投诉方式放在了不易发现的网页位置或经过多次点击、多次链接才能找到的页面。

（三）财政信息

财政信息是信息公开的重点内容，主要包括预算公开、决算公开和“三公”经费决算公开。2016 年度预算报告在 71 家公安机关网站可查，占总数的 87.65%。省部级 2016 年度决算报告和“三公”经费决算信息全部可查；但 9 家市一级公安机关的 2016 年度和“三公”经费决算不可查，占总数的 88.89%。

（四）依申请公开

依申请公开栏在 68 家公安网站可查，占总数的 83.95%，信息公开申请表在 32 家省部级公安官网全部可以查询下载，市一级公安机关 37 家可以查询下载，占总数的 85.16%，通过网络直接申请信息公开的公安机关有 55 家，占总数的 67.90%。少部分公安网站未设置依申请公开栏目，但是在其他栏目提供信息公开申请表格。大部分公安网站提供了网上申请的渠道，个别网站网上申请需要注册用户（见图 5），增加了公众获取信息的负担。

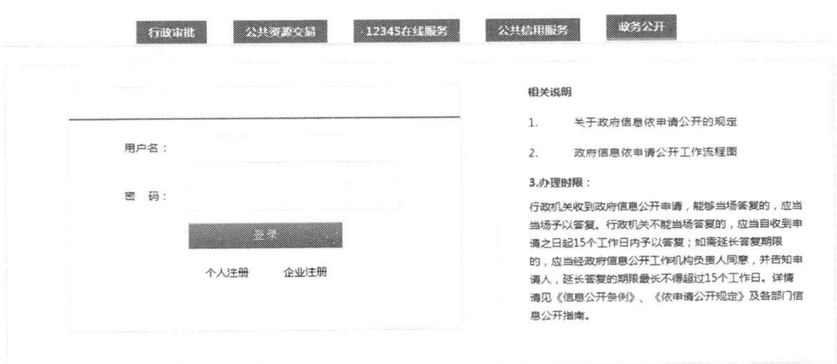

图 5　个别网站依申请公开栏目需要注册

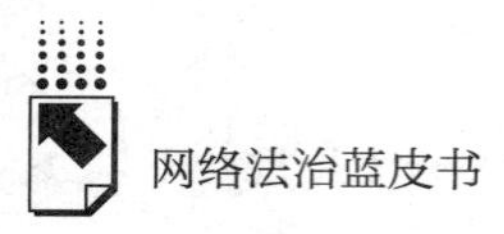

四　公安门户网站警务公开工作的亮点

（一）警务公开工作受到了公安机关的高度重视

在被评估的公安机关中，高达97.53%的公安网站主页开设了信息公开相关的专栏。评估指标项，绝大多数都可以在80%以上的公安机关官网查到，从总体上看，警务公开的工作得到了公安机关的高度重视。绝大部分公安机关都设有信息公开的工作机构，如信息公开办公室、信息公开领导小组办公室等。同时对于公开时限、公开范围、收费情况、救济方式及程序等都作出了较为详细和明确规定。

为了认真贯彻警务公开的相关规定，多地公安厅、公安局或者其同级政府在《条例》《执法公开规定》等国家统一规范的基础上又制定了本机关的信息公开相关规定和实施细则，增强了警务公开的制度化、规范化。如上海市公安局近年来依据上海市政府的相关规定制定了公安局年度《政务公开工作要点》，对于重点领域信息、制度建设、组织领导作出较为细致的规定，并附有政务公开工作要点任务分解表，将信息工作任务细化到相应职能部门。

（二）公安门户网站已经成为民众获取信息的重要渠道

公众对于警务信息有需求时，首先想到的就是通过搜索引擎查找公安官网。做好门户网站建设是做好警务公开工作的重要基础。被调研的公安门户网站普遍具有较高的建设水平，页面设计、专栏配置较好。大部分公安网站将信息公开放在栏目网站首页顶端的导航栏位置，信息公开指南、信息公开目录放在比较明显的位置，设计合理，清晰简洁，非常方便公众查询（如陕西省公安厅网站、贵州省公安厅网站、北京市公安局网站、厦门市公安局网站等）。部分网站的设计也非常人性化，有的还针对视力障碍的群众设置了无障碍浏览功能（如济南市公安局网站、呼和浩特市公安局网站等），多数公安网站设有“办事大厅”“警民互动”“投诉建议”等功能，帮助公众通过公安网站办理业务，尽量做到公安业务“最多跑一次”的目标，还能及时听取公众意见，及时接收反馈信息，提升公安部门的整体服务品质。公众获取信息的便利性和与公众沟通交流得到重视，公安门户网站对重要信息发布、警务信息查询、满足公众不断增长的信息需求起到了重要作用。

（三）网站信息内容丰富，获取便捷

在 81 个公安网站中，80% 以上均可以查询获取信息公开指南、信息公开目录和信息公开年度报告。不论是公安网站自建信息公开平台，还是集成在同级政府的信息公开平台，公安机关都能就主动公开的范围、形式等，对依申请公开的受理机构、申请形式、办理流程等以及信息公开的监督和救济方式作出说明。信息公开目录大多以链接的形式在网页侧栏显示，可以直接点击查看相关内容，也有以文档（PDF 或者 Word 格式）的形式单独发布。目录按照侧栏相关规定的要求作出分类，部分公安网站依法依规作出了设计规范，一目了然、内容明确。目录给出的内容越多，具体内容的覆盖面就会更广，通过目录直接点击查看具体内容方便了不同需求的公众查阅自己关注的警务信息。

同时在 81 家公安机关中，大部分可以查到 2008 年《条例》实施以来的 9 份信息公开年度报告，甚至有公安机关的年度报告可以查询到 2004 年（武汉市公安局）。年度报告的形式也较为规范，很多单位的年度报告内容非常详尽，会附有多张数据说明表格，具有非常强的可读性。

大部分公安机关都将本单位的权力清单在官网公开，方便公众获取，主动接受社会的监督。55 家公安机关提供网上申请的方式，为公众提供方便快捷的信息公开服务。

五　问题、不足与政策建议

（一）问题与不足

1. 网站建设还需加强

部分公安网站加载速度慢，有的间歇性无法登陆，个别门户网站更换不

同计算机、网络、浏览器，经过多日、多次尝试依旧不能正常打开。有的网站提供的检索功能无法使用，输入任何字段都会跳转到查询无结果页面，使这项功能沦为摆设。部分公安机关官网命名不规范，如福建省公安厅的官方网站叫作“福建公安公众服务网”、太原市公安局的官方网站叫作“太原公安便民服务在线”、呼和浩特市公安局的官方网站叫作“呼和浩特市公安民生综合服务平台”等，以非机构名称命名会给老百姓带来更亲民的感觉，并具有一定的服务指导意义，但总体来看，不一致的官方网站名称更容易引起混淆，不方便有需求的群众搜索到网站和进一步的查询、使用。

2. 信息更新不及时、归档功能不健全

部分公安网站的信息公开指南依旧是2012年版本，有些内容已经明显需要依据新的规范重新予以说明，信息公开指南处于一种半休眠状态。通过给定的信息公开目录查询相应信息，很多链接无人维护，更新滞后非常严重，查询到的信息是数月，甚至是数年之前的内容。

陈旧的信息公开仍然具有重大意义，比如可以让老百姓了解公安机关信息公开的发展过程、历史脉络，可以使学者更容易获取历时性信息进行比较研究。但这就对信息归档提出了要求。

3. 部分网站公开信息质量有待提升

部分公安机关未将《条例》规定的应当主动公开的信息全部上网，有的公安网站没有公开指南，有的没有信息公开目录或者信息公开目录不全，有的没有年度报告或者年度报告内容浮于形式，只说成绩、不讲问题。信息公开栏目的部分子栏目内的内容基本处于休眠状态，点击之后不是进入报错页面就是点击后无任何反应。还有个别网站标明是新版网站，信息公开目录虽然比较完整，但点击查看各个相关信息条数均显示0条，再到旧版网站中查找依旧信息不全。还有一部分公安机关的权力清单直接一张大表，不做任何分类也没有任何说明，给查询者阅读造成很大困难。

4. 部分网站信息获取不便

部分公安网站在信息编排上随意性较大，缺乏科学性，没有为使用者查询信息的便利性多加考虑。这就使得公众获得信息的成本和难度大大增加。多数公安网站会将信息公开栏目放在主页的非醒目位置，有的甚至放在第二屏以下的隐蔽位置，而主页醒目位置会滚动新闻或图片报道，主要是领导行踪、开会学习、文体活动获奖等内容，“公安文苑”“警营文化”等栏目也占据了公安网站主页的很大版面。这些新闻实际上与老百姓实际的生产生活的关联并不大，与本机关履行职能、服务百姓的基本定位也并不紧密贴合，老百姓上公安官网不是想了解厅局领导有多忙，去哪些地方去检查，也不是为了欣赏诗歌和绘画，这样的设置还可能给老百姓造成“文山会海”，没有把精力放在核心业务上的印象。公众希望在公安官网上找到与他们切身利益相关的信息，公安机关官网设计必须回到“为人民服务”的初心。

在查询信息时，一些公安网站自己运行维护的信息公开模块设计犹如“信息迷宫”，想要找到自己需要的特定信息需要点击好几级目录，有的点击进入页面之后才有新的提示，加之有些网站将信息公开页面设置的目录字体非常小，需要在设计复杂的目录或是网页层级间来回寻找，终于找到了信息标题还可能存在点击链接直接弹出错误页面的情形，很可能出现同一个人在不同时段找不到相关信息的情形，对于计算机操作水平有限的很多群众，从技术上造成了严重的信息获取困难。

5. 财政信息公开中的问题

财政信息主要包括预算信息，决算信息，有的公安机关将“三公”经费信息单独公开，有的将这部分信息直接放在决算部分公开。这部分内容的主要问题在于预决算信息公布格式和内容没有规范，公布形式不一致，放置位置也比较混乱，不便于公众查找。内容方面主要是内容细化程度不够高，以及部分公安机关的“三公”经费说明不够详细。财政信息公开应该让老百姓易于获取，表述应通俗易懂。

6. 依申请公开中的问题

各公安机关发布的信息公开年度报告显示，设有网上信息公开申请平台的单位受理的已申请公开件数明显高于只提供信函传真申请和现场申请两种受理方式的单位，这表明网上申请对公众来说能够更加便捷地获取所需信息。应该拓展网上直接申请平台的建设。个别公安机关对依申请公开重视程度不够，将依申请公开的栏目设置在比较隐蔽的位置，甚至在其网站中查找的工作总结和年度报告中显示的接到的申请数量都不一致。有几家公安网站想要通过网上平台提交信息公开申请表要求必须注册才能进入申请页面。少部分公安网站虽然在公开指南中指出可以通过网上提交申请表，但在公开指南中既没有给出电子邮箱，也没有查询到网上依申请公开提交信息的页面。对于依靠同级政府信息公开平台的部分公安机关也存在类似问题，需要公安机关协调同级政府共同推进依申请公开的落实。

（二）政策建议

1. 不断完善相关法律法规

《条例》是我国建设政府信息公开制度的过渡性行政法规，它不能完全解决公开与不公开、如何公开等问题。包括与《条例》配套的各类规范性文件在内都不能清晰界定公开信息的范围、主动公开与依申请公开的关系、依申请公开的资格与程序等问题。《执法公开规定》也因为其法律位阶和立法技术等原因存在同样的局限性。通过与域外信息公开制度的比较，可以发现与较为先进的国家和地区相比我们的政府信息公开制度建设还存在一定差距。应认真总结域外好的立法和实践经验，并结合我国目前的现实状况，逐步在实施警务信息公开的过程中不断积累经验，在中央层面和地方层面，以及公安机关内部逐步完善信息公开法律法规，为逐步建立高效运行的警务公开系统建立良好的制度基础。

2. 建立公众本位的理念

公安网站建设要将公众是否能便捷有效获取警务信息作为最重要的标准。首先，规范统一名称，让公众便于通过搜索引擎直接找到公安门户网站。其次，要将信息公开栏目内容放在网站主页的显著位置，将现有的领导行踪、开会学习、文体活动获奖的新闻报道位置后置，方便来访公众直接点击访问他们最需要的信息，这一点可以适当参考域外国家和地区警察网站的好的建设经验。再次，提升网站的运行维护能力，及时更新数据和信息，减少公众获取警务信息的成本，公安机关应该把有利于公众获取信息作为此项工作的出发点，而不是把过多的精力放在宣传机关的内部事务甚至阻挠公众获取信息上。

在条件成熟的时候，应该将公安机关的工作网与公开网做区分。有些内容，比如单位文化、团队建设等内容，可以放到工作内网上；官方网站的定位应该就是主要对外提供信息公开服务。

3. 提升公开信息质量

目前部分公安机关已经将网上公开的信息质量提升到了一个很高的水平。但部分公安网站可能由于向社会公开的内容较多，工作人员有限等原因，公开信息质量并不能满足公众的需求。因此，各级公安机关应当配备充足的具备专业素养的工作人员负责此项工作，还要投入充足的经费，加强管理，提升信息公开的标准化、规范化程度。针对信息公开目录不合理，网站登录不畅，空链接较多等问题要最大限度地予以杜绝。相比传统的宣传栏，宣传册等手段，要让网站发挥出其本来特有的巨大优势，不能将前人梦想的条件沦为摆设。要实现警务公开信息“一网打尽”，重点回应公众的关切，确保公开的警务信息准确、及时、全面，降低公众获取警务信息的成本。

公安网站要注意及时更新时效性较强的公开信息，清理陈旧无用信息，制定清晰准确的信息公开指南，科学合理的信息公开目录，合法合规及时公开信息公开年度报告，进一步让公安门户网站成为群众信赖的信息获取渠道。

尤其注意的是，信息公开的内容应该更加翔实。比如，对于刑事案件和治安案件的数量，目前公安机关基本都不公开。这或许是出于我国公安机关往往辖区人口基数大、治安与刑事案件的立案数量比较大，怕引起负面影响。但实际上，完全可以在公布治安、刑事案件立案数量的同时，公布治安案件和刑事案件的发案率。从当前中国的治安情况来看，我们的发案率对标西方发达国家都是相对较低的，应该有这样的自信。当然，公布立案数量，对于一些破案率的确过低的公安机关，也可以形成压力。

4. 加强监督与评议力度

部分公安机关要强化信息公开在公安机关内部的绩效考核力度，让警务公开这项工作细化在权利责任清单之中，制定更为详细、科学的考核指标，从而在制度设置上促进警务信息的发展。除法律规定的行政复议、行政诉讼两种重要的权益保障方式外，还要健全投诉举报渠道，让公众参与到监督工作中来，以切实保障公众的知情权。公安机关内部还要创新上级机关督查、抽查的方式，适当开放第三方评估，利用独立、客观、科学的评估机制，加大内部监督问责力度。在问题的发现与整改过程中不断提升警务公开的水平。

B.23

驻马店市中级人民法院庭审公开第三方评估报告（2017）

支振锋　杨梦娇　韩莹莹*

摘　要： 在最高人民法院的积极推动和倡导下，驻马店市中级人民法院近年来高度重视并带领该市两级法院大力开展庭审公开工作，最终成为全省乃至全国庭审公开工作的标兵法院。本报告作为驻马店市中级人民法院庭审公开第三方评估的最终成果，对驻马店市两级法院庭审公开工作的发展阶段作了简要梳理，仔细剖析了驻马店中院在本次评估中的优异表现与不足之处，并对该院下一步更好地开展庭审公开工作提出了具体可行的建议。

关键词： 司法公开　庭审公开　第三方评估

驻马店中级人民法院历来重视司法公开工作，近年来更着力推动庭审公开工作。为了更好地获得上级法院与专家学者对庭审公开工作的意见和建议，查找短板，弥补不足，客观地认识驻马店两级法院在庭审公开工作中的努力成效与存在问题，经充分论证和研究，驻马店市委政法委决定委托中国社会科学院法学研究所对驻马店中院的庭审公开工作进行的第三方评估。

---

* 支振锋，中国社会科学院法学研究所研究员；杨梦娇，中国政法大学硕士研究生；韩莹莹，北京物资学院校办副主任，助理研究员。

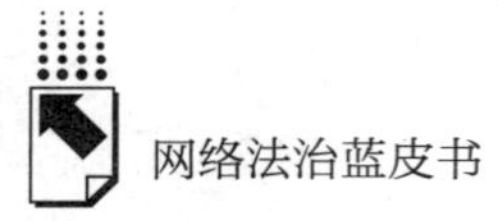

一　评估背景、指标体系与数据来源

鉴于本次评估进行的同时，课题组也接受最高人民法院的委托对全国法院庭审公开工作进行评估，因此本次评估适用同样的原则与指标体系（具体参见《人民法院庭审公开第三方评估报告（2017）》）。但在数据来源上，驻马店中院评估略有不同。

本次评估工作的数据有四个来源：通过课题组抽查该院的具体庭审视频获取的相关数据，由中国庭审公开网提供的相关数据，该院根据课题组和最高院要求所报送的数据，以及河南高院庭审直播网数据。经过处理不同数据后对各指标进行计算、评分，最后得出结果。

同时，课题组还通过河南省高院的庭审直播工作自建平台——“河南法院庭审直播网”对驻马店中院 2017 年 1 ~9 月在该网站上的庭审直播案件数据简单进行了全样本分析。因为考虑到全国法院庭审直播公开工作正处于初步阶段，分析对比两个平台的数据不但能够更加客观充分地肯定法院现有的工作成果，也有助于查漏补缺，互相印证并发现更多问题，进而推动下一步工作更好地开展。

二　驻马店中院庭审公开评估情况

本节从中国庭审公开网和河南法院庭审直播网两个平台分别对驻马店中院的庭审直播工作评估结果进行分析。

（一）以中国庭审公开网为依托进行的评估

在此次评估中，驻马店中院最终得分 86. 33 分，位列全部受评中院第三名，全国法院第五名。以一级指标为基准，该院得分具体构成为：直播情况 61 分（满分 70 分）；平台建设 7 分（满分 10 分）；制度建设 10 分（满分 10 分）；便民措施 8. 33 分（满分 10 分）。其中，驻马店中院未得到满分的三级指标共有 10 个，如表 1 所示。

表1　得分较差指标

指标名称	基本案情	员额法官庭审直播覆盖率	诉讼参与人画面展示情况	案件类型比例	画面质量
此项指标失分数	1	4	1	1	1
指标名称	信息保护	板块建设	主管领导与主管部门	公告内容	公告准确性
此项指标失分数	1	2	1	0.67	1

下文将对驻马店中院上述10个三级指标的详细失分情况进行解析。

1. 基本案情

该项三级指标设置的满分标准为：覆盖案由+显示案件审理阶段。然而，实质上案情简介的理想化内容除了具备上述要素外，更应简明扼要地以陈述句介绍本案的基本情况，如时间、案件当事人、案由（纠纷起源）、提起诉讼原因等要素。基本案情介绍应该准确、严肃，既不能过于简单，信息不全，也不能过于文学化，丧失司法应有的严肃性。

基于上述要求，可以看到驻马店中院在“基本案情”指标上，存在有待改进之处：（1）未显示案件审理阶段；（2）标准不一，内容混乱；（3）未能以简洁、富有逻辑性语句简单描述案件情况。

2. 员额法官庭审直播覆盖率

根据课题组的具体评估细则，员额法官庭审直播覆盖率等于驻马店中院的2017年参与庭审公开直播的员额法官数量/本院全部员额法官总数*100%，即51/72*100%≈70.83%。在大力推行庭审公开的今天，员额法官参与庭审直播的覆盖率仅为70%左右，不能说低，但的确不高。

3. 诉讼参与人画面展示情况

从驻马店中院此次被抽查的案件来看，虽然针对发言人的不同，视频镜头进行了同步转换，但镜头个数均只有1个，没有对直播视频进行分屏处理，不能同时展示诉讼参与各方的情况，因此本项指标该院最终得分不佳。

4. 案件类型比例

根据最高院提供的年结案量、中国庭审公开网统计的直播案件总数与类型，2017 年，驻马店中院的公开庭审直播案件数量高达 1228 件，在全国 225 家被评估法院中位列前茅，该院民事、行政案件的直播比例相对较为合理；但刑事案件的庭审直播情况不太理想。虽然刑事案件具有较高敏感性，但希望该院日后可以在选取直播的案件类型上稍作平衡。

5. 画面质量

庭审直播案件的视频画面质量，是庭审直播中至关重要的一个方面，如果画面不清晰，则庭审公开的效果就打了折扣，甚至有名无实。根据最高人民法院对科技法庭建设的相关技术要求，庭审录像设备应该达到高清标准。因此，该项三级指标设置的满分标准为：庭审视频画面质量达到高清程度（1080P）。从与全国其他法院的案件视频抽查情况对比来看，驻马店中院庭审直播案件的画面清晰度，仍有继续提高的空间。

6. 证人、被害人及需要保护的出庭人员保护与个人信息保护

驻马店中院在申报材料中表明，2017 年本院并无此种案件。这也恰恰从另一个层面印证了，该院在庭审直播中刑事案件播出太少，在观念上和制度上，也未对刑事案件庭审直播中的相关信息保护工作做好充分准备。因此，该项指标适当扣分。

7. 板块建设

该项三级指标设置的满分标准为：法院在其官方网站主页上设置了直接链接到中国庭审公开网的板块或链接区域。该项指标设置的合理性在于：目前中国庭审公开网作为新的司法公开平台仍处于初期推广阶段，为积极扩大该平台的社会公众知晓度，并方便群众了解、使用该平台；同时鉴于最高人民法院对庭审公开（庭审直播）工作的重视与推动，各法院应在各自的官方政务网站首页上设置明显板块，标注“庭审公开”或“庭审直播”字样，用户点击后即可直接链接至中国庭审公开网。

课题组成员在网页上搜索定位至“河南省驻马店市中级人民法院”（网址：zmdzy. hncourt. gov. cn/）后，在首页右上部分查阅到了“庭审直播网”字样，但点击后并未链接至中国庭审公开网，因此驻马店中院该项指标不得分。

8. 主管领导与主管部门

根据最高人民法院的要求，各级各地法院都应该由审判管理部门来归口对庭审直播工作进行管理。该项三级指标设置的满分标准为：庭审直播工作有负责的领导人员和领导部门（领导部门应为各院审判管理办公室），职责分工明确。

根据驻马店中院自报的法院材料，该院虽有专门领导队伍负责庭审直播工作，但文件并未显示该院负责此项工作的部门为“审判管理办公室”，因此该项指标最终按规则适当扣分。

9. 公告内容

鉴于庭审直播公告的无痕性，课题组随机抽取了三个日期对被评估法院的庭审公告进行抽查。驻马店中院在 2017 年 12 月 29 日的被抽查日期中，无庭审直播公告，因此该次抽查本项指标不得分，并在该项三级指标最后的得分中扣除。

10. 公告准确性

该项三级指标设置的满分标准为：法院于上述被抽查的若干日期中对庭审直播案件进行直播公告且案件如期直播的，得满分。对于以下三种情形：（1）庭审直播的案件与公告的案件不一致；（2）未按照提前发布的直播公告进行案件直播且没有提前发布取消该直播案件的公告的；（3）抽查当日即顺延日无庭审直播公告的。发现以上任意一种情况，均按规则扣分。驻马店中院由于在 2017 年 12 月 29 日并无公告，因此本项指标最终按规则适当扣分。

（二） 以河南法院庭审直播网为依托进行的统计分析

评估期间，课题组成员还对驻马店中院 2017 年 1 ~9 月在河南法院庭审直播网上的共计 808 个庭审直播视频进行了全样本观看和分析。此部分工作一方面，是考虑到驻马店中院在两大平台上的庭审视频并不完全一致，如两大平台案件页面上所显示案件信息的差异等；另一方面，课题组也希望通过单独对驻马店中院在省内自建直播平台的表现进行观察分析，更加全面、客观地评估驻马店中院的庭审公开工作。同时，通过不同平台的对比观察，也

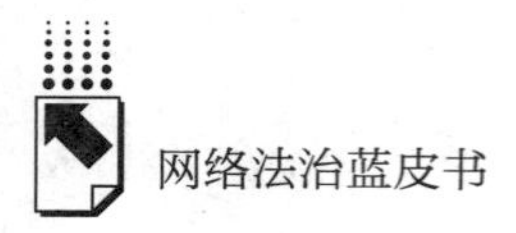

有利于课题组发现更多该院目前庭审直播工作存在的问题，并为下一步该院的工作改进提出更加合理、全面的建议。

该部分分析主要包括案件数量、案件视频时长及完整性、庭审视频效果以及其他问题共四个方面内容。具体数据分析详见下文。

1. 案件数量统计

（1）各类型案件总数

2017 年 1 ~9 月，驻马店中级人民法院在庭审公开网共上传了 808 个案件的庭审直播视频。在驻马店中院开展庭审视频直播的案件中，民事案件数量最多，为 679 件，占总案件数量的 84%；刑事案件有 40 个，占比为 5%；行政案件有 52 个，占比为 6.4%；审监案件数量最少，为 37 件，占比为 4.6%。这个比例，与在中国庭审公开网上的数据基本一致，印证了该院在庭审视频直播中案件结构失衡的问题。

（2）各类型案件数量月份分布

驻马店市中级人民法院在 2017 年 1 ~9 月每个月的案件数量增长情况如下：1 月、2 月案件直播案件数量极少，到 3 月同比增长幅度较大，4 月直播视频数量基本与 3 月保持平衡，5 月、6 月直播视频数量再次激增，并在 6 月达到顶峰；7 月案件直播数量有小幅度下滑，8 月剧降至 61 件，9 月第三次激增，直播案件数量达到 123 件。根据调研获得的信息，这种情况是由于在 2017 年前四个月，该院仍然处于庭审直播工作的准备状态，并在 4 月份完成了设备改造和人员配备工作。所以，该院在 2017 年 5 月之后，庭审直播案件增长明显。

（3）三类案件类型数量统计

根据各类案件在每个月的数量统计情况，各类案件在 1 月和 2 月的视频数量极少甚至没有，这与我国在公历 1 月和 2 月恰处在中国农历新年期间不无关系，更重要的原因还在于该院此时还处于庭审直播工作的筹备状态，自 5 月起各类案件数量逐渐增加或者持续稳定于一定数量水平。民事案件视频数量的高峰在 6 月和 7 月，8 月案件数量减少，9 月回弹；刑事案件视频数量的高峰在 4 月和 5 月，6 月和 7 月数量有所减少，8 月和 9 月有回弹趋势；

行政案件视频数量规律性极弱，行政案件视频数量高峰在 3 月份，但也并不能说明这类案件的发生时间集中在 3 月，这里需要适当考虑我国法院在进入春节假期之前的立案政策。

2. 案件视频时长及完整性

课题组在中国庭审公开网对若干法院的案件抽查与统计发现，部分法院为了走量，显得直播案件次数多，往往有选择性直播案件，许多案件整个审理过程竟然只有几分钟。虽然根据诉讼法的规定，个别案件不排除几分钟审理完毕的可能，但大量庭审视频直播案件只有几分钟，只能说明相关法院有应付庭审视频直播工作和第三方评估之嫌。鉴于根据当前的法律和司法文件对庭审直播案件审理时间设置指标并不成熟，因此在对全国 225 家受评法院进行评估时，并未设置视频长度的指标，而是考察视频的完整度。但在对驻马店中院的考核中，课题组尝试对其 2017 年 1 ~9 月 808 个庭审直播案件的视频时长进行了统计和分析。

根据视频时长统计，民事案件的视频平均时长为 33 分 14 秒，刑事案件为 84 分 53 秒，行政案件为 51 分 19 秒，审监案件为 34 分 58 秒。这说明，刑事案件的庭审视频直播，不仅可能比较敏感，而且在技术上也更加复杂，耗费成本也会更高。但是，社会公众往往更关心刑事案件，在就 225 家全国各级各地法院进行庭审公开第三方评估时，课题组从对中国庭审公开网观看量较大的案件所进行的统计发现，观看量大的案件，多集中在刑事领域。

根据视频完整性统计，整体而言，驻马店中院上传的视频完整性非常高，刑事案件的视频完整率高达 100%，民事案件视频完整率为 99%，行政案件为 92%。在课题组观看的 648 个庭审视频中，共有 10 个被评价为不完整的庭审视频，包括 6 个民事案件视频和 4 个行政案件视频。视频不完整体现在以下两个方面：第一，视频所展示的庭审内容不完整，即庭审没有完整地展现案件的流程，案件明显没有走完所有的程序而仓促结尾，这类案件有 2 个，均为行政案件；第二，视频本身的质量使得无法判断其是否完整，比如视频存在声音或画面缺失问题，10 个不完整视频中的其余 8 个都表现为此。

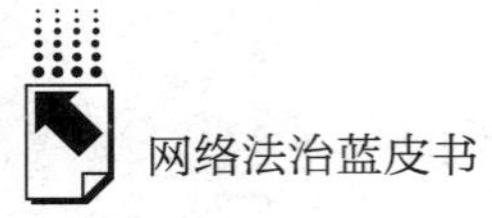

3. 庭审视频效果

统计过程中，课题组发现，就庭审视频效果而言，主要存在两类问题：一是视频声音问题，二是视频画面问题。前者主要表现为视频声音极小或缺失，后者则是指视频画面不清晰或缺失，这类情形也使得庭审直播的效果大打折扣。

4. 其他问题

有些法院自建庭审视频直播平台，虽然可能导致重复建设、资源浪费，而且使得全国庭审视频直播工作不能做到一盘棋，更难做到技术标准的统一。是否全面取消地方法院自建的庭审视频直播平台，仍然存在争议。但无论如何，地方自建平台即便要保留，也应该与中国庭审公开网上的数据信息保持相对一致，做好互联互通工作。通过省内自建庭审直播平台，有利于法院纵向仔细对比分析本省内其他法院的工作情况，同时也便利省内群众及时关注、定位本省内部某一法院的具体庭审直播情况；而通过中国庭审公开网这一全国性平台，则有利于法院扩大视野，横向对比分析本院在全国法院系统中庭审公开工作的开展程度。

此外，两种不同平台的建设也有利于二者的相互借鉴和完善，从而进一步为我国的庭审公开、司法公开事业积累更多的实践经验和做法。

三　驻马店中院庭审公开的成绩与经验

自2010年开展庭审直播工作以来，驻马店中院根据最高人民法院部署和上级法院的指示，大胆实践、积极探索，尽力克服庭审公开工作推广中的一系列困难，如早期法官对庭审直播的积极性不高、当事人对案件直播抵触心理严重、法院投入成本不足、庭审直播制度规范缺失等等，最终取得了可喜的成效，并积累总结了珍贵的实践经验。

（一）驻马店中院庭审公开工作的良好成绩

一是按要求接入了全国统一庭审公开平台，并进行常规性直播。河南高院一直自建有庭审直播平台，并要求全省法院统一接入。由于河南省法院系统庭审直播平台与全国统一庭审公开平台之间未能顺畅对接，也给驻马店中院在中国庭审公开网上进行庭审直播带来了障碍。但在机制性障碍排除之后，驻马店两级共 11 家法院立即积极接入全国统一庭审公开平台并进行庭审直播。截至 2018 年 7 月 29 日，驻马店两级法院已经累计在中国庭审公开网直播 7723 件。考虑到驻马店并非经济发达地区，收案量并不大，这个数字已经比较可观。

二是审判质效得到明显提升。开展庭审视频直播工作以来，驻马店市法院法官素质提升明显，2017 年全市法院服判息诉率为 91.05%，民事案件调解撤诉率为 41.49%，诉讼案件被改判发回重审率为 1.66%，同比有较大幅度的提升。特别值得指出的是，驻马店市两级法院在累积超过 7700 件次庭审直播中，从未出现过任何负面舆情。

三是在庭审直播制度建设上颇有成效。庭审公开作为一项新事物，需要权威、统一且完善的制度来予以规范和指引。但制度供给需要与国家庭审公开的实践状况共生共长，具有普遍指引性的法律和司法解释还需要实践依据和总结，同时需要经过实践检验并不断完善改进。庭审公开实践的推进，以及在实践中所取得的长足进步，既促进了当前各级各地法院因地制宜地出台制度，也有助于国家将来出台统一全国性的法律或者最高法院司法文件。目前最高人民法院制定的关于司法公开的文件主要有人民法院相关改革纲要中关于司法公开的规定，如《最高人民法院关于司法公开的六项规定》《最高人民法院关于庭审活动录音录像的若干规定》等，这些文件对法院庭审公开工作的制度建设和规范管理作出了提纲挈领的规定。

四是庭审直播与科技法庭建设相得益彰。为了更好开展庭审直播工作，驻马店中院相继投入资金近千万元，将中院 15 个审判庭及全市基层法院的 55 个派出法庭全部安装高清庭审直播设备。为了保证直播数据传输流畅，进一步提升直播效果，中院各审判庭和全市派出法庭专门安装了庭审直播专线，专门用于直播的数据传输。为达到最好的直播视觉效果，中院成立了专门的庭审直播工作保障小组，确保每一个直播案件视频流畅清晰，画面美观同步，为庭审直播工作的进一步深入推进奠定了重要的物质基础。专业技术人员配备方面，为实现多庭的同时直播和有效完成好直播前期预告准备、中期技术保障排查、后期校检编辑的大量繁杂工作，该院通过社会购买服务形式，招录6名专业人员，将庭审直播技术保障服务外包给技术公司，借助社会力量，有效提升庭审视频直播技术服务和保障水平。

五是形成了流畅的庭审直播工作机制。驻马店两级法院党组高度重视庭审直播工作，明确将庭审直播工作作为“一把手”工程，坚持执法办案与庭审直播“两手抓”，两级法院院长切实负责、亲自部署，加强对庭审直播的组织、领导、考评、研究，健全庭审直播专项通报、考核、评查制度。2016年以来，中院党组先后10余次对庭审直播工作进行专题研究，对存在的困难和问题，逐个进行分析研究，逐个制定解决方案，逐个进行跟踪问效，为庭审直播工作提供足额人力、物力、财力保障。

（二）驻马店中院庭审公开工作的经验

一是领导组织得力。驻马店中院领导高度重视庭审公开工作，一直以来将全面推进庭审直播作为一把手工程来抓，并合理统筹安排庭审直播工作的开展。面对法官的犹豫和畏难情绪，院领导亲自动员；针对经费不足、设备落后的问题，也积极改进。该院一开始便将庭审视频直播工作情况纳入法院工作目标考核范围，建立完善科学有效的考核机制，从而倒逼法官积极参与庭审直播。该院还定期开展直播案件评选活动，发挥模范带头作用，促进整体法官工作积极性的提高。为了尽可能减少阻力，该院将庭审直播工作落实到责任部门和责任人员，确保将庭审视频直播工作的各项任务落到实处。

二是努力提升业务水平。除了将庭审直播纳入法官考核，从客观上提高法官参与度之外，驻马店中院还通过宣传、教育、培训等方式，鼓励法官积极提升自身业务能力，加强自身审判能力提升，使法官从主观上积极参与，提高庭审直播的质量。庭审直播一方面对法官能力、素质和作风是一种考验，另一方面也为法院提供了一个锻炼干警业务水平，发现人才、培养人才，展示司法改革成效的平台。

三是做好每一次庭审直播的准备工作。要顺利完成一件案子的直播，需要做好充分的直播前准备工作。首先，选取庭审直播案件后，工作人员将庭审直播日程安排和注意事项告知案件承办人，提醒并配合案件承办人在庭审直播前深入熟悉案情，详细了解双方当事人情况及争议的焦点问题。其次，工作人员要提前与当事人做好思想沟通，消解当事人对庭审直播的抵触情绪。再次，庭审前，书记员及法官助理按照要求完成庭前证据交换和庭审笔录等各项工作，为后续展现连续、完整、高效的庭审过程做好准备。最后，后勤服务人员和安全保卫人员负责突发事件处理、科技法庭设备调试、法庭卫生保持等各项工作，并对庭审直播中有可能出现的意外情况做好预案。

四是严格要求庭审礼仪。驻马店中院在法官的庭审着装、行为和语言方面均制定了严格的礼仪制度。首先，在服装上，驻马店中院要求审判人员必须着法袍，书记员、法警统一着装。其次，庭审中，驻马店中院要求法官规范使用庭审语言，禁止使用法官忌语。再次，强化法官在信息化环境中驾驭庭审能力的培训和锻炼。最后，驻马店中院致力于将庭审视频直播打造成促进案结事了、展示法官良好形象、提高司法公开度的良好途径。

五是强化沟通理解工作。网络庭审直播前，驻马店中院会进行舆情风险评估，确保每一个直播的案件在能使当事人达到满意的同时取得良好社会效果；同时，法官会告知双方当事人案件将进行网络直播，对其担心的问题进行解答并做出适当处理，公开审判过程，强化法治宣传，消除当事人的后顾之忧，取得当事人的理解和配合。

六是做好充分的技术保障。驻马店中院对庭审直播中经常出现的技术问题，组织技术人员进行专门培训，并制作专门的操作规程；对于庭审直播中发现的新技术问题，该院鼓励工作人员及时上报，尽快解决，保证庭审直播工作的顺利进行。

七是积极开展庭审直播宣传工作。驻马店中院不断加强新媒体建设，强化司法公开的服务性、及时性和互动性。一方面，该院积极邀请社会各界人士直接参与案件的庭审直播，扩大与社会公众的互动；另一方面，该院同时通过互联网平台、微信公众平台、微博平台等新媒体对影响重大、社会关注度高的案件进行网络视频直播，扩大受众范围，加强庭审直播相关工作的宣传力度，最终致力于让人民群众切实感受到司法公开给其带来的公平、公正与便捷。

四　驻马店中院庭审公开工作的不足与建议

（一）驻马店中院庭审公开工作的不足

驻马店中院庭审公开工作取得了快速发展，也改善了一些阻碍该项工作推进的部分难题。但在肯定成效的同时，通过本次第三方评估工作，也应该客观认识到该院在推进庭审公开工作中的不足，课题组共总结为以下六个方面。

1. 庭审直播的案件范围尚不明确

目前，在我国对庭审直播的案件选取并无相关统一法律规范的背景下，建议法院应尽量选取多种不同案由的案件进行直播，且注意平衡直播案件的类型比例，切忌失衡；尽量多公开直播人民群众关心的、与其日常生活相关程度大的案件；选取直播案件的范围时，不能仅仅站在维护自身法律形象的立场上选取众多案情简单、争议不大的案件进行直播，要综合展现法官的开庭控审能力，向人民群众展示真正的庭审现场。

2. 庭审直播的信息并不完整

目前各级法院尤其是基层法院审理的案件当庭宣判率并不高。有些疑难复杂案件甚至需要多次庭审才能查明事实。因此，民众通过庭审直播获取的信息往往并不充分，了解到的可能仅仅是庭审的流程，缺乏对判决结果的了解。当案件的结果与其预期不符时，信息的不对称就会导致对司法的不信任。

针对该项问题，一方面要提升法官综合素质，提高当庭宣判率，另一方面，对于多次开庭的案件，法院应保证该案的各个庭审视频均公开直播，并结合庭审直播公告做好预告工作，在涉及该案的多个庭审视频页面上附上该案的其他庭审视频网页链接，以便公众能全面便利地观看本案的全部庭审过程。最后，要注意中国庭审公开网与其他三大司法公开平台的联通，力求实现对一个案件进行全部诉讼阶段的展示。

3. 庭审直播视频画面质量亟待提高

鉴于本次为第一次评估且结合全国法院的实际视频情况（许多被抽查视频出现画面质量清晰度差、黑屏、蓝屏等现象），课题组在本次评估工作中适当降低了该项指标的评分标准，但未来将会严格依照《最高人民法院关于加快建设智慧法院的意见》（法发〔2017〕12 号）和最高院 2016 年印发的《科技法庭应用技术要求》对视频采集和庭审实况的要求——最终庭审视频合成画面分辨率要求不低于 1080P 来进行评估。驻马店中院在本次评估中虽然庭审视频较为清晰，但仍未达到上述标准，建议进一步更新设备，满足最高法院相关技术标准的要求，推行更让公众满意的庭审公开。

4. 人员配备不足，庭审直播不够规范

在专业技术人员配备方面，有的基层法院只单独配备了一名工作人员进行兼职负责，缺乏相关的技术人员，加之对庭审直播这一技术运用的缺失，给庭审直播工作带来了很大的阻碍。庭审直播规范方面，庭审直播初期只对庭审的时间和庭审的形式进行了要求，对庭审的质量和规范化问题没有涉及。后来，上级法院对庭审规范化要求越来越高，前期由于部分法官及技术人员对相关规范不熟悉，导致法官在进行庭审网络直播时，会因着装、秩序等各种原因中断，有的基层法院上传视频质量不高，出现了噪音过大、直播画面光线过暗、音频卡顿或者无音频、视频无画面等问题，致使通过率低，一批庭审直播案件上传后被删除。

5. 当事人与其他诉讼参与人权利保护欠缺

庭审直播是否应当取得当事人的同意，如果当事人不同意庭审直播时应当如何处理，法律并未有明确的规定。如果将直播的决定权完全交给法院，那将剥夺当事人及其他利害关系人正常表达诉求的权利，与现代司法理念并

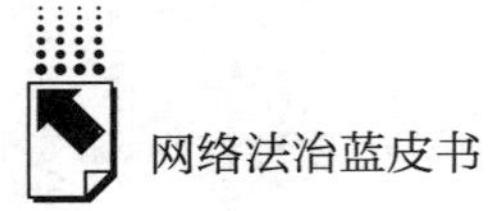

不相符。此外，当直播中涉及与案情无关的诸如家庭住址、个人照片等自然人个人信息时，目前的庭审直播中对这些信息进行的技术处理并不足够（如马赛克、音频模糊处理等），存在当事人与其他诉讼参与人隐私泄露的隐患。

6. 直播案件类型不均衡

从统计情况看，该院每年的直播案件数量与审理案件的数量相比，所占的比例仍然偏低。从已直播的案件中看，案件选择上有避难就易倾向，直播的案件不少是法律关系简单、争议不大的案件，缺乏典型性、新颖性。从直播的各类案件的比重来看，三大诉讼中，民事案件占八成多，刑事案件占两成多，行政案件的直播则微乎其微，而立案、执行等工作几乎没有开展直播工作。从已直播的案件看，绝大部分的直播案件只是对庭审过程的直播，很少有当庭宣判（调解案件除外）的直播，也很少有对判决结果的后续直播，导致网民对直播案件的了解不全面，影响了普法宣传和法治教育的效果。

（二）驻马店中院深化庭审公开工作的建议

通过介绍上述驻马店中院庭审直播工作中的不足，并结合课题组在评估过程中的总结与经验，下文将以本次评估方案设计的四个一级指标作为切入点，对驻马店中院下一步庭审公开工作提出建议。

1. 庭审直播方面

（1）实践中真正确立庭审直播常态化

庭审直播要通过公开来倒逼法官提升水平、更新观念，通过透明来压缩信息不对称所导致的腐败空间。因此，要进一步明确树立庭审案件以公开为原则、不公开为例外的理念，由现在的大多数法院实行的庭审公开审批制转变为不公开审批制，进一步规范庭审直播的内容和方式，使其能够更好发挥司法公开功能，在司法公信力的构建中发挥更大作用。

（2）进一步提高法官参与直播能力水平

法官按照何种规则和以何种行为方式进行庭审，必然直接体现着司法活动的公正和形象。法官的审理思路、调解能力水平、有效维持法庭秩序能力、庭审语言传递信息的有效性、庭审节奏、争议焦点具体与精准程度，以及庭审中突发事件处理是否得当，都至关重要。而从本次评估对直播案件的抽查情况来看，不少法官在职业能力与法庭礼仪上仍然有不小提升空间。

针对这种情况，建议驻马店两级法院应进一步加强对法官的培训，不仅进行政治和业务水平的培训，也应进行法庭礼仪培训，提升法官庭审驾驭能力。尤其是应鼓励院、庭长带头进行庭审直播，充分发挥院领导和执业年限较久、经验较为丰富的法官的引领示范作用，为全院法官树立榜样。在法院日常的业务交流中，也可以通过开展观摩庭审、示范庭审等方式，使庭审直播水平不断提升。

（3）加强对庭审直播中诉讼参与人的保护

一般来说，庭审直播需要特别注意的信息保护主体包括：当事人及其家属、证人、未成年人等。一例成功的庭审直播需要做到以下两点：一是应对案件中涉及的个人隐私、商业秘密、国家秘密、未成年人保护、严禁传授犯罪手段及宣传有伤风化情节等方面做出处理。二是应树立保护诉讼当事人和参与人与案件无关的个人信息不被传播的观念，当直播中涉及与案情无关的诸如家庭住址、个人形象、身份证号、金融账号密码等自然人或法人的重要信息时，庭审视频直播要进行必要的技术处理，如马赛克、消音等措施。

2. 平台建设方面

（1）加强审判管理办公室的管理和职能

驻马店中院领导极为重视庭审公开工作，但从该院申报材料来看，审判管理部门在庭审直播工作中的作用尚有待加强。一方面，这有利于形成从最高法院到基层法院庭审视频直播的一盘棋格局；另一方面，通过归口管理，也能够更专业、更好地推进庭审公开工作。

（2）加大庭审公开工作经费保障与技术支持

庭审直播工作的开展离不开经费保障与成本投入，该成本主要包括以下方面：（1）软硬件购置成本（如计算机、网络设备以及带宽资源等）；（2）人员投入成本（如审判人员、法警、电脑操作人员和后勤保障人员等）；（3）时间成本（如庭审前后工作增多）；（4）风险成本（如舆论危机等）；（5）其他成本（如耗材费、人工费、水电费、人员培训费用以及更新维护等管理费用）。在法院的下一步工作中，必须要加大对庭审直播工作的各项投入，包括资金经费与人力保障。条件成熟时，应该开发更加简单、易于操作的一键式庭审直播操作系统，使得庭审直播系统像傻瓜相机一样方便，减轻审判人员的工作负担和心理压力。

（3）进一步强化庭审公开网络安全建设

利用互联网技术进行庭审直播，为新时代庭审公开工作提供了新的利器，但互联网是把双刃剑，大量数据积累和庭审实况的现场直播，也会带来一定的网络安全风险。这种安全，既包括技术安全，也包括供应链安全。一方面，相关法院应对庭审公开网络平台开发企业按照《网络安全法》的要求进行安全审查。另一方面，明确庭审公开网络平台开发企业的责任与行为边界。司法机关应当与企业明确约定其在服务外包期间及服务中止后的责任，维持并不断提升自身安全保障能力，严格管理员工行为，保证为司法机关提供的服务系统具有严密的封闭性、未经委托方授权不得进入系统，从而确保系统安全和供应链安全。

3. 制度建设方面

从本次评估情况来看，驻马店法院系统一直极为重视庭审视频直播的制度供给。但是，此次制度建设在指标评估设置上，课题组考察的重点暂时放在制度“有没有”上，尚未触及制度“好不好”的层面。从课题组对驻马店中院现行庭审直播的梳理来看，这些制度的应急性、过渡性比较明显，尚难称得上是关于庭审直播的体系科学、逻辑严密、完备管用的优良制度。

4. 便民措施方面

（1）大力提高庭审直播公众参与度

庭审直播的参与度，既能检验庭审直播案件的质量与效率，也能在一定程度上反映公开审判制度的实施状况。庭审直播参与度的效果与作用，应与裁判文书上网公开，尤其是与裁判文书中公开证据的分析与认定的过程、思路及相关法律规定相结合，综合分析其效果与作用。庭审直播作为公开审判的一部分，所起到的作用是基础性的，如果庭审直播案件中缺少了公众的参与，就失去了庭审直播的意义。因此，在庭审直播中如何调动公众参与的积极性、如何利用公众的参与提高庭审直播的质量，是下一步庭审直播工作应当引起重视的问题。

（2）继续扩大庭审直播影响

近年来，驻马店中院一直以政务网站为基础平台，通过其他技术手段，不断强化司法公开的服务性、及时性和互动性。通过进一步的宣传和互动扩大宣传效果，不断改善该院的司法公开工作和司法公开等四大平台建设工作，让人民群众能切实感受到司法公开给其带来的公平、公正与便捷。下一步，该院应继续大力宣传报道法院庭审视频直播工作，增加公众对庭审视频直播的认识和了解，努力扩大该项工作的知名度和影响力，为积极推动庭审视频直播工作创造良好的社会环境。尤其是，应积极邀请人大代表、政协委员参与观看庭审直播。

（3）畅通网络沟通渠道

驻马店中院应加强与网民互动设计，及时掌握民众需求。对网民提出的问题，案件合议庭成员或独任法官及时研究并客观、公正、依法进行及时跟帖回复。对于网民提出的意见和建议，专人负责整理和收集，向领导和有关部门上报，为其决策提供依据，对于处理的意见及时反馈。

五　结语

一方面，庭审直播满足了人民群众对司法的知情权和监督权，老百姓通过网络，随时可以查看自己关注案件的直播，使公正真正成为看得见、摸得着、感受得到的公正；另一方面，庭审直播使法官审理案件的全过程在网上晾晒，可以有效预防“暗箱操作”、遏制司法腐败，对法官形成倒逼机制，极大地减少开庭不规范现象，有助于树立和维护法院的形象和权威，提升司

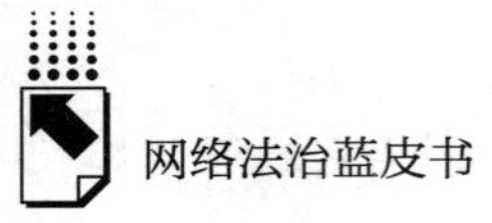

法公信力。

在此次评估中，驻马店中院的庭审直播工作开展在全国225家被评估法院中名列第五。长期以来，该院大力推进庭审公开工作，积累了丰富的实践经验，也克服了大量的困难。而该院在此次评估工作中表现出来的成绩与不足，也值得全国其他法院借鉴经验、吸取教训。

Abstract

The Report on the Development of Cyber Rule of Law in China No. 1 (2018) (The Blue Book on the Cyber Rule of Law in China) contains monographic researches on a wide range of issues relating to the development of cyber rule of law in China in 2017, including the overall situation of development, the efforts to bring cyber standards under the rule of law, the protection of key information infrastructure, the construction of the national key data resource protection system, the legal system of cybersecurity, cybercrimes, cyber warfare, management of online public opinion, the responsibility of social media platforms, international trade in cyberspace, the management of cyber ecology, and cross-border data flow, introductions to the results of third-party assessments of the situation of openness of court trial and openness of police affairs, and discussions on the emphases of future legislation on cyberspace.

The Blue Book on the Cyber Rule of Law focuses on the major progresses made and main problems faced by China in the field of cyber rule of law, advocates problem-centered monographic researches, and encourages pragmatic countermeasure suggestions, with a view to participating in the development of practices, improving institutions, and upgrading theories in this field. It is a panoramic, full-cycle, and omni-bearing recording and study of main progresses and problems in the development of cyber rule of law in China, which leaves a faithful record for future generations and opens a window to China for foreigners.

Contents

I General Report

Abstract: The year 2017 was a milestone in the development of cyber rule of law in China: the Cybersecurity Law came into force and timely inspections on the enforcement of the law had been carried out by the Standing Committee of the National People's Congress; a series of supporting administrative rules and regulations and other normative documents had been either promulgated for implement or released for soliciting public opinions; and a framework of cyber rule of law had been established and gradually elaborated in China. However, because of its dependence on information technology, the cyber rule of law has been constantly faced with new challenges and new tasks posed by new technologies, new forms of industry and new business modes.

Keywords: The Cyber Rule of Law; Cybersecurity Law; Content Management; Artificial Intelligence

Ⅱ Special Reports

Abstract: The standardization of cybersecurity is the basis of cyber rule of law as well as an important means of state governance, even the participation of global governance. The Several Opinions on Strengthening National Cybersecurity Standardization Work, jointly issued by the Office of the Central Leading Group for Cyberspace Affairs, General Administration of Quality Supervision, Inspection and Quarantine and the Standardization Administration in August 2016, have made targeted arrangements for the key tasks of national cybersecurity standardization work. However, a series of problems remain to be solved in the national cybersecurity standardization work, including the lack of overall planning and coordination, the failure to effectively transform the results of major projects into standards, the absence of standards in some areas, the existence of outdated, repetitive, and contradictory standards, the poor supervision over and low efficiency of the implementation of standards, the low-level of internationalization, and the lack of investment in basic researches.

Keywords: Cybersecurity; Standard; Governance; the Rule of Law

Abstract: The protection of key information infrastructure has become the core of the cybersecurity legal system in most countries. The institutional design of this protection system in the US and some other foreign countries includes the following five aspects: construction of a mechanism for collaboration between the government and industries; formulation of a national-level protection plan; establishment of information sharing and analysis centers; assessment of vulnerability risks and determination of priority protection measures; and adoption of a cybersecurity framework. By drawing on the relevant foreign experiences, the author of this report puts forward the following suggestions on the implementation of the key information infrastructure protection system in China: firstly, to define key information infrastructure from the height of national security; secondly, to further rectify the system of leadership over key information infrastructure protection; thirdly, to appropriately deal with the relationship between the protection of key information infrastructure and the graded cybersecurity protection; fourthly, to further elaborate the special obligation of key information infrastructure protection; and fifthly, to attach equal importance to security and development in the construction of a collaboration mechanism between the government and enterprises.

Keywords: Key Information Infrastructure Protection; Cybersecurity Law; Graded Protection of Cybersecurity

Abstract: The Chinese government attaches high importance to the fundamental strategic role played by data in promoting the modernization of the country in the new normal, treating it as "basic national strategic resource". Although the Cybersecurity Law has paid adequate attention to data security and the protection of personal information, it lacks overall planning for "treating data as a basic national strategic resource". This report puts forward some preliminary ideas on the construction of a national key data resource protection system in China.

Keywords: Big Data; Basic Strategic Resource; Cybersecurity Law; National-Level Data Protection

Abstract: Social media have become the major media used by the general public to obtain news and information. However, adverse events such as leakage of personal information and vulgar content occur frequently in social media, while the tools used by public power to regulate such events are unitary and lagging behind the development of social media. China should introduce the system of third-party participation into the institutional design of social media management and activate user autonomy, so as to increase the responsibility of users as disseminators of news. Based on the public interest principle, the government should restrict the power of platforms in accordance with due procedure and the principle of proportionality while at the same time establish clear standard on the censorship of news by public power. Meanwhile, it should attach high importance to the role played by algorithms in the dissemination of news in social media and conduct technological regulation of the algorithms of social media.

Keywords: Social Media Management; the Public Interest Principle; Cooperative Governance; Algorithm Regulation

Abstract: This report takes "post-truth" as the entry point to examine the phenomenon of emotional public opinion in cyberspace triggered by such hot news as the "Lei Yang Case" in recent years and, in light of the characteristics of the expression, formation and dissemination of public opinions in cyberspace in the Internet era and the controversies over and problems in the work and the method of regulation of public opinion in cyberspace in China, puts forward suggestions on ways of preventing the wanton spread of irrational emotion over hot events in cyberspace.

Keywords: Post-truth; Public Opinion; Emotional Expression; Internet

Abstract: There is a wide space for the application of the right to be forgotten in criminal justice: all participants in criminal proceedings, including convicted criminals, victims of crime, acquitted criminal defendants, and witnesses, have an interest in claiming the right to be forgotten. However, the right to be forgotten claimed by these subjects of information in criminal justice may conflict with such rights and legal interests as the right of the public to know, the freedom of speech, the freedom of the press, and the interest of public security. To solve these conflicts, it is necessary to impose restrictions on the right to be forgotten with respect to the scope of right subjects, types of applicable cases, and the method and procedure of exercise of the right, so as to realize the reasonable operation of this right in the field of criminal justice.

Keywords: The Right to be Forgotten; Criminal Justice; Subjects of Information

Abstract: To implement the national cyber-power strategy, China must build itself into a big power of cyber international law, and participate in an active and deep-going way in the formulation and application of international rules on cyberspace. Because of such factors as the high importance attached by Chinese government to cyber international law and the primary stage of development of cyber international law, China is faced with a rare opportunity to build itself into a big power of cyber international law. Meanwhile, it is also faced with huge challenges posed by the problems and uncertainties in the new field of application of international law in cyberspace and China's weak foundation of international law. To seize the opportunity and meet the challenges, China should make more efforts in such fields as image building, theoretical research, practical guidance, institutional building and talent cultivation, so as to build itself into a big power of cyber international law, and effectively exercise its discourse power and influence in the formation of relevant international rules.

Keywords: Cyberspace; International Law; International Rule-making; Discourse Power

Abstract: The establishment of legal liabilities for e-commerce activities must be in line with the guiding legislative principles of the e-commerce Law, namely safeguarding the lawful rights and interests of all parties to e-commerce, regulating e-commerce conduct, maintaining market order, and promoting the sustainable and sound development of e-commerce. As far as concrete provisions are concerned, they must uphold the unity of rights, obligations and duties, reflect the comprehensive, overall and substantive consideration of civil, administrative and criminal liabilities for "infringements on legal interests", and embody the principle of "tempering justice with mercy" . On the one hand, they must be able to effectively crackdown on various unlawful e-commerce conducts; on the other hand, because of the rapid pace of innovation in the field of e-commerce, the emergence in an endless stream of new technologies, new forms of industry, and new business mode, and the apparent trend towards cross-border integration in the era of digital economy, the nature and consequences of some e-commerce conducts are still not clear. These conducts should be regulated rationally and scientifically in a developing process. The relevant provisions in the E-commerce Law should be inclusive, balanced, and coordinated, so as to maintain the prudence, elasticity, and sustainability of legislation and ensure that it is both based on reality and appropriately proactive.

Keywords: E-commerce; Legal Liabilities; Infringement of Legal Interest; "Tempering Justice with Mercy"

B. 10 Re-transition of the Civil Litigation System in an Era of the Internet of Everything

Shi Mingzhou / 161

Abstract: The current civil litigation system, which took form at the end of the 1990s, is an individual-case-oriented litigation system. Although this system has greatly improved the case-handling efficiency, it is unable to provide effective solution to problems relating to the social effect of judgments, such as false litigation. Against the historical background of gradual maturation of the new generation of technology, a dynamic transaction security system has been constructed with the help of such new tools of intelligent revolution as the Internet of Things, big data, blockchains, and smart contract. Under this new transaction security system, all market players have been interconnected, and any change in the legal relationship between them is reflected real-time in the transaction security system. By relying on the dynamic transaction security system that covers the entire economic world, the civil litigation system is able to realize the optimum unity between the judicial effect of individual cases and the social effect of adjudication.

Keywords: Transaction Security; Internet of Things; Big Data; Blockchain; Smart Contract

Abstract: Currently the number of cybercrimes in China is increasing rapidly in China. In view of this situation, it is imperative to establish a system of comprehensive control of cybercrimes, and the cooperative legislative mode provides a normative basis for the establishment of such system. Based on the different scopes and characteristics of information network-related crimes in narrow and broad senses, this report points out that the current Chinese legislation on information network-related crimes has defects at both the macro and the micro levels and suggests that China should improve state legislation, promulgate targeted legal documents to clearly define the powers and duties of various subjects of management, actively promote the establishment of industrial soft law, encourage social players to participate in the protection of information security, and build a cooperative legislative system with a clear structure, so as to promote the long-term comprehensive control of information network-related crimes.

Keywords: Information Network-related Crimes; Comprehensive Control; Cooperative Mode of Legislation

Ⅲ Investigation Reports

Abstract: The development of big data has not only brought about profound transformation of the Internet economy, but also had a profound impact on Internet governance and subjected cybersecurity to severe tests. In an increasingly complicated cyber environment, cyber risks directly endanger key infrastructure and lawbreakers make use of grey areas to evade punishment and developed a black industry with industrialized operation, causing heavy losses to Internet users. This report analyzes the types and characteristics of current cybersecurity risks and puts forward suggestions on the management of cyber ecology and on the creation of a cyber environment characterized by overall stability and orderly development.

Keywords: Internet Rumors; Big Data; Face Recognition; Artificial Intelligence

B. 13 The Development of Cybersecurity Industry in China: Current Situation and Incentive Mechanisms

Zhao Jun, Zhang Sulun / 216

Abstract: Currently cybersecurity industry is developing rapidly in foreign countries, with the market value of the industry going all the way up, the demand for cybersecurity expanding continuously, and cybersecurity enterprises - incentivized by the government-enterprise cooperative mechanism - growing steadily. As for the situation in China, on the one hand, the cybersecurity industry is growing rapidly, with increasingly apparent industrial cluster effect, very active corporate financing, continuously optimized industry ecology, and steady progress in the cultivation of talents. On the other hand, however, the industry is still faced with many problems, such as the absence of promotive legislation, outdated incentive measures, disorderly market competition and lack of innovation and vitality. As far as the industrial incentive mechanism is concerned, all countries and regions with developed cybersecurity industry have established corresponding industrial incentive mechanism to promote the development of the industry through legal safeguards, security strategy, government guidance, and talent cultivation. In view of the problems and dilemmas faced by the cybersecurity industry in China, the authors of this report suggest that the Chinese government adopt a law on the promotion of cybersecurity industry as soon as possible and further elaborate industrial incentive policies and measures with respect to industrial investment, corporate development, government input and talent cultivation.

Keywords: Cybersecurity Industry; Policy Incentive; Rule-of-law Safeguard

Abstract: National unity and territorial integrity are the core interests safeguarded by national law in all sovereign countries in the world. Hong Kong, Macao, and Taiwan, as well as Xinjiang and Tibet are all inseparable parts of the inherent territory of China. However, some western countries and multinational companies, out of various prejudices and motives, completely ignore this fact, even flagrantly violate Chinese laws upholding national unity and territorial integrity. In view of this fact, the Joint Project Team of CASS Law Institute and School of New Media of Peking University has carried out an investigation on the situation of compliance with the "One China Principle" by multinational enterprises and, based on the result of the observation, put forward suggestions on corresponding countermeasures.

Keywords: National Unity; Territorial Integrity; Multinational Enterprises; Regional Identification on Official Websites

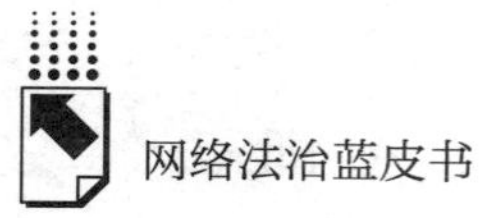

Ⅳ The International Rule of Law

B. 15 Regulation of Cyber Warfare by International Law and China's Countermeasures: Taking the NATO Tallinn Manual as the Entry Point

Chen Qi / 262

Abstract: The core legal controversy over cyber warfare, which is a frontier issue in the field of cybersecurity legal governance, lies in the question of whether the current international law is completely applicable to cyber warfare, or a new set of international law needs to be created to regulate this new type of warfare. The Tallinn Manual was written by an international group of experts at the invitation of the Tallinn-based NATO Cooperative Cyber Defence Centre of Excellence. Although it is known as "the first code of rules on cyber warfare" that restates the applicable existing international law, on many key legal issues it is in fact more the result of creation of new rules than a restatement of existing international law. In view of the current situation in the field of cybersecurity and cyber warfare, the author of this report suggests that China take the following legal countermeasures: to fight for the discourse power in the interpretation of international law applicable to cyber warfare, to implement the Cybersecurity Law under the guidance of "the overall national security outlook", to promote international legislation on cybersecurity, and to avoid the "militarization" of cyberspace.

Keywords: Cybersecurity; Cyber Warfare; International Law; Tallinn Manual

Abstract: The transfer of the stewardship of IANA functions on September 30, 2016 resulted in the transformation of the governance structure of ICANN - the most symbolic event in the transformation of global cyberspace governance framework. The battle over the direction of the transformation, namely whether towards internationalization or towards privatization, ran through the whole process of the transformation, which is an inevitable result of the proliferation of capital and political power into cyberspace. This report tries to give a brief review of this development process and put forward some opinions and suggestions from the point of view of basic implementation and basic policy practice.

Keywords: Cyberspace Governance; Internationalization; Privatization

Abstract: The Internet technology has created a cyberspace parallel to the physical space and promoted the development of Internet trade. At the international level, the rules on Internet trade are developing towards the direction of eliminating obstacles to e-commerce and strengthening the electronic rights of traders. At the domestic level, the construction of the rule of law in the field of Internet trade, which takes the adoption of the General Provisions of the Civil Law, the Cybersecurity Law and the E-commerce Law as its starting point, is entering into a crucial stage. As a responsible big power, China should adhere to the rules of free Internet trade at the international level, while upholding the state's legitimate power to regulate the Internet. Correspondingly, it should give full play to the first-mover advantage of domestic rules and actively create a comprehensive

Internet trade governance system with Chinese characteristics.

Keywords: Internet Trade; Bringing the Cyberspace Under the Rule of Law; Chinese Internet Trade System

B. 18 Foreign Mechanisms for Reporting Misconducts in Social Media

Meng Yuxi / 330

Abstract: The emergence of online social media has led to profound and extensive changes in the pattern of information dissemination, as well as in the modes of people's daily life, work, learning and thinking. The extensive use of social media has also brought many problems, such as the leakage of private personal information and the spread of fake news and terrorism. Apart from the necessary government regulation of social media, a set of rules on the reporting of misconducts have also been established by social media themselves. Because some foreign social media, such as Facebook, Twitter, and Youtube, have a relatively long history and more clients, they have richer experience in dealing with reports of misconducts. Apart from manual reporting, they are also utilizing the AI technology, which can make timely adjustment according to the policy needs of different regions.

Keywords: Social Media; Misconduct Reporting Mechanism; AI Technology

B. 19 The Global Cybersecurity Situation and Rule-of-law Countermeasures Thereof

Zhang Jianxiao, *Zhao Jun* / 344

Abstract: Currently both domestic and international laws are inadequate in coping with the increasingly severe global cybersecurity situation, which is characterized by extensive influence, serious harms, and complicated technology. In light of China's unique cybersecurity technology and data advantage, this report gives a detailed description of the current situation of global cybersecurity and puts forward countermeasure suggestions at the legislative, regulatory and judicial levels.

Keywords: Cybersecurity; Information Leakage; Cyber-attack; International Rule of Law

Abstract: The acceleration of cross-border data flow has had a significant impact on the international trade order, the protection of user information, and national jurisdiction. A review of global practice of regulation of cross-border data flow shows that main countries and regions in the world have constructed the mechanism for the regulation of cross-border data flow by taking the orderly free flow of data as the rule, and classified regulation of special data as the exception. As for the Chinese mechanism for the regulation of cross-border data flow, the author suggests that the government should adopt high-level law in this field and actively participate in the creation and implementation of an international cooperative mechanism for the regulation of cross-border data flow.

Keywords: Cross-border Data Flow; Personal Information; Regulatory Mechanism

V Assessment of Indices

Abstract: As the result of the third-party assessment of the openness of court trial in China in 2017, commissioned by the Supreme People's Court, this report provides a detailed introduction to the principles, targets, and methods of the assessment, objectively presents and analyzes the basic situation of and major progresses of the assessment, summarizes the achievements and experiences of the openness of court trial in China, points out the existing deficiencies in the system, and puts forward suggestions on its improvement.

Keywords: Openness of Court Trial; Third-Party Assessment; the Chinese Approach

Abstract: With the advancement and popularization of cyber and information technologies, there is a growing public demand for the disclosure of information about police affairs through the Internet, and public security organs have been making unremitting efforts to respond to this public demand. To objectively reflect and assess the actual situation of openness of police affairs in China, the Project Team on the Openness of Police Affairs in China conducted an assessment of the openness of police affairs in 81 public security organs throughout the country in the end of 2017 and, based on the results of the assessment, summarized the achievements, problems and deficiencies in the work of openness of police affair in China and put forward some recommendations for the improvement of the work.

Keywords: Openness of Police Affairs; Websites of Public Security Organs; Third-Party Assessment

Abstract: In recent years, the Intermediate People's Court of Zhumadian City, Henan Province has attached high importance to and led two levels of courts in the city to actively carry out the work of openness of court trial and, by doing so, ultimately become a pacesetter in the openness of court trial in the whole province, event in the whole country. This report, as the final result of the third-party assessment, gives a brief review of the development stages of the work of openness of court trial in two levels of courts in the city, analyzes in detail the excellent performance as well as existing problems in this work, and puts forward some concrete and feasible recommendations on the improvement of the work.

Keywords: Judicial Openness; Openness of Court Trial; Third-party Assessment

中国社会发展数据库（下设 12 个子库）

全面整合国内外中国社会发展研究成果，汇聚独家统计数据、深度分析报告，涉及社会、人口、政治、教育、法律等 12 个领域，为了解中国社会发展动态、跟踪社会核心热点、分析社会发展趋势提供一站式资源搜索和数据分析与挖掘服务。

中国经济发展数据库（下设 12 个子库）

基于“皮书系列”中涉及中国经济发展的研究资料构建，内容涵盖宏观经济、农业经济、工业经济、产业经济等 12 个重点经济领域，为实时掌控经济运行态势、把握经济发展规律、洞察经济形势、进行经济决策提供参考和依据。

中国行业发展数据库（下设 17 个子库）

以中国国民经济行业分类为依据，覆盖金融业、旅游、医疗卫生、交通运输、能源矿产等 100 多个行业，跟踪分析国民经济相关行业市场运行状况和政策导向，汇集行业发展前沿资讯，为投资、从业及各种经济决策提供理论基础和实践指导。

中国区域发展数据库（下设 6 个子库）

对中国特定区域内的经济、社会、文化等领域现状与发展情况进行深度分析和预测，研究层级至县及县以下行政区，涉及地区、区域经济体、城市、农村等不同维度。为地方经济社会宏观态势研究、发展经验研究、案例分析提供数据服务。

中国文化传媒数据库（下设 18 个子库）

汇聚文化传媒领域专家观点、热点资讯，梳理国内外中国文化发展相关学术研究成果、一手统计数据，涵盖文化产业、新闻传播、电影娱乐、文学艺术、群众文化等 18 个重点研究领域。为文化传媒研究提供相关数据、研究报告和综合分析服务。

世界经济与国际关系数据库（下设 6 个子库）

立足“皮书系列”世界经济、国际关系相关学术资源，整合世界经济、国际政治、世界文化与科技、全球性问题、国际组织与国际法、区域研究 6 大领域研究成果，为世界经济与国际关系研究提供全方位数据分析，为决策和形势研判提供参考。

法律声明